JN168121

二〇一二年衆院選
政権奪還選挙

民主党はなぜ敗れたのか

シリーズ・現代日本の選挙 1

白鳥 浩［編著］

ミネルヴァ書房

はじめに

二〇一二年一二月一六日に、第四六回衆議院議員選挙が行われた。本書は、この一般に「政権奪還選挙」と自民党によって選挙時に名づけられ、後に一般的な呼称となった自民党と公明党への再度の政権の移行にまつわる選挙を主題とする。この選挙は、民主党が大勝した二〇〇九年八月の衆院選以来の衆院選であり、東日本大震災後、初の国政選挙という位置づけもあった。

また、この政権奪還選挙は、一二の政党が乱立し、一九九六年に小選挙区比例代表並立制が導入されて以降、最大の政党数となった選挙であった。二〇一二年一二月四日に立候補の届け出が締め切られたこの選挙には、小選挙区に一二九四名、比例区に一一一七名（比例単独候補二一〇名、小選挙区と重複立候補を行う者九〇七名）の立候補者が名を連ね、重複分を除くと合計して一五〇四名が立候補し、現行の憲法のもとで行われた選挙としては、候補者の数において過去最多となった。

政権奪還選挙の背景

こうした大量の数にのぼる候補者の立候補の背景には、まず、当時の政権与党の招いた政治、政策の閉塞感があったと考えられるのではないだろうか。前記の二〇〇九年の「政権交代選挙[1]」で政権与党となった民主党、国民新党を中心とする政権与党は、二〇一〇年七月に行われた「衆参ねじれ選挙[2]」と呼ばれる参院選以来、二院制を採る国会の参議院において、過半数を失い、満足に政権運営ができない状態であった。この民主党を中心とした勢力による、政権与党としての機能不全を有権者に痛感させたのは、東日本大震災に対する早期の復旧、さらには中長期に向けての恒常的な復興に向けての対策の遅れであった。また、震災対策といった新しい政策課題には、それに対する政策も「衆参ねじれ」の国会の状態では、法案を通過させることすら難しいといった状況の中、ただいたずらに日にちだけが過ぎていく結果となった。この国会における政策的な手詰まり感は、国民の与党に対する失望を必然的に招くものであった。

そもそも日本は、統治システムとして二院制を採用し、統治のデザインとしては、民意を代表する衆議院、それに抑制と均衡をもたらす良識の府としての参議院という形態が考えられていた。この国政の統治機構としての二院制という制度によって、もたらされる機能不全によって、既存の政党政治に対する不信感は、徐々に大きなものとなっていった。こうした時代の要請にこたえる形で、「衆参ねじれ」国会のもとで、次なる時代へといざなう新しい政治に対する試みが行われつつあったのである。かつて有権者は、二〇〇九年に、既存の与党である自民党に失望し、民主党を中心とした勢力に希望を持って投票し、政権交代を実現することとなった。しかしながら、政権を任された民主党を中心とした勢力は、二〇一二年の時点では、有権者の期待に必ずしもこたえることができないと判明したのであった。つまり、自民党でもだめ、それにかわる民主党でもだめといった時代の閉塞感を打ち破るべく、いわゆる「第三極」に対する期待が、いやがうえにも高まっていたのであった。

こうした動きは、民主党政権下で行われた個々の地方選挙、そして統一地方選挙で、地方において「地域政党」と呼ばれる政党が、各地で産声を上げていた現象を見ても明らかである(3)。大阪の「大阪維新の会」、名古屋の「減税日本」などが代表的な地域政党であるが、この「地域政党ブーム」は、二〇一一年の統一地方選挙まで、ひとつの注目すべき動きとして、有権者の関心を集めて、日本中で新たな地域政党、つまり地域「新党」の勃興を見たのである。

第一に、これら地域政党の出現には、単に国政における自民党、民主党とは異なる選択肢を提供するという意味のみではなく、また異なる視点を提起することもできる。すなわち永田町という遠い国政の閉塞感を、自らの生活の場である地方・地域から打ち破る、そうした新たな試みとして理解するといった、異なる観点で眺めることも必ずしも難しいことではない。このことは、国政に対して、これまで従属的であった地方政治の自律性を示すひとつの証左と見て間違いないであろう。有権者は、「自民でもだめ、民主でもだめ、しかしながら、いまさら自民には戻れない」といったジレンマを抱えたまま、「衆参ねじれ」国会の状況下、一向に何も「決められない政治」のもとで、将来の展望を描けないまま、あえいでいたと考えられる。そこに、もどかしく変えることのできない遠くにある国政をいきなり変えようとするのではなく、地域の問題を取り上げ、手の届く範囲の政治を変えることに対する希望を提起し、それを将来の国政での変化につなげていこうとする地域政党の訴えは、有権者にとって時代の閉塞感を打ち破るものと思われ、好意的に受け止められていたのであった。

第二に、これらの地域政党は、何も「決められない政治」によるリーダーシップの欠如といった状況を生み出していた議院内閣制をとる国政に対して、強大な権限を持った首長が主導して政策を提案し、その政策を条例化していく「決めていく政治」に基づいて政策を展開していった。これは地方政治の背景をなす擬似「大統領制」という制度的な差異に基づくリーダーシップを発揮することによって、国政における既存政党との政治運営の際立った違いを見せていたのであった。こうした制度に基づくリーダーシップの違いをアピールすることで、既存政党に対する新しく魅力的な選択肢の提示を行っていたと考えることができる。そしてその際立ったリーダーシップを体現するために、橋下徹や河村たかしといった首長は、テレビ番組などの出演を通じて知名度を有し、既存の組織を中心とした政治家とは一線を画すといったポピュリスト的側面を保持しつつ、カリスマ的な魅力を持つという、人々をひきつけるためには、まさに打ってつけの人材であったということができる。また、この政権交代下で結成された地域政党の代表的なものである、大阪維新の会と減税日本は、こうした首長が、自らの政策実現のための「ツール」として、主導して結成したという点でも、日本政治において特異な政党であった。換言するならば、この地域政党の結成の経緯自体が「決めていく政治」を志向するリーダーシップに基づくものであり、そこに停滞する国政を打破する期待を、有権者が持っていったとしても不思議ではない。

これら地域政党は、二〇一一年四月の統一地方選挙で目覚しい躍進を遂げたこともあり、その時点ではいつになるか分からない状況ではあったが、遅くとも二〇一三年の衆議院議員の任期満了に至る前に行われるであろうと考えられる衆議院選挙においても、もしも国政に進出した場合には、統一地方選挙で見せたと同様に、躍進を遂げるものと期待されていた。しかしながら、統一地方選挙で躍進した地域政党にも懸念材料がなかったわけではない。地域政党が国政進出するための課題は、第一に「国政政党化」することの問題と、第二に「全国政党化」することの問題を中心にしたものと考えられるであろう。前者は、国と地方という二つの政治のステージにまつわる垂直的（vertical）な次元の問題であり、後者は、特殊な限定された地域を脱却して、地域を限定せずに、一般的に全国において広く、選挙に代表される政治活動を展開していくという水平的（horizontal）な次元の問題と言い換えられる。ここでは「国政政党」とは、政党助成金の対象となる政党要件を獲得した政党を指し、「全国政党」とは、異なる地域において多数の候補者を擁立、ないし国会議員を擁することのできる政党を指す意味で使用する。以下において、垂直次元、水平次元にまつわる、地域政党の国政進出の課題を考えてみたい。

第一には、地域政党は政党助成金の対象となる「政党」としての要件を満たしていない。そこで、二〇一二年の段階では、政党助成金を受け取ることができず、国政選挙のように巨額なお金を要する選挙では、決定的に不利をこうむるであろうことが予想された。こうしたハンディを乗り越えて、地域政党の国政進出を有利に進めるためには、政党要件を満たすことが肝要とされる。そこで地域政党は、国政選挙の行われる前年度までに五人以上の国会議員を集めて、政党要件を満たすことにより、政党助成金の補助を受けながら、選挙に臨むことができる「国政政党」化することが要請されていたといってよい[4]。そして地域政党の側でも、大阪維新の会が標榜しているような、都道府県と政令指定都市との二重行政にみられる「行政のムダ」の解消のために、国の制度を変える、すなわち、地域の政策を変更するためには、国政から変えなければ制度的に難しいという認識を、徐々に持ち始めつつあった。その中で地域政党は、国政への進出のためには、次期衆議院選挙までに国会議員を揃え「国政政党」化することを具体的に考えるようになってきたのであった。

第二には、地域政党は、これまでは狭い範囲の住民に身近な単一の争点に、正確に焦点を当てることによって支持を伸ばしてきた。たとえば、大阪維新の会であれば「大阪都構想」、減税日本であれば「市民税一〇％減税」といった具体的な政策を掲げ、それに向けての目に見える試みをする中で、選挙区の有権者の理解を得ていくこととなった。実際に、名古屋市においては、河村の「恒久的に一〇％」といった選挙時の訴えに基づき、一〇％には届かなかったものの、市民税の減税が実現することとなり、特定地域における地域政党の政策実行力を有権者に対して見せ付ける結果となった。しかし、これはその反面、その政策範囲が限定されていることを選挙区外の有権者に強く印象付ける結果ともなった。つまり、次に橋下や河村などの地域政党の代表である首長の行政範囲を越えて、その地域政党が広い範囲に影響力を及ぼすことができるかどうかが焦点となったのであった。首長の行政範囲外では、政策の実効性は望めない。そうした意味では、「地域政党」から、その地域を越えて国会議員を擁して「国政政党」化しなければ、国政における政策的な影響力は限定的になることは明らかであった。

第三には、選挙に臨む場合、いくら「地域政党」に対して大きな期待と支持があったとしても、それを受け止める受け皿としての「実体」、具体的には候補者を中心とした組織がなければ選挙で議席を獲得できない、という点である。この候補者のリクルートメントは、既存の政党にとっても厄介な問題であるが、政党を支持する圧力団体、組織を体系的に持たない地域政党にとって、「全国政党」化していく上で、「支持の対象」としての候補者を中心とした政党組織を構築することは必要なことであった。そして、遅くとも二〇一三年の七月には参議院選挙が予定されており、九月には衆議院議員の任期が切れるので、それ以前に候補者を揃え、政党としての組織を構築しておく必要があった。しかしながら地域政党は、その設立されている当該地域の地方選挙は戦ったことがあるものの、それ以外の地域の選挙や、国政選挙は二〇一一年の統一地方選の段階では、いまだ戦ったことがない状況であった。さらに言えば、この地方選挙における候補者の選定ですら、人材不足のまま候補者を十分に立てられない状態に陥る可能性もあった。そこで、全国政党化を目指し、政党の本拠地以外の国政選挙に出馬する候補者を募集し、公認候補を決定すべく、急ピッチで候補者選びを行わなければならなかった。そこで最も効果的な方法として、全国からの候補者の公募、ないしそれに類した政治塾の塾生の募集という手段を、多くの地域政党は採ることとなった。しかしながら、そこに応募してくる多くの候補者は、政治的な経験のない者が多く、もし、これらの地域政党が国政の政権与党になったとしても、政権担当能力に不安を残すものであった。

第四には、よしんば候補者の数が揃って、全国政党として全国に組織を張り巡らすことが可能となったとしても、今度はそれら候補者が共通に認識し、了解している選挙におけるマニフェストに代表される政党の政策がなければならない。そうした政党の政策に結実する「理念」を構築できるかどうかが焦点でもあった。こうした問題を孕みながら、地域政党は全国政党化を図り、選挙へと臨んでいったのであった。

民主党政権の軌跡

この選挙は、政権交代後の民主党を中心とした政権を検証するものであった。ここで、国民が投票によって初めて、自民以外の政党を政権党として選択した、二〇〇九年政権交代選挙で政権与党になった民主党の軌跡を振り返っておこう。

二〇〇九年九月一六日に発足した民主党初めての政権であった鳩山由紀夫を首班とする鳩山内閣は、当初は国民新党と社民党の三党連立からスタートした、民主党を中心とした「民国社」連立政権であった。大幅な歳出削減を伴う政策のマニフェストによって、政権交代を実現した民主党は、「行政のムダ」を省くことで、そのマニフェストの実現を目指し、事業仕分けなどを行ったが、必ずしもそれは成功したといえる結果ではなかった。

また、沖縄県の米軍普天間飛行場の移設をめぐり「最低でも県外」といった鳩山首相の発言が日米関係の悪化を招き、社民の連立離脱を二〇一〇年五月三〇日に招いた。さらに六月八日に発足した続く菅直人政権は、党内における小沢一郎前幹事長のカラーの払拭を試み、反小沢を鮮明にすることで、党内の対立を深めることとなった。さらに二〇一一年三月一一日に起こった東日本大震災の対応をめぐる菅首相の迷走も、民主党の政権運営能力、政策実現能力、より広くは問題解決能力について決定的に疑問符をつける結果となった。さらに民主党がマニフェストで提示した政策が実行できなかった背景には、単に党内の組織運営、意思決定プロセスにまつわるガバナンスに苦しんでいたということのみならず、菅が首相として初めて臨んだ国政選挙である二〇一〇年七月一一日投開票の参院選において民主党が大敗したことにより、日本の二院制を採る国会の中で、衆参二院の間に「ねじれ」が生じたために、政策実現のための法的な裏づけとなる法案が、野党の協力なくしては参議院を容易に通過できないという状況が生まれたことも背景としてあるのかもしれない。

こうした国内において生起し山積する問題だけではなく、日米関係の悪化と並行して生起した海外との問題も、民主党政権の政策運営能力を試すものであった。ロシア大統領の北方領土訪問をめぐる日露関係、韓国大統領の竹島訪問をめぐる日韓関係、そして菅政権の下で先鋭化してきた尖閣諸島をめぐる日中関係への対応は、必ずしも国民が期待したものとは言えなかった。また、北朝鮮のミサイルの試射に対する抑止にしても、民主党政権は無力であることを国民に示した結果となった。

こうしたなかで、結果的に政権の求心力を担保できず、民主党の首相は、ほぼ一年で交代するのが通例となってしまい、二〇〇九年以降、二〇一二年の選挙までの三年間で三人の首相を数えることとなった。後に二〇一二年に、政権交代選挙以来の衆院選に臨むことになる野田佳彦首相は、二〇一一年の九月二日に首相に就任すると、政策的に実現が現実的と考えられる現実路線をとり、自らを「どじょう」と比喩したように、地味ではあるが着実な政策運営で民主党政権の実を挙げることを試みた。そこで野田は、「決める政治」を標榜し、その中で、消費税引き上げを含む、社会保障と税の一体改革関連法を、自民党、公明党との三党合意を結ぶことで成立させるなど、一定の政策的な成果をあげることには成功したのであった。

しかしながら、この増税は政権交代時に掲げたマニフェストには言及されていなかったことから、政権交代選挙時の幹事長であり、その「政権交代」劇の一方の立役者であった小沢一郎を中心としたグループから「マニフェスト違反」とする批判が噴出し、結果として、大量造反を生み出し、民主党は分裂することとなった。小沢らは離党し、新党「国民の生活が第一」を立ち上げる結果となり、民主党の政党としての求心力は、ますます弱まったのであった。

「政策」的には二〇〇九年政権交代選挙時に提起したマニフェストに記した政策の多くを実現することなく、また「組織」的にも大量の離党者を生み出した民主党の三年間を有権者がどう評価するか、このまま政権与党として民主党が政権を担当していくべきなのか、それとも担当させないのかという二者択一を有権者に迫ったというのが、この二〇一二年一二月一六日の政権奪還選挙の焦点と言えたのではないだろうか。

序章では、この二〇一二年政権交代選挙につながる展開を検討していこう。

注

(1) 白鳥浩編著『政権交代選挙の政治学』ミネルヴァ書房、二〇一〇年。
(2) 白鳥浩編著『衆参ねじれ選挙の政治学』ミネルヴァ書房、二〇一一年。
(3) 白鳥浩編著『統一地方選挙の政治学』ミネルヴァ書房、二〇一三年。
(4) 総務省の政党要件に関しては、以下のホームページを参照。(http://www.soumu.go.jp/senkyo/seiji_s/seitoujoseihou/seitoujoseihou02.html)

二〇一二年衆院選　政権奪還選挙――民主党はなぜ敗れたのか　目次

第Ⅰ部　候補者と政権奪還……47

序章　政権奪還選挙への展開

白鳥　浩

1　「三・一一」と菅内閣

多難な政権運営

二〇〇九年の政権交代選挙によって、民主党は政権与党となったものの、二〇一〇年の参院選の結果、国会の衆参の両院がねじれ状態となった。民主党政権が発足してから、足かけ三年目を迎えた二〇一一年は、民主党にとって試練の年であった。まず三月一一日には、東日本大震災が生起した。これは災害としては、戦後最大の被害であった。この未曾有の大災害の直後に、四月一日に統一地方選が告示された。そして四月一〇日に、第一七回統一地方選の都道府県知事、政令市長、県議会議員などの前半戦の投開票が行われた。続く四月一七日にそれ以外の基礎自治体の首長、議員を選ぶ後半戦が告示され、四月二四日に市長・市議選、区長・区議選の投開票が行われた。この後半戦では市議選で民主党候補の当選率が最低になった。この当選率は七九・九%であり、前回の九一・七%に比べれば、民主党人気の退潮ぶりが理解できる数字となった。

　これらの動きに引き続いて地方では四月二六日に、全国知事会の新会長に、京都府の山田啓二《やまだけいじ》知事が選出された。また地方でも動きがあり、名古屋市では河村たかし市長の公約であった同年の五月から名古屋市議の報酬を年八〇〇万円に半減するという案が四月二七日に可決されたのであった。そして四月二八日に、国と地方の協議の場を創設する地域主権三法が成立し、さらなる地方へのエンパワーメントが拡充されることとなった。

震災対策は緊急を要するものであった。五月二日に、復旧・復興へ二〇一一年度第一次補正予算（総額四兆一五三億円）が成立した。そして震災により、統一地方選を同一期日で行えなかった被災地については、五月二〇日に被災地選挙延期法が成立し、被災した岩手、宮城、福島三県の自治体の選挙を九月二二日まで延期できることとなった。また地方議員に関しては、改正地方公務員等共済組合法が成立した。これは地方議員の年金廃止を決定づけるものであった。これは地方議員の数が減少して制度の維持が難しくなったことを主な理由とする。その背景には、自治体の財政難、市町村合併で議員数が減少したことが挙げられる。続いて五月三〇日に、消費税の引き上げを二段階とする案が「社会保障改革に関する集中検討会議」によって提示された。

こうした動きの一方で、六月一日には、自民党、公明党、たちあがれ日本の共同提案による内閣不信任案が衆院に提出された。これについて小沢一郎、鳩山由紀夫らの民主党内に大量造反の意向があることが明らかとなった。これに呼応して、三井辨雄《みついわきお》国土交通副大臣、鈴木克昌総務副大臣、東祥三《あずましょうぞう》内閣府副大臣、内山晃総務政務官、樋高剛《ひだかたかし》環境政務官の五名は辞表を提出し、民主党内部の対立は、より明白なものとなっていった。もしこれが可決されれば、内閣不信任案の可決一〇日以内に、菅直人首相は衆院解散か総辞職かを選ぶ可能性があったのであった。二日昼の民主党代議士会で、菅は東日本大震災や福島第一原発事故の対応に一定のめどが立った段階での辞意を表明することで、不信任案への民主党内部の造反を抑えるといった行動に出たのであった。これを受けて採決が行われたが、衆院本会議における不信任決議案を民主党、国民新党の反対多数で否決した。民主党は続く夜の役員会と党常任幹事会で、不信任案に賛成した松木謙公《まつきけんこう》、横条勝仁《よこくめかつひと》を除籍にすることを決定したのであった。翌六月三日に、辞意を表明していた鈴木、三井、東、樋高は慰留に対し、辞表を撤回し、その職務を続けることとなった。

この中央政界の動きを後目に、地方でも大きな動きが起こっていたのであった。六月四日に、大阪府議会で議員定数を一〇九から八八へと二一議席削減する条例改正案を可決した。これは議員定数の二割削減という全国でも最大規模のものであったといえる。この削減案は「大阪維新の会」によって提案され、単独過半数を占める維新の賛成で、実質的に可決されたのであった。この審議では府議会の公明党、自民党、民主党は継続審査を要求していたが、維新に押し切られた形となった。政権与党、民主党不在の地方政治の動きはさらに続き、六月五日には、東日本大震災後の被災地の初めての知事選である青森県知事選において、野党である自公推薦の三村申吾《みむらしんご》が三選を果たした。こうして民主党の求心力は、加速的に弱まっていったのであった。さて、沖縄の問題は、政権発足以来ずっと民主党を中心とする政権のネックとなっていたが、六月六日に、米国防総省のラパン副報道官は、海兵隊の新型輸送機MV22オスプレイを二〇一二年後半に普天間飛行場へ配備することを正式に明らかにした。これは現在のCH46輸送ヘリを二〇一二年後半に置き換えることに伴うものであった。こうした米国側の発表は、沖縄県民の心にどう響いたであろうか。想像にあまりある。

さて、永田町も静寂を保っていたわけではなかった。六月一三日に、民主党は、同日の役員会で二日の内閣不信任決議案の採決を欠席した党所属衆院議員一五名のうち小沢一郎元代表を含む八名（小沢一郎、田中真紀子、内山晃、岡島一正、太田和美、笠原多見子、川島智太郎、三輪信昭）を党員資格停止三カ月の処分とする方針を決めたのであった。このうち小沢元代表については、すでに政治資金規正法違反事件で強制起訴されたことを理由として、裁判の判決確定まで党員資格停止処分を受けている中であり、事実上の追加処分はないということになる。また、さらに採決を欠席した当選一回の五名（石原洋三郎、金子健一、木内孝胤、黒田雄、瑞慶覧長敏）は厳重注意に、欠席理由として医師の診断書を提出した二名（古賀敬章、三宅雪子）については処分なしとする方針を決めた。実質的に小沢の処分がない一方で、他の人間には処分を与えるという方針は、民主党内部における小沢グループの分断策と理解できないこともない。そしてこれは二四日の常任幹事会で、正式決定されることとなった。

民主党の動揺

さらに、民主党の動揺、迷走は続いた。六月一八日には、海江田万里経済産業大臣が、原発再稼動を促す発言を行うことで、実質的に国内原発の「安全宣言」を行った。そして六月一九日には、菅首相も、浜岡以外の原発の再稼動を容認する姿勢を見せた。また六月二〇日には、復興基本法が成立し、これによって「復興庁」「特区」を創設し、政府は復興への努力を示していたものの、こうした政府の再稼働方針に対して地方では、六月二一日に西川一誠《にしかわかずみ》福井県知事が原発再稼動を認めない旨の発言を行うなど、民主党政権との立場の乖離を見せていた。さて、六月二五日に、五百旗頭真《いおきべまこと》神戸大学名誉教授を議長とする東日本大震災復興構想会議は、復興ビジョン「復興への提言――悲惨の中の希望」をまとめ「防災から減災」を提言し、そこで財源を増税とすることを明記したのであった。さらに六月二七日に、復興担当大臣と原発担当大臣の新設を受け、政府は復興相に松本龍、原発相に細野豪志を任命した。これと同時に蓮舫行政刷新相が退任し、松本の兼務していた環境相は江田五月法相が兼務になり、枝野幸男は、官房長官、沖縄・北方相とともに行政刷新相を兼務することとなった。また、内閣府副大臣に平野達男、内閣府政務官に阿久津幸彦をあてたのであった。さらに政府は六月二日の内閣不信任決議案採決を棄権して民主党員資格停止処分を受けた内山晃総務政務官に電話で辞任を求め、後任の総務政務官に自民党から浜田和幸をあてることとした。また、蓮舫と亀井静香は首相補佐官となった。さらにこれを受け、馬淵澄夫首相補佐官が退任することになった。

有権者にとっては、退任表明までしている菅内閣のこの行動は、内閣の延命のためのなりふりかまわぬ人事権の行使と映ったのかもしれない。与党民主党連立内閣に加担することになった野党自民党の浜田は、七月五日の自民党党紀委員会で除名処分となった。さらに自民党では、国会会期延長の衆院本会議採決で党議拘束に反し賛成した河野太郎、岩屋毅の両衆院議員を、一年間の党役職停止処分とした。こうして震災復興の「道筋」がつくまでといって、短期での辞任を示唆した菅内閣の存続は、国会内の与党のみならず野党にも大きな軋轢を残すものとなった。

震災復興に関しては、六月二八日に、東日本大震災復興対策本部が初会合をもった。これは復興基本法に基づくものであった。これにより、緊急災害対策本部、原子力災害対策本部とあわせて震災対応が三本部制になったことになる。しかしながら、これは、それぞれの権限、さらには上下関係が必ずしも明示的ではなく、復興への方途において少なからず混乱をきたす可能性もあったのではないだろうか。

こうした民主党の迷走は、さらに地方でも大きな影響を与え、七月三日の群馬県知事に自民党、公明党、みんなの党推薦の現職の大沢正明《おおさわまさあき》が再選を果たした。この選挙において民主党は自主投票となり、政権与党の存在感をまったく示すことができなかった。地方における民主党の退潮は、非常に深刻なものとなっていた。こうした地方における民主党の退潮ぶりは、さらに七月五日に、松本龍復興相が、七月三日の被災地での不適切な発言から引責辞任に追い込まれることで、拍車をかけた。その後任に平野達男副大臣があたることとなった。これは、就任から九日目の交代であり、菅内閣の求心力は、内閣の人選を入れ替えたところで、ますます失われる結果となった。

こうした民主党連立政権の混乱の中で、七月一三日に菅は、官邸の記者会見で突如として脱原発を明言し、政権の政策の修正を試みたのであった。また同日に秋田市で開かれていた全国知事会議は、東日本大震災の「復興対策に迅速に取り組む」「福島第一原発事故の早期収束と安全対策の確立」「被災者支援の充実・強化」「地域防災対策の強化」の四テーマにわたる復興提言を提起したのであった。震災に続く原発事故の残した大きな爪痕、そのあまりにも大きな影響に、国も地方もその方向性を模索し続けていたのであった。

菅首相退陣をめぐる攻防

さて、七月二〇日に、九党に政党交付金が、総額で七九億円交付された。これは共産党以外の政党に交付され、内訳は民主党四二億六四七万円、自民党二五億二八六七万円、公明党五億六八八三万円、みんなの党二億七九〇七万円、社民党一億九〇五七万円、国民新党九八九二万円、たちあがれ日本四九一四万円、新党日本三三九三万円、新党改革二九八五万円という額であった。これは、各党としては、来る総選挙をにらんだ貴重な軍資金となるものであった。

ところで菅首相の退陣三条件として、二〇一一年度「第二次補正予算」案、「再生エネルギー特別措置法」案、「特例公債法」案が考えられたが、このうちの第二次補正予算案が、総額一兆九九八八億円で七月二五日に可決した。こうして菅の退陣への条件は徐々に整っていった。菅内閣はその任期のうちで、民主党に何を残そうとしていたのであろうか。

八月四日には、二〇〇九年衆院選の民主党の重要公約であった「子ども手当て」が二〇一二年度から廃止され、代わりに児童手当を拡充して復活することで、民主党、自民党、公明党の三党の幹事長・政調会長が正式に合意した。こうして民主党の政策的な成果も、実を十分に上げられないまま、政策内容は、菅内閣のもとで大きく変質し始めていったのであった。菅の指導力はこうして徐々に失われていった。さらに、八月二六日には、退陣三条件の再生可能エネルギー固定価格買取りの「再生エネルギー特別措置法案」と赤字国債の発行を認める「特例公債法案」が成立した。これで菅の退陣三条件が揃ったことになる。つまり、これで菅政権が続投する必要はまったくなくなったと言ってよかった。そこで民主党では次のリーダーの選出への動きが本格化した。同日の菅の退陣の正式表明に合わせて、代表選は走り出すこととなった。

ついに八月二七日に、民主党代表選が告示された。この代表選には、前原誠司前外相、馬淵澄夫前国土交通相、海江田万里経済産業相、野田佳彦財務相、鹿野道彦農相の順に、民主党の代表選としては過去最多の五人が立候補を届け出た。任期途中の代表の辞任には、国会議員だけで代表を選出することとなっていた。そこで、民主党所属の国会議員である衆院三〇一名、参院一〇六名の計四〇七名の国会議員のうちで、党員資格停止処分中の小沢一郎元代表ら九名以外の三九八名が投票資格をもっており、その中の多数決工作が勝敗のカギを握った。小沢と鳩山のグループは海江田を支持することとなり、鹿野は中間派に支持を求め、馬淵は若手を中心として支持の拡大を試み、野田は岡田の支援を受け、そして前原は中堅、若手への浸透を図るなど、それぞれのアプローチで票の拡大を図った。

結果として、八月二九日に、民主党両院議員総会で野田を新代表として選出した。代表選に立候補した五名は誰もが絶対的に強いわけではなく、第一回投票では決着がつかないことが予想されていた。そこで、第一回投票で一位と二位になり決戦投票に残った候補に、三位以下の負けた候補の票がどのように乗っていくかが焦点となった。結果として、第一回目投票では投票総数三九五票に対して、海江田一四三票、野田一〇二票、前原七四票、鹿野五二票、馬淵二四票となり、過半数に届いた候補者がいなかったために、続いて決選投票が行われた。海江田、野田の決選投票で野田が二一五票、海江田が一七七票、無効票三票となり、野田が代表に選ばれた。この決選投票では、小沢とは一線を画す姿勢を見せる候補の多かった三位以下の票の行方が票を分けたといえよう。

この野田の代表選出を受けて、八月三〇日に菅が首相を辞任し、菅内閣が総辞職した。これにより菅は、「早期の」辞意表明から三カ月の政権運営を終えた。これは首相の「退陣三条件」が整ったことが理由であった。自分の辞任について条件を付した首相は、日本の政治の中では、かなり異例なものといえたのではないであろうか。

野田は、衆参両院本会議で首相指名を受けて第九五代、六二人目の首相に就任した。野田の組閣は九月二日以降であり、それまでは憲法七一条の規定によって「職務執行内閣」として菅内閣はその職務を継続することとなった。野田はまずは党役員人事について、幹事長に輿石東《こしいしあずま》参院議員会長、政調会長に前原誠司前外相、国会対策委員長に平野博文元官房長官、幹事長代理に樽床伸二《たるとこしんじ》衆院国家基本政策委員長を起用することとし、党内の基盤固めを試みた。

2　野田内閣発足と地方政治の変動

新政権が直面した課題

二〇一一年九月二日に、民主党、国民新党の両党による野田内閣が発足した。これで正式に、菅内閣は総辞職した。これは二〇一〇年六月八日の発足から一年三カ月、その間、衆参のねじれを生んだ参院選、統一地方選、さらには東日本大震災の生起を含んだ在位四五二日の終焉であった。この野田内閣は、この時点では第一に、党内の融和に配慮した政権運営を目指したのであった。

しかし、新内閣のすべりだしも必ずしも順風満帆ではなかった。発足直後の九月八日に、野田首相との福島県視察を終えた鉢呂吉雄《はちろよしお》経済産業大臣が、記者団に「放射能をつけちゃうぞ」と発言し、続く九日に、東京電力福島第一原子力発電所の周辺市町村について「死のまち」と表現するなど、その問題は拡大した。結果、野田は、これを強く問題視する結果となった。この不適切な言動の責任を取り、鉢呂大臣は一〇日に辞任することとなった。しかし、これは原発を所管する重要閣僚の辞任という波乱の幕開けとなった野田政権の、今後を示唆するような出来事であった。政府は九月一〇日夜の持ち回り閣議で、一一日付で藤村修官房長官が経済産業大臣の臨時代理に就くことを決定した。これで、二〇〇九年の民主党政権発足後、辞任・罷免になった閣僚は、柳田稔法相、松本龍復興担当相などに続き七人目となったことになる。結果、九月一二日に枝野幸男前官房長官を経済産業大臣にあてることを内定し、政権発足直後の重要閣僚の辞任という事態の収拾を図ったのであった。

さて、九月一三日に、第一七八回臨時国会が開会した。同日、首相の所信表明演説が行われた。この中で野田は、東日本大震災の復旧・復興と日本経済の建て直しを政権の最優先課題とした。これは、〇九年一〇月二六日の鳩山首相（当時）の「戦後行政の大掃除」、一〇年六月一一日の菅首相の「強い経済、強い財政、強い社会保障」とは大きく異なるものであった。そして、野田は「正心誠意」というキャッチフレーズで、地味ではあるが着実な成果を目指し、野党と協調を目指し、「税と社会保障の一体改革」案の次期通常国会への関連法案提出を目指すといった姿勢を強調した。国会は、九月一六日、同日までの今国会の会期を一四日間延長し、三〇日までにすることを全会一致で議決した。これは、東日本大震災の本格的な復興策を盛る第三次補正予算編成などをめぐる与党と野党との政策協議を求めるものであった。ここに、ねじれ国会に配慮せざるを得ない状況が存在した。さらに、野田は九月二一日に、ニューヨークの国連本部でバラク・オバマ大統領と初めて会談した。この席で首相は、大統領に米軍普天間飛行場を名護市辺野古に移す日米合意の履行を示した。対する野党は九月三〇日に、自民党は臨時総務会で、政調会長に茂木敏充《もてぎとしみつ》、総務会長に塩谷立《しおのやりゅう》を起用することを決定し、石原伸晃《いしはらのぶてる》を幹事長として留任させ新体制を発表したのであった。

そして一〇月二〇日に、第一七九回臨時国会が召集された。一〇月二八日に野田は就任後二度目の所信表明を行った。そのなかで復興増税への理解を求めるなど、基本的には九月の最初の所信表明と同様であったとみることができよう。これに対し、三一日から始まる各党の代表質問において自民党の谷垣禎一総裁は、首相に早期解散を迫ったのであった。さらに一一月五日には、現職の議長である西岡武夫参議院議長が死去した。これにより一〇日に、二〇〇七年参院選比例代表の選挙会は、民主党の名簿順位に従って、はたともこの繰上げ当選を決定した。そして、一四日に平田健二民主党参院幹事長を議長として選出した。生前に西岡は、七つの政党を渡り歩き、そこで幹事長などの要職を歴任したと述べたことがあるが、その西岡の死去は、激動する日本の政治の一つの時代の終わりを象徴していたのかもしれない。

外に目を転じてみるならば、一一月一一日に、野田は、環太平洋貿易パートナーシップ協定（TPP）交渉に参加する方針を表明した。このTPPは二〇〇六年五月に発効したシンガポール、ニュージーランド、チリ、ブルネイよりなる自由貿易協定が拡大したものであり、アメリカ、オーストラリアなども経済連携に関して参加を表明しているものであった。この参加の是非については、当時、国内で議論があったものの、最終的に首相はハワイにおいて、一二日の日米首脳会談、そして一三日に開かれたアジア太平洋経済協力会議（APEC）の首脳会議で、改めて参加の意思を表明した。TPPについて、積極的に日本の首相が発言を行ったことは、日本の今後の外交政策に大きなインパクトを与えるものであった。

地域政党の胎動

新たな内閣が船出して、大きく日本政治が変化していったのと並行して、地方でも大きな変動が存在したのであった。一〇月二二日に、橋下徹大阪府知事が、辞職願を提出し、大阪都構想を進めることを理由として大阪市長選への出馬を表明した。これを受けて大阪府選挙管理委員会は次期知事選を一一月一〇日告示、二七日投開票と決め、知事選と市長選とのダブル選が確定したのであった。また一一月一四日に、東日本大震災で統一地方選から延期されていた宮城県議選、二〇日には福島県議選が行われた。それぞれ投票率は、四一・六九％と四七・五一％と過去最低を更新したのであった。これは当時の政治の手詰まり感を表していたとしか考えられないのではないだろうか。そして一一月二一日に、東日本大震災からの本格復興に向けた総額一二兆一〇二五億円の二〇一一年度第三次補正予算が可決・成立した。また三〇日には、復興財源確保法などの関連法案も成立したのであった。そして一一月二七日に、大阪で、大阪府知事選と大阪市長選の「大阪ダブル選挙」が行われ、即日開票の結果、大阪市長選には地域政党「大阪維新の会」公認の同党代表で前大阪府知事の橋下、大阪府知事選には同じく地域政党「大阪維新の会」公認で同党の幹事長であり、前大阪府議の松井一郎が、それぞれ初当選した。この選挙では、府と政令市との二重行政の無駄を廃し、大阪府と政令市である大阪市、堺市の両市を再編する「大阪都構想」や、教育への政治の関与を認める教育基本条例案などが焦点となった。

大阪市長選において橋下は、現職の平松邦夫（民主府連支援、自民府連支持）を、大阪府知事選においては松井は、前大阪府池田市長の倉田薫（民主府連支援、自民府連支持）、弁護士の梅田章二（共産推薦）など六人の候補を破って当選を果たした。これらの地域政党の候補者に対して、全国政党である民主党、自民党、共産党などの対立候補はまったく勝利することができなかった。市長選の投票率は、府知事選と同日でもあり、六〇・九二％で、前回の四三・六一％を大きく上回り、一九七一年（六一・五六％）以来の高い投票率となった。また府知事選も五二・八八％と前回の投票率四八・九五％を大きく上回るものであった。橋下は戦後の大阪市長では四二歳と最年少であり、また知事から政令市長に就任するのは全国でも初めてであった。こうした大阪における橋下の新しい試みは年明けも続き、二〇一二年二月二八日に開かれた大阪市の定例市議会で、国歌起立条例という市立学校の教職員に国歌斉唱時の起立を義務付ける条例案を可決・成立させた。また三月二三日には、府議会において大阪府の「教育行政基本条例案」と「府立学校条例案」という教育行政への政治関与を強化する条例案と、「職員基本条例案」という職員の処分を厳格化する条例案が賛成多数で可決、成立し、四月一日から施行されることとなった。

さらに、それに先立つ二月一三日には、衆院選向けの公約集「船中八策」をまとめたことを発表した。この中では、橋下の持論の「決定できる民主主義」に基づき、統治機構の変革、行財政改革、公務員制度改革、教育改革、社会保障制度改革、税制を含む経済政策、外交・防衛、憲法といった八つの領域において政策を展開した。その同日、二月一三日には地域政党大阪維新の会が三月に開講予定である維新政治塾に、三三二六名が応募し、当初想定した一〇〇〇名を大幅に上回ったことを発表した。その中には民主党の当選一回の衆議院議員高橋昭一（衆院兵庫四区）がいたことも明らかとなり、その求心力の高さを示したのであった。三月一〇日には、二月に示した「維新八策」の骨格を一部修正し、大阪維新の会は政策へのたたき台を作成した。後にこのたたき台は地方議員を集めた全体会議で発表された。この中身は、憲法九条についての国民投票、最低生活保障制度の創設などを新たに盛り込んだものであった。これについては、三月二四日に開講する維新政治塾や党内での議論を続け、六月を目途として、最終案をまとめるとされた。

しかしながら、この橋下の試みがすべて思惑通りに展開していたわけではない。二〇一二年二月三日に、大阪都構想実現への大阪府と、大阪府内の二つの政令市（大阪市・堺市）との協議会をめぐり、堺市の竹山修身《たけやまおさみ》市長は、大阪都構想からの堺市の離脱を正式に表明した。これに対して同日、松井知事は二〇一三年一〇月に任期満了を迎える堺市長選について、地域政党大阪維新の会として独自候補を擁立し、大阪都構想を有権者に問う考えを示唆していた。この大阪都構想への準備は、大阪府の側では着々と行われており、二〇一二年三月二四日には大阪都構想の制度設計をする「大都市制度推進協議会」設置条例案も府議会で可決されていた。

民主党の政策変容・地域政党の政策実現

国政に目を転じると、九月三〇日に総務省が、二〇一〇年分の政治資金収支報告書を公表した。この中で民主党が初めて、収入・支出ともに自民党を上回る結果となった。この額は、参院選もあった二〇一〇年時点での政権与党としての民主党の姿を描き出すとともに、野党となった自民党の凋落ととらえる向きもあった。しかしながら、首位であったことと、二〇一〇年の衆参のねじれを生み出すことになった参院選、そしてとくに東日本大震災以降の民主党の政策実践にまつわるパフォーマンスとのギャップに思いを馳せることも可能であった。

その東日本大震災からの復興については、一二月七日に復興特区法が成立した。これは東日本大震災の被災地への規制緩和や優遇税制で支援するものであった。さらに一二月九日に、復興庁設置法が成立した。民主連立政権は、被災地の復興を着々と進めていたように見えるが、しかしながら、被災地の住民の多くからは、必ずしも実感として復旧、復興が進んでいるとは思ってはいないという声も聞かれた。これをみても、民主連立政権の政策実践は、非常に難しいものとなっていた。さらに一二月二二日に、八ッ場《やんば》ダムの建設再開を前田武志国土交通相が表明した。これは政権交代選挙であった二〇〇九年の衆院選マニフェストの中の「コンクリートから人へ」といったスローガンの象徴的な存在であり、政権交代後の二〇〇九年九月一七日に当時の前原国交相が建設中止を宣言したものであった。こうして民主党が政権交代選挙時の二〇〇九年衆院選マニフェストで掲げた目玉政策は、この八ッ場ダムを含め、高速道路無料化、議員定数削減など、軒並み撤回されていったという印象を、有権者に強く与えるものであった。そして二三日には、野田首相、輿石幹事長、前原政調会長の三役会議において、八ッ場ダムの建設再開を民主党は正式に決定した。

そうした民主党と対照的に、地域政党はその政策の実を上げていった。一二月二二日には、名古屋で個人、法人の市民税を一律に五％減税するという条例案が、臨時市議会本会議で可決され、成立した。この条例の原案は、市長の公約に基づく一〇％であったが、反発する議会に譲歩して、七％、そして五％へと、二度にわたる修正を経て引き下げることとなった。この期限を決めない住民減税の条例案は異例のものであった。もちろん、選挙で公約した政策どおりではなかったとはいえ、後に第三極へと繋がる地域政党が、政策実現を行っていくという印象を与えるものであったのではないか。

3　増税と与党内部における分裂への序章——国民新党と民主党

続く民主党内の内紛

政権与党でありながらも、求心力を増すどころか、民主党の内紛は依然としてくすぶり続けた。この民主党内の火種は、年も押し迫った二〇一一年一二月二八日に、野田の消費増税に反発し、民主党の衆院議員内山晃などの九議員が離党届を提出することとなり、顕在化した。そして明けて二〇一二年一月四日に、これらの離党議員は総務省に「新党きづな」の結成を届け出た。新党きづなには、内山晃（千葉七区、当選三回）、豊田潤多郎（比例近畿、当選二回）、渡辺浩一郎（比例東京、当選二回）、石田三示（比例南関東、当選一回）、小林正枝（比例東海、当選一回）、斎藤恭紀（宮城二区、当選一回）、中後淳（比例南関東、当選一回）、三輪信昭（比例東海、当選一回）、渡辺義彦（比例近畿、当選一回）の九名の衆院議員が参加することとなった。また、それと並行して、かつて民主党を離党した議員を含める形で、一二月二八日には、新党大地代表の鈴木宗男元衆院議員は新党「新党大地・真民主」の設立を総務省に届け出た。この新党大地・真民主への参加議員は、衆院議員では無所属の松木謙公（北海道一二区、当選三回）、石川知裕（北海道一一区、当選二回）、新党大地の浅野貴博（比例北海道、当選一回）、参院議員は民主党に離党届を提出した横峯良郎（比例、当選一回）、無所属の平山誠（比例、当選一回）らであった。そして、一月五日には総務省に「新党大地・真民主」への変更を届け出た。この動きに対して一月一二日に民主党は役員会で、新党大地に参加する一〇名（内山、豊田、渡辺、石田、小林、斎藤、中後、三輪、渡辺の衆議院議員と、参議院議員では横峯）を除籍にすることに決定した。これら民主党にかつては所属した小沢グループを中心とした、年末に駆け込み的に結成された政党の将来への展望は、必ずしも明るいものとは言えないものがあった。しかし、こうした動きは、さらなる民主党からの潜在的な離党者に、まったく影響を与えなかったとは考えられない。そして中央政界における動きは、民主党の分裂だけではなかった。第三極のみんなの党は、一二月二八日に党大会を開き、大阪維新の会との連携を前面に打ち出すなど、その党勢の拡大に意欲を見せていた。

　こうした動きを横目で見ながら、二〇一二年一月一三日に野田改造内閣が発足した。これは、一川保《いちかわやす》夫《お》防衛大臣と山岡賢次国家公安委員長に、二〇一一年一二月九日に参院で問責決議が可決されていたため、野党が両閣僚の関係する国会審議に応じない構えをみせたことに対し、両閣僚を交代させることによる打開策を模索して、内閣改造に踏み切ったものであった。この両氏以外にも、蓮舫行政刷新大臣、平岡秀夫法務大臣、中川正春文科大臣は退任し、合計で五閣僚を交代させる内閣改造であった。各役職について、新任としては、田中直紀を防衛大臣に、松原仁を国家公安委員長に、小川敏夫を法務大臣に、平野博文を文科大臣にすえ、岡田克也前民主党幹事長を副総理兼一体改革・行政改革大臣に迎えた人事を行った。また、党の役員でも城島光力《じょうじまこうりき》を国会対策委員長として新三役に加えたのであった。そして、一三日の初閣議で、二〇一二年を「日本再生元年」と位置づけ、東日本大震災の復旧、日本経済の再生に取り組むとともに、社会保障と税の一体改革の実現などにも言及する内閣の基本方針を決定したのであった。

また一月一七日には、総務省は二〇一二年分の政党交付金を一一政党が届け出たことを発表した。民主党は政権交代以降、二〇一〇、二〇一一年に続き三年連続の首位であったが、離党者が続出しているために交付金が減少しており、前年からは三億円以上の減額となっていた。配分としては、民主党が一六五億四〇〇〇万円、自民党が一〇一億五四〇〇万円、公明党が二二億七九〇〇万円、みんなの党が一一億一八〇〇万円、社民党が七億六三〇〇万円、国民新党が四億四二〇〇万円、新党きづなが二億七〇〇〇万円、たちあがれ日本が一億七三〇〇万円、新党日本が一億三六〇〇万円、新党改革が一億一九〇〇万円、新党大地・真民主が一億一五〇〇万円といった額を交付される予定となっていた。年末に、政党助成金の対象となる資格を取得した新党きづな、新党大地・真民主は、この助成金狙いの行動ではなかったのかという批判もされたが、それほど、政党に対する公費の助成は大きいものと考えられていたことを、この政党交付金は示していたと考えられる。

一月二〇日には、社民党の福島瑞穂が、二〇日告示の社民党党首選に無投票で五選となることが決定した。社民党内部では、阿部知子《あべともこ》政審会長が福島の対立候補擁立に動いたが、必要な国会議員四人の推薦を集められず、対立候補が擁立されなかったという経緯がある。これは社民党内の亀裂を深めていくものであった。一九九六年に社会党から党名変更した後の党首選では、これまで無投票が九回連続で続いていた。福島と阿部をめぐる、この社民党の党内対立は、続く幹事長を選ぶ役員選挙にももつれ込んだのであった。重野安正《しげのやすまさ》幹事長のポストを巡って、福島瑞穂党首に批判的な阿部、照屋寛徳《てるやかんとく》国対委員長が党勢衰退の責任を重野に問うことで、阿部、照屋に近い服部良一国体副委員長が役員選挙に立候補する展開となった。これにより、党名変更後初の選挙を社民党は実施し、二月二五日の党大会で重野が幹事長に再任されることで一応の落ち着きを見せた。しかしながら、この阿部の動きは、社民党内部に大きなしこりを残すものであった。

こうした動きのなかで一月二四日に、第一八〇回通常国会が召集され、野田は就任後初の施政方針演説を行った。そこで「決められない政治」から脱却することを掲げ、今国会で消費増税法案の成立を目指す決意を強調した。この国会で、二月八日に、二〇一一年度第四次補正予算が成立した。総額二兆五三四五億円であり、東日本大震災被災者の二重ローン対策、円高、エコカー補助金、タイの洪水で影響を受けた中小企業の資金繰り支援策をその中に盛り込んだ内容となっていた。補正予算が四次にわたるのは一九四七年度以来であり、異例のことといえ、東日本大震災の爪痕の大きさが明らかとなる結果となった。続いて二月一〇日には、復興庁が発足し、東日本大震災からの復興政策の司令塔が設立された。設置期間は、震災から一〇年後の二〇二一年三月末までであった。初代復興大臣には平野達男震災復興担当大臣が就任した。また、平野の兼務していた防災担当大臣に中川正春前文部科学大臣をあて、さらに中川は、岡田副総理の兼務していた少子化対策、男女共同参画、「新しい公共」も担当することとなった。これらは野田内閣の復興への強い姿勢を鮮明にする目的があったが、それがはたしてどれほどの効果を発揮するかは疑問視する向きもあった。それほど、民主連立政権の政策実現力には、有権者は冷ややかであったということもいえよう。

野田政権が直面した難問

こうした永田町の動きがあった一方で、地方においては二月一二日に、米軍普天間飛行場が設置されている沖縄県宜野湾市長選は、二月一二日に投開票され、普天間の県外移設を訴えた新人の前県議の佐《さ》喜真《きま》淳《あつし》が、元市長の伊波《いは》洋一《よういち》を下して初当選した。投票率は六三・九〇％であり、県知事選と同日であった前回市長選を三・二三ポイント下まわった。確定得票数は佐喜真が二万二六一二票、伊波が二万一七一二票と、九〇〇票という僅差の勝利であった。この勝利の背景には、強硬な反基地派の伊波が、二〇〇三年に初当選して以来、新基地建設反対を訴えており、それによって普天間を固定化させたという不満が、宜野湾の有権者にあったという。それに対して佐喜真は基地の「固定化の断固阻止」に軸足を置いていたのが勝因であったと考えられ、選挙では仲井真《なかいま》弘多《ひろかず》知事に全面的な支援を受けていた。これを受けて、二月二六日に野田が首相就任後初めて沖縄県を訪問し、二七日には仲井真と県庁で正式に会談し、普天間飛行場の名護市辺野古への移設について理解を求めるという展開となった。鳩山内閣以来、民主党にとって、沖縄の基地問題、とくに、この普天間飛行場の問題は、常に懸案事項として重くのしかかっていたことを象徴しているととらえることもできよう。

野田内閣の懸案事項は、沖縄問題だけではなかった。高齢化していく人口に対する社会保障スキームの構築と、財政の健全化という二つの懸案事項を抱えてもいた。そこで政府は、二月一七日の午前の閣議で、社会保障・税一体改革大綱を決定した。これにより消費税率を二〇一四年四月に八％、一五年一〇月に一〇％まで引き上げることを決定し、野田は与野党協議について野党への呼びかけを強めたのであった。最終的に、三月三〇日に、政府は消費増税法案を閣議決定した。これは消費税を二〇一四年四月に八％、一五年一〇月に一〇％にする内容であった。これに対して国民新党は分裂状態になり、国民新党の亀井静香代表は法案に反対し、連立を解消する意向を閣議に先立ち野田に伝えたが、自見《じみ》庄三《しょうざぶ》郎《ろう》金融大臣は、下地幹郎《しもじみきお》幹事長、中島正純と連立維持を再確認する動きに出て、自見は閣議に出席するといった、対応の分かれる結果となった。また、民主党内でも小沢元代表が反対の意向を表明し、小沢に近いグループが政務三役や、党役職の辞任を検討するなど、波乱含みの動きとなった。こうした動きの中、政府は三月三〇日の午後に、消費増税法案を衆院に提出した。この消費増税にまつわる法案が国会に提出されたのは、九四年に村山内閣が三％から五％へと引き上げる税制改革関連法案を提出して以来のこととなる。三〇日夜に、小沢元代表に近い黄川田徹《きかわだとおる》副総務大臣ら四人は、消費増税法案の閣議決定に抗議して副大臣、政務官の辞表を提出し、さらに元代表に近い議員も党の役職の辞表を提出、ないし辞意を伝えた。これに対して民主党の輿石幹事長は慰留に努める考えを示すという事態となり、政府与党は大きく動揺することとなった。

続く三月三〇日に、二〇一二年度予算が三月末までの年度内に成立しないことを受け、暫定予算が成立した。そして、この暫定予算は一九九八年度以来一四年ぶりの成立というものであった。年度をまたいで、四月五日に二〇一二年度予算が成立した。そこにおいては、九〇・三兆円の一般会計総額ではあるが、東日本大震災の復興経費については新設の特別会計に計上されているため別枠として扱われていた。そのため、実質的な歳出総額は九六・七兆円と過去最大のものとなっていた。また、一般会計歳入に占める国債割合も四九％と過去最大の数字であった。こうした国会の動きの中で、連立与党の一角を占める国民新党は、同日、四月五日に、連立離脱を表明した亀井静香代表、亀井亜紀子政調会長を解任する決定を連立維持派六人が行った。それにより新代表に自見、政調会長に浜田和幸外務政務官をあて、下地は留任となった。しかし、党規約には代表を解任する直接的な規定はなかった。四月六日、国民新党は自見への代表変更を総務省に届け出て受理され、野田と官邸で会談し連立政権の維持を確認した。これに対して亀井静香、亀井亜紀子の両名は、ともに国民新党からの離党を表明した。

国際・国内の課題と野田政権

民主連立政権に動揺を与えていたのは、こうした永田町の動きだけではない。四月一三日に、北朝鮮は、長距離弾道ミサイルの発射を強行し、結果として日本上空に到達せずに失敗するという結果となった。これに対し、政府内での情報の共有や発信が不適切だったと認める報告書を四月二六日に発表した。これにより、国民は野田政権の危機管理能力を疑問視する結果となった。さらに、国際関係と関連して、地方から国への揺さぶりも行われていた。四月一六日に、ワシントンを訪問していた石原慎太郎都知事が、沖縄県の尖閣諸島の一部を都が購入することで、民間の土地所有者と基本的に合意したことを明らかにしたのであった。これはまた、民主党内閣に対する新たな火種を予感させるものであった。さらに、ねじれ国会の政権与党がコントロールできなくなっている参議院の方からも、政権に対する揺さぶりは続いた。四月二〇日の午前の参院本会議で、前田武志国交相と田中直紀防衛相に対する自民党、みんなの党、新党改革によって共同提出された問責決議が、すべての野党の賛成によって可決された。これで、民主党連立政権が成立して以来の閣僚の問責決議可決は、二〇一〇年一一月の仙石由人官房長官、馬淵澄夫国交相、二〇一一年一二月の一川保夫防衛相、山岡賢次国家公安委員長と合わせて六名となった。

こうした野田政権に対する難問の山積は、総選挙が近い可能性を予感させるものでもあったのかもしれない。それに備えて、徐々にいくつかの動きが起こりつつあった。まず、四月二一日に、地域政党「減税日本」が主催する「河村たかし政治塾」が、東京都千代田区で開講し、約二〇〇名が参加した。二八日には名古屋市でも行い、次期衆院選の候補者の発掘に力を入れることとなった。さらに、四月二六日に、小沢一郎民主党元代表の資金管理団体「陸山会」の土地購入をめぐり、市民を構成メンバーとする検察審査会の判断によって、政治家として始めて強制起訴された小沢被告について、問われていた政治資金規正法違反（虚偽記入）の罪に関して、「故意や共謀を認めることはできない」として無罪の判決が下された。これにより、法的には小沢をこの件で批判することはできなくなり、小沢の復権もささやかれるようになった。小沢が復権することになると民主党内の党内パワーバランスにも当然影響を及ぼすものと考えられた。場合によっては、野田の党運営にも暗雲をもたらすものであった。野田は、政権の成否を粛々と政策を実現することにかけていた。そこでの野田の最大の政策課題は「社会保障と税の一体改革」であった。そもそも小沢は、増税に反対する姿勢を見せていた。また、その増税に繋がる政策を国民に強いるために、その政策を決定する国会議員も痛みを共有すべきだという議論も存在した。それに対応するために、四月二七日に、議員歳費削減特例法が成立し、二年間で国会議員の歳費を一人当たり約五四〇万円削減する臨時特例法が可決、成立した。この小沢の無罪と、増税の問題は後に民主に大きな影響を与えるものであった。

野田は、積極的に政策を進める努力を行った。四月三〇日、日本時間では五月一日であるが、野田はホワイトハウスでオバマ大統領と会談し、「未来に向けた共通のビジョン」と題された共同声明において、日米同盟を「アジア太平洋地域の平和と経済的繁栄に不可欠」と発表した。民主党政権で初の公式訪米であり、日米共同声明は二〇〇六年以来の六年ぶりのことであった。アジア太平洋地域の安全保障を重視するのは、中国の軍拡を念頭に置いたものであった。

4　小沢の復権と民主党の分裂——新党の形成

消費増税をめぐる民主党党内分裂

小沢の復権は、ついに民主党においても認められることとなった。二〇一二年五月八日に、民主党は常任幹事会において、政治資金規正法違反事件で無罪判決を受けた小沢一郎元代表の党員資格停止処分の解除を、五月一〇日付で行うことを正式に決定した。これは、無罪が確定したわけではないため党内においては慎重な意見もあったが、輿石が押し切った形となった。党内融和に心を砕く輿石は、党執行部と小沢グループの関係の修復に苦心していたのであった。しかしながら、この輿石の配慮は、小沢に甘い、そして日和見的であるという評価すら、民主党の中で招くものでもあった。

そして、五月一五日に、一九七二年五月一五日に沖縄の施政権が米国から日本に返還されて以来、沖縄は本土復帰四〇周年を迎えた。先立つ四月には、改正沖縄振興特措法が施行され、国ではなく県が沖縄振興計画を策定することとなった。沖縄県宜野湾市での本土復帰記念式典を五月一五日に行い、野田は米軍基地の負担の早期軽減を表明し、仲井真知事は普天間の県外移設と早期返還を述べ、沖縄の抱える問題を浮き彫りにさせたのであった。しかし、沖縄の米軍基地はいまだに二二九平方キロもあり、全国の米軍基地の七三・九％が沖縄に集中していた状況は大きく変わってはこなかった。この式典では、沖縄における米軍基地問題の解決が遠いことのみが印象づけられる結果ともなった。

続く五月三〇日に、野田は小沢元代表と会談し、この席で小沢は、消費増税に対して反対する考えを野田に対して示したのであった。これは民主党内をまとめなければならない野田にとっては、前途多難なことを暗示する発言であった。そうした中で、六月四日に、野田は第二次野田改造内閣を発足させた。参院で問責決議を受けた二閣僚を含む五閣僚を交代させた。森本《もりもと》敏《さとし》拓殖大学大学院教授を民間から防衛相に起用、国民新党の松下《まつした》忠洋《ただひろ》復興副大臣を金融・郵政相に、国土交通相には羽田《はた》雄一郎《ゆういちろう》参院国会対策委員長、農林水産相には郡司《ぐんじ》彰《あきら》元農水副大臣、法相には滝《たき》実《まこと》法務副大臣といった手堅い布陣であった。これは現職の副大臣であった松下、滝、さらに副大臣経験者の郡司といった経験の豊富な人間を閣僚としてすえることを目指した人事であった。この内閣改造は、自民党との消費増税法案についての修正協議をにらんだ「環境整備」と一般的には考えられた。すなわち、ねじれ国会において、閣僚が再び問責決議を受ければ、国会運営が停滞しかねないために経験者を選抜することとなったと理解される改造であった。

野田のこの環境整備も、地方にはさほど影響を与えていなかった。六月一〇日に沖縄県議選が行われ、定数である四八議席を争った投開票が行われた。この選挙では、一四選挙区に六三人が立候補したものであった。この県議選の中で、県政与党の自民党と公明党などは二一議席（自民党一三、公明党三、無所属五）となり過半数を割り込む結果となってしまった。それに対して野党や中立勢力は、二七議席（社民党六、共産党五、沖縄社会大衆党三、民主党一、国民新党一、その他一一）を占めることとなった。民主党は三人を擁立したが、一議席しか獲得できない結果となった。投票率は五二・四九％で、過去最低の投票率であったことも目を引くものであった。ここではやはり、民主党の退潮ぶりが、沖縄において明らかであることを強く印象づけた結果となった。

国政では、六月一五日夜になり、民主党、自民党、公明党の三党は、社会保障と税の一体改革法案をめぐる修正で合意を見た。これにより消費税率は、現行の五％から、二〇一四年四月に八％、二〇一五年一〇月に一〇％へと引き上げるとする与党の計画が大きく前進することとなった。この合意について、六月二〇日に、政府・民主党が三役会議で消費増税法案など「社会保障と税の一体改革」関連法案に関する、自民党・公明党との修正合意を正式に了承することとなり、民自公の三党は修正合意に基づく関連二法案を、国会に議員立法により共同提出した。そしてこの法案を、二一日の国会会期末に向けて採決する予定であったが、民主党内の党内事情により採決は二六日にずれ込んだ。これには、増税に反対する民主党内の小沢元代表らの反対派が、修正合意を了承しない姿勢を見せており、それに対して輿石は採決を遅らせ、時間を稼ぐことで、その間に、反対派の切り崩しを試みることを意図したものであった。これにより、民主党内の重要政策に対する政策的な不統一は、政権与党になってから長い時間が経過しても、解決されていないことが浮き彫りとなった。

そして、ついに、六月二一日の午前に、小沢は一体改革関連法案の採決で、反対票を投ずる考えを輿石に伝えた。同日の夕方、小沢元代表は消費税率引き上げを行う社会保障と税一体改革関連法案への反対を明言し、新党結成を検討する考えを明らかとした。これにより六月二六日の衆院本会議での法案採決で小沢に同調する議員がどれほどの規模になるかが次の焦点となり、衆院で民主党から五四名が離党すれば、民主党は国民新党を含めても、与党としては過半数に届かないことが予想される事態となった。これは、今後の政権運営に決定的な影響を与えるであろうことが予想された。そうした緊張感の中、六月二一日の午前の民自公の三党幹事長会談で社会保障と税の一体改革関連法案を速やかに衆院で採決するとした「確認書」にこれら与野党の三党は署名した。この手続きは二〇日に民自公で、衆院に共同提出した社会保障制度改革推進法案と認定こども園法改正案の二法案、さらに修正合意した消費税率引き上げ関連法案などの六法案を国会で成立させるためのものであった。同日午後の衆議院本会議で、衆議院は国会の会期を九月八日までの七九日間延長することを議決した。

かくして六月二六日に、社会保障と税の一体改革関連八法案は、衆院本会議で、民主党、自民党、公明党の三党と国民新党、たちあがれ日本などの賛成多数により可決され、参院に送られた。この採決では、民主党から小沢、鳩山など五七名が反対し、欠席や棄権を含めると七二名が賛成票を投じなかった。そして、消費税率引き上げ関連法案の採決の結果は、投票総数が四五九票に対して、賛成票が三六三票（うち民主党が二一六票）、反対票が九六票（うち民主党が五七票）、その他の棄権・欠席が一九名（うち民主党が一六名）であった。これにより、民主党は分裂状態になった。

七月二日に、民主党の小沢を中心とする国会議員のグループは離党することを表明し、山岡が小沢グループの衆院四〇名、参院一二名の離党届を輿石に提出した。ところが午後に階猛《しなたけし》、辻恵《つじめぐむ》の両衆院議員が離党しない意向を表明し、離党届が撤回され、最終的には五〇名（衆院三八名、参院一二名）が離党することとなった。このことは消費増税に関する政策的な対立が、党の分裂を招いた結果ということになる。このことは寄り合い所帯として、政策的な一致点が見えないまま、選挙互助会としての性格を中心に、組織を維持してきたという性格を一面で持ち続けた民主党の限界を明らかにしたものという見方もあった。小沢によると、これは反増税・反原発を党の政策とする、新党の立ち上げを視野に入れたものであった。続く七月三日に、民主党はこうした小沢グループの動きに対して、消費増税法案の衆院採決で反対した五七名のうち、離党届を提出した衆院議員三七名を除籍（除名）とする方針を決定した。また、すでに離党届を六月に提出していた平　智之《たいらともゆき》衆院議員は、この処分対象から外されたのであった。そして、離党届を提出していない一九名の議員に対しては、鳩山元首相は党員資格停止六カ月、その他の議員は二カ月とすることとした。欠席棄権した一五名については処分は行わないとされた。また参院議員については、参院ではまだ法案が審議入りしていないので、処分しないで離党届を受理し、承認するにとどまった。

民主党の動揺は続き、九日の臨時常任幹事会で、党倫理委員会（北沢俊美委員長）から再考を求められていた、消費増税関連法案の衆院採決で反対した鳩山由紀夫元首相の処分を党員資格停止三カ月と短縮した。それ以外は、三日の方針を正式に決定した。また七月六日に、離党届を提出した米長晴信《よねながはるのぶ》参院議員の離党を承認、四日に遅れて離党届を提出した加藤学衆院議員の除名処分を倫理委員会に諮ることにもなった。こうして民主党は、政権与党として大きく揺らぐこととなった。

永田町で、こうした変動が起こっている間にも、震災復興は待ったなしであった。とくに、震災に付随して起こった原発の事故を、将来の教訓にすべく、急ピッチで作業は進んでいたのであった。七月五日に、東京電力福島第一原発事故を検証する国会事故調査委員会は、最終報告書を衆参両議長に提出した。これは、内容としては一方で東電側の責任を糾弾し、他方で当時の菅首相の初動対応を批判したものとなっていた。この第三者委員会は、日本の憲政史上初めて国会に設けられたものであった。この委員会は二〇一一年一二月八日に黒川清元日本学術会議会長を委員長とする一〇名の委員を任命して以来、調査を行ってきたものであった。さらにこれとは別に、政府側も事故検証委員会を立ち上げていたが、七月二三日に、東京電力福島第一原子力発電所事故に関する政府の事故調査・検証委員会（委員長、畑村洋太郎・東京大学名誉教授）も、最終報告を発表した。ここでも東電と政府の対応は厳しく批判された。これで、最も早く二〇一二年二月二七日に報告の行われた民間の福島原発事故独立検証委員会（委員長、北沢宏一・前科学技術振興機構理事長）、六月二〇日の東京電力の福島原子力事故調査委員会（委員長、山崎雅男・東電副社長）、そして国会と政府のこれら四つの事故調査委員会が報告を行ったこととなる。これら委員会が複数立ち上がるほど、福島の被害は深刻であり、早急な対策、そしてこれを教訓とした将来の防災といった政策の立案が求められることとなった。

こうした、地方における政治の対応の検証といった新たな試みは、地域政策の重要性をまざまざと示すものであった。そもそも、地域政党は、特定地域の地域住民のための政策を実現するために設立されたものが多い。この中で七月五日に地域政党「大阪維新の会」は、次期衆院選の公約である政策集「維新八策」の改定案をまとめたことを明らかにした。これは、地方分権を視野に「持続可能な小さな政府」を、理念として掲げていたのであった。続く六日には、民主党、自民党、公明党、みんなの党、国民新党の五党は、大阪市の橋下市長が掲げる「大阪都構想」を後押しする法案を、今国会に共同提出することで正式に合意し、各党ともに地域政策を提唱する維新寄りの政策の実現に、前向きの姿勢を示していた。新たな国内における地域政党の「ローカル」な政策にも一定の理解を示す一方で、世界の中の日本という「グローバル」な政策にも野田政権は果敢に取り組んでいた。七月六日に、政府の国家戦略会議のフロンティア分科会は、中長期的な国家ビジョンを検討し、二〇五〇年の日本のあるべき姿として、野田に集団的自衛権の行使容認を提言する報告書を提出した。野田は、日本再生戦略の中に考え方を反映する意向を表明した。

「国民の生活が第一」の結党

そうした日本の国家像についての問題提起は、永田町内部でも続いた。七月一一日に、小沢元民主党代表らは、東京永田町の憲政記念館で新党「国民の生活が第一」の結党大会を開き、民主党に所属していた国会議員四九名（衆院三七名、参院一二名）が参加し、小沢が代表に就任することとなった。これは衆院においては公明党を上回る第三党の成立を意味するものであった。

小沢は選挙対策委員長を兼務、山岡賢次を代表代行に、東祥三元内閣府副大臣を幹事長、鈴木昌元総務副大臣を国会対策委員長とする陣容を固めた。この結党大会に参加したのは次の議員であった。まず役員としては、小沢一郎（代表兼選対委員長、衆、岩手四区、当選一四回）、東祥三（幹事長、衆、東京一五区、当選五回）、山岡賢次（代表代行、衆、栃木四区、当選五回）、鈴木克昌（国対委員長、衆、愛知一四区、当選三回）、広野允士（参院会長、参、比例区、当選二回）、森裕子（参院幹事長、参、新潟選挙区、当選二回）主浜了（参院国対委員長、参、岩手選挙区、当選二回）、衆院議員としては、牧義夫（愛知四区、当選四回）、小宮山泰子（埼玉七区、当選三回）、樋高剛（神奈川一八区、当選三回）、横山北斗（青森一区、当選二回）、太田和美（福島二区、当選二回）、岡島一正（千葉三区、当選二回）、松崎哲久（埼玉一〇区、当選二回）、青木愛（東京一二区、当選二回）、古賀敬章（福岡四区、当選二回）、畑浩治（岩手二区、当選一回）、京野公子（秋田三区、当選一回）、石原洋三郎（福島一区、当選一回）、中野渡詔子（比例東北、当選一回）、高松和夫（比例東北、当選一回）、菊地長右エ門（比例東北、当選一回）、三宅雪子（比例北関東、当選一回）、石井章（比例北関東、当選一回）、黒田雄（千葉二区、当選一回）、岡本英子（神奈川三区、当選一回）、金子健一（比例南関東、当選一回）、相原しの（比例南関東、当選一回）、木村剛司（東京一四区、当選一回）、川島智太郎（比例東京、当選一回）、加藤学（長野五区、当選一回）、笠原多見子（比例東海、当選一回）、大山昌宏（比例東海、当選一回）、萩原仁（大阪二区、当選一回）、村上史好（大阪六区、当選一回）、大谷啓（大阪一五区、当選一回）、熊谷貞俊（比例近畿、当選一回）、菅川洋（比例中国、当選一回）、福嶋健一郎（熊本二区、当選一回）、玉城デニー（沖縄三区、当選一回）、参院議員としては平山幸司（青森一区、当選一回）、中村哲治（奈良選挙区、当選一回）、姫井由美子（岡山選挙区、当選一回）、佐藤公治（広島選挙区、当選一回）、友近聡朗（愛媛選挙区、当選一回）、外山斎（宮崎選挙区、当選一回）、谷亮子（比例、当選一回）、はたともこ（比例、当選一回）、藤原良信（比例、当選一回）であった。

この政党は、民主党が二〇〇九年政権交代選挙の時に掲げたマニフェストのテーマであった「国民の生活が第一」を党名に掲げていることからも明瞭なように、政権交代時に国民に訴えたマニフェストに立ち戻るというのが、政策の基本路線であった。続く二〇一二年七月一二日に、新党「国民の生活が第一」と新党きづなは衆院で新たな統一会派を結成することに合意した。衆院では、これによりこの小沢の新党は第三勢力になった。すなわち、衆院の会派はこれにより、民主党・無所属クラブ二五〇、自民党・無所属の会一二〇、国民の生活が第一・新党きづな四六、公明党二一、共産党九、社民党・市民連合六、みんなの党五、国民新党・無所属の会四、新党大地・真民主三、立ち上がれ日本二、無所属一二、欠員二という構成になったのであった。七月一二日に、民主党は両院議員総会を憲政記念館で開いた。野田は消費増税法案をめぐる党分裂を党所属議員に陳謝した。しかし、党内では政府の政策に異論が噴出し、総会では野田や党執行部への批判が相次ぐこととなった。

さらに中央政界の変動は続き、政権与党である民主党から新たな離脱者が現れ、新たに新党を立ち上げる試みが行われたのであった。七月一七日に、民主党の三名の女性参議院議員が、輿石幹事長に離党届を提出した。離党した舟山康江（山形選挙区）、行田邦子《こうだくにこ》（埼玉選挙区）、谷岡郁子（愛知選挙区）の三氏は、〇七年参院選で初当選した経歴を持ち、同じ〇七年に初当選した国民新党を離党した亀井亜紀子（島根選挙区）と四名で参院会派「みどりの風」を結成することを発表した。この政党は政策的には原発再稼動反対を中心としている。民主党は七月二四日の持ち回り常任幹事会でこの離党を承認した。これにより参院の会派は民主党・新緑風会八八、自民党・たちあがれ日本・無所属の会八六、公明党一九、国民の生活が第一は一二、みんなの党一一、共産党六、社民党・護憲連合四、みどりの風四、国民新党三、新党改革二、新党大地・真民主二、無所属五となり、第二会派と自民党の会派との差は二名となった。

こうした連立のパートナーの変動を横目で見ながら、七月一七日に、連立与党の一角でありながら埋没しがちであった国民新党が、郵政民営化の見直しに代わる新綱領として「教育立国」を前面に掲げた新綱領を発表した。こうした新たな綱領を決定することで、国民新党としては、政党を設立した時点でのリーダーであった亀井静香の離党からの影響を最小にし、新たな政党へと脱皮する試みを行うものであった。しかしながら、政権残留の決断と、亀井の離党が国民新党に与えた影響は、非常に大きなものがあったといえ、そこから回復することは、それほど容易なことであるとは思えないものであった。また、衆議院の任期をあと一年余りと控え、今後の展望について、明確な視座が求められるなかで、国民新党の掲げた綱領は、郵政民営化の見直しに代わる政策となるかどうかは、この時点では明瞭ではなかった。

そうして、各政党が衆議院の解散の「喫水線」と言われている三年をそろそろ迎えようとする中で、少しずつ、解散総選挙が、あと一年余りのうちにあるのではないかと意識し始めていた。そして、七月二〇日に総務省は、二〇一二年度の二回目の政党交付金を一一政党に交付した。総額八〇億三五八万円となる。規定を満たしていない新党「国民の生活が第一」は対象外となっていた。これは、今年中に解散総選挙が行われるならば、今年形成された小沢の新党は、公費の助成を受け取ることができず、非常に厳しい戦いになるであろうことを予想させるものであった。国政の大きな変動は、一時代を築いた政治家にも影響を与えた。七月二四日に、森喜朗元首相が、国会内で次期衆院選に出馬せず引退することを表明したのであった。森は、引退理由のひとつとして小沢の民主離党に触れ、「小沢さんは終わった。もう相手にする必要がないと思った」と述べ、小沢の政治的な影響力の低下が、自らの引退の引き金を引いたことを明かしたのであった。

5 安倍総裁の誕生——アベノミクスの起源

社会保障と税の一体改革関連八法の成立

二〇一二年八月八日に、社会保障と税をめぐる一体改革関連法案と、衆院の解散をめぐり、野田と自民党の谷垣総裁、公明党の山口那津男代表は国会内で会談、「(1)一体改革法案は三党合意を踏まえ、早期に成立させる、(2)法案の成立した暁には近いうちに国民に信を問う」ことで合意した。これにより、自民党と公明党は法案採決前の内閣不信任決議案、参院での首相問責決議案の提出を見送った。自民党と公明党は、これにより新党「国民の生活が第一」など中小野党六党（生活の党、共産党、新党きづな、社民党、みんなの党、新党日本）が衆院に共同提出した内閣不信任決議案を欠席、不信任案は否決された。投票結果は、投票総数三三二票で、賛成八六票、反対二四六票。欠席は自公を中心として一四六名となった。しかし、この採決に当たっては、民主党も自民党も造反者を生み出した。不信任に賛成したのは民主党では小泉俊明、小林興起（両者とも本会議以前に離党届を提出）、欠席したのは川内博史、杉本和巳、辻恵、中川治、羽田孜、鳩山由紀夫、自民党では河井克行、小泉進次郎、塩崎泰久、柴山昌彦、菅義偉、中川秀直、松浪健太らであった。これにより野田は、不信任案をまぬがれることとなり、また、社会保障と税の一体改革法案が成立すれば、すみやかに解散総選挙を行うという言質を、野党の自民党と公明党に与えたこととなった。

八月一〇日に、参院本会議で、民主党、自民党、公明党三党などの賛成多数で、社会保障と税の一体改革関連八法が成立。民主党の六議員が反対するものの賛成一八八票、反対四九票で可決された。首相は二〇〇九年政権交代選挙の民主党マニフェストに消費増税を明記していなかったことを陳謝した。これにより二〇一四年四月に消費税率を八%、二〇一五年一〇月に一〇%に引き上げることが決定した。消費税はこれまで、竹下登内閣時の一九八九年に三%で導入され、一九九四年の村山富市内閣時に引き上げ法が成立し、一九九七年の橋本龍太郎内閣時に五%へと引き上げられてきた経緯がある。参議院の採決においても、民主党から造反する議員が出現した。反対を行ったのは、民主党からは、徳永エリ（北海道選挙区、当選一回）、水戸将史（神奈川選挙区、当選一回）、植松恵美子（香川選挙区、当選一回）、大久保潔重（長崎選挙区、当選一回）、有田芳生（比例区、当選一回）、田城郁（比例区、当選一回）の各議員であった。

山積する外交課題

野田首相が、こうした国内における政策を進行させる試みを行っていた矢先、八月一〇日に、韓国の李明博大統領が島根県の竹島を訪問し、韓国による実効支配を国内外にアピールした。また、李大統領は、一四日には、天皇陛下が訪韓を希望するなら独立運動家に謝罪することが条件であると述べたと報じられた。これらの韓国側の動きに対し、一七日には、野田は、韓国の李大統領に親書を送り、遺憾の意を表明するとともに、竹島の領有権問題を国際司法裁判所（ＩＣＪ）に共同提訴するように提案した。

これに対し、二三日に、韓国政府は親書を返送すると発表した。突然に韓国が、対日批判を強めてきたこの動きは、野田政権に対しても大きな驚きをもって受け止められた。

また、日本をめぐる外交の動きはこればかりではない。八月一五日には、沖縄県尖閣諸島に、中国の領有権を主張する香港の民間団体「保釣行動委員会」の抗議船が接岸し、上陸するなどした。沖縄県警は不法上陸による入管難民法違反容疑で、上陸者を現行犯逮捕するなどの事件が起こった。これらの中韓の動きに対し、八月二四日には、衆院は午後の本会議で、韓国の大統領による竹島上陸と、天皇陛下訪韓に絡む謝罪要求発言、そして香港の活動家らの尖閣諸島上陸事件への抗議決議を、民主党、自民党、公明党三党などの賛成多数で採択した。竹島をめぐる国会決議は、「李承晩ライン」の設定以来のことで、一九五三年から五九年ぶり、尖閣問題では初めてであった。八月二七日には、丹羽宇一郎駐中国大使が乗った公用車が北京市内で襲われ、日の丸の国旗を奪い去られた事件が勃発した。この事件をも含め、中国、韓国に対する抗議を、二九日に、衆院に続いて参院の本会議でも行った。

こうしたアジアでの緊張を高める動きを尻目に、ロンドンでは、平和を象徴するスポーツの祭典である、第三〇回夏季オリンピック大会が八月二七日に開幕し、八月一二日まで展開された。しかし、日本の政治は、とてもそのオリンピックを楽しめるような状況ではなかった。尖閣諸島の問題に関しては、九月四日に、政府は尖閣諸島について地権者との間で売買契約を結び国有化することで合意した。価格は二〇億五〇〇〇万円である。政府は、魚釣島、北小島、南小島の三島を購入することとなった。一一日には、尖閣の購入を閣議決定し、売買契約を結び、国有化することとなった。これに対して中国は反発し、一四日に中国の海洋監視船が尖閣領海に侵入し、周辺海域でその活動が活発化する展開となった。また、一五日から一六日にかけて中国全土で反日デモが起こり、日系企業が襲撃された。また、満州事変の発端となった一九三一年の柳条湖事件の発生日である一八日にも中国各地で反日デモが起こった。

さらに二三日には、中国の北京人民大会堂で一七日に開催予定であった、一九七二年に正常化したことを祝う日中国交正常化四〇周年の公式記念式典を、事実上取りやめにすることを明らかとした。二九日には首相同士が送り合う祝電の交換を、野田首相と温家宝首相との間で見送ることともなった。こうして、野田政権は対外的に厳しい対応を迫られた。

これらの動きと並行して九月八日、アジア太平洋経済協力会議（ＡＰＥＣ）の首脳会議がロシアのウラジオストックで開幕した。ここにおいては野田首相は、環太平洋貿易パートナーシップ協定（ＴＰＰ）、日中韓の自由貿易協定（ＦＴＡ）、東南アジア諸国連合（ＡＳＥＡＮ）を中心とした広域ＦＴＡの三つを並行して追求することを表明したが、環太平洋貿易パートナーシップ協定（ＴＰＰ）への参加を表明はしなかった。この日本の農業に大打撃を与えると考えられるＴＰＰへの参加は、未だ日本国内において、議論の方向性が定まってはいなかった。

民主党の代表選

野田政権に脅威を与えていたのは、何も外交関係だけではない。九月八日に、大阪維新の会が国政に進出することを正式決定し、その政党名を「日本維新の会」とすることに合意したと発表した。そして九月一一日には、松野頼久など民主党・自民党・みんなの党に所属していた国会議員七名が合流し、この維新の会は国政における政党要件を満たすこととなった。そして続く一二日には、維新八策と呼ばれる政党綱領を発表するなど、全国政党化を着々と図っていったのであった。

次の衆院選が早期に行われるとの見通しのもとで、政権の主導権を争うことが予想される、与党民主党と、野党自民党のそれぞれのリーダーの座をめぐり、九月には民主党と自民党のそれぞれの党首選が行われることとなっていた。

まず、九月一〇日に、民主党代表任期の満了に伴う党の代表選が告示された。これには野田、赤松広隆元農相、原口一博元総務相、鹿野道彦前農相の四名が立候補を届け出た。二一日に投開票が行われた。この党首選は、実質的には野田の信任投票としての選挙という性格の強いものであった。代表選は三三六名の国会議員票（一票二ポイント）と九名の国政選挙公認内定者（一票一ポイント）、二〇三〇名分の地方議員票は全国集計しドント方式で比例配分し、地方議員票一四一ポイント、三二万六九七四名の党員・サポーター票は、都道府県ごとに集計される（四〇九ポイント）。これらの合計による一二三一ポイントの得点をめぐって行われるものであった。一度目の投票で過半数を獲得しないときには、上位二名の国会議員と公認内定者での決選投票によって代表が決定される手続きとなっていた。しかし、野田首相は国会議員票の六三％の票を獲得し、他の三候補に大差をつけて再選された。国会議員票の内訳は野田が二一一票、赤松が四〇票、原口が三一票、鹿野が四三票、無効票が六票、投票せずが五票という割合であり、野田は当選はしたものの、民主党の中の反野田陣営が党所属国会議員の三割の一〇〇人を超すことを示していたのであった。野田は臨時党大会で大差で選出され、輿石に幹事長続投を要請した。二四日に役員人事を決定し、政調会長に細野豪志環境相兼原発事故担当相、幹事長代行に安住淳財務相、国対委員長に山井和則《やまのいかずのり》国対副委員長の起用を決め、二八日の両院議員総会で正式決定することとなった。

自民党新総裁は安倍晋三に

一方、野党では九月一四日に自民党総裁選が告示され、二六日の投開票に向けた選挙戦が展開された。自民党の総裁公選規程では衆参両院の一九九名の国会議員票（一人一票）と各都道府県に配分される地方票三〇〇票の計四九九票を争うこととなっていた。地方票の配分は、各都道府県に一律三票の基礎票を配分し、残りの一五九票を党員数や党友数で比例配分し、各都道府県の「持ち票」に応じてドント方式で割り振っていくこととなる。一回目で過半数を獲得した候補がいない場合には、上位二名を対象として決選投票を行うこととなる。総裁の任期は三年とされる。この自民党総裁選に立候補したのは、安倍晋三元首相、石破茂前政調会長、町村信孝元官房長官、石原伸晃幹事長、林芳正政調会長代理の五名であった。この五名は谷垣禎一総裁の任期満了に伴う総裁選を行うこととなった。この総裁選で選ばれると二〇一五年九月までの任期となる予定であった。選挙戦の序盤では、国会議員票で優位に立っている石原と、地方票の石破の対決を中心に、党内保守派の安倍が、隙をうかがうものと考えられた。

しかし、この候補者たちは、必ずしも、全員が挙党一致で支持される候補であったとは言いがたかった。石原は谷垣総裁を支える幹事長でありながら、自らが出馬することで谷垣を不出馬に追い込んだという批判を受け、また、選挙にあたり党内の重鎮からの石原支持の表明は、かえって派閥重視の旧来型の自民党の「長老支配」の復活のイメージを印象づけられてしまい、石原の総裁選には出だしから批判が付きまとっていた。実際、山崎派、額賀派などは、派閥として石原を支持していたことは明らかであった。逆に無派閥の石破は、派閥政治を批判するなどの言動が伝えられ、国会議員からの支持をあまり広げることはできず、野党転落後の地方の遊説の効果である党員・党友票に期待するしかなかった。安倍は、前回の首相在任時に参院選に敗北し、体調を崩し辞任して以来、健康不安説が根強く、また、保守派的な言動は、海外との摩擦を引き起こすとの懸念を抱かせるものであった。派閥としては安倍の支持は麻生派、高村派、町村派の一部などが中心であった。さらに町村は、体調不良を理由に、実際の総裁選にあまり姿を見せることができず、林は参議院議員であり、「国民代表」としての位置づけの衆議院の議員ではないという批判を受けていた。町村は町村派、林は古賀派といったかたちで派閥の支持を取り付けていたが、総裁選が展開する中で、そこからの広がりが不透明であった。

総裁選に大きな影響を与えたのは、日本を取り巻く国際環境の変化であったといってもよいであろう。

竹島、尖閣諸島をめぐって、近隣国との摩擦が生じる中での総裁選であっては、防衛問題にも強く、外交で日本の立場をはっきりと主張できる石破と安倍に注目が集まっていったのも当然の成り行きであった。実際の二六日の投票では、地方票の半分以上を獲得した石破が首位、国会議員票では石原に続いた安倍が地方票も一定の数を獲得し二位となり、石原は地方票の伸びがなく三位となった。そこで石破と安倍の国会議員による決選投票で、安倍は一〇八票を獲得し、八九票であった石破に逆転勝利することとなった。自民党総裁選での決選投票は、一九七二年の田中角栄と福田赳夫以来四〇年ぶりであり、決戦での二位候補の逆転は一九五六年の石橋湛山以来五六年ぶりで二度目であり、総裁経験者が再び総裁に就任するのは一九五五年の結党以来初めてであった。

また、ここで注目すべきは、自民党総裁選と民主党代表選の地方票の投票率である。前回、〇九年の総裁選では四六・六五％であったが、今回の投票率は六二・五一％となり、大幅な伸びを見せた。これと対照的なのは民主党代表選である。民主党代表選においては、地方票に相当する党員・サポーター票の投票率が三三・七二％であった。選挙の仕組みも、投票できる有資格者の規定も異なるので一概に比較はできないが、政権運営をめぐり、失策が続き、党内融和にも課題を残している民主党と、政権奪還に向け弾みをつけたい自民党との間の、両党の支持者の温度差を如実に示したものとなったと見ることもできる。

続く九月二七日に、安倍は石破を幹事長に起用を決め、二八日には総務会で新執行部として、石破幹事長、甘利明政調会長、細田博之総務会長、さらに副総裁には高村正彦《こうむらまさひこ》、国会対策委員長には浜田靖一といった党執行部を決めた。民主党も両院議員総会で新執行部が決定された。これによって民主党も自民党も正式に、執行部が決定されたこととなり、選挙が早期に行われるならば、野田と安倍のどちらが次の総理に任命されるのかが焦点となることとなった。

6　地方政党の国政政党化の動きと解散表明

野田第三次改造内閣の発足

こうして民主党も自民党も新しい党の布陣が決定した中で、同じ九月二八日には橋下大阪市長が率いる「日本維新の会」が政党設立の届けを総務相に提出し受理され、政党として発足することとなった。この政党には元民主党の松野頼久元官房副長官らの現職の国会議員が七名参加した。内訳としては、民主党から松野頼久（衆・熊本一区、当選四回）、石関貴史（衆・群馬二区、当選二回）、水戸将史（参・神奈川、当選一回）の三名、みんなの党から上野宏史（参・比例、当選一回）、小熊慎司（参・比例、当選一回）、桜内文城（参・比例、当選一回）の三名、自民党から松浪健太（衆・比例近畿、当選三回）が参加した。本部は大阪に置き、党の規約では代表に強力な権限を与えている。この「日本維新の会」は、次期衆院選の台風の目のひとつと考えられるものであった。この日本維新の会の設立に伴い、九月二九日に、日本創新党が、日本維新の会への合流のために解党を決定したのであった。

月が改まり、一〇月一日に、野田第三次改造内閣が発足した。これには、樽床伸二総務・沖縄北方担当大臣、田中慶秋法務・拉致問題担当大臣、城島光力財務大臣、三井辨雄厚生労働大臣、長浜博行環境・原発事故担当大臣、小平忠正国家公安・消費者担当大臣、中塚一宏金融担当大臣、国民新党からは下地幹郎郵政・防災大臣が、初入閣した。この目玉は知名度の高い田中真紀子文部科学大臣の起用であった。これには、田中を政権に取り込みたいという野田の強い意向が働いていたと言われていた。また、松下政経塾出身者が、改造前の三名から五名に増えたことも特徴であった。政経塾出身者として、野田と玄葉光一郎外相は残ったが、松原仁前拉致問題担当大臣が去り、樽床、長浜、前原国家戦略・経済財政担当大臣が入閣した。一〇月二日には副大臣・政務官を決定した。この民主党に対抗する自民党の中でも、派閥の長の交代が起こり、時代は確実に展開しているという印象を与える事件が起こった。一一月四日に、こうした中で、自民党古賀派（宏池会）は総会で、会長辞任を表明していた古賀誠元幹事長の後任に岸田文雄前国対委員長を選任し、座長に林芳正前政調会長代理が就任することとなった。古賀派は、谷垣前総裁に近い議員が離脱する分裂を見せ、党内における派閥のあり方も流動的となっていた。

船出をしたばかりの野田第三次改造内閣もまた、流動的な要素を抱えていた。一〇月二三日には、就任三日後の一〇月四日に発覚した外国人の献金問題や、過去の暴力団との交流問題を疑惑として指摘された田中慶秋法務大臣が、辞表を首相に提出し、辞任することとなった。田中は、一八日に公務を理由として参議院決算委員会の出席要求に応じず、一九日に体調不良で閣議を欠席するなどしており、疑惑に対する批判が強まっていた。これに対し野田は、二四日、後任に滝実衆院議員の起用を決めたのであった。

野田の早期の解散がいつであるかは、いまだ不透明ではあったが、新たな政治を標榜する動きは着々と進行していた。一〇月二五日に、石原都知事は知事の辞職を表明し、自らを党首とする新党を結成し、国政に復帰する意向を表明した。石原の辞職後は猪瀬直樹筆頭副知事が職務を代行することとなった。石原は後に二〇一〇年四月に結党されていたたちあがれ日本の平沼赳夫代表、園田博之幹事長、片山虎之助参院幹事長らと会談し、新党への参加を確認した。石原は二〇一一年四月の統一地方選で当選し、四期目の途中であった。三〇日、この動きを受けてたちあがれ日本は党を発展的に解消し、所属する国会議員五人全員が石原新党に合流することを機関決定した。こうした動きの中で、一〇月二九日に第一八一回臨時国会が開幕した。野田は衆院本会議で所信表明演説を行ったが、先の国会で首相問責決議を可決した参院では演説を拒まれるという、憲政史上初めての異常な事態となった。さて、石原の動きは、各方面に波紋を広げるものであった。大阪維新の会と同様に国政政党化を目指していた名古屋の地域政党である減税日本は、国政政党化を模索する動きを活発化させていた。これに対し、一〇月二九日に、民主党の熊田篤嗣衆院議員（大阪一区）、水野智彦衆院議員（比例南関東）が、離党届を提出し地域政党「減税日本」に参加する可能性を示唆した。減税日本には当時、小泉俊明衆院議員（茨城三区、当選三回）、小林興起衆院議員（比例東京、当選五回）、佐藤夕子衆院議員（愛知一区、当選一回）の三名が参加していた。これにより減税日本は政党要件である五人のハードルをクリアでき国政政党化することとなった。そして一〇月三一日に減税日本は政党設立届けを提出した。

こうした日本の政党の動きの中で、海外でも指導者の選出が行われていた。世界に影響力を持つ米国と中国という二つの国は、それぞれこれまでの指導者を選んだ国家と、新たな指導者を選んだ国家に分かれていた。米国では、一一月六日に行われた米国大統領選挙で、現職のオバマ大統領が勝利した。四年前の「イエス・ウィ・キャン」であったり、「チェンジ」であったりというスローガンは、必ずしも実りのある業績を上げたとは言いがたい状況ではあった。しかし、オバマは再度国民から信任を得られた。米国の民主党に対し、日本の野田政権を支える民主党は、来る選挙で同様に信任を得られるかという課題を抱えていた。また、一一月八日には中国において第一八回党大会が北京の人民大会堂で開幕し、共産党の指導部交代が行われた。これにより、一五日に開かれた第一八期中央委員会第一回総会（一中全会）で習近平が総書記となる新たな最高指導部が、選出された。こうして世界では、継続する指導者もいれば、新たに指導者になる者もいたのであった。

これらの世界の動きは、日本における次の指導者を決定する時期がいつかということに国民の焦点を合わせていくものであったといえよう。政権を奪取し、日本の新たな指導者になるべく、政権を狙う勢力は、その動きを加速させていったのであった。まずは、日本の首都である東京都知事を辞職した石原である。一一月一三日に石原は、東京都内で新党「太陽の党」の結成を発表した。この党はたちあがれ日本を母体とし、平沼とともに石原は共同代表に就任することが明らかとされた。党名は石原の小説であり芥川賞受賞作であった『太陽の季節』にちなんだものであった。

野田首相による衆院解散表明

そして、ついに一一月一四日に、大きく日本政治を動揺させる展開が起こったのであった。野田は、自民党総裁安倍との党首討論で一六日に衆院を解散すると表明したのであった。これにより、日本の政治は、次なる解散総選挙に向けて動き始めることになった。これに呼応するように、一一月一四日に、新党きづなが、国民の生活が第一に合流することが決定された。そして、新党きづなのもともとの離党元である民主党も大きく動揺することとなった。同じ一一月一四日には、閣僚経験者として初めて、小《お》沢《ざわ》鋭仁《さきひと》元環境大臣（山梨一区）が、民主党を離党し、維新の会に参加することが明らかにされた。さらに、一一月一五日には、山田正彦元農相（長崎三区）、富岡芳忠衆院議員（比例北関東）、山崎誠（比例南関東）、中川治（大阪一八区）、初鹿明博《はつしかあきひろ》（東京一六区）、長尾敬（大阪一四区）が離党を表明した。党内手続きの問題もあるが、これにより、民主党は解散日において、衆院の過半数である二四〇議席を実質的に割り込む見通しに陥った。また、これ以降も橋本勉（比例東海）、福田衣里子（長崎二区）が、離党の意向を表明した。この相次ぐ離党者の報道は、民主党が国政の中で与党としてもはや求心力を失っていることを有権者に印象づける結果となった。

そして、ついに一一月一六日午後の本会議で、衆院は解散された。これにより次期衆院選を一二月四日公示・一六日投開票の日程で行うこととなった。また、この日程は、石原の辞職により空席となった、一一月二九日告示の東京都知事選と同日の投票となった。現行憲法下の衆院解散は二二回目を数えた。そして、小選挙区比例代表並立制を導入してからは六度目の解散となる。また、民主党の首相による解散は初めてであった。

これにより、第一に、民主党の三年間の政権交代の意味を問うとともに、第二に、自公の政権奪還への試み、そして第三に、日本維新の会、みんなの党などの「第三極」の進捗をかけた選挙の幕が落とされることとなった。また、政権を獲得することを目指した非民主党、非自民党を標榜する第三極の再編が急ピッチで進む契機を与えた。また、この選挙は、ひとつの時代の区切りを示すものであった。この選挙に当たっては各党の重鎮の引退が伝えられた。とくに前回二〇〇九年の政権交代の立役者であった民主党の鳩山元首相は一一月二一日に政界引退を正式に表明した。また、民主党の中からも羽田孜、渡部恒三、中野寛成、滝実、自民党からは森喜朗、福田康夫、中川秀直、武部勤、公明党からは坂口力、さらに無所属になっていた与謝野馨などの実力者が引退を表明する展開を見せた。こうした中で、確実に新しい時代へと政治は向かっていくことを示していた。

7　解散総選挙へ——民主党か、自民党か、第三極か

総選挙までの各党の動き

二〇一二年一一月一七日に、民主党を中心とした勢力、さらに自民党、公明党を中心とした勢力とは異なり、新たな勢力の結集を目指す太陽の党共同代表の石原と日本維新の会代表の橋下は、大阪市内で記者会見し、両党の合流を発表した。これで太陽の党は解党することとなった。新たな政党では、石原が日本維新の会の代表、橋下は代表代行、そして平沼赳夫は国会議員団代表に就任することが発表され

た。一一月一九日に、党内手続きを経て、石原は正式に代表に選任された。この合流は維新の会と将来の合流を視座にしたみんなの党にとっては、事前の十分な説明もなく受け入れ難いものであった。また、競合選挙区について一一月二四日の橋下の候補者調整をめぐる「じゃんけんで決めていい」とする発言は、維新の会とみんなの党との完全な選挙協力も困難にするものであった。この非民主党・非自民党の第三極を目指す動きは、なにも日本維新の会だけではなかった。同じ一九日には、前国民新党代表の亀井静香と民主党を離党した山田正彦元農林水産相が新党結成を表明するなど、新たな動きも始まっていたのであった。この動きはさらに一一月二二日に、前国民新党代表の亀井静香と減税日本代表の河村名古屋市長が都内のホテルで会談し、新党を結成することで合意したことが伝えられる展開を見せた。新党の党名は「減税日本・反TPP・脱原発を実現する党」であった。河村と山田が共同代表で、亀井が幹事長に就任した。その中で、彼らは、国民の生活が第一との連携を模索することを試みた。

この動きに変化が訪れたのは一一月二七日であった。同日、滋賀県知事の嘉田由紀子は、大津市内で記者会見し、「日本未来の党」の結党を表明した。この日本未来の党には、代表は嘉田、代表代行に飯田哲也大阪市特別顧問が就任する。この党には、小沢の国民の生活が第一と、河村と亀井らの減税日本・反TPP・脱原発を実現する党、さらにみどりの風に所属していた初鹿明博、福田衣里子、山崎誠らの前衆議院議員、そして社民党に離党届を出した阿部知子が参加することとなり、所属する前衆議院議員は六〇名あまりを数えた。これにより第三極は、石原・橋下の日本維新の会、渡辺のみんなの党、嘉田・小沢の日本未来の党といった、三つの勢力に再編されることとなった。しかしながら、もともと強力な支持団体を母体として持たない第三極が、ひとつにまとまらずに、それぞれに別の候補者を擁立し、候補者調整などの選挙協力も、時間的に余裕がなく、十全には行われないまま、民主、自公に挑むという構図では、はたしてどれほどの成果を上げることができるかはその時点では未知数であった。

　さらに、一一月二九日、衆院選と同日に行われる東京都知事選が告示された。この都知事選は、石原慎太郎の辞職に伴うものであった。これには、猪瀬直樹（前副知事、公明党・維新の会支持）、宇都宮健児（元日弁連会長、未来の党・共産党・社民党支持）、松沢成文《まつざわしげふみ》（元神奈川県知事）、笹川堯《ささがわたかし》（元自民党総務会長、元科学技術相）、吉田重信（元ネパール大使）、中松義郎（発明家）、マック赤坂（スマイル党総裁）、トクマ（幸福実現党員）、五十嵐政一（社団法人理事）の九人の新人候補が立候補し、争われるはこびとなった。自民党は猪瀬を支援、民主党は自主投票という対応となり、投票が同日に行われる国政選挙をにらみながら、行われる選挙と位置づけられた。

　そしてついに一二月四日に、第四六回衆院選が公示された。今回の選挙は現行憲法下最多の一五〇四人（小選挙区は一二九四人、比例単独二一〇人、小選挙区と重複立候補九〇七人）が立候補する戦いとなった。これまでで最高であったのは小選挙区制が導入された一九九六年の一五〇三人であったから、そのときと同じように日本政治は大きく変動しているということが言えるのではないだろうか。また、候補者を擁立して戦っていく政党は一二党（民主党、自民党、未来の党、公明党、維新の会、共産党、みんなの党、社民党、国民新党、新党大地、新党日本、新党改革）であり、小選挙区比例代表並立制が導入されて以降ではこちらも最多数であった。そして今回の選挙では、前回の小選挙区比例代表並立制を導入して以来最高であった、政権交代選挙における関心の高さを反映した投票率、六九・二八％を超えることができるかがひとつの焦点であった。また、一二月の衆院選は実に二九年ぶりであった。一二月の衆院選をこれまで避けてきたのは、年末の予算編成時期に選挙を行うことを避けてきたと考えられる。予算編成のスケジュールは、通例、一二月下旬までに政府案を取りまとめ、年明けに召集する通常国会に間に合うように予算案が提出され、新年度を迎える前の年度内最後の三月末までの成立を図ることとなっている。一二月に選挙を行えば、予算編成の作業が年をまたぐことになるのは避けられないといえる。それでは予算執行に大きな問題が生じることが予想される。そのため、一二月選挙は、一九六九年、一九七二年、一九七六年と連続したが、一九八三年を最後に今回まで行われることはなかったのであった。

野田首相の思惑

民主党の代表でもある野田首相が今回、あえて一二月の選挙を選択したのには、ひとつは、社会保障と税の一体改革法の成立に当たって、他の政党に対して約束した「近いうち」解散を履行することで、政治家としての誠意を示すところにあったという見方もできなくはない。しかし、党利党略という視点からするならば、最大の理由は、第三極に対する「既存政党」としての政権与党、民主党の警戒心があったのではないだろうか。現行の制度では、政党助成金は、前回の選挙時には存在しない政党であっても、新年の一月一日に党所属の国会議員が五人以上いれば、公的資金の助成を受けられることになっている。そのために、タイミングとして年末に向かって駆け込み的に新党を作る動きもあったのである。最近の事例であれば、前述の新党きづなが形成されたのにも、そうしたタイミングがあったという見方もあろう。そこで、年明けで解散をかけるのでは、いわゆる第三極のなかで、国政政党化を最近果たした新党が、公的助成金を持って選挙に臨むことになってしまう。それならば、二〇一二年度内に結成された新党が、政党助成金を含めた、政治資金を必ずしも十全に準備する前に、年度内に解散をかけて選挙を行えば、そうした新党は期待されるパフォーマンスを必ずしも発揮できないという予想があったと考えられる。

また、解散を急いだのには、そうした新党に対して、既成政党としての政権与党民主党の別の利点を最大に生かそうという思惑もあった。別の利点というのは、候補者の選定である。民主党は政権与党として、すでに各選挙区に候補者をはりつけており、連立を組む国民新党とも選挙協力の点ではとくに問題はなかった。ところが、いわゆる第三極は、最近新規に結党されたものが多く、選挙区への候補者のはりつけも、他の政党との選挙協力も必ずしも十全には準備できていなかった。選挙前には、日本維新の会とみんなの党との選挙協力への試みがなされてはいたが、その調整も必ずしもうまくいってはいない結果となった。そして、選挙直前に結成された未来の党は、組織として維新やみんなと選挙協力するまでには至らないままであった。そこで、現実の選挙になってみれば、小選挙区の三〇〇選挙区中第三極同士で競合する選挙区は総計で八六選挙区に上ることとなった。この内訳としては「維新の会」対「未来の党」が四七選挙区、「維新の会」対「みんなの党」が一六選挙区、「未来の党」対「みんなの党」が一一選挙区、さらに第三極の政党すべてが対立する「維新の会」対「未来の党」対「みんなの党」が一二選挙区にのぼる状態であった。強力な支持組織を必ずしも持たない第三極の政党が、お互いに一本化できないまま戦う選挙区においては民主党、自民党などの「既成政党離れ」の有権者の票が分散し、かえって既成政党を利する可能性があると考えられた。また、連立与党（民主党、国民新党）と自公と第三極が対決する選挙区は二〇六あるが、民主党と自民党の一騎打ち選挙区は五二選挙区であり、前回二〇〇九年政権交代選挙の一騎打ち選挙区が二四八選挙区であったところからすると、選挙の様相は大きく異なり、「民主党か自民党か」という日本における二大政党システムにおける選択に近似した、有権者の選択がきかない選挙に今回はなっているということが、この対立図式から理解された。これは今回の選挙にあたり日本の政党システムに大きな変動が起こっている証左となったのであった。

こうして、既存政党としてのメリットを最大限生かすよう選挙に臨んだ民主党であるが、いくつかの問題を抱えていた。それは、これまでの政権運営で離党者が相次いできたということであろう。二〇〇九年政権交代選挙では三〇八名の当選者を獲得した。が、それから三年のうちに離党者が合計で七八名となっていた。さらに、今回の選挙で政界を引退ないし議員を辞職するなどした二八名を含めると、前回当選者からは一〇一名が民主党を離れたという計算であり、実に当選者の三分の一が民主党を去っている。民主党から離党し、他の政党に移った議員の行き先としては国民新党一名、未来の党五八名（旧国民の生活が第一四七名、旧減税日本・反TPP・脱原発七名、みどりの風三名、その他一名）、日本維新の会七名、みんなの党三名、新党大地・真民主二名、無所属三名、そして、二〇一二年衆院選に不出馬であったのは四名となっている。この結果としてすでに述べたが、投票日までに民主党は、衆院の議席で過半数を割る事態となっていた。

こうした大量の離党者を経験した政権与党としての民主党、そしてその連立のパートナーである国民新党は、政権の維持をかけて選挙に臨むこととなったのであった。

第Ⅰ部　候補者と政権奪還

候補者とともに手を振る野田佳彦首相
（2012年11月24日，東京都多摩市にて）（時事）

第1章　横路孝弘は、なぜ負けたのか
——北海道一区——

浅野一弘

1　〝民主党王国〟の瓦解

二〇一二年一二月一六日に行われた、第四六回衆議院議員総選挙では、自民党が二九四議席を獲得し、雪辱を果たした。他方、政権与党・民主党は、わずか五七議席に終わってしまった。

ここで、北海道の一二の小選挙区に注目すると、今回の総選挙で、民主党は一勝すらできず、完敗というかたちとなった。それゆえ、連合北海道のある幹部は、「民主の得票の激減は目を覆いたくなる」と語ったほどだ(1)。

周知のように、北海道は〝民主党王国〟と言われる。その証左に、民主党は、二〇〇九年八月三〇日の「政権交代選挙」では一一勝一敗、二〇〇五年九月一一日の「郵政選挙」においてさえ、八勝四敗と勝ち越していたのだ。だが今回、民主党への逆風が強く吹いていたとはいえ、一二小選挙区すべてにおいて敗北を喫してしまった。

なぜ、〝民主党王国〟と言われる北海道において、民主党は一勝もできなかったのか。その理由を探るのが、本章の目的である。なお本章では、ケース・スタディとして、北海道の小選挙区のなかでも、最後まで勝敗が決することのなかった北海道一区（札幌市中央区・南区・西区）を取り上げる。同選挙区

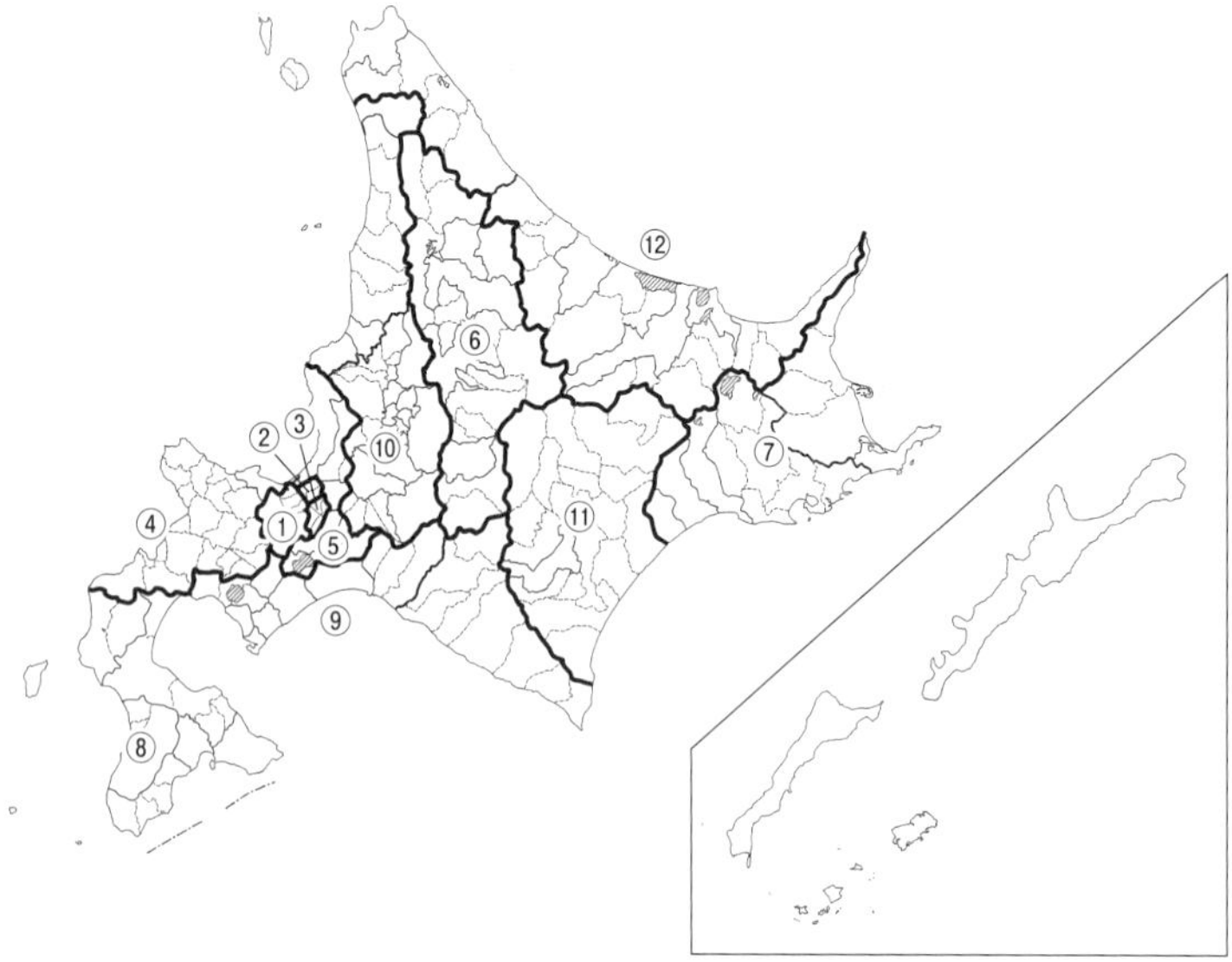

図1－1　衆議院小選挙区（北海道）

表1－1　北海道1区選挙結果

	得票数	氏名	年齢	党派	推薦・支持	新旧	当選回数	肩書・経歴	重複
当	86,034	船橋　利実	52	自	公	新	1	（元）道議	○
比	79,994	横路　孝弘	71	民	国	前	11	（元）衆院議長	○
	46,681	大竹　智和	35	維	み	新		（元）民放社員	○
	44,845	清水　宏保	38	大	未	新		（元）スケート選手	○
	19,340	野呂田　博之	54	共		新		党道委員	○

注：表記については巻末資料参照。

は、一〇回もの当選回数を誇り、衆議院議長も務めた横路孝弘《よこみちたかひろ》（民主党）の地盤であった。それゆえ地元紙では、「一区は民主党の前衆院議長横路孝弘の王国」とまで評されていた。(2)だが、この一区を制したのは、地元とは無縁の新人候補・船橋利実《ふなはしとしみつ》（自民党）であった。両者の獲得票数は僅差とはいえ、横路は敗北を喫してしまった。はたして、その原因はどこにあるのであろうか。

そこで本章ではまず、北海道一区の民主党候補である横路の人物像と自民党候補・船橋の候補者選定過程について紹介する。次に、横路の敗因に関する検討を行う。そして最後に、民主党北海道再建の方向性をめぐって、簡単な私見を述べる。

2　北海道一区の候補者

横路孝弘という候補者

横路の素顔を紹介するためには、はじめに、父・節雄《せつお》に着目する必要がある。なぜなら、横路は、節雄の地盤を継いだ二世議員であるからだ。節雄は、「敗戦直後に教員組合運動に加わったのがきっかけで社会党に入り、道会議員を経て一九五二年から衆議院に出た」人物である。(3)たとえば政治評論家の細川隆元によれば、節雄は、「適当な知性と理論、適当な行動力をそなえている」、「社会党代議士の新しいタイプの一人」であったそうだ。(4)そのため節雄は、「党全体から幹部候補生として優遇された」。(5)

また、横路の母・美喜は、著名な経済学者・野呂榮太郎の妹である。野呂は、『日本資本主義発達史』を著したことで知られる人物であるが、「一九二六（大正十五）年四月、大学を卒業する一週間前に治安維持法違反の容疑で検挙された」経歴をもつ。そして、「一九三四年二月十九日、三十三歳十カ月の若さで、治安維持法を初めとする当時の人民弾圧の暴虐的機構の犠牲となった」のである。(6)横路は、

この伯父について、次のように語っている。(7)

戦後になってようやくその野呂榮太郎のお骨が返されて、故郷の北海道長沼町に戻ってきた。実妹である私の母親と一緒に迎えたが、その時のことは今でも鮮明に記憶している。長沼の寺の境内には杏の実がいっぱいなっていて、そこで開けた骨箱の中には、針金でがんじがらめに縛られた遺骨があった。

私にとって、その悲しい遺骨の帰還が、「暗い谷間」という名の戦前を深く想像させるものだった。その時、何か明確にではないが、「正義というものが報われる社会」というものが欲しいと思ったことを覚えている。

そんなこともあってか、とにかく、ずっと「弁護士になりたい」という気持ちを抱き続けて来たように思う。

この言葉からも分かるように、横路は、代議士の父をもってはいたが、政治の世界ではなく、法曹界を目指していたようだ。現に、横路によれば、「私は、弁護士をしながら政治活動をする気持ちはあったものの、政治家になることは夢にも考えていなかった」という。ところが、「司法修習生二年目の昭和四二年六月、衆議院議員だった父節雄が急逝」したことで、「司法修習を終えた後は、東京の弁護士事務所に勤める予定でいましたが、父亡きあと、独り札幌で暮らしていた母の元に戻る決心をし、昭和四三年四月、札幌で弁護士を開業」するに至った。とはいえ、「弁護士になってから一年少し過ぎた四四年六月頃」になると、「国会解散の風が吹き出し、周りから父の後を継いで、立候補をという声が出はじめ」たそうだ。そして、「昭和四四年の夏を過ぎて、衆議選に立つことを求める周囲の声がますます大きくなり、けっきょく四四年一一月の総選挙に立候補することを決断」し、「政治家への道を歩むことになった」[8]。ところが、後に横路は、弁護士時代に、すでに、「『政治の仕事』の意義をますます意識するようになっていた」と語っている。それは、自らが国選弁護士として担当した事案で、「三十年という長い年月じっと真面目に生きてきた一人の人間が、たった一度の小さな罪でその残りの生涯を牢の中で送らなくてはならない過酷さに直面した」からだという。この経験によって横路は、「法律の冷たさと法の不備を強く感じた」ため、「法の運用や解釈ばかりでなく『法を創る』、そんな仕事を是非やってみたいと思うようになっていたのである」[9]。

いずれにせよ、一九六九年一二月二七日に行われた第三二回衆院選において、横路は、初当選を果たした。ちなみに、この時の選挙では、小沢一郎や羽田孜など、「『二世』代議士が、ぞくぞくおどり出た」そうで、そのなかの一人が横路であった[10]。この時から横路は、〝社会党のプリンス〟としての道を歩み始めることとなる。

なかでも、一九七二年三月二七日の衆議院予算委員会でのやりとりが、横路の名をとどろかせることとなった。この日、横路は、「私は、アメリカが支払うことになっている四条三項について日米間に秘密の協定がある、外務省の記録に残っているはずだという指摘をしたわけであります」と述べたのち、「私はきょうは、ここに外務省の文書に基づいてその事実を明らかにして、あのとき皆さん方は偽りを言われたその責任というものを追及をしたいと思うのです」と断じた[11]。これは後に、外務省機密漏洩事件へと発展する。

その後も、横路は衆院選での当選をかさねるなかで、「ロッキード事件の追及などで輝きをみせた」り、「安全保障の論客としてならし」たりして、「未来の社会党を背負うと見られていた」[12]。

だが横路は、国政からの転身を果たし、一九八三年四月一〇日に行われた北海道知事選挙で勝利を収める。ちなみに、この時の選挙の特色は、「北海道に『勝手連』という不思議な名前の団体が生まれた」ことであった。勝手連とは、「横路孝弘と勝手に連帯する若者連合」の略称である[13]。横路自身が認めているように、この時の選挙は、「自民・民社・公明が応援する相手候補との間に、基礎票で六十万から九十万の差があると言われていた」こともあって、「とても組織票では勝ち目のない選挙であった[14]」。にもかかわらず、「不可能を可能にする選挙」となったのは、「横路のスター的な要素に加えて、勝手連など〝草の根運動〟が大きい」といってよいであろう[15]。したがって、横路の知事選挙への出馬の要因としては、勝手連という存在を指摘することができるが、さらに、そこには、父・節雄の無念もあるように思えてならない。というのは、横路が出馬宣言において、「私は、父横路節雄の死によって、政治の場で責任を担う人生を歩き始めました。いま、知事選出馬を決意するとき、かつて二十四年前、父が北海道知事選を闘い、そして敗北に終ったことを思い起しております」と語っているからだ[16]。現に節雄は、一九五九年四月二三日の北海道知事選挙に立候補し、敗北を喫している。そのかたきを討つために、二世議員の横路は、北海道知事への道を選択したのではなかろうか。

ところで、北海道知事としての横路は、「一村一品運動を推進して地域経済の活性化をはかり、第一回アジア冬季競技大会も招致」するなどの業績を上げたものの、他方で、「地方博ブームにのって行われた一九八三年の『世界・食の祭典』では九〇億円という多額の赤字や関係者の自殺などを招き、道議会で問責決議が行われた」のだ。しかも、「横路道政の〝目玉〟であった」、「新長期総合計画（新長計）の戦略プロジェクト」をめぐって、「『新長計汚職』の発覚」があり、「担当職員が逮捕された」こともあった。他にも、「カラ出張問題が社会問題化するなど財政悪化の元凶として強い批判を浴びたこともあった[17]」。

このように、北海道知事としての功罪があるなか、知事職を三期務めた横路は、一九九六年一〇月二〇日の第四一回衆院選に立候補し、再び代議士に返り咲いた。中央政界に復帰した横路は、民主党結成にあたって、中心的役割を担った。そして、結党後、二回の代表選挙にも立候補する。だが、二回の代表選挙ともに、横路は敗北を喫している。その後、横路にスポットライトがあたったのは、二〇〇五年九月二一日の衆議院副議長と二〇〇九年九月一六日の衆議院議長への就任の時であろう。

船橋利実という候補者

船橋は、「昭和三五年北見市出身」で、「平成三年北見市議会議員当選、平成七年道議会議員当選（五期）」を果たした人物である。くわえて、「自民党道連政調会長などを務め」た後、選挙の時点では、「商工業振興議員連盟会長、消防議員連盟会長、看護振興議員連盟会長など」の要職にあった[18]。

このように、地方政治家としての経歴を着々と積んできた船橋であるが、実は、「もともと国政志向が強いとされ、これまでも中央へ出る機会をうかがってきた」という[19]。たとえば、北海道議会議員四期目の途中にあたる、二〇一〇年七月一一日に予定されていた、第二二回参議院議員通常選挙では、自民党公認候補となることに意欲を燃やした[20]。自民党の場合、「これまで参院候補が道議出身者の指定席となってきた」事実があるうえに、地元紙の予測でも、「船橋さんは道連の政調会長も務めるなど道議として確実にキャリアを重ねており、後押しする自民党道議も多い。候補対象者に名前が挙がるのは順当」との評価がなされていたほどだ[21]。だが、最終的に自民党の候補者に選ばれたのは、「北大在学中に『YOSAKOIソーラン祭り』を創設」するなど、北海道において知名度の高い長谷川岳《はせがわがく》であった[22]。

こうして、国政への夢を断たれた船橋は、五回目の北海道議会議員選挙（二〇一一年四月一〇日）で当選を果たし、議長ポストへと狙いをシフトさせた。その証左に、船橋自身、「地方議会で五期目はある意味仕上げ。私自身道議として集大成となるだろうから、どうなるかは分からないが、それにふさわしい活動を目指す」と、議長職への意気込みを語っていたのだ。[23] これは、北海道議会において、「議長は、最大会派に所属する五期目の道議から選出される」慣例があるからであり、現に、「船橋氏は会派内の道議にあいさつ回りをしていると言われ、意欲的な活動が目立つ」との報道もなされていたほどだ。[24] ところが、三名の議長候補者を対象とした、自民党・道民会議のなかの第一回投票で、船橋はあえなく敗退してしまう。[25]

こうした挫折があったからであろうか、船橋は再び国政への転身を模索した。その舞台として船橋が選んだのが、第四六回衆院選の北海道一区である。

ところで、船橋のHPをみると、そこには「平成七年～平成二四年　自由民主党第一二選挙区支部幹事長代行」とあるように、[26] 船橋自身、北海道一二区内の北見市選出の北海道議会議員であり、北海道一区には選挙地盤を有していなかった。では、なぜ船橋は、縁のない北海道一区からの出馬を決意したのであろうか。そこには、武部勤・新親子の存在があった。

自民党幹事長を務めた経験を有する「武部氏はかつて七〇歳定年制を提唱し」ていた。ところが、二〇一一年秋の段階では、「武部勤氏は七〇歳を迎えたが、関係者は『本人はまだまだやる気』といい、精力的な活動を続ける」と言われていた。[27] もちろん、「武部氏の後継としては、子息である秘書の新氏が有力視されてきた」ことは間違いない。[28] だが、「武部はこれまで、七〇歳定年制と世襲制禁止を主張し続けてきた」ことは周知の通りである。[29] しかも、「北網地域では、新より道議の船橋利実を推す声が強い」のが実状で、[30] 船橋も公式の場で、「出たい人よりも出したい人。これが大事だと思う」と、「武部親子を意識した発言」をしていたほどだ。[31]

だが結局、船橋は北海道一二区ではなく、一区からの出馬を選択した。ちなみに、地元紙において、船橋の一区立候補の意思が報じられたのは、二〇一二年八月三〇日のことであった。この時、一区において、「自民党で出馬の意向を示したのは船橋氏が初めて」であった。もちろん、「自民党は一区の候補擁立作業で他薦で挙がった九人を対象に調整を進めてきたが、高橋はるみ知事や元キャスターの佐藤のりゆき氏らが出馬の打診を固辞」するなど、候補選出は難航を極めていた[32]。そこに目をつけたのが、国政進出を目論む船橋であったというわけだ。

ちなみに自民党では、二〇一〇年七月一一日に行われた第二二回参院選において、自民党の「公募候補が数多く当選したことを受け」て、党本部から、「次期衆院選小選挙区の公認候補となる支部長が空白の全国約一〇〇支部に対し、公募の積極的な活用を求める通達」が出されていた[33]。そのこともあって、北海道一区でも、「(二〇一一年)一一月、自民党一区支部は公募を実施した」(カッコ内、引用者補足)ものの、「不発に終わった[34]」。「次期衆院選に向けた自民党の候補者選考作業が大詰めを迎えている」二〇一二年三月下旬の段階でも、「一区(札幌市中央、南、西区)は『まったくめどが立っていない』(伊東〔良孝・自民党北海道支部連合会〕会長)」(〔 〕内、引用者補足)と記されていたほどだ[35]。

自民党としては、「一区を党勢回復の象徴区と位置づけ議席獲得を目指して」いたにもかかわらず[36]、一区の候補者選考は難航した。その背景には、小選挙区制導入後、「自民党は一区で一度も議席を取ったことがなく、候補者のなり手もなかなかいない」という事情があった。そうしたなかで、八月三〇日に至って、一区からの船橋出馬のニュースが流れた。地元誌によれば、「八月中旬、船橋と南区選出の道議・丸岩公充とが話をする機会があった」時に、「船橋は一区への関心を伝えた」というのだ。そして、「船橋サイドの意向を受けた丸岩は、一区の仲間の道議に伝達」をし、船橋を候補として「検討を始めた」。一区とは無縁の船橋が、ここで候補者の座を射止めた背景には、「『解散・総選挙近し』と言われる中で候補を決められず、一区の道議たちは苦しい立場」にあり、「一区選考は難航を極め〝手駒〟が尽きていた」事実が挙げられる。それゆえ、「一区の道議の間には、異論はない」というよりも、

「むしろ『渡りに船』と受け止めた」わけであった。もっとも、「一区とは無縁の船橋を引っぱってきて勝てるのか」との自民党・札幌市議会議員関係者からの声もあったものの、最終的に、「タマがないなら、船橋でいけと伊東さんが指示を出した」ため、船橋に白羽の矢が立つこととなったのだ(37)。この点に関連して、伊東良孝・道連会長は、「五一歳という若さですから、私は彼が一区に出馬を希望するお話を聞き、一区の選考委員会の皆さんには、『実績のある、能力のある人なので、しっかり受け止めて審査してほしい』という話」をしたと語っている(38)。そして、一〇月二二日、自民党の一区支部では、「候補者選考委員会拡大幹事会を開き、同党道議の船橋利実氏（五一）＝北見市選挙区＝の擁立を内定」し(39)、それを受けた船橋が、二五日に正式な出馬表明を行ったのであった。

しかし、多くの関係者が出馬を拒否した一区から、なぜ、船橋は立候補する決意をしたのであろうか。地元紙の記者によれば、地元・一二区からの出馬が望めなくなった状況で、「もし負けても次の衆院選では横路氏の引退もありうるし、知事選、参院選という可能性もある。少なくとも現在よりは選択肢が広がる」とのことであった(40)。

3　横路の敗因

運動量の増すことがなかった選挙戦

小選挙区比例代表並立制導入後、一度も敗北を喫したことのない横路が、第四六回衆院選・北海道一区で、初めて辛酸をなめることとなった。もっとも横路は、小選挙区で自民党の新人候補・船橋に敗れこそしたものの、惜敗率九二・九七九％で、復活当選を遂げた。だが、横路自身、「比例復活にも笑顔はなく、苦渋の表情のままだった」という(41)。それほどまでに、今回の小選挙区での敗北が、横路のプライドを傷つけたのである。地元放送局のある記者によれば、「あの人（横路）は負けずぎらい」（カッコ内、引用者補足）であり、敗戦の弁を語る時も、横路は、選挙運動期間中、「もっと天気がよかったら、話を聞いてもらえた」と、自分にはなんら非がなかったかのような〝負けおしみ〟を述べていたという[42]。おそらく、こうした横路の気性は、かつての社会党で「〝即位〟せずに終わった〝プリンス〟」である節雄の「そのまた〝プリンス〟として、はじめから党内外でスターのタマゴ扱いされた」過去に起因しているのかもしれない[43]。また、そうしたこともあって、横路の「性格に難があるとの記者仲間の話」も出てくることとなるのであろう[44]。

ところで、北海道一区における横路の敗因は、どこにあったのであろうか。

今回の選挙戦では、横路は、衆議院議長を務めていたこともあり、「中立性を保つため、出馬表明は衆院解散後となる見通し」とされていた[45]。にもかかわらず、「後援会内部から『選挙準備を本格化させたい』との声」が出ていたこともあって、二〇一二年一〇月一四日の非公開の後援会の会合で、横路は、「雇用や社会保障問題に取り組むため『次の選挙に出馬する』」ことを宣言したのであった[46]。こうした横路の心変わりについて、「民主党支持率が低迷する中、関係者の間では『危機感から出馬表明を前倒しした』との見方」が示された[47]。もちろん、今回の衆院選が、民主党にとって、厳しい逆風下で実施されたことは周知の通りである。そのため、衆議院議長の任にあった横路も、一抹の不安を抱いて、出馬表明を早めたとみてよかろう。しかし、横路陣営全体において、一抹の不安感が、大きな危機感として共有されることはなかったようだ。たとえば、長く横路の選挙にコミットしてきた、ある老練のジャーナリストは、投票日二日前の時点において、民主党と自民党との間で、世論調査の数字に、「ここまでのひらきがあるとは思わなかった」と絶句していたものの、「横路は大丈夫」との予測を披露していた[48]。ところが、現役の若手記者の言を借りれば、横路自身、「事前の調査では、ボロ負け」との結果が出ており、今回の選挙では、「よく票をとったほう」であり、最後まで決着がもつれこんだのは、「逆に驚き」でさえあったという[49]。

もし、陣営内部で、横路をとりまく厳しい選挙情勢を的確にフォローし、早くから有効な手だてを講じていたならば、勝敗の行方も違ったものとなっていたかもしれない。だが横路陣営では、そうした対応がとられた形跡はなかった。そのため、選挙戦も、従来通りのものとなった。たとえば、横路は、公示後の第一声で、「憲法九条をしっかり守っていかなければならない」と力説するなど[50]、「護憲の立場を鮮明にして、旧来からの支持者に理解を求めた」（傍点、引用者）[51]。もっとも、「ベテランらしく『地道に政策を訴える』（陣営幹部）」ことも重要であるが[52]、「従来の護憲や平和といっているだけではダメ」で、それを具体的な「かたちにしていくことが大事」との声が、民主党所属の若手北海道議会議員から出ていたこともまた、事実である。要するに、「同じ平和を訴えるにも、若い人に気をつかう必要がある」のであって、「護憲といっていても、具体的なものがみえない」演説では、若い有権者の「感性に訴えることができない」というわけだ[53]。そのためであろうか、「一区は道都札幌の中心部で無党派層の有権者も多い」とされていたものの[54]、投票日当日の出口調査において、横路は、「無党派層の支持も三割弱にとどまり、伸び悩んだ」のであった[55]。

もちろん、横路陣営でも、危機感がまったくなかったわけではなかった。投票を四日後にひかえた段階で、地元紙には、「報道各社の世論調査で、ほぼ互角の情勢が伝えられる」なかで、「陣営幹部は『約一万五千票まで詰められた二〇〇五年の郵政選挙より厳しい戦いだ』と嘆く」といった記事が掲載されたからだ[56]。にもかかわらず、選挙の運動量が増すことはなかった。それは、「じりじりと劣勢に傾く雰囲気を感じ取った時にはすでに手遅れだった」ために、厭戦ムードが漂っていたからではない[57]。そこには、「父節雄以来、『横路王国』を支えてきた支持者の高齢化」という現実があった[58]。もっとも、横路

〝信者〟たちの高齢化という実状は、「後援会には古株も多く、選挙巧者も少なくない[59]」「幾多の選挙を裏方として手伝ってきた筋金入りの労組OBがたくさんいる。彼らはリタイアしているので時間もある[60]」というプラスの側面もないわけではなかった。とはいえ、「後援会全体の高齢化」によって、選挙の折りの運動量が、「自然減」していくのは必然である[61]。今回の選挙戦では、そうしたマイナスの側面が出てしまったようだ。だが、有効な手だてが打たれないまま、時間だけが流れていったのである。

もっとも、こうした状況が生まれた原因の一端には、横路自身、最後まで、「まさか、自分は大丈夫であろうとの発想があった」（民主党北海道関係者）ことがあろう[62]。そのためであろうか、選挙戦の取材にあたっていた記者からも、「東京からきた秘書が、勝つのが当然といった傲慢さであった」との声が聞かれたほどだ[63]。

さらに、選挙での運動量が増えなかった理由として、これまで、横路の選挙を全面的に支えてきた北海道教職員組合（北教組）をめぐる問題も指摘できる。横路は、「北教組の上部団体・日教組が組織する日政連（日本民主教育政治連盟）所属議員として認知されている」政治家である[64]。だが、北教組については、第四五回衆院選の折り、北海道五区から立候補した小林千代美（民主党）に対して、違法献金を行っていた事実が発覚し、二〇一〇年六月には、小林が議員辞職に追い込まれるはめとなってしまった。そのため、北教組は、今回の横路の選挙戦で、前面に立つことができなかったのだ。現に、北海道外から、選挙応援に来た民主党関係者は、「北海道は、自治労、日教組が強いといえる」ため、「北教組がダメになっちゃったのが、大きかったんじゃあないんでしょうかねえ」と分析している[65]。もっとも、長きにわたって、横路の選挙遊説を担当してきた労働組合関係者によると、今回は、これまでと異なり、かなりの「ヘイトスピーチがあった」ものの、「手応えは、まえ（二〇〇九年）と同じ」（カッコ内、引用者補足）であったようだ[66]。だが、前出の北海道外からの民主党関係者は、「二〇〇九年の選挙のとき、一〇日ほど北海道に入った」とき、「ビラを配っていても、これほどとってくれるのか」と驚愕したが、二〇一二年は、「考えられない」ほど、「違った」と語っている[67]。

多選・高齢に対する批判

この他に、われわれは、横路自身の政治家としての資質にも留意する必要があるように思えてならない。先述したように、横路は、二〇〇九年の政権交代に伴い、衆議院議長に就任したものの、議長としてのリーダーシップを発揮したとは言いがたい。たとえば、議長在職中の二〇一一年三月二三日、第四五回衆院選をめぐり、最高裁判所が、「違憲状態」との判断を示した折りに、「横路孝弘衆院議長は、選挙制度改革について『早急に議論を開始し結論を出さなければいけない』との談話を発表」するなどしていたものの[68]、「横路孝弘衆院議長はこれまで問題解決に努力した形跡がほとんど見られない」のであった[69]。しかも、横路自身が、「『一票の格差』是正を含む衆院選挙制度改革関連法について『選挙区の区割りをちゃんとやって、そのもとで選挙をやるべきだった』」と語っておきながら、第四六回衆院選は、「『違憲状態』のまま選挙に突入する」かたちとなってしまったのだ[70]。これまで一貫して憲法擁護を訴えてきた弁護士・横路であるからこそ、こうした態度が、従来の支持者の一部に失望感をもたらすことにつながったとみてよかろう。もっとも、横路の政治家としての姿勢については、これまでも、「歯切れのいい発言とは対照的に、決断力となると疑問符がついて回るのもこの人の特徴」「みんなで崖っぷちまで行こうと言うが、自分から最初に飛び込まない。それでは周りがついてこない」と言われてきた[71]。

くわえて横路が、多選・高齢批判に対して的確な回答を明示することができなかったという点も、今回の選挙で苦戦した理由の一つかもしれない。横路と同じく、一九六九年一二月二七日の第三二回衆院選において初当選を果たした者のうち、「今、残っているのは、僕〔横路〕と小沢さん、それから参院に回った石井一さん（民主党副代表）くらいかな」（〔　〕内、引用者補足）というなかで、なぜ、横路が出馬しなければならなかったのか、という疑問が生じるのは当然であろう。[72] もっとも、選挙戦の「公示前、記者団から多選批判を問われ」た横路は、「今の政治は経験が非常に大事だ。小選挙区制の問題は風が吹く度に議員が入れ替わることだ。これでは政治家は育たない」と、厳しい口調で応じたという。[73] だが、横路のこの発言から、多選を肯定する根拠を見出すことは難しい。しかも、北海道知事時代の横路は、テレビ番組のなかで、「自身の四選出馬問題に関連して『一般的に一人の人間が長く続けるより、人が代わった方が刺激があって良い。一人の人間がやっていることの限界は十分知っている』と述べた」り、[74] 議会での答弁で、「自治体の長は、さまざまな分野の人がそのポストにつくことにより幅広い発想や施策などが期待でき、また、新しい刺激も生まれるのではないかと考えており、その意味で、私としては、多選については一般的には余り好ましいものではないと申し上げた」と応じたりしているのだ。[75] もっとも、国政と地方政治では、多選の意味は異なるかもしれない。だが、これらの発言を照らしあわせてみても、横路が衆院選で、一一回目の当選を目指す理由は明確には分からない。ちなみに横路は、北海道議会の場で、「いずれにいたしましても、多選の是非については、基本的には選挙民の判断にゆだねるべきものと思っております」と断じていたが、それが皮肉にも、今回の小選挙区での落選という結果を導いたのかもしれない。[76]

また、高齢という点に関しては、地元紙に、「後援会幹部は『出馬は既定路線』と言い切るが、七〇歳になり、『上がりポスト』[77] と言われる議長を務めたことから勇退説もささやかれる」との記事が掲載されるだけでなく、地元誌の座談会においても、「一区の横路孝弘さんは議長までやったんだからもう退くべき」との批判がなされていた。[78] さらに、一部の後援会関係者からも、「賞味期限はとっくに切れている」[79]「『権力にしがみついているだけ』と映る。任期途中でも引退という選択があってもいい」との声が出ていたほどだ。[80] しかし、今回の選挙戦で、横路が公認される以前の段階から、民主党北海道の関係者のなかには、「引退してもおかしくはない。しかし、後継がいないのも事実。それに中央の民主党がガタガタしているときに、北海道の精神的支柱である横路氏を引退させることなどできない」と述べる者もいたし、[81] 横路後援会の関係者のなかでも、「『七一歳と高齢ではあるが、本人も元気だし、野田政権が迷走を続ける中、党内のまとめ役としての期待が高まっている。後援会としてはもっと頑張ってほしい』と語っている」者もいたようだ。[82] 現に、衆議院議員候補の選定にあたった、民主党北海道の有力者も、「二〇一二年は、横路以外にはいなかった」と語っていたほどである。[83] そのため横路は、再び立候補することとなった。もっとも、横路〝信者〟にとっては、自分たちとともに、横路が年齢を重ねてきたこともあって、横路の七一歳という年齢があまり気にならなかったのかもしれない。だが、こうした認識は、若い有権者との間で、大きなギャップを生んでしまっていた。その証左に、北海道新聞社の出口調査では、船橋が二十代の三六・五％の票を集めたのに対し、横路はわずか一九・八％の支持しか獲得できていなかったのだ。[84] とりわけ今回の選挙では、全国的にみて、森喜朗、福田康夫といったベテラン議員の多くが不出馬を表明し、北海道でも、「偉大なるイエスマン」と言われた武部勤が、七〇歳という節目を迎えて引退したこともあり、なぜ、七一歳の横路が、あえて一一回目の当選をねらうのか、ということに対する疑念が高まっていた。しかも、今回、北海道一区で立候補した候補者の年齢構成は、三十代が二名、五十代が二名となっており、七一歳という年齢が、横路にとって余計にハンディになっていた可能性はある。

これらの事実から考えると、多選・高齢に対する批判があるにもかかわらず、引退という二文字を選択できなかった横路の決断力のなさを痛感する。それが、議長としての指導力を示すことができなかった遠因かもしれない。いずれにせよ横路は、「お膳立てが整うまではミコシをあげないといわれ、優柔不断と評される」。そのため、「運を自ら逃がしてきた面もないとはいえない」のだ[85]。まさに今回、小選挙区での敗北の憂き目にあうこととなったのは、この決断力のなさゆえであったともいえよう。

情勢判断の甘さ

こうした要因にくわえて、今回の選挙では、鈴木宗男の率いる、新党大地の協力を得られなかったことも大きい。この点については、地元紙でも、「新党大地・真民主は、民主党との政党間の協力が途絶え、選挙の構図も変わり始めた」とされていたし[86]、現に、一区に、新党大地の清水宏保《しみずひろやす》が立候補したため、横路陣営では、「幹部は『大地とは全面戦争になる』と語る」までの状態となっていた[87]。周知のように、北海道内では、一定数の「宗男ファン」がおり、新党大地がそれなりの勢力を有していることは間違いない。それゆえ、二〇〇九年の衆院選でも、両党は選挙協力を行ったのだ。ちなみに、新党大地・代表の鈴木によれば、「前回の総選挙で民主党と選挙協力したのは、当時、民主党代表だった小沢さんの情熱に惚れたからです」とのことであった。この時、政権交代という追い風が吹いていたこともあって、民主党は、小選挙区で一一勝一敗という戦績を上げた。他方、民主党との選挙協力を行った新党大地は、比例代表で一名の当選者を出したにすぎなかった。鈴木によれば、「私は十分、責任、約束を果たした」にもかかわらず、「民主党は新党大地の比例二議席目確保に協力するといいながら、何もやってくれなかった」ということになる[88]。こうした経緯もあって、今回の衆院選では、両党の間で、選挙協力には至らなかった。鈴木自身、「一一区の石川、一二区の松木以外の選挙区は、頭から候補を決めてしまって、要検討選挙区は、全て民主党候補で埋めてしまった」としたうえで、「少なくとも、新党大地の四五万前後の得票数からもってすれば、三分の一の選挙区は新党大地に譲ってもよかったはずです」と語っている。[89] この点に関連して、民主党北海道のある関係者は、「新党大地について、消極的な選挙協力ができたはず」と語っている。ここでいう「消極的な選挙協力」とは、一二ある小選挙区を「AからDにわけ、Dは、民主党から候補者をださない」というようにすることを示している。たとえば、「七区は絶対負けるところだったので、候補をださないことにして、鈴木貴子を応援するかたちにして、Aのところで協力してもらう」という「消極的な選挙協力」ができたはずである、とのことだ。[90] 万一、消極的であれ、両党の選挙協力が実現できていたとすれば、北海道一区において、船橋との間の六〇四〇票の差をつめることは十分可能であったはずだ。もし、新党大地との選挙協力が困難というのであれば、憲法擁護というスタンスから、共産党と共闘し、候補者擁立を回避してもらうという方法もあったはずだ。そうすれば、横路は、小選挙区で勝利できていたにちがいなかろう。

そこまでして、他党との選挙協力を推し進めようとしなかった理由の一つとして、二〇一二年一一月下旬に実施された、ある世論調査の結果を挙げることができる。この調査によれば、横路の支持率は二七・〇％で、船橋の一五・〇％を大幅に上回っていた（野呂田：一二・六％、大竹：五・一％、清水：一二・四％）。そのために、横路の戦いに「特に不安要素はなかった」との思いを陣営幹部がもつこととなったのではなかろうか。[91] とはいえ、この時の調査では、「まだ選べない」という態度保留派が、三三・六％いたことから考えると、この調査結果から、「不安要素はなかった」という結論を導き出したのは、早計であったと言われてもしかたなかろう。しかも、こうした状況分析の甘さを助長した背景には、マスメディアによる事前の勝敗予測もあった。たとえば『週刊朝日』では、政治評論家の森田実が、一〇月一九日号で、「北海道一区は民主の横路孝弘が非常に強いのですが、その神通力が今回の選挙でも通じるかどうか」としていたものが、[92] 選挙戦が近づいてきた一二月七日号では、「北海道一区は民主の横路孝弘の苦戦が一部で伝えられていますが、やはり最後は勝つと思います」[93]、さらに、一二月二一日号で、「北海道一区は、民主の横路孝弘が自民の船橋利実、新党大地の清水宏保に追い上げられていますが、後援会も強固なので、どうにか逃げ切るでしょう」と、横路の勝利を予想していたのだ(94)。そのため、民主党への逆風が吹きあれるなかでも、横路は絶対に負けるわけがないとの思いこみ＝〝横路神話〟が、醸成されていってしまったのであろう。現に、選挙分析に定評のある地元放送局の関係者でさえ、「終盤の予測では、もしかすると、と思った」が、最終的に、「横路さんだけは勝てると思っていた」（傍点、引用者）と述べ、みずからの情勢判断の甘さを認めていたほどだ(95)。

船橋にも不安材料はあった

他方で、船橋陣営にも、不安材料がなかったわけではない。というのは、一区での候補者選定に応募こそしたものの、同区とは無縁の船橋に対して、「候補者選考委員の間では『落下傘候補』であることへの抵抗感」が強く(96)、自民党道一区支部の選考委員会では、「公募締め切り後に応募した元民放アナウンサーで著述業の石井貴士氏（三九）＝東京在住＝も選考対象とすることを決め」るなど(97)、最終的な候補者決定は、順調には進まなかったからだ。しかも、船橋は、こうした対応に憤慨し、「結論が出なければ僕の方から見切りをつける」「自民党に僕がいらないということになれば、自民党をやめたっていい」とまで言い放ったのだ(98)。そのため、「『何様のつもりだ』という怒りの声も、関係者からもれた」のであった(99)。こうした経緯もあって、船橋の擁立が内定した後も、「一区での知名度不足は否めず、実際の選挙運動は市議や道議の後援会に頼らざるを得ない」なかで、「本番に向けては、同党がいかに一致結束できるかがカギを握る」との分析がなされていたほどだ(100)。だが、いざ選挙戦が始まると、「地元道議や市議の後援会がフル稼働し支持獲得に成功」し、「横路孝弘氏が守ってきた『民主党王国』で金星を挙げた」のだ(101)。当初は、地元選出の札幌市議会議員や北海道議会議員との連携が不安視されていたものの、「一区を地盤にする計一〇人の自民党市議と道議も、後援会に強く働きかけ、集会や電話かけなどで末端までの支持拡大を徹底」することとなったのは、「（一二月）六日の世論調査の結果」（カッコ内、引用者補足）が大きかったという。[102] ちなみに、一二月六日の新聞には、「一区は、横路と船橋が小差の競り合い」[103]「二度目の当選を目指す横路と船橋が激しく競り合っている」[104] との文字が躍っていた。このように、船橋への支持が、「横路氏にここまで肉薄したことはなかった」のであり、船橋陣営では、「大金星を挙げよう」との思いが強まっていった。そして、最終的に、「地元保守層の長年の悲願でもあった」、「『打倒横路』が合言葉」となったのである。[105] ただし、北海道新聞社の出口調査によると、船橋の場合、北海道内の一二の小選挙区に立候補した一一名の自民党候補のなかで、「特に自民党支持層の得票は唯一八割を下回り」、「『国替え』で支持基盤に浸透し切れなかった」との結果が出ていることを忘れてはならない。[106] これは、投票日四日前の『北海道新聞』に掲載された、船橋を「支援する市議の一人は、自身の支持者からいまだに『一区の自民党候補は誰だ』と聞かれることがある」との記事の内容を裏打ちするものと言えよう。[107]

4　民主党北海道の今後

いつまでも横路頼みでいいのか

もちろん、横路敗北の原因を一つに限定することは困難である。だが、前記のような理由が複雑に絡み合い、横路は、今回の小選挙区での敗退という屈辱を受けることになったのであろう。

ところで、今回の北海道選挙区の自民党候補をみると、「新人一〇人のうち五〇代が五人、四〇代が三人、三〇代も一人」という具合に、「うまく代替わりした」状態であった。他方、「民主党は還暦以上が半数を占め、まったく清新さはなかった」のだ[108]。まさに、その清新さのなさの象徴が、北海道一区で敗北を喫した横路と言ってよい。

今回の北海道一区の候補者選出に関して、地元放送局のベテラン記者は、適当な候補者が「ほかにいない」ため、「横路さんはでざるを得なかった」としていたが[109]、同じ放送局の若手に言わせると、いつまでも、「横路さんに、おんぶにだっこじゃダメ」であって、民主党北海道は、横路の「あとが育っていない」現実を直視しなければならないと語っている[110]。もちろん、これまで、民主党北海道のなかで、世代交代を進めようとする動きがなかったわけではない。民主党北海道の関係者によれば、「横路を比例単独一位にする」など、追い風が吹いている時であるからこそ、「二〇〇九年の政権交代選挙の折り、うまく世代交代をすすめる」ことを目論んだという。ただ、その関係者でさえ、「しかし、二〇一二年は横路以外にはいなかった」と述べている[111]。こうした認識が出てくる背景には、どれほどの逆風下であっても、横路だけは「盲目的に勝つと思っていた」民主党関係者が多数おり、その者たちにとっては、「結局、横路が心の支えであった」という事情が関係しているような気がしてならない[112]。

リクルートメント機能の充実

その証左に、二〇一三年三月一六日、多選・高齢批判を受けて、北海道一区で敗北を喫した横路が、民主党北海道の新たな代表に就任することとなった。かつて横路は、「組織は若い人もいれば経験を持った人もいて、初めて運営されていく。若い人たちには出てきて大いにやってもらいたいが、権力の座につきたいというだけでは困る」と語ったことがある[113]。だが、いつまでも、横路という同じ看板で、党運営にあたっていくという手法は、はたして適切なのであろうか。もっとも横路自身、「当初代表就任に難色を示していた」ようであるが、結局、「党北海道幹部やOBらの就任要請を受け入れた」格好となってしまったという。[114] ここにこそ、現在の民主党北海道の抱える病理をみてとることができよう。要するに、北海道において、父・節雄の代から続く、「『横路ブランド』が『社会党王国』『民主党王国』を形作る大きな要因となった」との思いが依然として強いということだ。[115] そのうえ、「もともと道連はかつての社会党道本（民主党合流時は社民党道本）がそっくり移籍した形であり、労組主導体質が色濃く残っている」ため、[116] 北教組をバックにし、労働組合との関係も良好である横路に、白羽の矢が立ったというわけだ。まさに、「困ったときの横路だのみ」といった印象がぬぐえない。その意味において、自民党の元国会議員が指摘しているように、これは、「横路個人というより、民主党全体の問題」であって、病巣はかなり根深いと言わざるを得ないであろう。[117] とはいえ、「いつまでも重鎮の横路氏や労組に頼るだけではだめ。惨敗を世代交代の好機と考え、新たな支持基盤を作る努力が必要だ」といった声が、民主党北海道内から出てきていることもまた、事実である。[118]

したがって、今回、北海道内の一二の小選挙区すべてで勝利できなかった民主党は、これを貴重なチャンスとして、新たな候補者の発掘＝リクルートメントに努めていくべきではなかろうか。そこにこそ、党再生を見出すチャンスがあると言ってよかろう。

もちろん、候補者選定というリクルートメント機能の充実にくわえて、今後、民主党北海道を再生していくために、組織自体の活性化を図っていくこともまた、重要である。だからこそ、「もともと民主党は市民が主役の政党にするということで、『民主』と名付けました」とする横路の発言のもつ意味について、民主党北海道のメンバー全員が、熟考する必要があるように思えてならない。[119] そうした姿勢なくして、次の衆院選での民主党北海道の勢力挽回は難しいであろう。

注

(1)『財界さっぽろ』二〇一三年二月号、三四頁。
(2)『北海道新聞』二〇一二年一二月一日、二面。
(3) 俵孝太郎『日本の政治家　父と子の肖像』中央公論社、一九九七年、一二三頁。
(4) 細川隆元『現代の政治家――政界のホープ五十人』雪華社、一九六〇年、一八七頁。
(5) 俵、前掲書『日本の政治家　父と子の肖像』一二四頁。
(6) 松本剛『野呂栄太郎』信州白樺、一九八三年、六頁および八頁。
(7) 横路孝弘『第三の極』講談社、一九九五年、二二六頁。
(8) 横路孝弘『北こそフロンティア』東洋経済新報社、一九八七年、一六〇～一六一頁。
(9) 横路、前掲書『第三の極』二三二頁。
(10)『朝日新聞』一九六九年一二月二八日（夕）、六面。
(11)『第六十八回国会　衆議院予算委員会議録　第十九号』一九七二年三月二七日、四二頁。
(12)『ＡＥＲＡ』二〇〇二年一月二八日号、六七頁。
(13)『朝日ジャーナル』一九八二年九月一〇日号、一八頁。
(14) 横路、前掲書『第三の極』二三八頁。
(15)『北海道新聞』一九八三年四月一一日（夕）、四面。
(16) 横路孝弘と勝手に連帯する若者連合編『われら「勝手」に連帯す』幸洋出版、一九八三年、一二四頁。
(17)『クォリティ』二〇〇九年一二月号、二九頁。
(18)「平成二四年一二月一六日執行　衆議院　小選挙区選出議員選挙　選挙公報（第一区）」一面。
(19)『財界さっぽろ』二〇一二年八月号、七五頁。
(20)『北海道新聞』二〇一〇年一月七日、四面。
(21)『北海道新聞』〔地方版〕二〇一〇年一月二五日（夕）、七面。
(22)『北海道新聞』二〇一〇年二月二日、一面。

(23)『北海道新聞』〔地方版〕二〇一一年四月一三日、二四面。
(24)『クォリティ』二〇一一年六月号、一三頁。
(25)『北海道新聞』二〇一一年五月一七日、一面。
(26)https://funahashi-toshimitsu.jp/about（二〇一四年二月五日）。
(27)『北海道新聞』二〇一一年九月二〇日、四面。
(28)『クォリティ』二〇一一年六月号、一三頁。
(29)『財界さっぽろ』二〇一二年三月号、七三頁。
(30)『クォリティ』二〇一二年五月号、四三頁。
(31)『財界さっぽろ』二〇一二年五月号、三三一〜三三二頁。
(32)『北海道新聞』二〇一二年八月三〇日、二面。
(33)『北海道新聞』二〇一〇年八月一六日、四面。
(34)『財界さっぽろ』二〇一二年一〇月号、六七頁。
(35)『北海道新聞』二〇一二年三月二九日、四面。
(36)『北海道新聞』二〇一二年五月一五日、一面。
(37)『財界さっぽろ』二〇一二年一〇月号、六七頁。
(38)『クォリティ』二〇一二年一〇月号、四八頁。
(39)『北海道新聞』二〇一二年一〇月二二日（夕）、三面。
(40)『北海道新聞』〔地方版〕二〇一二年九月三日（夕）、九面。
(41)『財界さっぽろ』二〇一三年二月号、三四頁。
(42)関係者へのインタビュー（二〇一四年四月一〇日）。
(43)俵、前掲書『日本の政治家　父と子の肖像』一二五〜一二六頁。
(44)関係者へのインタビュー（二〇一四年三月二六日）。
(45)『北海道新聞』二〇一二年九月八日、一〇面。

(46)『北海道新聞』二〇一二年一〇月一五日（夕）、六面。
(47)『北海道新聞』二〇一二年一〇月二三日、三面。
(48)関係者へのインタビュー（二〇一二年一二月一四日）。
(49)関係者へのインタビュー（二〇一四年五月一日）。
(50)『北海道新聞』（札幌市内版）二〇一二年一二月四日（夕）、一六面。
(51)『北海道新聞』（札幌市内版）二〇一二年一二月五日、三一面。
(52)『北海道新聞』（札幌市内版）二〇一二年一一月一七日、三三面。
(53)関係者へのインタビュー（二〇一三年九月一六日）。
(54)『北海道新聞』二〇一二年一一月一七日、四面。
(55)『北海道新聞』二〇一二年一二月一七日、一一面。
(56)『北海道新聞』（札幌市内版）二〇一二年一二月一二日、三一面。
(57)『北海道新聞』（札幌市内版）二〇一二年一二月一八日、三三面。
(58)『クォリティ』二〇一三年二月号、三七頁。
(59)『財界さっぽろ』二〇一二年三月号、五一頁。
(60)『財界さっぽろ』二〇一二年八月号、五二頁。
(61)関係者へのインタビュー（二〇一三年九月一六日）。
(62)関係者へのインタビュー（二〇一三年一二月二日）。
(63)関係者へのインタビュー（二〇一四年五月一日）。
(64)『クォリティ』二〇一〇年四月号、三三頁。
(65)関係者へのインタビュー（二〇一二年五月一八日）。
(66)関係者へのインタビュー（二〇一三年六月二五日）。
(67)関係者へのインタビュー（二〇一三年五月一八日）。
(68)『週刊朝日』二〇一一年四月八日号、一八二頁。

(69)『北海道新聞』二〇一二年五月五日、三面。
(70)『北海道新聞』二〇一二年一一月一七日、六面。
(71)『AERA』二〇〇二年一月二八日号、六七頁。
(72)『北海道新聞』二〇一三年四月二四日、五面。
(73)『クォリティ』二〇一三年一月号、三六頁。
(74)『北海道新聞』一九九三年四月二六日、二面。
(75)北海道議会『平成五年第三回定例会　二号』一九九三年九月二八日。
(76)同右。
(77)『北海道新聞』二〇一一年九月一八日、四面。
(78)『クォリティ』二〇一一年一月号、三〇三頁。
(79)『クォリティ』二〇一〇年一一月号、三三頁。
(80)『クォリティ』二〇一〇年五月号、一〇頁。
(81)『財界さっぽろ』二〇一二年一〇月号、七一頁。
(82)『財界さっぽろ』二〇一二年二月号、四四頁。
(83)関係者へのインタビュー（二〇一三年一二月二日）。
(84)相内俊一監修『二〇一二　衆院選データブック　「多党化選挙」』北海道新聞社、二〇一三年、四一頁。
(85)俵、前掲書『日本の政治家　父と子の肖像』一三〇頁および一三六頁。
(86)『北海道新聞』二〇一二年一一月一七日、四面。
(87)『北海道新聞』二〇一二年一一月二四日、四面。
(88)『財界さっぽろ』二〇一二年二月号、一三〜一四頁。
(89)『クォリティ』二〇一三年二月号、四七頁。
(90)関係者へのインタビュー（二〇一三年一二月二日）。
(91)関係者からの電子メールによる回答（二〇一三年六月七日）。

(92)『週刊朝日』二〇一二年一〇月一九日号、一二三頁。
(93)『週刊朝日』二〇一二年一二月七日号、一二五頁。
(94)『週刊朝日』二〇一二年一二月二一日号、一二七〜一二八頁。
(95)関係者へのインタビュー（二〇一二年一二月一七日）。
(96)『北海道新聞』二〇一二年一〇月二三日、三面。
(97)『北海道新聞』二〇一二年一〇月一六日（夕）、三面。
(98)『北海道新聞』二〇一二年一〇月一七日、四面。
(99)『財界さっぽろ』二〇一二年一二月号、一二六頁。
(100)『北海道新聞』（札幌市内版）二〇一二年一〇月二三日、二五面。
(101)『北海道新聞』二〇一二年一二月一七日、一八面。
(102)『北海道新聞』（札幌市内版）二〇一二年一一月一八日、三三面。
(103)『読売新聞』二〇一二年一二月六日、一〇面。
(104)『読売新聞』二〇一二年一二月六日、三五面。
(105)『北海道新聞』（札幌市内版）二〇一二年一一月一八日、三三面。
(106)相内監修、前掲書『二〇一二　衆院選データブック「多党化選挙」』四〇頁。
(107)『北海道新聞』（札幌市内版）二〇一二年一二月一二日、三一面。
(108)『財界さっぽろ』二〇一三年二月号、三五頁。
(109)関係者へのインタビュー（二〇一四年三月二六日）。
(110)関係者へのインタビュー（二〇一四年三月七日）。
(111)関係者へのインタビュー（二〇一三年一一月二日）。
(112)関係者へのインタビュー（二〇一四年五月一日）。
(113)『朝日新聞』二〇〇二年九月五日、四面。
(114)『北海道新聞』二〇一三年三月一七日、四面。

(115)　『クォリティ』二〇一三年二月号、三八頁。
(116)　『クォリティ』二〇一三年三月号、四三頁。
(117)　関係者へのインタビュー（二〇一三年一〇月二二日）。
(118)　『クォリティ』二〇一三年二月号、三八頁。
(119)　『財界さっぽろ』二〇一三年五月号、八七頁。

第2章　小沢王国の黄昏？
——岩手四区——

河村和徳
伊藤裕顕

1　急な解散と第三極

二〇一一年秋、東日本大震災の影響で延期を余儀なくされた宮城県議選、福島県議選等が行われ、被災地でも選挙実施が一応可能であることが明らかとなった。これにより、野党は解散を要求しやすくなり、また衆議院の任期切れも視野に入るようになったことによって、二〇一二年の国政は政局に翻弄されることとなった。そして一一月、野田佳彦総理大臣が解散を党首討論で明言したことによって衆議院は解散され、一二月に第四六回衆議院総選挙が実施されたのであった。

この唐突な解散によって最も混乱したのは、政権与党である民主党および野党第一党であった自民党の双方と距離をとる、いわゆる「第三極」であった。当時、第三極として見なされていたのは、みんなの党や、大阪維新の会と、たちあがれ日本の合併によって誕生した日本維新の会、民主党の大量の離党者で構成された国民の生活が第一であったが、選挙準備が不十分なまま、そして第三極同士の選挙協力の構築もままならないまま、これらの政党は選挙戦に突入せざるをえない状況に陥った。小沢一郎が率いる国民の生活が第一は、公示直前、嘉田由紀子滋賀県知事が立ち上げた日本未来の党に合流した。こ

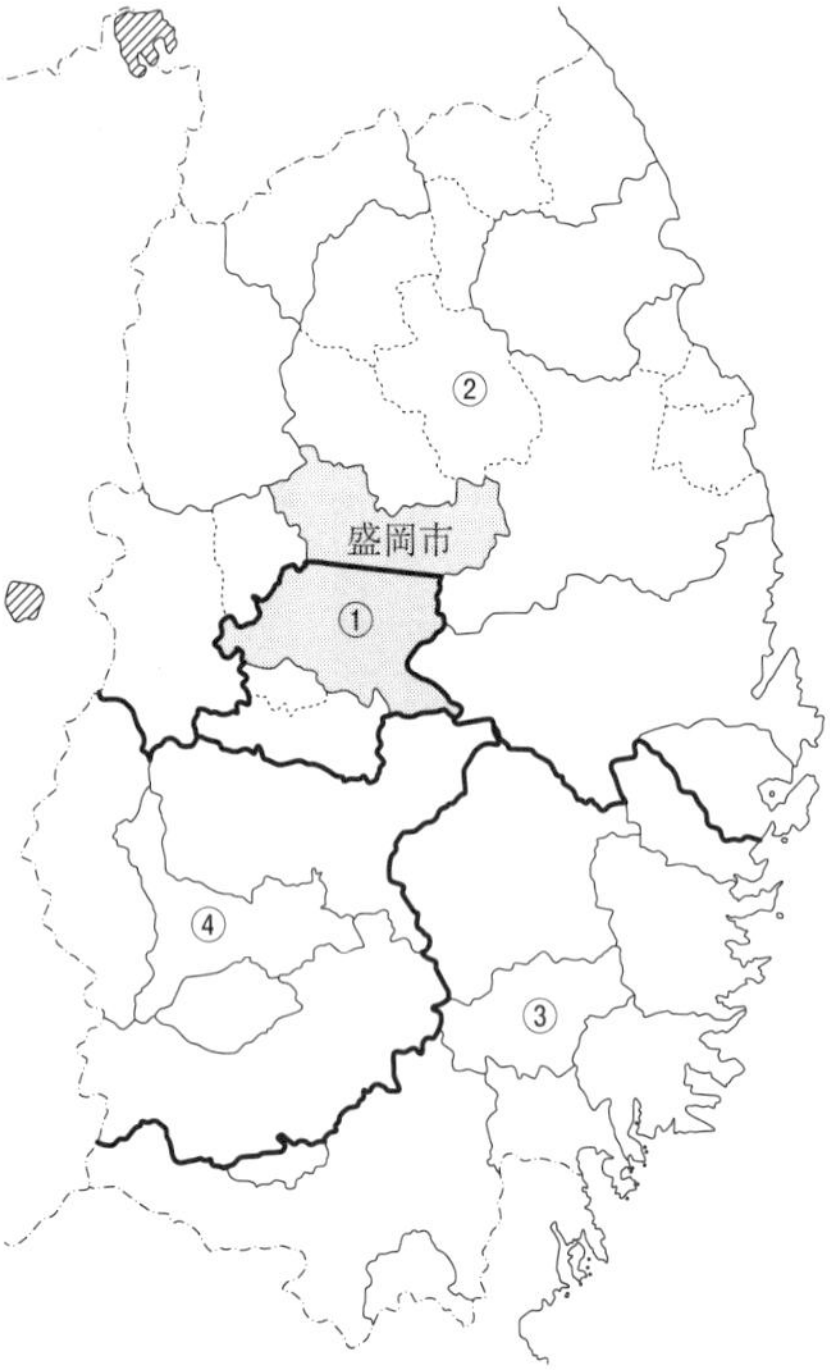

図2－1　衆議院小選挙区（岩手県）

表2－1　岩手4区選挙結果

	得票数	氏名	年齢	党派	推薦・支持	新旧	当選回数	肩書・経歴	重複
当	78,057	小沢　一郎	70	未	大	前	15	（元）自治相	
比	47,887	藤原　崇	29	自		新	1	（元）参院議員秘書	○
	28,593	及川　敏章	56	民		新		党職員	○
	17,033	高橋　綱記	65	共		新		（元）旧花巻市議	

の合流には様々な理由が考えられているが、滋賀県知事である嘉田を党代表に戴くことで小沢色を薄め、「卒原発」をキャッチフレーズに第三極での一定の勢力確保を目指したことが大きいだろう。ただ、この時間の無い中での合流は、あちらこちらでドタバタぶりを見せることとなった[1]。

総選挙の結果、民主党は下野することになり、自民党が政権与党に返り咲いた。民主党が大幅に議席を減らしたのは、政権運営に対する批判もあろうが、民主党内の小沢系が大量に離党したことが大きかった。二〇〇七年の衆議院総選挙で民主党が政権を獲得できた一つの理由は、民主党が自民党のクライエンタリズム戦略の恩恵にあずかれない層の受け皿にもなったことが大きい。もともと民主党は、クライエンタリズム戦略に批判的な層の受け皿であったが[2]、小沢が民主党幹事長になって以降、彼は自民党以上に自民党らしい選挙戦を指示してそうした層の受け皿化を進め、自民党の集票組織内に生じていた亀裂に積極的に楔を打つ策を講じてきた[3]。二つの異なる層から支持を集めたことで政権を奪取したのであるから、小沢がいなくなれば、自民党的志向をする支持層を取り込めないのは当然の帰結であった。

第三極は、明暗を分けた。みんなの党や日本維新の会は、「民主党政権に幻滅したが自民党にも投票できない」という層の受け皿となり躍進した。一方、日本未来の党は、解散前の六一議席を九議席に減らす大惨敗であった。小沢が民主党離党の際に引き連れてきた現職のほとんどが落選し、小選挙区で当選したのは小沢のみであった[4]。結局、急ごしらえの新党は対立が表面化し、この「選挙互助会」は発足して一カ月であえなく分党したのであった[5]。

本章では、小沢一郎のお膝元である岩手四区を中心に取り上げ、論じる。二〇一二年総選挙における岩手県の選挙戦には、大きく二つの注目点があった。一つは、今回の総選挙が東日本大震災後初めての国政選挙だった、という点である。震災後一年を経過しても、甚大な津波被害を受けた三陸沿岸の復旧・復興の見通しは立っていなかった。有権者の中に「復興が遅滞している」との批判がある雰囲気の中での選挙であった。もう一つは、長年にわたり、岩手県政界に強大な影響力を及ぼしてきた小沢一郎の動向に対する有権者の評価であった。小沢が民主党を離党する際、県内の直系の国会議員、県議会議員の約半数が袂を分かち民主党に留まった。

二〇一二年総選挙を一見すれば、強固な結束を誇示してきた小沢の政治基盤が弱体化したようにみえる。また、小沢子飼いの政治家たちの離反とその後の総選挙によって小沢王国の解体が始まったようにみえる。ただ、それはどこまで言えるのか、本章において少し検討してみたい。

2　小沢「王国」をどうみるか

「王国」化の経緯

まず、小沢が岩手県政界に影響力を強め、岩手県が「小沢王国」と呼ばれるまでになった経緯を辿ってみたい。

中選挙区制時代、小沢一郎は旧岩手二区(6)の自民党代議士であり、出身地である奥州市水沢区（旧水沢市）を地盤としていた。ここは自民党代議士で閣僚も務めた父、小沢佐重喜《さえき》の地盤であり、彼自身はその地盤を受け継いだ二世議員である。中選挙区制時代は、自民党同士が勢力拡大を目指して相争う時代であり、また自民党内の年功序列が機能していた時代でもあった。小沢は自民党若手ホープとして期待を集めてはいたものの、自民党岩手県連には、総理大臣も歴任した鈴木善幸をはじめ多くの先輩政治家がおり、県連内の序列は決して高いとは言えなかった。すなわち、中選挙区時代は小沢の岩手県政に与える影響も限定的であった。とくに、県庁所在地である盛岡市を中心とした旧岩手一区への影響力は、微々たるものであった。

その状況が一転したのは、一九九三年、政治改革を旗印に小沢らが自民党を離党し、新生党を結党してからであった。小沢は一九九五年四月の岩手県知事選挙において、建設省職員であった増田寛也(7)を擁立し、自民党が推薦する有力候補を破った。小沢直系の知事が初めて誕生したのであった。そして小沢は、増田の政策秘書に自身の秘書を送り込むなど、影響力拡大の布石を打った。また小沢は、県議会議員選挙などの地方選挙で自派候補を多数擁立し当選させていった。地方選挙が中選挙区制のままである(8)ことを利用した勢力拡張であった。

その一方、小沢自身の岩手県入りは漸減していった。様々な要職に就任したこともあり、自民党時代から岩手県入りは減っていたものの、自民党を離党して新進党・自由党のトップになるとその傾向はさらに強まった。中央政界のキーパーソンになり、陳情の窓口化が強化された結果、東京に常駐したまま岩手県政に影響力を行使する形が定着していったのであった。時間が経つにつれ、県庁幹部が東京にいちいちお伺いを立てるというスタイルが目立つようになった。

なお、増田は、その後、政治姿勢を大きく変えていく。二期目出馬にあたって、小沢が党首を務める自由党だけでなく、自民党の推薦も取り付けた。事実上、小沢と自民党との天秤をはかる立場に軸足を移したのであった。三回目の選挙になると、増田は既成政党の推薦を拒み、地方の独自性・独立性を強く唱えるようになる。そして、分権を推進するいわゆる「改革派知事」としての立ち位置を鮮明にしていったのであった(9)。

「改革派知事」の増田が勇退した後、知事に当選したのは、衆議院議員当選回数四回の達増《たっそ》拓也《たくや》であった。小沢一郎最側近であり、「小沢チルドレン」とも呼称される一群の政治家の筆頭格が、岩手県知事となったのである。小沢の思い通りに動かない増田の後に達増が知事になったことは、小沢が岩手県政へ影響力を強めたことと同義であった。

知事同様、岩手県議会でも小沢は着々と直系議員を当選させ、勢力を扶植していった。知事候補と連動する戦術が功を奏した一九九五年四月の選挙が口火を切った形である。自民党を七議席上回る一九議席（新進党公認）を獲得、公明党や無所属議員らと統一会派を組むことで、定数五一のうち二七議席を占める第一勢力となった。一九九九年四月の選挙では、一七（自由党公認一六、無所属一）にとどまり、自民党と同数（公認一三、無所属四）だったが、二〇〇三年四月の統一地方選挙で行われた県議選では二一（自由党公認一九、無所属二）とし、定数が四八となった二〇〇七年四月の統一地方選挙では二二（民主党公認二一、無所属一）を占め過半数に近づいた。

県議会議員数の伸長によって、小沢系国会議員数も伸長することになった。二〇〇四年七月の参議院選挙岩手選挙区で民主党公認候補が当選し[10]、選挙区選出議員二議席を独占した。二〇〇九年八月、民主党が政権交代を果たした衆議院総選挙では、四つの小選挙区すべてで勝利し、他党候補に復活当選も許さず、岩手県の衆参両院全議席を独占したのであった[11]。

こうして、東京に常駐する小沢一郎は、事実上の「中央」と化していった。

「王国」をどう考えるか

ところで、国会議員が自身を頂点とし、地方議員や市町村長をも系列に組み込んでピラミッド状の後援会連合を形成する手法は、日本において一般的な選挙手法である。いわゆる「系列」（図2－2）形成である[12]。岩手県も例外ではなかった。

系列地方政治家および彼らの後援会構成員は、国政選挙における集票の実働部隊となる。もちろん、その見返りとなるのは、地方選挙での支援である。こうした系列は選挙に勝つための強固な集票構造を構築するために形成される「選挙互助会」と言っても過言ではない。

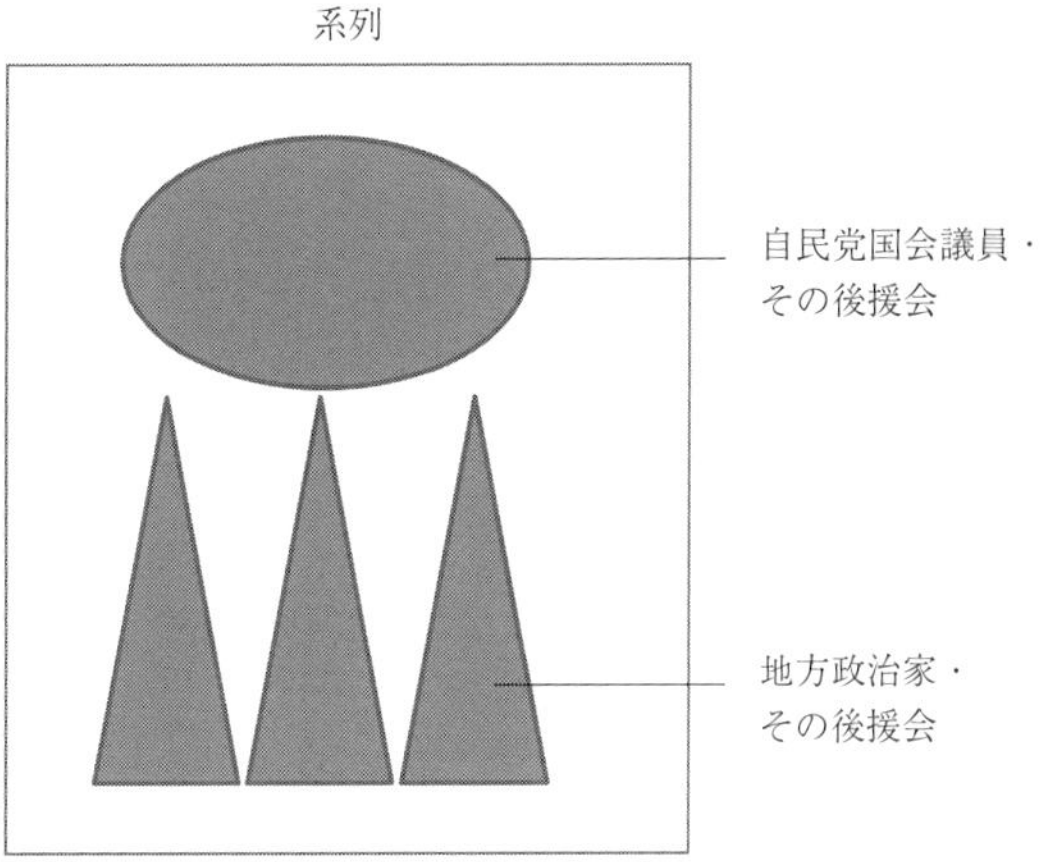

図2－2　系列の模式化

出所：河村・竹田（2011）。

中選挙区時代、同一選挙区に複数の自民党公認候補者が立候補するため、自民党同士による系列拡張競争が激しかった。地方政界を巻き込んだ自民党代議士間の系列拡張競争は各地で起こり、「三愛戦争」（宮城県：三塚博対愛知葵一・和男）や「森奥戦争」（石川県：森喜朗対奥田敬和）など、各地で呼び名がつけられるほどであった。ただ、こうした系列拡張競争は、自民党代議士の系列にとってマイナスばかりではなかった。政党内競争が行われているため、地方政治家の候補者のリクルートやその支援は系列自らで行わなければならない。そうした部分が組織の一体感を生み、また選挙戦略・戦術のノウハウを組織的に保持していくことに繋がったのである。

一九九〇年代の選挙制度改革によって中選挙区制下のほとんどの選挙区は分割され、自民党代議士系列は新しい選挙区ごとに再編されていくこととなった。そして、地域によっては、系列再編がうまく進まなかったり、系列再編に伴う軋轢を抱え込んだりしていった[13]。一方の系列が自民党を集団離党することによって、幾つかの県では、中選挙区時代の自民

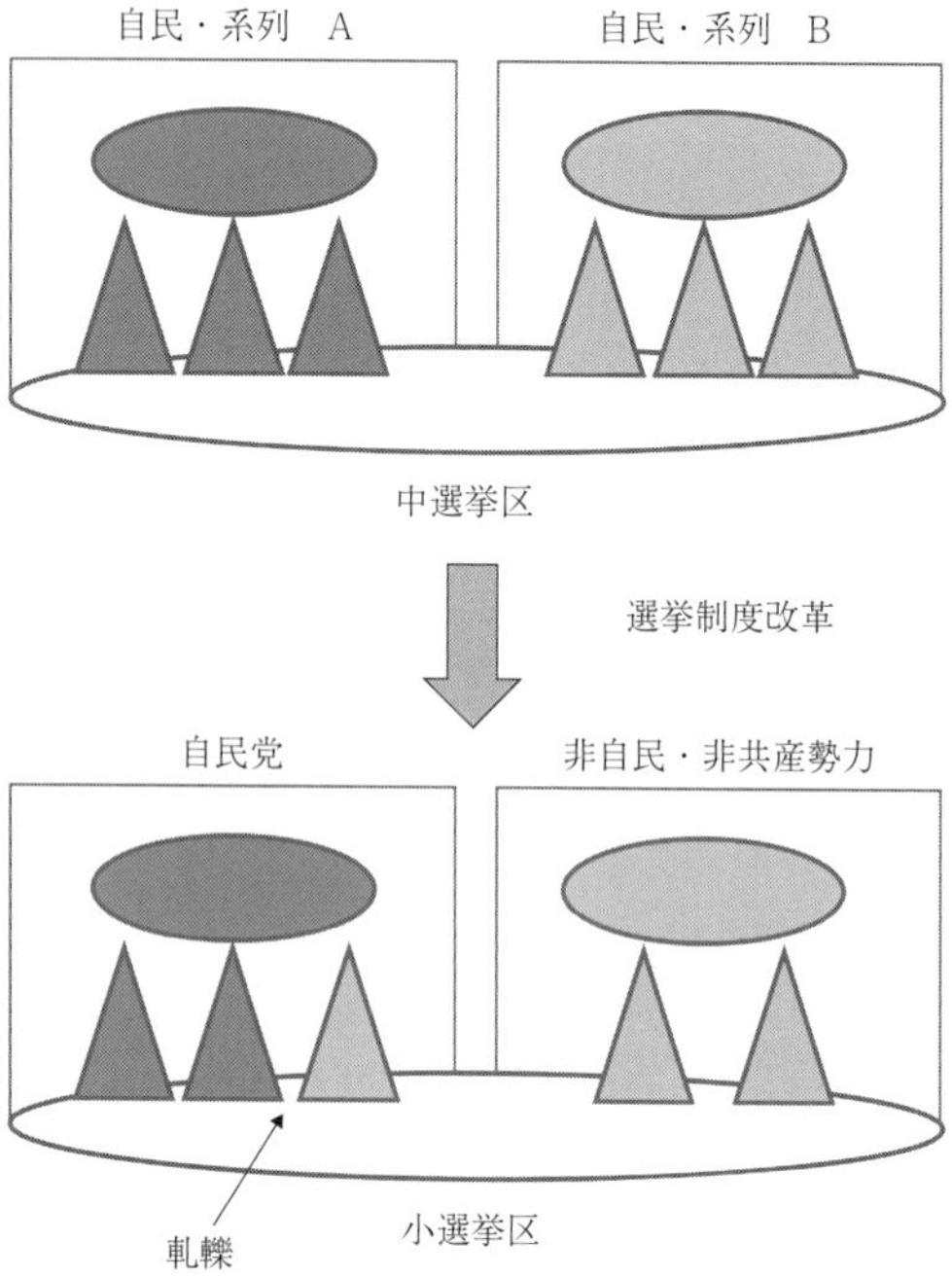

図2-3　系列間競争から政党間競争へ

出所：河村・竹田（2011）。

党内の「系列拡張競争」が「政党間競争」に切り替わっていった⑭。岩手県は、福島県や長野県と同様、自民系勢力対非自民・非共産系勢力という対立構図へ地方政界の対立軸は切り替わっていった（図2-3）。

小選挙区比例代表制が導入され、総選挙が行われていくにつれ、自民党内の系列拡張競争は消えていった。中選挙区制から小選挙区比例代表並立制へ移行する過程において、自民党の派閥領袖や、小沢などの旧自民党所属のベテラン民主党国会議員の中には、代替わり期の候補者選考⑮を利用して、県内に自らの「王国」を形成する者も現れた。たとえば、石川県では、自民党県連が森派となっていったので

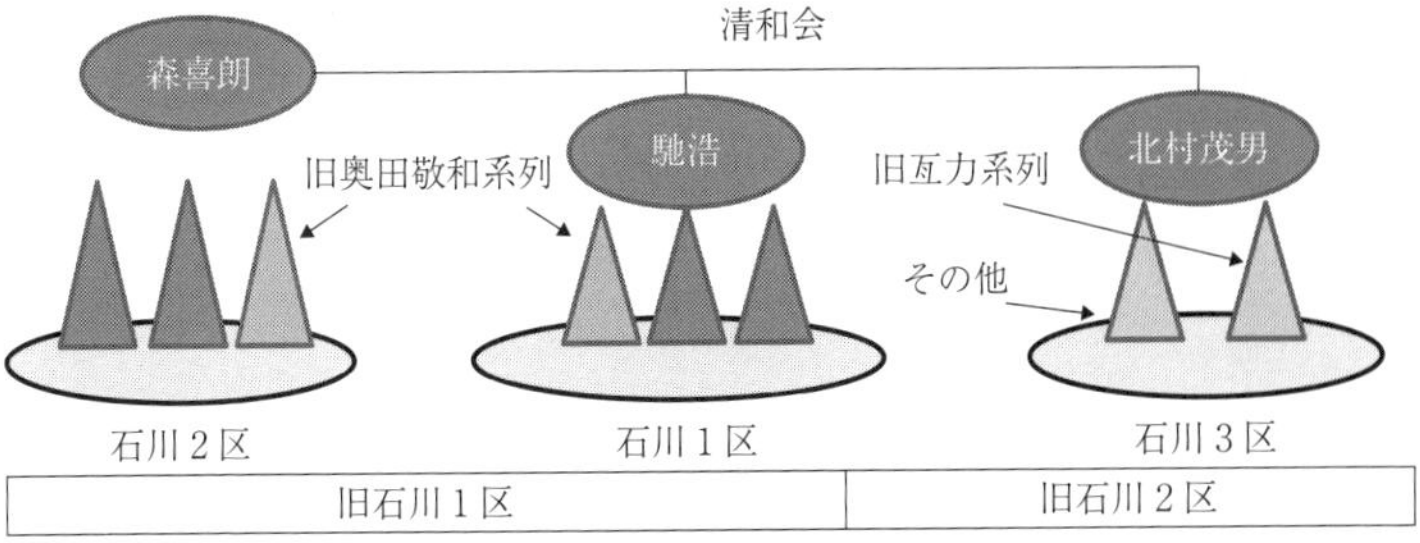

図2－4　石川県における系列再編

出所：Kawamura（2011）の Figure 3 を翻訳。

ある（図2－4）。

筆者らは、森が石川県に築いた「王国」も、小沢が岩手県に築いた「王国」も基本的な部分は同じと考える。ただ、この王国は、中選挙区制から小選挙区比例代表並立制へ移行する過渡期に登場したものではないか、とも考える。

王国と呼べる勢力を形成した政治家は、既に述べたように中選挙区時代から当選を重ねてきたベテラン代議士であり、中選挙区時代より三バン（ジバン（地盤）・カンバン（看板―知名度）・カバン（鞄―選対資金））を蓄積してきた者である。また自民党の代議士の場合は中選挙区時代の競争相手が引退（死去を含む）ないし自民党を離党している代議士であり、民主党の代議士の場合はその代議士自身が自民党出身者である場合が基本である。小選挙区制導入以降、多くの代議士が誕生してきたが、彼らと中選挙区時代から当選を重ねてきたベテラン代議士の間で決定的に異なるのは、中選挙区時代から培ってきた「地方選挙の候補者を発掘・育成し、そして当選させるというノウハウ」を保持している点である。[16]地方政治家を当選させることができるがゆえに支持基盤の「裾野」を広げることができ、それが王国形成の基礎となるのである。

また、王国が形成される地域は、財源を中央に依存しているところである傾向にある。国に陳情することで財源を確保しようという

表2－2　岩手4区における2011年9月実施県議選の結果

	得票数	得票率(%)
小沢系	122897.59	69.70
自民党公認	8367.41	4.75
社民党公認	22396	12.70
共産党公認	5937	3.37
その他	16733	9.49

意向が、ベテラン代議士の中央での政治力へ期待する雰囲気を醸成するからである。そして、ゼネコン汚職以降の時代の変化も、王国形成へ影響を及ぼしている。財源不足と情報公開の強化、そして申請主義の浸透によって、地方からの陳情がなかなか中央に受け入れられなくなり、業界団体を中心にベテラン代議士の政治力へより期待するようになる。小沢が岩手県知事を抱え込もうとしたことを既に述べたが、知事を抱え込むことも一九九〇年代からの流れと無縁ではない。[17]地方分権の流れの中で首長、とりわけ知事職の重みが増したことに加え、中央でなかなか陳情が通らない中、予算裁量がある知事職の魅力が高まったからである。

筆者らは、日本各地でつくられてきた「王国」の内、民主党が政権を獲得した直後の小沢王国が、最も完成された「王国」だったように思う。なぜなら、全ての国会議員および知事が小沢系で、県議会のほぼ半数も小沢系だったからである。小選挙区比例代表並立制における復活当選の仕組みは急激な二大政党化を促すが[18]、復活当選を許さない圧勝が続けば、そこの県政は一党優位体制下となり、その王国は盤石となる。対抗勢力の士気が失われていくとともに、選挙戦のノウハウが継承されず、その勢力が「勝ち方を忘れてしまう」からである。

強固な集票構造――東日本大震災によって延期された二〇一一年岩手県知事選・県議選から

東日本大震災の影響で五カ月延期され、二〇一一年九月に実施された岩手県議会議員選挙では、小沢系は二三人（民主党公認二二、無所属一）の当選者を出し、県議会半数まであと一議席に迫った。同時に実施された知事選挙でも、達増拓也が圧勝で再選を果たした。小沢系の集票構造を象徴する材料として、ここでは、小沢の選挙区である岩手四区内における県議選結果に注目してみたい。岩手四区は、「花巻選挙区」「北上選挙区」「奥州選挙区」という三つの県議選挙区があり、定数は併せて一三議席（四議席、四議席、五議席）が配分されている。二〇一一年九月の選挙において小沢系は、花巻選挙区で四議席中三議席（民主党公認二、無所属一）、北上選挙区で四議席中二議席（民主党公認二）を占めた。小沢の地元である奥州選挙区にあっては五議席を独占（民主党公認五）したのであった。

表2－2は、小沢系県議（民主党公認および推薦）候補とそれ以外の県議候補の総得票数、得票率をまとめたものである（落選候補も含む）。選挙区別の小沢系県議の得票率を見ると、花巻は六一・六〇％、北上は五九・九七％、そして定数を独占した奥州では八一・〇七％に達している。なお、岩手四区における小沢系県議の得票率は、二〇〇三年・二〇〇五年・二〇〇九年の三回の総選挙での小沢の平均得票率六二・五四％とほぼ変わらない数字であり、小沢に対する有権者の支持がほとんどぶれていないことがこの数値からうかがえる。

既に述べたように、要職に就いていた自民党時代より小沢は地元岩手へ足を運ぶ頻度は少なく、自らの選挙戦中でさえ「お国入り」することは滅多になかった。有権者から実像が見えにくく馴染みが薄い存在でありながら、一定の得票率をとることができるのは、ひとえに強固な系列がつくられてきたからといえるだろう(19)。

3　小沢の民主党離党と二〇一二年総選挙

二〇一二年七月、小沢一郎は消費税増税関連法案に反対し、小沢を支持する国会議員等とともに民主

表2－3　民主党離党を考慮した場合の2011年9月実施県議選の得票数・得票率

	得票数	得票率(%)
小沢系	73489	41.68
民主党	49408.59	28.02
自民党公認	8367.41	4.75
社民党公認	22396	12.70
共産党公認	5937	3.37
その他	16733	9.49

党を離党した。離党後、彼らとともに新党・国民の生活が第一を結成し、総選挙直前には、滋賀県知事である嘉田由紀子が立ち上げた日本未来の党に合流した。小沢が結党あるいは入党した政党は、日本未来の党が七番目であった[20]。

小沢が離党と結党を繰り返す過程で多くの同志が小沢と袂を分かったが、地元岩手県だけは、ごく一部の例外を除けば、国会議員および地方議員は同一歩調を取るのが常であった。しかし、二〇一二年に彼が民主党を離党するにあたっては、民主党岩手県連所属の多くの国会議員・地方議員が小沢には同調せず、民主党に残留した。衆議院議員では階猛《しなたけし》（岩手一区）および黄川田徹《きかわだとおる》（同三区）、参議院議員では野田内閣の復興相を務めていた平野達男（岩手県選挙区）が民主党に残り、二三人の小沢系岩手県議中一三人も民主党に残留した。しかも、岩手四区内の一〇人中四人（奥州選挙区は五人中二人）が小沢から離反した。

平野は以前から小沢と距離をとっているとみられており、こうした事態はあり得ることであったが、小沢に擁立された黄川田や地元である奥州から選出された県議が離反することは予想だにしないことであった。表2－3は、表2－2の結果を、民主党離党後の県議離反を反映させたものである。小沢とともに民主党と袂を分かった小沢系県議の得票率は、四割ほどである。組織票を前提とすれば、半減とはいかないものの、多くの票を小沢は民主党離党によって失ったのである。

なぜ離反者が出たのか

小沢の直系議員たちが、なぜ離反したのか。これには様々な憶測がある。一つは、東日本大震災に対し、小沢がなかなか「お国入り」しなかったことへの不満である。東日本大震災発生時は民主党政権下であり、岩手は沿岸部を中心に甚大な被害を受けていた。被災地が復旧・復興に取り組んでいる最中、岩手県選出のベテラン代議士である小沢に中央で汗をかいてもらいたいと言う有権者は少なくなかったし、また被災地に足を運んで被災者の苦悩に耳を傾けてもらいたいと言う者も多かった。しかし、小沢が岩手へ足繁く通うことはなかったし、中選挙区時代には支持拡大に努めた大船渡市や陸前高田市へ小沢が足を運ぶことはなかった。そうした小沢の対応が、系列組織の末端にある支持者の不満を生み、そうした不満が小沢の系列にある地方議員への突き上げに繋がったというのである。また、支持率が低下しているとはいえ民主党が政権与党であり、小沢が政権与党の地位を投げ出して野党になることへの不満もあったようである。

政治資金規正法違反によって小沢の元秘書が有罪判決を受けたことや小沢が強制起訴されたこと等、ダーティなイメージが深化することへの懸念もあったであろう。元秘書の裁判において、裁判所は、岩手県での公共工事受注業者選定に関して「小沢事務所の意向が決定的な影響力を持っていた」（西松建設献金事件判決理由）と指摘している。古くからの支援者であれば支持し続けてくれるかもしれないが、ここまでダーティなイメージが定着すれば、新規の支持者獲得は困難である。ダーティなイメージの小沢についていくことは自らの将来に対してプラスではないと考え、小沢と同調しなかったという者もいたであろう(21)。

小泉改革などによって、小沢がかつて所属した経世会が培ってきた、陳情による組織票獲得の手法が機能しなくなったこともあると言われる。たとえば、朝日新聞は建設票の行方について、次のように報じている。

奥州市のある建設会社社長によると、今も熱烈に小沢氏を支持している業者は数社のみ。「小沢を支持することで仕事が回ってくるなんて過去の話。彼を頼っても実利なんかない。」[22]

これが事実であれば、潜在的に組織内に亀裂が走っており、民主党離党がそれを顕在化させたと言えるかもしれない[23]。

おそらく表面的な理由は様々であろうし、離反した者たちそれぞれが置かれていた立場による要因もあったのかもしれない。しかし、筆者らは小沢の構築してきた選挙組織の限界という面も忘れてはならないと考えている。繰り返すが、そもそも「王国」内には既に組織的に亀裂が走っており、民主党離党というきっかけによって顕在化したという視点も押さえておくべきである[24]。

通常、組織力があり有能な者は選挙互助会である系列への参入も容易であり、抗議も退出も容易である。一方、力の無い者ほど参入コストもかかり、抗議も退出も容易ではない。ただ、系列全体を差配する国会議員にとって、このさじ加減は難しい。組織力があって有能な者を優遇した結果、「寝首を掻かれたら」どうしようもない。ただ、イエスマンを周りに固めると、組織的な伸長は難しい。過去の小沢の候補者擁立をみると、できる限り自分に刃向かわない忠誠心の高い者を擁立してきたようにみえる。黄川田しかり、達増しかりである。一方で、自分の意向に沿わない者に対しては、強引ともいえる手法で「刺客」を仕向けることを厭わなかったし、数の力でいうことを聞かせようとする傾向もあった[25]。二〇一二年総選挙においても同様で、自らが擁立した階には達増知事の妻の達増陽子を、黄川田に対しては、元小沢系衆議院議員の菅原喜重郎の次女で、旅館の女将として東日本大震災で避難者の受け入れに尽力した佐藤奈保美《さとうなおみ》を、それぞれ擁立した。こうした組織構成は、組織内部で抗議の声をあげることができず、後援会幹部内に不満が溜まりやすい。

その一方で、小沢が岩手の現地にいて組織をメンテナンスすることは、ほとんどなかった。あくまでも指示中心であった。そのため、系列末端の者が思い描く小沢一郎像とは、中選挙区時代を知る高齢者は別として、「東京にいる岩手出身の政治家」「テレビや新聞で知る人」となっていた。このことは、小沢と末端の構成員をつなぐ系列幹部（地方政治家や後援会上層部）の担保によって、小沢支持が維持されていたことを意味している。小沢と系列の政治家は相互依存関係にあった。

組織内で声を出すこともできず、自民党の勢力は徹底的に排除されて小沢批判の受け皿にすらなれない、そうした状況が小沢王国の実態であったのではないか。民主党から小沢が離党したことによって、それまで組織内で潜在的に不満を抱えていた者たちは「民主党に残留する」と大義名分を得た。そして、こうした不満を潜在的に抱えていた者たちの離反は、支持者の「小沢離れ」を誘発し、それが地方政治家へ連鎖したと解釈することもできるように思われる。また、離反できた者は相対的に自らの選挙基盤がある者と考えられる。そのため、離反によって生じる集票組織に対するダメージは、離反者数以上であったとみることができる。

総選挙における小沢の得票を考える

(1)小沢の選挙運動

日本未来の党は、総選挙の前哨戦から埋没感が漂っていたが、小沢自身も地方政治家を中心に多くの離反者が出たことに危機感があったようである。投開票日の四日前の一二月一二日に岩手県入りし、そのまま選挙戦最終日の一五日まで岩手県に張り付き、最後の街頭演説を自分の選挙区で行ったことに表れている。筆者らは当初、選挙戦最中は小沢は「お国入り」せず、他都道府県の日本未来の党から出馬した候補者の応援に駆け回るであろうと予想していたが、その予想は大いに裏切られた。そこまで危機感があったのか、という思いであった。自身の影響力が強い岩手県に張り付いたということは、勝算がより高い選挙区に注力し、岩手以外での勝利を半ば放棄したといえた。換言すれば、日本未来の党は現有議席を大幅に減らすことが確実であると判断し、「最良の負け方」を模索したのである。

自身の選挙区、岩手四区での街頭最後の演説は、北上市中心部で午後五時から行われた。打ち上げと称する演説の場所に、出身地である奥州市水沢区ではなく北上を選んだのは、間違いなく自民党新人候補である藤原崇《ふじわらたかし》を意識したためであろう。小沢にとっての脅威は、自らが落選することではなく、同じ四区内にもうひとり代議士が誕生することであったように思われる。それも自民党である。政権与党の代議士が自らの選挙区に誕生することは、小沢の求心力を著しく低下させる。小沢陣営の最後の選挙戦術は、藤原の得票を可能な限り抑え込み、比例復活を阻むことに照準があったように思われる。降りしきる雨のなか行われた打ち上げ演説には、四区内の系列県議や首長が軒並み顔を揃え、候補者本人が到着する前から、応援演説を行っていた。有権者にとって馴染みが薄い小沢に、地元有力者によるお墨付きが必要と考えたからであろう。小沢流集票戦術を象徴する光景であった。(26) なお、そこでの小沢の最後の訴えは、民主党・自民党批判に終始したものであった。政権交代の初志を忘れたことへの失望、官僚支配政治の温存、消費税増税の不当性、さらに、日本未来の党の最重要公約である原発廃止を訴えた。取りようによっては、民主党離党の言い訳にも聞こえる内容だった。

二〇一二年一二月の総選挙で小沢一郎が獲得した票は七万八〇五七票、得票率は四五・五〇％であった。二〇一一年秋の県議選よりも投票率が下がったことを差し引いても、小沢系県議が獲得した得票率四一・六八％よりも高い得票率を獲得できた。その一つの理由は、おそらく「危機バネ」であろう。これまで地元に張り付いたことのなかった小沢が選挙戦の最後を自身の選挙区で迎えたことが、プラスに働いたと見ることができる。ただ、別の見方もできる。対抗馬である民主党候補と自民党候補にそれほど力が無かったがゆえに小沢の得票率は高かった、と解釈できないことはない。

(2) 司令塔を欠いた民主党

岩手四区で小沢の対抗馬として立候補したのは、民主党は党職員の及川敏章であり、自民党は北上市に隣接する西和賀町出身の弁護士、藤原崇であった。及川の得票率は、残留した民主党の県議の得票率に遠く及ばなかった。岩手四区内の胆沢郡金ケ崎町出身の及川は、小沢との対決姿勢を明確に打ち出すために駆り出された感があり、出馬表明は公示直前であった。及川の選挙キャンペーンには遠慮と自信のなさが随所に見られた。対決すると決めた以上、小沢の出身地で本丸ともいえる奥州市水沢区に事務所を構えるべきであったし、小沢を名指しで非難すべきであったが、及川はそうはしなかった。穿った見方をするならば、直接対決を回避したのである[27]。

最終的に及川の得票は二万八五九三票、得票率一六・六七%にとどまった。これは、民主党に残留した四区内県議が、前年の選挙で獲得した総得票数、得票率に遠く及ばないだけではなく、今回出馬を見送った社民党票すら取り込むことができなかった[28]。民主党には、地方議員という実働部隊は一定数残ったが、選挙戦略を練る司令塔を欠いたことで得票を伸ばせなかったと見ることができる。実際のところ、そうした役割をそれまで一手に担っていたのは小沢系地方政治家であり、選挙対策に精通した人材が党外へ去ったため、底堅いはずの票数さえ確保できない組織の脆弱さをさらけ出した。それが小沢の得票の積み増しに繋がったのではないか。

(3) 戦い方を忘れた自民党

自民党候補者の藤原は、自民党県連の公募に応じて選出され、四区支部長すなわち公認候補となった。北上市内の高校を卒業しており、北上が最大の票田であった。藤原のストロングポイントは、なんといっても若さであった。二九歳という年齢は、小沢が七〇歳、共産党公認の高橋綱紀が六五歳、前出の及川が五六歳と比較して分かるように、格段に若かった。ただ若さもあって知名度不足は致命的であり、知名度不足を克服する選挙キャンペーンが必要であった。

一般的に知名度不足を克服するには、積極的に動くしかない。そして、聴衆の有無にかかわらず演説を行い顔を売る、いわゆる「辻立ち」が、新人候補の常套手段である。しかし、選挙戦当初の藤原陣営のフットワークは新人候補の陣営とは思えないほど鈍かった。陣営が採った戦術は、選挙カーに乗って候補者名を連呼し、有権者の反応があればそのつど車を降りて握手をし、場合によっては演説を行ったりするという旧態依然としたものであった。また、自民党の潜在的支持層と見られる事業所等を訪問し組織票を固めるという手法も採っており、藤原陣営の選挙運動のスタイルは、みんなの党や日本維新の会が得意とした空中戦とはほど遠いものであった。

また街頭演説などは「行き当たりばったり」といってもよいほどであった。筆者の一人である伊藤は、選挙キャンペーンを記録として撮影するため、藤原の選挙事務所に何度も電話し予定を尋ねた。ところが、あらかじめ設定した演説はきわめて少なく、「反応を見ながら適宜行う」というものが大半であった。また夜は、地域の集会所等で個人演説会を開くのだが、それは「元からの自民党支持者」あるいは「動員を要請された有権者」が対象であった。過去の岩手四区の自民党候補者は、玉澤徳一郎（二〇〇三年、二〇〇五年）、高橋嘉信（二〇〇九年）というベテランであった。彼らは一定の知名度を有しているので、顔を売る辻立ちはさほど重要ではなく、事業所訪問などの手堅い支持固めが有効であった。しかし、自民党は、玉澤らとは一八〇度異なる候補を立てたにもかかわらず、従来と同じ選挙戦を選択したのであった。

選挙戦が旧態依然であったのは、小沢が⑴比例による復活当選を許さず完勝してきたことと、⑵県議を中心に小沢系の扶植に腐心したことと無縁ではないだろう。岩手四区内の自民党県議はわずか一人（北上選挙区）である。二〇一一年九月の県議選でも、立候補者自体がたった一人であった。すなわち、自民党の選挙キャンペーンのノウハウは失われており、藤原の選挙戦前半はまさに、「歌を忘れたカナリア」ならぬ「選挙の仕方を忘れた自民党」だったのである。

藤原の選挙戦に変化が生じたのは、後半に入ってからであった。たとえば一二月一二日午後、高速道インターチェンジに近接する大型ショッピングセンター前で、藤原は辻立ちを行った。それまでの組織固めとは全く違ったやり方であった。民主党批判も自民党公約の誇示もなく、第一声時には言及した小沢批判もない、「自分は苦しみを共有し、寄り添っていく」という姿勢を表明した辻立ちであった。こうした演説を至るところで展開すれば、知名度不足を補えたのであろうが、いかんせん残された選挙期間は少なかった[29]。遅すぎたのである。

ただ、藤原は総選挙において四万七八八七票を獲得し、惜敗率は六一・三四％で比例復活当選を果たした。藤原の結果をもって「知名度不足を補って『小沢王国』に楔を打ち込んだ」と評価することもできないわけではないが、小沢および民主党に対する批判の受け皿になったに過ぎず、自民党の組織が「小沢王国を崩せるほど復調した」というのは、選挙戦当初のことを考慮すると難しいだろう。

4　「小沢王国は崩壊」なのか

小沢一郎が民主党を離党する際、少なくない者が小沢と袂を分かち、民主党に残留した。そうした影響もあり、二〇一二年の年末に行われた総選挙によって、小沢自身の得票は過去に比べ激減し、また小沢が放った民主党候補への刺客も当選には至らなかった。また全国的に見ても、小沢の息がかかった日本未来の党は惨敗し、親小沢の立ち位置を採る多くの衆議院議員が国会を去った。一部には、この結果をもって「小沢王国は崩壊した」と評する声があるが[30]、はたして「小沢王国は崩壊した」と言い切っていいのであろうか。小沢に反発して民主党に残留した者が多かったことを指して「王国崩壊」とみなせば、たしかにそうかもしれない。

しかし、小沢王国（系列）を図2－2から図2－4のような形でとらえたとするならば、「王国が崩壊した」と現時点で言い切るのは早計であろう。岩手県という「大きな王国」という枠組で見れば国会議員系列は崩れてしまったが、まだ立て直すことは不可能ではない。総選挙で地方政治家の数を失ったが未だ達増という知事を握っており[31]、選挙キャンペーンはやや時代遅れの感はあるものの、少ない時間の中で候補者を擁立できる力はある。そして、岩手四区に限れば、自民党候補の復活当選は許したものの得票率は圧倒的である。岩手四区の小沢系列を図2－2のような形で考えれば、まだ今回の選挙結果は「下部の三角形の一部が失われた状態」にすぎない。そして袂を分かった民主党は候補者擁立能力に乏しく、連敗を続けてきた自民党は選挙戦で勝つことを忘れている。小沢王国が本当に崩壊したといえるのは、小沢自身が引退するか、抱えている知事職を失う時ではないか。おそらく、それまでにはもう少し時間がかかるだろう。

ただ、小沢王国に黄昏が訪れていることは間違いない。「終わりの始まり」といっていいかもしれない。選挙戦を見る限り、組織運動を支える支持者の高齢化は著しく、選挙ノウハウを含めた小沢の継承者は県内に見当たらない。それが、石川や長野との違いである。二〇一二年総選挙では、過去に首相を務めた森喜朗も羽田孜も引退し、不出馬であった。しかし、「森王国」は、森の威光を背景に岡田直樹参議院議員を中心とした体制に衣替えしつつあり、「羽田王国」は参議院議員で息子である羽田雄一郎を中心に据えた形に替わろうとしている。中選挙区から小選挙区比例代表並立制へ移行する際に派生した属人的な「王国」は、中選挙区時代のベテランの引退後、後継者を中心とした集団指導体制の方向へシフトするのは妥当な流れのように思える。小沢王国はどうなるのか。

近い将来、二〇一二年総選挙の岩手四区を振り返った際、「二〇一二年が岩手県政のターニングポイントだった」と認識されるかもしれない。しかし、我々がそれを断定するにはもう少し時間が必要である。民主党と自民党が岩手県内で候補者をリクルートし、政治家養成ができるかにもかかってくるからである。ただ、一つ予想できることがある。それは、小沢（生活の党）も民主党も、そして自民党も組織選挙を支える首長・地方議員を増やす必要に迫られており、それに伴って岩手の地方政界が流動化するという予想である。そのように考えると、二〇一三年参議院選挙以降において生活の党が岩手県で議席を確保できるかが、その後の岩手県政を占う上で重要となる。

今後も、岩手県の震災からの復旧・復興過程と並行し、小沢王国の変化も追っていきたいと思う。

注

（1）急ごしらえの政党であるがゆえの「ドタバタ劇」は、比例名簿の作成・提出にも表れた。比例名簿の提出が届出時間ぎりぎりとなり、中央選挙管理会の審査時間を長引かせ、マスコミを賑わせたのであった。

http://www.47news.jp/CN/201212/CN2012120401002162.html（二〇一二年一二月五日訪問）

（2）砂原庸介「政権交代と利益誘導政治」御厨貴編『「政治主導」の教訓』勁草書房、二〇一二年、五五～七九頁。

（3）河村和徳「利益団体内の動態と政権交代――農業票の融解」『年報政治学 政権交代期の「選挙区政治」』二〇一一―Ⅱ号、二〇一一年、三三～五一頁。

（4）『読売新聞』二〇一二年一二月一七日。

（5）この問題多き新党は、分党過程においてもう一つ事件を起こす。小沢をはじめとする小沢系国会議員が残留し、嘉田などの元々の設立メンバーが追い出される形での分党になったのである。存続した組織としての「日本未来の党」は、「生活の党」に名称変更したのであった。『河北新報』二〇一二年一二月二八日。

（6）旧岩手二区は、花巻市、北上市、水沢市、一関市など内陸部に加え、大船渡市、陸前高田市などの沿岸部を含んでいた。

（7）増田の父は、岩手県選出自民党参議院議員だった増田盛《さかり》である。

（8）関連する文献として次を参照。堀内勇作・名取良太「二大政党制の実現を阻害する地方レベルの選挙制度」『社會科學研究』第五八巻五・六合併号、二〇〇七年、二一～三二頁。

（9）増田は、「小沢離れ」によって地方分権を推進したようにも思える。

（10）無所属現職の椎名素夫が引退し、その後継候補を主濱了《しゅはまりょう》が破ったのであった。

（11）他に衆議院と参議院で各一名、比例区選出の岩手県出身議員がいる。

（12）河村和徳・竹田香織「系列再編の視点から見る政権交代――宮城県選挙区」白鳥浩編著『衆参ねじれ選挙の政治学』ミネルヴァ書房、二〇一一年、二三九～二六三頁。

（13）Kawamura, Kazunori, "The Turnover of Regime and LDP Keiretsu Realignments," *Kanazawa Law Review* 53 (2), 2011, pp.35-54.

（14）建林正彦「自民党分裂の研究」『社會科學研究』第五三巻第二・三号合併号、五～三七頁。

（15）先行研究は、政治改革以降、候補者選考がより重要になったことを指摘している。Christensen, Ray, "The

Effect of Electoral Reforms on Campaign Practices in Japan: Putting New Wine into Old Bottles," *Asian Survey* 38: 1998, pp.986–1004. 朴喆熙『代議士のつくられ方』文春新書、二〇〇〇年。Taniguchi, Naoko, "Diet Members and Seat Inheritance: Keeping It in the Family," in Sherry L. Martin and Gil Steel (eds.), *Democratic Reform in Japan: Assessing the Impact*, Boulder: Lynne Rienner Publishers, pp.65–80, 2008.

(16)　民主党が、愛知県や岩手県などごく一部を除いて地方議会に勢力を扶植できなかった大きな原因は、候補者をリクルートし当選させるノウハウを有する国会議員が少なかったからと考えられる。関連した研究として、たとえば次を参照。上神貴佳・堤英敬編著『民主党の組織と政策』東洋経済新報社、二〇一一年。

(17)　砂原庸介「地方への道——国会議員と地方首長の選挙政治」『年報政治学　政権交代期の「選挙区政治」』二〇一一—Ⅱ号、二〇一一年、九八〜一二二頁。

(18)　増山幹高「小選挙区比例代表並立制と二大政党制——重複立候補と現職優位」『レヴァイアサン』第五二号、八〜四二頁。

(19)　加えて、閣僚を務めているわけでもなく表舞台で常に華々しく活躍しているとは言い難い点、メディアに取り上げられる頻度は多いものの必ずしも肯定的内容とは限らない点等を考慮すれば、驚異的ともいえる。

(20)　党籍を置いた順に挙げると、自民党、新生党、新進党、自由党、民主党、国民の生活が第一、となる。総選挙後、日本未来の党を離れ、生活の党の代表となった。生活の党は、その後、「生活の党と山本太郎となかまたち」に改称した。

(21)　民主党岩手県連の政治資金四五〇〇万円が、国民の生活が第一所属議員の資金管理団体を通して国民の生活が第一の県連に寄付された問題を荒立てたのは、小沢のダーティな面を強調する戦術とみなすこともできるだろう。『河北新報』二〇一二年一〇月一二日。

(22)　『朝日新聞』（岩手県版）二〇一二年九月二五日。

(23)　加えて、東日本大震災の復旧・復興事業によって景気のよい建設業者の中には、「本業があるので忙しい」と選挙運動をさぼる業者もあったという。

(24)　筆者の一人である河村は、村井嘉浩宮城県知事が提案した水産業復興特区に反対を示した宮城県漁協が宮城県議から支持を得られなかったことを、ハーシュマンの「退出・抗議アプローチ」を援用しながら説明をした。河村は、宮城県漁協が利益団体・集票マシーンとして一枚岩になりきれていない状況を指摘し、批判を受け付けない組織構造が組織幹部と末端の構成員の意識のずれを生むことを指摘した。河村和徳「震災復興と利益団体——水産業復興特区構想の事例から」『年報政治学 現代日本の団体政治』二〇一二—Ⅱ号、二〇一二年、八八～一〇九頁。

小沢の構築してきた選挙体制も批判を許さない組織であり、そうした組織構造が潜在的な不満を生み、大量離反に繋がったのではないだろうか。退出・抗議アプローチは様々な分野で用いられており、日本政治への適用例では、一九九〇年代の自民党の分裂過程を分析した加藤の研究がある。Kato, Junko, "When the Party Breaks Up: Exit and Voice among Japanese Legislators," *American Political Science Review* 92 (4), 1998, pp.857-870. なお、このアプローチに関する論点については、次の文献を参照した。森脇俊雅『集団・組織』東京大学出版会、二〇〇〇年。

(25) たとえば、これに関連するものとして、増田寛也の回想がある。『朝日新聞』(岩手県版) 二〇一〇年九月九日。

(26) その際、司会者は、聴衆が三〇〇〇人であると声を張り上げたが、目算する限り、その三分の一にも満たないようであった。ただ、この手の「誇張」は選挙戦術であって、他候補支持者を威嚇し、動揺を誘発することが意図されている。

(27) 平野達男が最初の応援に四区を選んだことは、注目に値する。平野は、二〇一三年夏の参議院選挙に三選出馬を表明しており、一方の小沢陣営は対抗馬を立てると明言していた。平野は北上市出身であるが、全県区である参院選の特徴を考えると、票を固めやすい地元よりも、むしろ大票田の盛岡市や復興大臣としての縁がある沿岸部に足を運ぶのが「選挙の常道」である。平野があえて四区を選んだのは、来るべき自身の選挙で小沢一郎と真正面から戦う決意表明だったのであろう。

(28) 岩手県は、古くから労働組合の影響力が強い地域である。伝統的に反小沢、反自民を掲げる社民党票は、民主党候補に流れやすいと見られたが、そうはならなかった。選挙協力を働きかけた形跡も見られなかった。

(29)　藤原に限らず、岩手県内の自民党新人候補は、総じて共感に値するメッセージを持っていたようであるが、そのメッセージを有権者に向けて発信し伝える手法は稚拙であり、またそれを支える組織も貧弱であった。
(30)　『産経新聞』二〇一二年一二月一七日。
(31)　達増は、「新生党の時も小沢さんは一人の衆議院議員から始めた。今やろうとしていることは大変な事業。今回はまずまずの成果」と、報道機関のインタビューに答えている。『朝日新聞』（岩手県版）二〇一二年一二月一八日。

参考文献

上神貴佳・堤英敬編著『民主党の組織と政策――結党から政権交代まで』東洋経済新報社、二〇一一年。

河村和徳「利益団体内の動態と政権交代――農業票の融解」『年報政治学　政権交代期の「選挙区政治」』二〇一一―Ⅱ号、二〇一一年。

河村和徳「震災復興と利益団体――水産業復興特区構想の事例から」『年報政治学　現代日本の団体政治』二〇一二―Ⅱ号、二〇一二年。

河村和徳・竹田香織「系列再編の視点から見る政権交代――宮城県選挙区」白鳥浩編著『衆参ねじれ選挙の政治学――政権交代下の二〇一〇年参院選』ミネルヴァ書房、二〇一一年。

砂原庸介「地方への道――国会議員と地方首長の選挙政治」『年報政治学　政権交代期の「選挙区政治」』二〇一一―Ⅱ号、二〇一一年。

砂原庸介「政権交代と利益誘導政治」御厨貴編『「政治主導」の教訓――政権交代は何をもたらしたのか』勁草書房、二〇一二年。

建林正彦「自民党分裂の研究」『社會科學研究』第五三巻第二・三号合併号、二〇〇二年。

朴喆煕『代議士のつくられ方――小選挙区の選挙戦略』文春新書、二〇〇〇年。

堀内勇作・名取良太「二大政党制の実現を阻害する地方レベルの選挙制度」『社會科學研究』第五八巻五・六合併号、二〇〇七年。

増山幹高「小選挙区比例代表並立制と二大政党制——重複立候補と現職優位」『レヴァイアサン』第五二号。
森脇俊雅『集団・組織』東京大学出版会、二〇〇〇年。
Ray, Christensen, "The Effect of Electoral Reforms on Campaign Practices in Japan: Putting New Wine into Old Bottles," *Asian Survey* 38, 1998, pp.986–1004.
Kato, Junko, "When the Party Breaks Up: Exit and Voice among Japanese Legislators," *American Political Science Review* 92 (4): 1998, pp.857–870.
Kawamura, Kazunori, "The Turnover of Regime and LDP Keiretsu Realignments," *Kanazawa Law Review* 53 (2), 2001, pp.35–54.
Taniguchi, Naoko, "Diet Members and Seat Inheritance: Keeping It in the Family," in Sherry L. Martin and Gil Steel (eds.), *Democratic Reform in Japan: Assessing the Impact*, Boulder: Lynne Rienner Publishers, 2008. pp.65–80.

［謝辞］　本章執筆において、多くの方々にヒアリングさせていただいた。記して感謝申し上げたい。なお、本章における誤りは筆者らの責任である。また本章は、科研費二五二八五〇四二及び一五H〇二七九〇の助成を受けたものである。

第3章　民主党候補者と民主党
――香川一区・二区――

堤　英敬
森　道哉

1　問題の所在

二〇一二年末に実施された衆院選は、自民党が二九四議席を獲得する圧勝を収めたのに対し、二〇〇九年衆院選で三〇八議席を得て政権交代を実現した民主党は、五七議席を獲得するに留まった。マニフェストの実現の停滞や相次ぐ政策転換、激しい党内対立と離党者の続出などにより民主党政権への支持は著しく低迷し、民主党候補たちは強い逆風の下で選挙を戦うことを余儀なくされた。前回の追い風から一転した環境の下、民主党の候補者たちは二〇一二年衆院選をいかに戦ったのであろうか。

本章では香川一区と二区を俎上に載せ、この課題に取り組んでいく。本章が事例とする二つの選挙区のうち、香川二区は全国的に見て例外的な選挙区といえる。民主党の小選挙区における獲得議席は四〇に過ぎず、とくに中国以西の西日本では一議席しか獲得することができなかった。その唯一の議席を獲得したのは、二〇〇九年に初当選を果したばかりの香川二区の玉木雄一郎《たまきゆういちろう》であった(1)。また、民主党が比例四国ブロックで得た議席は僅かに一であったが、元官房長官の仙谷由人（徳島一区）らを抑えて復活当選を果たしたのは、香川一区の小川淳也《おがわじゅんや》であった(2)。小川の政治家としてのキャリアも玉木と同様

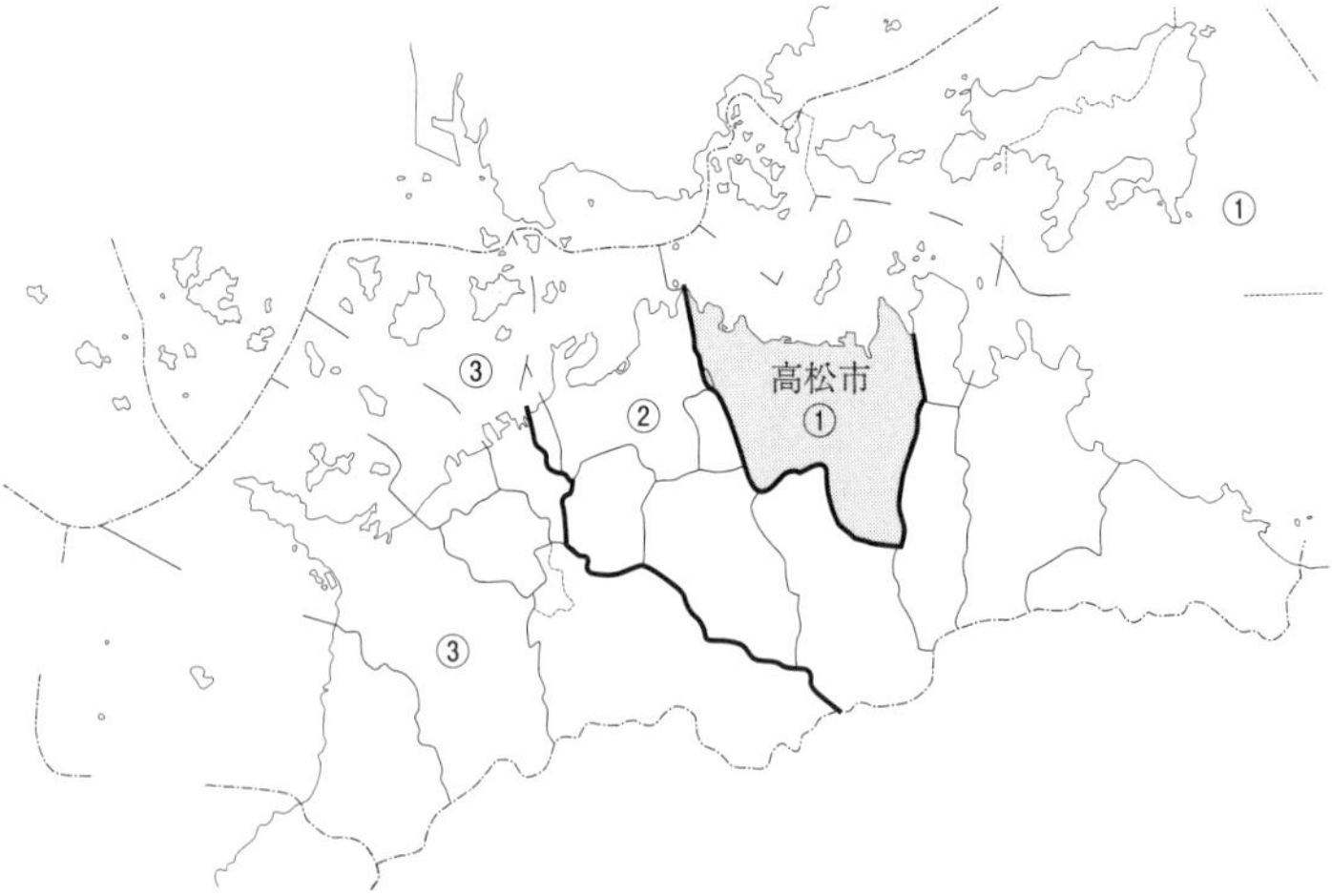

図3－1　衆議院小選挙区（香川県）

表3－1　香川1区・2区選挙結果

香川1区									
	得票数	氏名	年齢	党派	推薦・支持	新旧	当選回数	肩書・経歴	重複
当	84,080	平井　卓也	54	自	公	前	5	（元）国交副大臣	○
比	63,114	小川　淳也	41	民	国	前	3	（元）総務政務官	○
	20,143	今西　永兒	66	維		新		（元）兵庫県議	○
	8,260	河村　整	53	共		新		党県書記長	
香川2区									
当	79,153	玉木　雄一郎	43	民	国	前	2	党県代表	○
比	72,030	瀬戸　隆一	47	自	公	新	1	（元）総務省職員	○
	7,010	佐伯　守	52	共		新		党県委員	

に短く、二〇〇五年初当選の二期生であった。このように本章が対象とする選挙区は、民主党惨敗という二〇一二年衆院選の結果から考えれば、民主党候補が相対的に「成功」した選挙区だといえる。この選挙に対しては、しばしば自民党が勝ったというより民主党が負けたのだとの評価がなされるが[3]、民主党の「敗因」を考える上では、選挙結果をマクロに捉えたり、落選した候補者の選挙戦を分析したりするだけではなく、「成功」した民主党候補者の戦いぶりを検討することも必要である。

筆者は、前回二〇〇九年衆院選における小川、玉木両候補の選挙キャンペーンについて分析を行い、両候補がそれぞれの選挙区特性に適応した動員戦略を採り、マニフェストの「使い方」にも差異があったことを見出した[4]。すなわち、比較的に都市的な香川一区の小川が、民主党という政党の一員と自らを位置づけて選挙を戦ったのに対し、農村的で密な社会的ネットワークが残存している香川二区から立候補した玉木は、こうしたネットワークを活用した集票を行うとともに、候補者自身をアピールする戦略を採った。本章の第一の課題は、こうした両者の選挙戦略が、所属政党への逆風という環境の大幅な変化によってどう変わったか、あるいは変わらなかったのかを明らかにすることである。また、前職候補であった二人にとって、選挙は議員活動の延長線上に位置づけられるが、与党議員としての活動は選挙戦において業績誇示の材料となるであろうし、時には非難回避が不可避となる[5]。彼らの与党議員としての経験が、選挙キャンペーンにどのように反映されたのかを明らかにすることが、第二の課題である。第三の課題は、両者の選挙キャンペーンを踏まえた上で何が彼らに「成功」をもたらしたのかを、彼らが戦った選挙競争の構図にも注意を払いながら検討することである。

本章は以下のように構成される。香川二区の玉木（第2節）と一区の小川（第3節）のそれぞれについて、まず、選挙区や彼らのプロフィールを簡単に紹介し、二〇〇九年衆院選における選挙キャンペーンを振り返るとともに、二〇〇九年衆院選後の国会議員としての活動について記述する。そして、二〇一二年衆院選における香川二区、一区における選挙戦の構図を確認した上で、両者が展開した選挙キャンペーンを、動員戦略と有権者に対するメッセージという観点から検討し、さらに選挙結果の分析を行う。最後に、香川県の二つの選挙区の分析から、民主党という政党の限界や日本の政党政治についての含意を引き出すことを目指す（第4節）。

2　香川二区――候補者中心の選挙キャンペーンの継続と強化

二〇〇九年衆院選――候補者と選挙区に的を絞った選挙キャンペーン

香川二区は、旧高松市を除く東讃、中讃と呼ばれる地域に位置する。この選挙区は東西に広く、農林水産業への従事者の多い旧庵治町、旧牟礼町、綾川町、旧高松市のベッドタウンという色彩の濃い旧国分寺町や旧香川町、そして大規模な工業地帯を抱える坂出市など、多様な地域特性を持つ市町から構成される。政治的には、小選挙区比例代表並立制導入後、二〇〇五年まで自民党の木村義雄が議席を守り続けてきたように、自民党の支持基盤がとくに固い地域であった。

民主党候補である玉木は東讃のさぬき市の出身で（一九六九年生まれ）、高松高校、東京大学法学部を卒業後、大蔵省（後に財務省）に入省し、財務省主計局主査などを務めてきた。そして、二〇〇五年衆院選の直前に財務省を退職し、地元である香川二区から民主党公認で立候補する。十分な準備も整わないまま臨んだこの選挙における玉木の得票は約七万票（相対得票率は三八・九％）に留まり、落選という結果に終わったが、続く二〇〇九年衆院選では約一一万票（相対得票率五七・二％）を獲得して初当選を果たす。

玉木の二〇〇九年衆院選における選挙キャンペーンの特徴は、動員戦略という観点から見た場合、有権者との直接的な接触を重視する直接動員戦略に加え、既存の社会的ネットワークへ積極的にアプローチする間接動員戦略を組み合わせていた点にあった⑹。自民党は様々な職業的あるいは地域的な組織・ネットワークと密接な関係を構築してきたが⑺、これは香川二区も例外ではなかった。玉木は、企業や経済団体、地域的なネットワークへ積極的にアプローチすることで、自民党を支持してきたネットワークに属する人々からの支持を獲得することにかなりの程度、成功していた。また、こうした有権者からの支持を得るため、玉木は財務省出身という自らの経歴を背景とした財政金融問題と、選挙区との関連が深い農林水産業に関する問題を政策的なアピールの中心に据えた。むろん、他の民主党候補と同様、玉木も政権交代と二大政党の確立を訴えたが、民主党対自民党という構図が強調されることはなかった。このように、二〇〇九年衆院選において、玉木は選挙区の特性に適合的な選挙戦略を採り、民主党という政党よりは玉木という候補者自身を前面に出した選挙キャンペーンを行い、大差での当選を果たしたのであった⑻。

玉木の議員活動——農業と財政金融

二〇〇九年衆院選で当選した玉木は、二〇一二年一一月の解散まで衆議院農林水産委員会に所属し、活動を行う。この間、農業者戸別所得補償制度の実現や口蹄疫対策特別措置法の制定、動物愛護管理法の改正といった問題に取り組むとともに、ため池をはじめとする農業用水利施設等の耐震調査や補修に必要な財源の確保といった香川県の農業と深く関わる問題にも注力してきた⑼。また、二〇一二年から所属する予算委員会においても、一番に農業者戸別所得補償制度の検証を取り上げている⑽。

玉木は、農林水産業以外にも地元選挙区に関わる課題に積極的に取り組んできた。たとえば、予算委員会第八分科会（国土交通省所管）での活動などを通じて、高松自動車道の四車線化事業を地元負担なしで実施できるよう関係各所に働きかけたほか、坂出港の「重点港湾」の指定を目指し、与党議員として陳情活動を行ってきた。これらはいずれも実現に成功し、玉木の後の選挙戦におけるアピール・ポイントとなっていく[11]。

これに加え、玉木は民主党政権が力を入れてきた事業仕分けに深く関わっていた。二〇〇九年の政権交代後、内閣府に設置された行政刷新会議は事業仕分けに着手したが、事業仕分けチームには三二名の国会議員がメンバーに含まれていた。玉木はその一員として、厚生労働、外務、経済産業担当のワーキンググループに加わっている[12]。ただしこの時は、事業仕分けに新人国会議員が参加することに難色を示した当時の小沢一郎幹事長によって、衆院議員については当選三回以上であることが事業仕分けに参加する条件とされたため[13]、玉木は仕分けチームのメンバーから外れることとなる。しかし、二〇一〇年に実施された国の特別会計を見直す第三弾の事業仕分けでは、財務省、経済産業省、厚生労働省の計九つの特別会計を担当するワーキンググループの主査を務めることとなった。また、二〇一一年の政策提言型仕分けにも「仕分け人」として参加し、原子力・エネルギー予算、大学予算、科学技術予算のほか、聖域化されてきた社会保障関係予算の仕分けに携わった。

さらに、玉木は議員定数の削減問題にも積極的に取り組んできた。玉木が「改革の試金石」と言うこの問題は、社会保障と税の一体改革を進めるにあたり、国民に負担を求める、あるいは諸方面の予算に手を付けるに際しては、国会議員がまず身を切るべきとの考えによるものであった[14]。玉木は自身のブログで、様々な改革の中でも「とりわけ力を入れてきたのが議員定数の削減です。（中略）もし、この議員定数削減が全く進まないようであれば、どんなに一体改革の中味に合理性があったとしても、私自身、賛成しかねると主張してきました。」と記している[15]。玉木は二〇一二年に入って頻繁に「議員定数削減なくして、増税なし」というフレーズを語り、議員定数削減は政権交代時の約束を果たすための「最後の砦」なのだとした。

このようにみると、玉木の議員活動は、二〇〇九年衆院選における選挙キャンペーンで発したメッセージを実行に移したものと捉えることができる。一期生として政府でも党でも要職には就けない中にあって、農林水産委員会、予算委員会第八分科会、さらには陳情処理などの活動によって、利益配分とも絡むミクロな領域で地元向けの成果を追求してきた。くわえて、自らの財務省で培った専門能力を背景に、予算委員会や仕分け人の一員として、国民生活と関わるマクロな領域にも深く関与してきた。後述する選挙キャンペーンの項では、これらがどのようにブレイクダウンされたのか見ることになるだろう。

香川二区の選挙戦の構図——自民党公募候補との対決

二〇一二年衆院選において、香川二区には民主、自民、共産の三党が候補者を擁立し、三つ巴で議席が争われることとなった。いわゆる第三極の候補者が擁立されることはなかったが、二〇〇九年には候補者擁立を見送った共産党は、衆議院解散後、党県委員の佐伯守を擁立することを決める。もっとも、実質的には民主現職に自民の新人が挑むという構図であった。

二〇〇九年衆院選で自民党が擁立し、玉木に敗れたのは衆院議員を七期務めた木村義雄であった。比例区での復活当選もならなかった木村は、参院へと転身を図った。これを受けて自民党香川県連は、次期衆院選に向け、木村に代わる香川二区の候補者を公募によって選定することを決める。自民党香川県連は、二〇一〇年参院選で初めて公募による候補者選定を行い[16]、その後の国政選挙においては、すべての候補者を公募を通じて選んできた。有為な人材を選ぶための方法として、また、生まれ変わった自民党の象徴として[17]、自民党香川県連では公募による候補者選定が定着しつつあった。

自民党による香川二区の公募は二〇一二年六月二五日に開始され、八月五日の締切までに三名からの応募があった。しかし、そのうちの二名は選挙区内の有権者一〇〇人からの推薦という応募資格を満たすことができず、実質的には元総務官僚の瀬戸隆一だけが応募する形となった。そして八月一九日に、県連が党本部に対して瀬戸を次期衆院選に公認申請することが、約二〇〇名の党支部代表らによって構成される選考委員会において承認される[18]。瀬戸は一九六五年生まれで、坂出市の出身であった。丸亀高校から大阪府立大学に進み、東京工業大学大学院を修了後、旧郵政省に入省する。また、総務省在籍時には、民間企業のインテルへの出向も経験している[19]。東讃出身の玉木に対し、自民党が中讃出身の瀬戸を擁立したことで、この選挙には選挙区内の地域間対立が埋め込まれることになった。

玉木の動員戦略とメッセージ

(1)動員戦略――「玉木党」の構築

こうした構図の下、そして民主党への逆風という環境の下、玉木は二〇一二年衆院選をどのように戦ったのであろうか。そして、それは二〇〇九年衆院選から変化があったのであろうか。前述したように、玉木は二〇〇九年衆院選に向けて、地域的なネットワークを活用した支持者獲得に力を注いできた。もともと自民党への支持が強かった香川二区において、それは従来の自民党支持者を自身の支持者へと変えていく作業であり、民主党支持者というよりは玉木という一政治家に対する支持を増やしていく作業であった。玉木の支持者はしばしば「玉木党」という言い方がなされるが、これは玉木が（政党を介さない）自身への直接的な支持を得ることに成功していた証左と言えよう[20]。こうした玉木への支持は二〇〇九年衆院選に限られたものではなく、かなり定着したものであった。民主党政権への批判が強くなって以降に筆者が出席した玉木の集会においても、少なからぬ参加者から「民主党はダメでも、玉木は当選させなくてはならない」との発言が聞かれた。さらに、二〇〇九年衆院選以降、旧市町単位の後援会や企業別の後援会を組織するなど、自身への支持の組織化も図っていった[21]。

玉木がかつての自民党支持者からも支持を得ていたことは、二〇〇九年衆院選に続いて、大平正芳元首相の孫（大平の娘婿である森田一元衆院議員の娘でもある）から応援を受けていたことからも読み取ることができる。彼女は玉木支持を訴える演説を行ったほか、かつてテレビ局（キー局）に勤務していた経験を活かして玉木をPRする映像を制作するなどしていた。大平の跡を継いだ森田が引退して七年が経ってはいたものの、大平家が「政治的遺産を玉木に託した[22]」ことで、玉木は大平や森田のかつての後援者からの支持を得ることが可能になった。大平や森田は、中選挙区期に二区から立候補していたように中讃と西讃を地盤としていたが、東讃の出身者である玉木にとって、そこに支持基盤を得たことは重要なポイントであったといえよう。

また、県内のJAで構成される香川県農協農政対策協議会（県農政協）が、衆院解散後、自民党候補を推薦せずに玉木のみを推薦したことも、玉木が潜在的な自民党支持層に浸透していたことを示している。玉木は、二〇一〇年一〇月に全国農業協同組合中央会（JA全中）がTPPの交渉参加に反対する請願を衆参両院議長に行った際、紹介議員に名を連ねていたが、県農政協は推薦にあたってこの点をとくに重視したという[23]。結局、公示直前の一二月三日になって、県農政協は玉木に加えて自民党の瀬戸も推薦することを決めるが、いずれにしても香川県内の選挙区の自民党以外の候補者で県農政協から推薦を得たのは、玉木だけであった。そもそも玉木は、祖父が地元農協の組合長を務め、父も香川県経済連合会の畜産技術者であったことから、早い段階から農業関係者とのコネクションをもっていた。また、一期目の任期を通じて衆院の農林水産委員会に所属し、地元農業の課題と密接に関連する問題に取り組んだことで、農林水産関係者からの信頼を得ていたとみることができるだろう。

このように玉木自身の支持基盤が確立されつつあった一方で、自民党の瀬戸の準備が十分に整っていなかったことから、衆議院解散前後には玉木優勢と見る向きも少なくなかった。しかし、民主党への強い逆風により、玉木は苦戦を強いられる[24]。これを受けて玉木は、浮動層からの票を狙うより既存の支援者を固めることを重視する戦略を採ることを決める。こうした戦略は、玉木という政治家への支持を獲得するというそれまでの戦略を、より徹底することであった。そのため、選挙期間中は街頭演説などによって直接有権者に訴えることよりも、支援者への挨拶回りや企業の朝礼等への出席など、既に接点のある有権者とより密なコミュニケーションをとることが重視された[25]。

(2)有権者に対するメッセージ——玉木における「職業としての政治」

では、逆風下の選挙において、玉木はどのようなメッセージを有権者に発したのであろうか。玉木が選挙公報やビラなどで示したスローガンは、「『今さえ良ければいい』『自分さえ良ければいい』そんな政治からの脱却を目指します」というものであった。玉木のこのスローガンは、多分に民主党政権に対する不満を背景としていたように思われる。玉木は解散後の国政報告会で、自身の民主党政権への失望について次のように語っている。まず、重要課題が山積するなかで、民主党政権が年功序列やグループ間バランスに配慮した人事を行ってきたことを、内輪の論理を優先させたもので国益に反することだと批判した。そして、一期生で十分に活躍の場が与えられないことの苛立ちを、野球に喩えて次のように表現している。すなわち、自分はマウンドに立ちたい、打席に立ちたいと思っているのに、ベンチでグランドを眺めているだけだ。他方で、実際に試合に出場している先輩議員たちは打たれたり三振したりして、ベンチに戻ってくる。二回戦、三回戦になったら、自分にも出番があるだろうと思ってきたが、このままでは一回戦負けしてしまう、と。

他方で、民主党政権の功績として税金の使い方を変えたこと、具体的には事業仕分けを挙げた。玉木自身が事業仕分けに関わった経験も踏まえ、予算編成過程をオープンにしたこと、各省庁や族議員が抵抗する中、「無駄」な事業にメスを入れたことを高く評価していた。とくに、政治家がとかく予算を「つけたがる」のに対して、玉木のような一期生が予算削減に取り組むことができたことは、画期的であったという。しかしながら、こうした事業仕分けや予算削減の過程においても、民主党政権には問題があったことを指摘している。各種予算の削減に対して民主党内は総論賛成各論反対で、「仕分け人」を務めた玉木のところにも、与党となって族議員化した同僚議員から多数の働きかけがあったという。その上で玉木は、今日、新しい時代に即応した新しい政治が求められており、元の古い政治に戻ってはならない、改革は道半ばであり、改革を継続していく必要があると訴えた。

公示後、玉木のアピールは、国家や国民に真摯に向き合う政治家でありたいとする、自らの政治への姿勢や情熱を示すものが中心となっていった。[26] 個人演説会等の場で政策に関して具体的な言及がなされることはほとんどなかったが、選挙公報においては、「特別会計改革」「議員定数削減」「経済の活性化」が取り上げられていた。いずれも、玉木が二〇〇九年の当選後、取り組んできた課題であり、これらは「やり残したこと、やらなければならないこと」だと位置づけられていた。また、「経済の活性化」も地域経済への波及効果が期待できる施策が取り上げられていた。

玉木が展開した以上のような選挙キャンペーンの特徴は、次の三点にまとめられるだろう。第一に、候補者自身への支持を求め、有権者に自らの政治への姿勢や情熱を訴えてきたことである。また、政策に関する言及も、自らが取り組んできた課題に関することが中心であった。第二に、二〇一二年衆院選における選挙キャンペーンは、前回の選挙キャンペーン、当選後の国会での活動と一貫していたことである。それは、玉木自身の経験に裏打ちされた能力や選挙区の特性に即したものとなっていた。そして

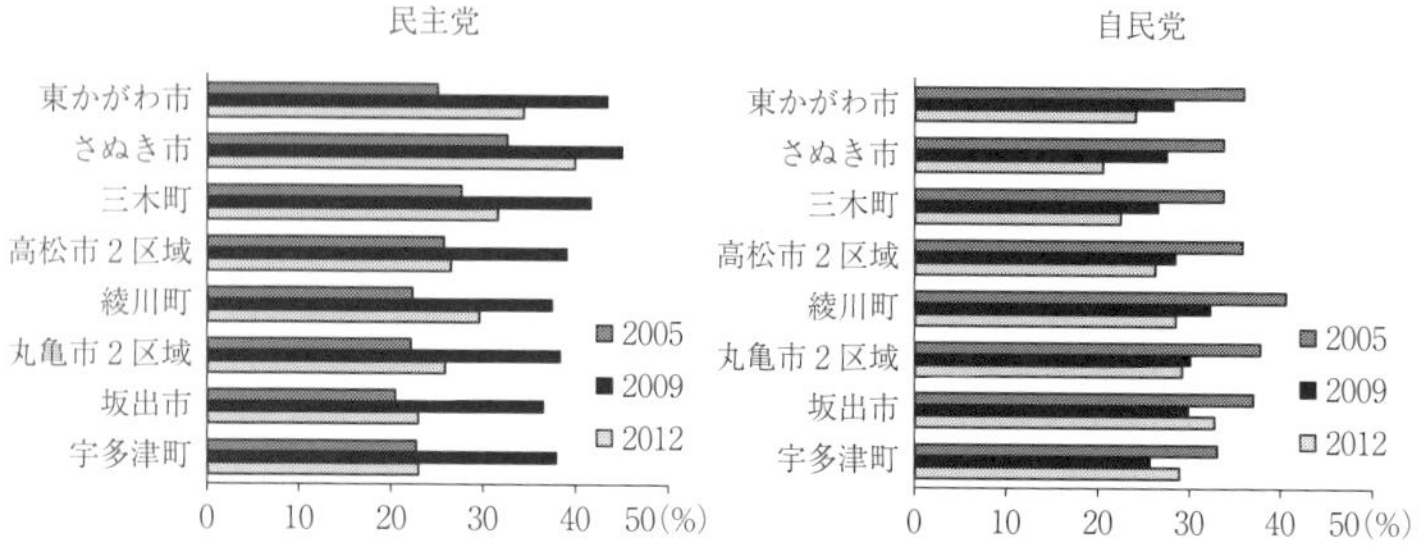

図３－２　香川２区における民主党，自民党候補の絶対得票率の推移

第三の特徴としては、自身と所属する民主党との関係が相対化されていたことが挙げられる。たしかに、玉木はキャンペーン中、民主党政権が実施した事業仕分けを評価していたが、それは自らの経験として語られ、むしろ党内では自分に活躍の場が与えられていないことが強調されていた。玉木は、二〇〇九年衆院選の時点から候補者自身を中心とした動員戦略を採り、候補者自身を有権者に対してアピールしてきたが、今回の選挙においては民主党への批判を背景に、その傾向が一層強まったといえるだろう。

選挙結果の分析――地盤と候補者個人票

公示前は玉木優勢と見られながらも、自民党の瀬戸の巻き返しが伝えられた香川二区は、結局、玉木が約七万九〇〇〇票を獲得し、瀬戸を約七〇〇〇票差で抑えて二度目の当選を果たした。では、玉木はどのような有権者からの得票によって、当選に漕ぎ着けることができたのであろうか。

図３－２は、香川二区内の市町における民主、自民党候補の絶対得票率の推移を示したものである。ここで興味深いのは、前回選挙からの得票変動のパターンに、二〇〇九年と二〇一二年では大きな違いがある点である。二〇〇五年から二〇〇九年にかけては、玉木についても、当時、自民党現職であった木村についても、選挙区内のすべての市町でほぼ同

程度の得票変動が見られた（玉木についてはプラス一五ポイント前後、木村についてはマイナス七～八ポイント）。これに対して二〇一二年の場合は、市町によって二〇〇九年からの得票変動にかなり差があった。瀬戸は、選挙区の西部に位置する坂出市や宇多津町で二〇〇九年に木村が獲得した以上の票を得、丸亀市（旧綾歌町、旧飯山町）では二〇〇九年の木村とほぼ同程度の得票があった。しかし、選挙区東部から中部にかけての市町では、二〇〇九年の木村を二～七ポイント下回る票しか得ることができなかった。他方で玉木は、高松市の二区に該当するエリアや坂出市、宇多津町といった中讃地域では二〇〇九年の得票水準を一五～二〇ポイントも下回り、初めて立候補した二〇〇五年と同水準の票を獲得するにとどまったが、もともと票田としていたさぬき市や東かがわ市といった東讃地域では、二〇〇九年からの減少を五～一〇ポイントに抑えることができていた。このように、自らが地盤としている東讃地域において、中讃地域での票の減少をカバーできたことが、玉木の勝因となったと推測される。

また、玉木の得票と民主党の比例区での得票との比較からも、玉木への支持の特徴を見出すことができる。香川二区における民主党の比例区相対得票率は二一・〇％に過ぎず、日本維新の会（一七・五％、以下、維新の会）の得票こそ上回っていたが、自民党（三四・三％）には遠く及ばなかった。玉木の相対得票率は四五・五％であったから、玉木は比例区における民主党の得票の約二・二倍の票を獲得したことになる。この値は全民主党候補二六四名のうち一三番目の高さであった(27)。これは、民主党に対してではなく、玉木という候補者に投票した有権者がいかに多かったかを示しているといえよう。

3　香川一区――政党中心から候補者中心の選挙キャンペーンへ

二〇〇九年衆院選――マニフェスト中心の選挙キャンペーン

小川の選挙区である香川一区は、旧高松市と小豆島町、土庄町、直島町から構成される。有権者の規模では旧高松市がその九割を占めており、これまでも旧高松市の有権者の動向が選挙結果を左右してきた。高松市は他の県庁所在地と同様、比較的浮動層が多く、とくに比例区においては、その時々の選挙情勢を反映した投票行動がとられてきた。しかし、小選挙区においては自民党候補への支持が固く、二〇〇五年まで自民党候補あるいは保守系無所属候補が議席を獲得している。

二〇一二年衆院選時点での小川は、二〇〇五年に比例復活で初当選し、二〇〇九年は小選挙区で当選を果たしていた二期生であった。小川は玉木と同様、選挙区が出身地（高松市）で、高松高校卒業後、東京大学法学部から自治省（後に総務省）に入省し、その後、政界を目指したいわゆる「過去官僚」であった。また、年代的にも玉木とほぼ同世代（一九七一年生まれ）であったが、小川の二〇〇九年衆院選における選挙キャンペーンは、玉木のそれとはかなり異なるものであった。小川の選挙運動を支えたのが、民主党というよりは小川自身を支持して集まった人々であった点は玉木と共通するが、動員戦略は直接動員が中心で、既存の社会的ネットワークへのアプローチには消極的であった。また、二〇〇九年衆院選において小川は、国家経営を担いうる新たな政治家の必要性を訴えるとともに、マニフェストを前面に押し出した選挙キャンペーンを展開した。小川自身は社会保障や環境・エネルギーといった分野への関心がとくに高かったが、有権者に対しては、マニフェストに記載された幅広い政策について、その必要性を説いていた。こうした小川の選挙キャンペーンは、既存の組織や団体と自民党候補との関係が強固で、かつ浮動層の多い地方都市という選挙区の特性に対応したものであったと言えるだろう(28)。

小川の議員活動——政府・党中枢の補佐と細野擁立

二〇〇九年衆院選後、小川は鳩山由紀夫、菅直人内閣において総務大臣政務官を務める。小川は旧自治省関連の分野を担当し、在任中には、地方議員年金の廃止等の課題に責任者として取り組んだ。また、政務官退任後の二〇一〇年一〇月からは、玄葉光一郎会長下で民主党政策調査会副会長として総務部門を担当しつつ、議員年金プロジェクトチームの座長となった。このほか、民主党政権の「一丁目一番地」とされた地域主権に関する地域主権改革調査会の事務局長や、政務官時代に担当した租税特別措置等の見直しなどに絡む税制改革プロジェクトチームの副座長も務めていた。さらに二〇一一年八月には、前原誠司会長の指名を受けて再び政策調査会副会長に就任し、政策調査会の下に置かれた行政改革調査会の事務局次長や党税制調査会の事務局長代理といった役職にも就いている。こうした経過からは、小川が二期生ながらも、政務および党務の中枢の補佐を任されていた様子が分かる。

二期目の小川の動きとして注目されるのは、二〇一二年九月の民主党代表選に向けて、細野豪志に強く立候補を働きかけたことである。最終的に細野は立候補の要請を固辞することになるが、小川は代表選の説明会にも出席するなど、細野擁立を目指すグループにおいて中心的な役割を果たした(29)。小川はこの動きの背景を、党内融和と世代交代の促進の二つの観点から説明している(30)。当時の民主党は、消費税率引き上げ法案をめぐって小沢グループの多くが離党した直後であり、党内対立が高まっていた。細野は前原グループに所属してきた一方で、鳩山政権期に小沢幹事長の下で副幹事長を務めるなど、党内の様々なグループと接点を持っていたことから、小川は細野を党内の混乱を収めうる人材と見ていた。また小川は、鳩山、菅、小沢らの「第一世代」や、野田、前原らの「第二世代」の「失敗」の原因が、国会で長いキャリアを重ねたがゆえに様々なしがらみに囚われている点にあると考えていた。これはすなわち、当選回数の少ない「第三世代」こそが改革の担い手になりうるということであった。小川は、同じ一九七一年生まれで、二〇〇〇年衆院選初当選の四期生であった細野を、「第三世代」の代表格と見なしていたのである。

ただ、こうした小川らの動きは、当時の野田首相によって「近いうち」の解散が示されていた中、比較的人気の高かった細野を来る衆院選における「選挙の顔」に据えようとするものだとも評された(31)。しかしながら、こうした動きの伏線はかなり早い段階から張られていたと考えるべきであろう。たとえば、二〇一〇年五月の時点で、小川はブログに、下院二期を経て四三歳で英国の首相となったキャメロンや、上院一期を経て四七歳で米国大統領となったオバマを引き合いに出しつつ、自らは二期生で三九歳（当時）であるが、こうした動きは「経験や年功が決定的にものを言ってきた時代が世界的に政治的に、そして構造的に終焉を迎えている、そういうことを意味しているのではないか、そう思えてならない(32)」と我が身の置かれた状況を表現している。

こうした国会議員としての小川の活動は、積極的に民主党の一員と自らを位置づけた二〇〇九年の選挙キャンペーンの延長線上に捉えることができる。他方で、小川が政府や党で要職に就き続けたことは、地元活動が相対的に低下せざるをえなかったことも意味する。また、政務官退任後は、衆議院の総務委員会、沖縄及び北方問題に関する特別委員会（理事）、予算委員会、外務委員会、安全保障委員会などハイ・ポリティクスに分類される委員会に所属し続け、選挙区の課題と関連する活動は目立たなかった。続く選挙キャンペーンの項では、これらの活動がどのように有権者に伝えられたのか、あるいは伝えられなかったのかを見ることになる。

香川一区の選挙戦の構図――日本維新の会の参入

二〇一二年衆院選において香川一区に自民党から立候補したのは、小川とは四度目の対決となる平井卓也であった。平井は元参議院議員の祖父や父を持ち、地元の新聞社やテレビ局を経営する一家の出身である。平井は一九九六年衆院選に新進党から立候補して自民党の藤本孝雄に敗れたものの、無所属で立候補した二〇〇〇年衆院選で藤本を破って初当選を果たしている。その後、自民党に入党した平井は、二〇〇三年、二〇〇五年と小選挙区で小川らを破って当選を重ね、二〇〇九年衆院選では小川に敗れたものの、比例区で復活当選していた。

自民党、民主党以外には共産党が、二〇〇九年に引き続いて党県書記長の河村整《かわむらただし》を擁立したが、香川一区でとくに注目されたのは、日本維新の会が候補者を擁立したことであった。維新の会はすべての都道府県の一区に候補者を擁立する考えを示していたが[33]、一一月二一日に、横浜市在住で参院議員・桜内文城の秘書を務めていた小林敦が香川一区から立候補することが明らかになる[34]。しかし、維新の会の候補者擁立は、この後、混乱を見せる。小林は一一月二四日に代表代行の橋下徹とともに高松市を訪れることになっていたが、橋下には同行せず、公認を辞退していたことが判明する[35]。それでも維新の会の候補者擁立の方針は変わらず、公示直前の一一月二八日になって今西永兒《いまにしえいじ》を擁立することが決まる。今西は元兵庫県議で、一九九六年衆院選に兵庫七区から新進党公認で立候補し、当時社民党党首であった土井たか子と当選を争った経歴をもっていた[36]。今西は香川県にほとんど縁はなく、純然たる落下傘候補であった。

小川の動員戦略とメッセージ

(1)選挙戦略——間接動員戦略の拡充

民主党への逆風と維新の会からの挑戦を受けて、小川はどのような動員戦略の下、有権者からの支持確保を目指したのであろうか。二〇〇九年衆院選における小川の基本的な選挙戦略は、有権者との直接的な接触を重視したものであった。二〇〇五年の初当選以降、時期にもよるが、小川はおおむね月一～二回、小学校校区を単位とした国政報告会を開催したほか、毎週月曜日には選挙区内での街頭演説を続けてきた。国政報告会と街頭演説は二〇〇九年以降も継続的に行われ、有権者と接触する機会の確保を目指してきた。小川の国政報告会では、一時間ほどの開催時間のうち、およそ半分の時間が出席者との質疑応答に当てられていたように、有権者とコミュニケーションをとることを小川は重視していた。国政報告会への出席者は会場にもよるが、おおむね五〇人前後と小規模で、双方向のコミュニケーションが実質的に可能であったといえる。また、国政報告会の出席者はリピーターも多く、支持者を固める機会となっていたが、他方で新たな支持者の開拓という点では限界があったことも否めないであろう。

解散後、小川は改めて民主党への逆風の強さを知ることになる。街頭で有権者に握手を求めて拒否されたり、罵声を浴びせられたこともあったという。これは、それまでの三回の選挙ではほとんどないことであった(37)。それでも小川は、有権者の前に出ることを避けたりはせず、初めて立候補した時から続けていた自転車による街頭活動も続けられることになった。また、公示後の集会においても、二〇〇九年に引き続いて対話型のスタイルが採り入れられている。しかし、民主党への強い逆風の下では、こうした有権者との直接的なコミュニケーションによって支持を広げていくことは容易ではなかった。そのため、電話による投票依頼の回数をこれまでの選挙以上に増やすなど、既に繋がりのある有権者からの支持を繋ぎ止めるための活動が強化された。

他方で小川は、間接型の動員にも注力していた。二〇〇九年衆院選後、専門家団体や高校、大学の同窓会などで個人後援会が組織され、選挙期間中にはその関係者が選挙対策本部に入って選挙運動に携わった。また、海上交通関係の団体関係者からの支援も受けたという。このように、少ないながらも業界団体、専門家団体、宗教団体との関係が生まれたことは、政権交代によって民主党が与党となったことと無関係ではなかった。もっとも香川一区においては、自民党の平井が三代にわたる世襲議員で、地元紙や地元放送局を経営する一家の出身であったことから、業界団体や専門家団体は平井との関係が強かった。小川自身、こうした団体との関係を強化していくことを課題として自覚しており、民主党の離島プロジェクトチームや四国の鉄道を考える国会議員連絡会に所属していた。しかし、必ずしも各種団体へアクセスするルートが十分に開拓できたとは言い難かったようである[38]。

さて、間接型の動員戦略を進める場合、様々な既存団体を当選という目的のために糾合していく必要が生じるが、そこには団体間の軋轢が生じる可能性も否めない[39]。とくに小川の場合、これまでの選挙運動は、特定の組織利益を背景としない小川自身を中心に集まった人々から構成された個人後援会が担ってきたため、選挙や小川という候補者に対する「温度差」が問題となる可能性があった。また、それぞれの団体が持っている有権者へのアクセス・ルートや選挙のノウハウにも違いがあった。そのため小川は、選挙運動を無理に統合的に進めることはせず、一定程度、団体の自主性を尊重するという方針で選挙に臨んだという。小川は従来、選挙事務所内に小部屋を用意することはしてこなかったが、今回は個々の団体のための小部屋を設置している。これは、支援団体ごとに集まることができた方が、選挙運動を円滑に進めることが可能になるだろうとの配慮からであった。

(2) 有権者に対するメッセージ――「人口減少時代への対応」と「私たち世代」

次に、小川が有権者に対して発信したメッセージについて検討していく。二〇〇九年衆院選における小川のメッセージは、玉木のように候補者個人や選挙区と関連づけたものではなく、マニフェストや民主党という政党に重きが置かれていた。これに対して二〇一二年においては、政党色は極端に薄められ、小川自身の問題意識（「人口減少時代への対応」と「私たち世代」）が前面に押し出されることになった。

まず、有権者に対して伝えられた、小川による民主党政権への評価について確認しておこう。小川の演説では、まず、二〇〇九年における期待に反して国民から失望を招いたことへの謝罪がなされていた。小川は民主党政権の成果として、国会議員や国家公務員の人件費の削減、年金記録の回復、高校無償化、子ども手当の一部実施等を挙げたほか、選挙公報やビラでは、自らが総務政務官を務めていた時に、責任者として地方議員年金制度の廃止や税制特例の大幅な見直しを実現させたことを記載している。また、地元においても、瀬戸大橋の通行料金の見直しや高松港の整備などが実現したことを示していた。しかし、小川は民主党の政権運営が未熟であったことを認め、総括的に厳しい評価をせざるを得ないとしていた。[40]

公示後、小川が有権者に発したメッセージの中心は、来る人口減少社会に対応した政治の必要性であった。[41] 小川の主張は、高齢化率が一〇％未満で平均寿命も短かった一九六〇年代に設計された現行の社会保障制度では、人口減少と高齢化が著しく進むことが予想される将来に対応することは不可能であり、今後は「逆三角形型」の人口構成に対応した国づくりをしていかなくてはならないというものであった。そのために、生涯自立型・年齢不問型の人生設計を可能にしていくこと、異文化交流を促進して日本に活力や包容力を涵養すること、ものづくりに加えてソフト面、人的な側面の強化を図ること、そして新たな産業としての環境・エネルギー分野において、世界最先端の国づくりを進めていく必要があることを訴えた[42]。一一月の衆院解散後、こうした小川の考えの詳細が有権者を前にして語られることはなかったが、人口減少時代に対応した政治の必要性と、その道筋をつけたいとの想いは繰り返し語られることとなった。

これに加え、小川は総務省勤務時代に抱いた日本政治の建て直しを図るという初心を貫徹すべく、日本政治の矢面に立つという決意を示す。小川が日本政治を建て直すと主張する際に強調したのは、「私たち世代が変える」というフレーズであった。これは、政治の世界では若手にあたる小川らの世代が中心となって、新しい時代に対応した新しい政治を実現しなくてはならないとの小川の決意を端的に示している。前述したように、国会でキャリアを重ねるにつれてしがらみや古い仕組みから逃れることが難しくなることから、まだ「古い国会」に染まっていないキャリア一〇年未満の議員こそが改革の担い手として相応しいというのが、小川の考えであった。

小川は二〇〇九年衆院選において、かなりの程度、マニフェストにウェイトを置いたメッセージを発していたが、二〇一二年においても、選挙区と直接的に関連するアピールがなされることはほとんどなかった。この点には、二つの選挙の継続性を見て取ることができるが、二〇一二年の選挙キャンペーンにおいて民主党という政党名が表に出ることは皆無であり、党の政権公約であるマニフェストを中心に据えた二〇〇九年のそれとは対照的であった。また、小川の有権者に対するアピールは、小川自身が持つビジョンと政治に対する姿勢や情熱が中心であり、「私たち世代」を打ち出すことで、「失敗」を重ねた民主党の一般的な議員との差別化が図られた。さらには、小川自身による間接型の動員も進められていた。このような二〇一二年衆院選における小川の選挙キャンペーンの特徴は、一言で言えば、小川という候補者自身に対する支持の獲得を目指した点にあったといえるだろう。

選挙結果の分析――維新の会参入の影響

小川の得票は約六万三〇〇〇票に留まり、八万四〇〇〇票余りを獲得した平井に敗れて、小選挙区の議席を失うことになった（相対得票率は三五・九％）。この得票数は小川が初めて香川一区に立候補した二〇〇三年衆院選とほぼ同じ水準であり、民主党にとって逆風となった二〇〇五年衆院選時の相対得票率（四四・九％）も大幅に下回っていた。しかし、惜敗率が七五・〇％であった小川は、仁木博文（徳島三区、惜敗率七二・三％）や仙谷由人（徳島一区、惜敗率六六・五％）らを抑え、比例四国ブロックで民主党が得た唯一の議席を獲得することとなった。

ここで焦点となるのが、香川一区に維新の会の候補者が立候補していた点である。維新の会は民主党への批判票の受け皿となった可能性が高いが、同時にそのイデオロギー的な立場から、潜在的な自民党投票者からも票を集めたことが推測される。維新の会の今西は約二万票（相対得票率一一・五％）を獲得したが、これは民主党の小川と自民党の平井のどちらに、より深刻な影響を与えたのであろうか。

いわゆる第三極のうち、維新の会のみが候補者を擁立した選挙区は全国で七六あった。こうした選挙区を対象として、民主党候補および自民党候補の絶対得票率の変化と維新の会の候補の絶対得票率の相関係数を算出すると、それぞれマイナス〇・二二、マイナス〇・〇六となる(43)。これは、自民党候補より民主党候補の得票減少の方が維新の会の候補の得票と相関が高いということであり、維新の会が候補者を擁立したことによって、民主党の候補者の方が大きなダメージを受けたということになるだろう。このように考えると、仮に香川一区で維新の会が候補者を擁立しなかった場合、小川の得票の減少は実際よりも抑えられた可能性がある。

もっとも、香川一区では維新の会が混乱の末、公示直前になって落下傘候補の今西を擁立したことから、小選挙区では維新の会の候補者に投票することを躊躇した有権者も少なくなかったと推測される。

しかし、維新の会・今西の存在は、少なくとも小川を有利にすることはなかったであろう。また、香川一区における民主党の比例区での相対得票率は一八・八％に留まり、自民党のみならず維新の会の得票（二〇・一％）にも及ばなかったことからも分かるように、民主党の支持基盤は固いとは言い難かった[44]。こうした民主党候補にとって不利な条件の下で、小川が比例区における民主党の得票の二倍近くの票を獲得できたことは、小川は政党に帰属しない要因、言い換えれば候補者個人に帰属する要因によって、当選に必要な票を獲得できたのだと理解できよう。

4 「民主党」前職候補の選挙キャンペーンが持つ含意

本章では、惨敗を喫した民主党においては、相対的に「成功」を収めた二人の候補者の選挙キャンペーンの分析を行ってきた。本章が分析対象とした玉木と小川はともに（これはほぼすべての民主党候補に共通するであろうが）、民主党という政党名を隠して候補者自らへの支持を訴え、既存の支持者からの票を固める戦略を採った。また、選挙に向けて彼らが有権者に対して発したメッセージも、民主党という政党を切り離して、（選挙区との繋がりを強調するか否かで両者には違いが見られるものの）候補者自身への支持を訴えるものが中心であった。むろん、民主党に所属する議員であった玉木や小川が民主党政権への批判に応えないわけにはいかなかったが、自身の議員としての活動実績も背景として、彼らが失敗を繰り返した政権や党の中枢からは離れた位置にいたこと、自らが新しい政治の担い手足りうることが強調された。玉木が自らの携わった事業仕分けの経験を語り、しばしば先輩民主党議員の不甲斐なさと自らに出番がないことを嘆いたことや、小川が民主党政権を担ってきた世代とは異なる「私たち世代」を前面に打ち出したことは、二〇一二年の選挙キャンペーンにおける彼らと自身の所属政党との距離感を端的に示しているといえよう。

こうした戦略に基づいた彼らの選挙キャンペーンが、実際の得票にどの程度反映されたかは、落選した候補者について検討を行っていない本章の分析結果から判断することは難しい。しかし、選挙結果から判断する限り、彼らが政党票（party vote）以外の票、とくに香川一区、二区のように、労働組合などからの組織的な支持が強いとは言えない選挙区においては、候補者自身への票（personal vote）を確保できたことが、彼らを「成功」に導いたものと考えられる。今後、さらなる検討が必要ではあるが、逆風下での二〇一二年衆院選においては、いかに政党と候補者を切り離し、いかに候補者自身への動員やアピールを行い得たかが、「民主党」前職候補者の命運を左右したのではないだろうか。

最後に、二〇一二年衆院選香川一区、二区における民主党前職候補の選挙キャンペーンから導かれるインプリケーションを二点挙げて、本章を閉じることにしたい。一点目は、小選挙区制を中心とした選挙制度の下で政党中心の選挙が展開されたとしても、所属政党への支持が低い場合、候補者たちには自らへの支持を拡大する誘因があり、それが候補者の命運を左右することである[45]。とくに内閣や政党への支持が短期間で変動する今日、議員や候補者たちには、自らへの支持を確保するために党執行部の意向とは異なる行動を採る誘因が根強く存在しているといえるだろう。

二点目として、民主党が理念的に何を目指す政党であるのかが不明確であったことの重要性を指摘したい[46]。二〇一二年衆院選において、小川も玉木も候補者票の確保を目指して選挙を戦ったが、民主党の政策のみならず、政策が語られること自体が稀で、彼らの政治家としての資質の高さが重点的にアピールされていた。やや大袈裟に言えば、所属政党が逆風に晒された時、二人が立ち返る党としての基本的な価値や理念は存在しなかったのである。また、選挙戦における政策論の不在は、マクロレベルでの民主党の政権担当能力への疑念を有権者に抱かせるとともに、選挙区レベルで候補者を単位としたマネージメント能力を競う選挙を誘発していたと捉えることができるだろう。
以上の二点を踏まえると、二〇一二年衆院選における選挙区レベルでの選挙戦からも、民主党政権の失敗の背景を見て取ることできる。民主党政権の重要な失敗の一つに、「決められない政治」をもたらしたことが挙げられるだろう。その大きな理由には、民主党政権が（基本的な政策の方向性が曖昧であったことに起因する）政策転換を繰り返し、たびたび党内対立を惹起したこと、またその背景には民主党が党としての意思決定を行うための制度を整備できず、そうした対立を収めることができなかったことがあったと言えよう。(47)そして、党内対立の根底には、そもそも民主党内に議員間で共有された理念、利益の不存在があったと考えられる。筆者は二〇〇九年衆院選における両者の選挙キャンペーンの分析から、党地方組織や労組からの支持が脆弱な選挙区では、選挙を戦う上で候補者に多大な自助努力が求められることを指摘したが、(48)選挙で政党から提供される有形の資源が不十分であったり、政党ラベルを名乗ることに意味を見出せないのであれば、再選目標を持つ議員・候補者は自身の支持者を確保し、個々のアピール・ポイントを打ち出すことになるだろう。二大政党の一翼として自民党に対抗することで勢力を拡大し、政権交代を実現しながらも、二〇一二年衆院選で再び下野した民主党にとって、党内で共有されるべき価値や利益を定め、それをいかに党の構成員に浸透させるかが、今後の課題となるのではないだろうか。

注

(1) 民主党の小選挙区当選者のうち、新人は、羽田孜元首相の実質的な後継者である寺島義幸（長野三区）のみであり、当選一回では岸本周平（和歌山一区）と玉木の二名だけが小選挙区で当選を果たした。
(2) 二期以下のキャリアしか持たない前職候補で、比例復活も含め、再び衆院議員となることができたのは、民主党当選者五七名のうち一五名だけであった。

（3）一例として、『読売新聞』（全国版）二〇一二年一二月一七日、社説。なお、とくに断りのない限り、全国紙からの引用は地域面（香川県）から行っている。

（4）堤英敬・森道哉「民主党候補の選挙キャンペーンと競争環境――香川一区・二区」白鳥浩編著『政権交代選挙の政治学――地方から変わる日本政治』ミネルヴァ書房、二〇一〇年、三七～六四頁。

（5）R. Kent Weaver, "The Politics of Blame Avoidance", *Journal of Public Policy* 6 (4), 1986, pp. 369-398.

（6）民主党候補の直接動員戦略と間接動員戦略については、ダブニーによる研究がある（Dyron, Dabney, "Campaign Behavior: The Limits to Change", Sherry L. Martin and Gill Steel (eds.), *Democratic Reform in Japan: Assessing the Impact*, Lynne Rienner Publishers, 2008, pp. 39-63）。

（7）Scott C. Franagan and Bradley M. Richardson, *Japanese Electoral Behavior*, Sage Publications, 1977.（中川融監訳『現代日本の政治』敬文堂、一九八〇年。）

（8）二〇〇九年における玉木の選挙キャンペーンの詳細については、堤・森、前掲「民主党候補の選挙キャンペーンと競争環境」四九～五八頁を参照。

（9）玉木雄一郎ブログ「世界の中心で政策をさけぶ」（http://ameblo.jp/tamakiyuichiro/）二〇一一年九月二八日（二〇一三年五月一〇日確認）。『プレス民主』（民主党香川県第二区総支部）二〇一二年一二月号号外も参照。

（10）一八〇回国会衆議院予算委員会一九号、二〇一二年三月一日。

（11）『プレス民主』（民主党香川県第二区総支部）二〇一二年一二月号号外、玉木雄一郎ブログ、二〇一〇年八月三日、二〇一二年四月六日（二〇一三年五月一〇日確認）。このほか、二〇一一年からは財務金融委員会にも所属し、東日本大震災に伴う補正予算や「復興国債」に関する質問を行っている（一七七回国会衆議院財務金融委員会八号、二〇一一年三月二二日）。

（12）『読売新聞』（全国版）二〇〇九年一〇月二二日。

（13）『朝日新聞』（全国版）二〇〇九年一〇月二九日。

(14)　なお、二〇一二年六月の社会保障と税の一体改革法案の採決においては、この課題の衆議院での解決に見通しが立ったとして賛成票を投じている。
(15)　玉木雄一郎ブログ、二〇一二年六月二七日（二〇一三年五月一〇日確認）。
(16)　『読売新聞』二〇一二年六月四日。詳しくは、堤英敬・森道哉「政権交代と政党地方組織による選挙キャンペーン——香川県選挙区の事例」白鳥浩編『衆参ねじれ選挙の政治学——政権交代下の二〇一〇年参院選』ミネルヴァ書房、二〇一一年、七九～一〇九頁を参照。
(17)　自民党香川県連幹部による発言（『読売新聞』二〇一二年一一月一七日）。
(18)　『朝日新聞』二〇一二年八月二〇日。
(19)　瀬戸隆一ホームページのプロフィールによる（http://www.setojapan.jp/profile/）。二〇一三年四月一九日確認。
(20)　『朝日新聞』二〇一二年一一月一二日、『読売新聞』二〇一二年一一月二七日。
(21)　『四国新聞』二〇一二年一二月三日、一五日。
(22)　この大平の孫の発言（『朝日新聞』二〇一二年一二月一二日）。
(23)　『朝日新聞』二〇一二年一一月二九日、『読売新聞』二〇一二年一二月五日。
(24)　『読売新聞』（全国版）二〇一二年八月二八日、『読売新聞』二〇一二年一二月一七日。
(25)　玉木へのインタビューによる（二〇一三年二月二一日）。
(26)　玉木は二〇〇九年衆院選時から、古い政治を打破するために自分が行っていることは「情熱、責任感、判断力というノミで固い岩盤に穴を開けていく」作業だと繰り返し語ってきた。これが、マックス・ウェーバーが政治家に求められる重要な資質について語った表現（マックス・ウェーバー著、脇圭平訳『職業としての政治』岩波文庫、一九八〇年、一〇五頁）に範を取ったものであることはいうまでもない。
(27)　比例区での民主党が一〇%程度の得票率に留まった大阪の四つの選挙区を除けば、民主党の得票に対する候補者の得票の比が玉木より高かったのは、前原誠司、細野豪志、岸本周平、馬淵澄夫、松原仁、松本剛明、岡田克也、玄葉光一郎といった著名議員らだけであった。

(28) 詳しくは、堤・森、前掲「民主党候補の選挙キャンペーンと競争環境」四二～四九頁を参照されたい。
(29) 『朝日新聞』（全国版）二〇一二年九月三日。
(30) 小川による解説は、「私はなぜ細野氏擁立に動いたのか」『プレス民主』（民主党香川県第一区総支部）二〇一二年一〇月号号外を参照。なお、ここでの記述は、二〇一二年九月二九日に小川が高松市内で開催した国政報告会での発言も参考にしている。
(31) たとえば、『朝日新聞』（全国版）二〇一二年九月四日。なお、小川はこうした報道に対し、自身のブログにおいて次のように述べている。「残念ながら単なる選挙目当ての一過性のものと軽薄な報道が多かったわけですが、実際には何か月にもわたる、私たち世代の本格的で本質的な当事者感覚の芽生えでした。そのことを示すためにも今後若手でしかるべき行動をしっかり行って参りたいと思っております。」（「淳也ブログ」〈http://www.jumbo.org/〉二〇一二年九月一二日、二〇一三年五月一〇日確認）。
(32) 小川淳也ブログ、二〇一〇年五月二〇日（二〇一三年五月一〇日確認）。
(33) 『朝日新聞』（全国版）二〇一二年一一月五日。
(34) 『読売新聞』二〇一二年一一月二二日。
(35) 『読売新聞』二〇一二年一一月二五日。
(36) 『朝日新聞』二〇一二年一一月二九日。
(37) 小川へのインタビューによる（二〇一三年一月二七日）。
(38) 小川は、解散時にやり残していたこととして、組織団体対策を挙げていた（小川へのインタビューによる。二〇一二年一月二七日）。
(39) 山田真裕「選挙運動の理論」白鳥令編『選挙と投票行動の理論』東海大学出版会、一九九七年、二六五～二八一頁、Gerald Curtis, *Election Campaign Japanese Style*, Columbia University Press, 1997.（山岡清二・大野一訳『代議士の誕生（新版）』日経BP社、二〇〇九年。）
(40) 小川による民主党政権の実績の確認と国民の期待に十分に応えられていないことへの謝罪の中間報告にあたる資料としては、小川淳也「なぜ、民主党政権は失望につながったのか――その次の戦いに向けて」『プレス民主』（民主党香川県第一区総支部）、二〇一一年一月号を参照。そこには、本文で後述する「長期ビジョンの策定」の原型となる考え方が記されている。

(41) 小川は二〇一一年頃からこうした問題関心を明確にするようになり、二〇一一年一〇月には自らの考えを表明するために、高松市で四〇〇～五〇〇人規模の講演会も行っている。

(42) 小川淳也「政権交代への失望を乗り越える」『プレス民主』（民主党香川県第一区総支部）、二〇一一年九月号。なお、この選挙後、小川は自身のビジョンを、『日本改革原案——二〇五〇年成熟国家への道』（光文社、二〇一四年）にまとめている。

(43) リードらの分析によれば、他の要因もコントロールすると、維新の会の得票が一票増えると民主党候補の票は約〇・四票減るのに対し、自民党候補の票は約〇・二票減るという（Steven Reed, Ethan Scheiner, Daniel Smith and Michael Thies, "The 2012 Election Results: The LDP Wins Big by Default" in Robert Pekkanen, Steven Reed and Ethan Scheiner (eds.), *Japan Decides: The Japanese General Election of 2012*, Palgrave Macmillan, 2013, pp.34-46)。

(44) 香川県における民主党の建設過程については、堤英敬・森道哉「民主党地方組織の形成過程——香川県の場合」上神貴佳・堤英敬編『民主党の組織と政策——結党から政権交代まで』東洋経済新報社、二〇一一年、九九～一三四頁を参照されたい。

(45) 濱本真輔・根元邦朗「個人中心の再選戦略とその有効性——選挙区活動は得票に結びつくのか」『年報政治学』二〇一一—Ⅱ、二〇一一年、七〇～九七頁も参照。

(46) 民主党の政策について論じた研究として、神保哲生『民主党が約束する九九の政策で日本はどう変わるか』ダイヤモンド社、二〇〇九年、堤英敬・上神貴佳「民主党の政策——継続性と変化」上神貴佳・堤英敬編『民主党の組織と政策——結党から政権交代まで』東洋経済新報社、二〇一一年、九九～一三四頁、竹中治堅「民主党代表と政策の変容」飯尾潤・苅部直・牧原出編『政治を生きる——歴史と現代の透視図』中公叢書、二〇一二年、七一～一二八頁などがある。

(47) たとえば、山口二郎『政権交代とは何だったのか』岩波新書、二〇一二年、小林良彰『政権交代——民主党政権とは何であったのか』中公新書、二〇一二年、前田幸男・堤英敬編著『統治の条件――民主党に見る政権運営と党内統治』千倉書房、二〇一五年などを参照。

（48）　堤・森、前掲「民主党候補の選挙キャンペーンと競争環境」五九頁。

［謝辞］　本章の執筆は、長期にわたって現地調査やインタビューを引き受けてくださっている関係者の皆様のご理解なしには成り立たない。この場をお借りして厚くお礼を申し上げる。いうまでもなく、記述における一切の責任は筆者にある。なお、本章は平成二三―二五年度日本学術振興会科学研究費補助金基盤研究（B）「民主党政権の統治構造と政党組織の変容」（課題番号二三三三〇〇四〇）による研究成果の一部である。

第4章　政党中心選挙の中での個人投票
――奈良一区・二区――

丹羽　功

二〇一二年の総選挙において、近畿地方では、選挙直前に結党された日本維新の会が比例代表近畿ブロック（二九議席）で最多の一〇議席を獲得した。その一方で、小選挙区では四八議席のうち自民党が半数の二四議席を獲得している。このように、多くの有権者が小選挙区と比例代表で異なる投票先に投票している。このような分割投票の原因の一つが、政党への支持とは別個の、候補者個人の特性や実績に基づく個人投票である。

投票行動の基準として政党と候補者個人のどちらが重要かという問題については、政党の重要性が増加していることが多くの研究によって示されている。だが今回の選挙における小選挙区と比例代表の結果の違いからは、候補者の個人的な要素や各政党の組織的な力量も相違を生み出す原因として重要であると思われる。本章では個人投票に注目しながら、奈良一区・二区を対象として、小選挙区の候補者の選挙活動を観察し検討する。

1　個人投票についての研究動向

個人投票とは、「候補者の個人的特徴・能力・活動・記録から生じる選挙における支持」である。(1)や

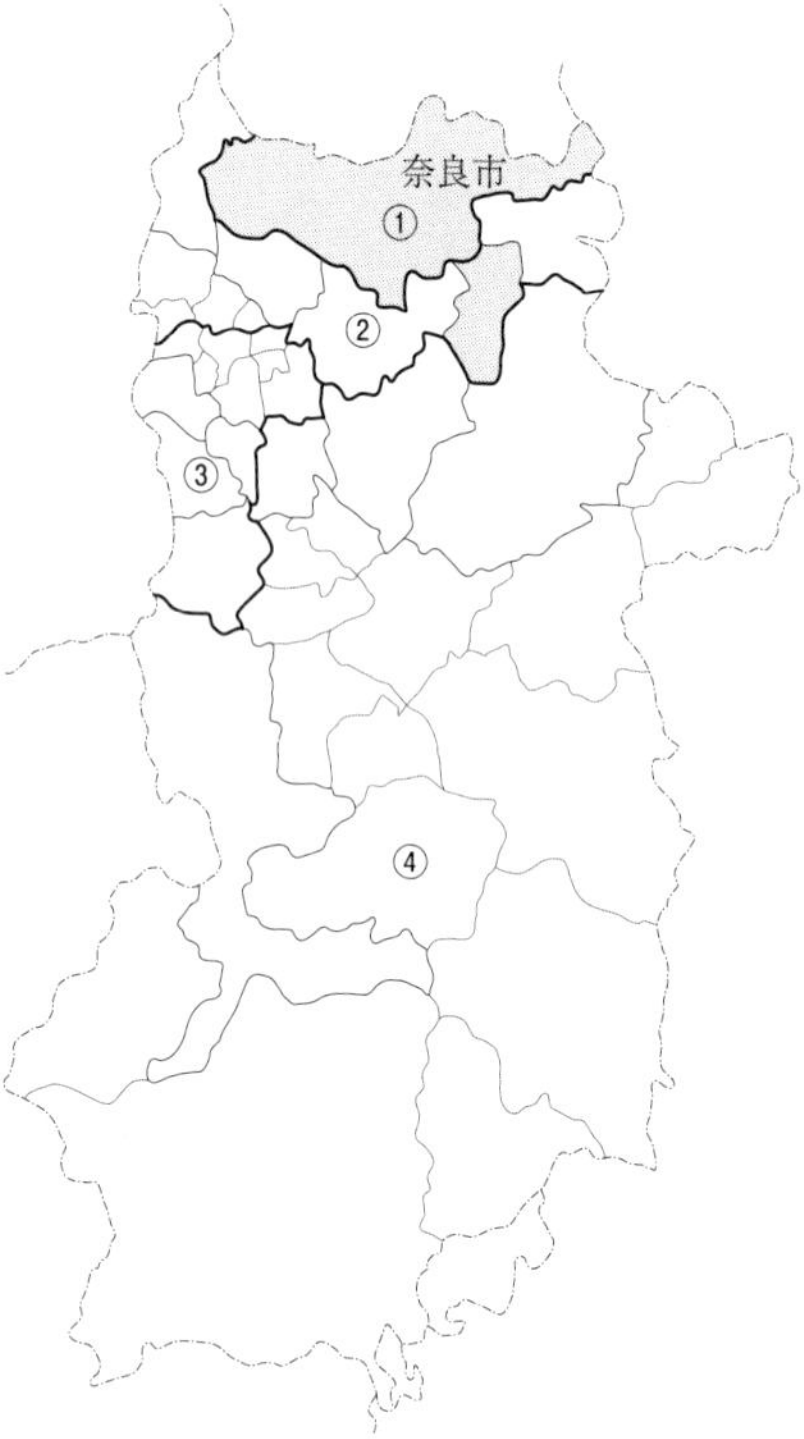

図4－1　衆議院選挙区（奈良県）

表4-1　奈良1区・2区選挙結果

	得票数	氏名	年齢	党派	推薦・支持	新旧	当選回数	肩書・経歴	重複
奈良1区									
当	68,712	馬淵　澄夫	52	民	国	前	4	（元）国土交通相	○
比	61,043	小林　茂樹	48	自	公	新	1	（元）県議	○
	38,791	大野　祐司	52	維	み	新		（元）国際機関職員	○
	12,954	伊藤　恵美子	66	共		新		（元）津市議	
奈良2区									
当	86,747	高市　早苗	51	自	公	前	6	（元）科学技術相	○
	45,014	並河　健	33	維	み	新		（元）外務省職員	○
	22,321	百武　威	37	民	国	新		外科医師	○
	19,200	中村　哲治	41	未	大	元		（元）参院議員	○
	12,444	中野　明美	64	共		新		（元）県議	○

や広い文脈では政党ではなく候補者個人に対する支持に基づいた投票を指し、本章でもこの意味で使用する。中選挙区制の下では同一政党の候補者間での競争が選挙区内で生じるために、個人投票を獲得することが重要視され、その手段としての個人後援会が発達してきた。

小選挙区比例代表並立制の導入によって、衆議院選挙が候補者間の競争から政党間の競争になるということは、並立制を用いた選挙が実際に行われる前から予想されてきた(2)。その後並立制による選挙の定着に伴って、候補者中心の選挙から政党中心の選挙への変化が指摘されるようになる。

有権者の投票行動の変化について、濱本真輔は選挙結果に対するスウィングの影響の増大、後援会や利益団体への加入者の減少、有権者の地元利益志向の弱まりから個人投票が低下傾向にあることを指摘した(3)。堤英敬は有権者意識の分析を通じて、投票行動の基準が全国で共通化しつつあるという面からは個人投票の比重は低下しているものの、候補者評価が投票行動に与える影響も依然として大きいと主張している。[4]またリードらは二〇〇五年および二〇〇九年の総選挙の結果から、日本の選挙政治が候補者個人中心のシステムから変化し、二大政党の下で政党の人気と候補者個人の要素の両方が選挙結果に影響するようになっていると指摘している。[5]これらの研究は程度の差はあっても、個人投票が以前よりも重要でなくなっていることを主張している。

議員の側でも、当選の原動力として個人的要因よりも政党要因が重要であると認識されるようになっている。建林正彦と藤村直史は自民党国会議員への調査に基づき、議員の間で当選の原動力として政党が重要であったという認識が二〇〇〇年代に上昇しており、初当選の時期が二〇〇二年以降の議員はそれ以前に当選した議員と比較して政党の重要性をより強く認識していることを示している。[6]

その一方で、選挙区レベルの研究では、個人投票を生み出す基盤である後援会などの組織基盤が存続し、政党の地方組織に置き換わっていないことや、小選挙区比例代表並立制の下でも候補者の集票活動において個人的な支持基盤が重要であることが指摘されている。[7]こうした研究からは、個人投票は依然として重要性を失っていないことが推察される。

個人投票の重要性が低下していると考える研究の多くは、中選挙区制時代の末期から並立制導入以降という時期を対象として中長期的な変化を強調している。[8]だが様々な選挙制度の中で最も個人投票を生み出しやすい中選挙区制が採用されていた時期と比較すれば、並立制の下で個人投票が低下することは当然のことのように思われる。一方で、全国的な政党イメージの形成に一般議員が関与する余地が乏しいことや、選挙区レベルでの政党組織が未発達な状態では、議員・候補者の活動は選挙区で個人をアピールすることが中心となるので、後援会組織や個人中心の集票が持続するのもまた必然であるだろう。

並立制を用いた選挙が二〇一二年ですでに六回に及ぶことからは、中選挙区制時代からの変化という観点ではなく、並立制という制度を前提として政治家と有権者の行動をみる必要があるように思われる。

個人投票とその獲得に向けた候補者の活動が存続していると指摘するだけではなく、候補者がどの程度個人的な集票基盤を確保するために努力し、どの程度の個人投票が存在しているのかを考察する必要がある。

このような関心に基づいて、本章では奈良一区・二区における選挙区政治を、現職候補の活動と選挙結果を中心に検討する。事例とした選挙区は農村型の選挙区ではなく、並立制の導入当時には有力な国会議員もいない選挙区であった(9)。このために中選挙区時代の遺産がない状態で、候補者の集票活動や有権者の投票行動を観察できるという利点がある。以下の部分では二つの選挙区での選挙戦の推移を記述し、それに基づいた知見と検討すべき問題を提示する(10)。

2　奈良一区

選挙区の概要と動向

奈良一区は県庁所在地である奈良市の中心部を範囲とする選挙区である。小選挙区制が採用された時点では奈良一区と奈良市の領域は一致していたが、市町村合併によって奈良市に編入された都祁《つげ》村は奈良二区の一部となっている。奈良県内では都市型の選挙区と言ってよい。

中選挙区制の時期には奈良県は全県区（議席五）であったが、並立制の導入によって四つの小選挙区に分割された。中選挙区制の時期には自民党は奈良全県区で二ないし三の議席を獲得していたが、農村部を基盤とした党の性格を反映して有力な代議士は県中部・南部に集中していた。野党の側が政界再編の中で新進党・民主党へと移行したこともあわせて、並立制導入直後の奈良一区（および二区）には有力候補者不在の状態ができていた。

小選挙区制が採用された最初の選挙である九六年総選挙では、四名の候補者が立候補した中で新進党の高市早苗が小選挙区で当選した。この選挙では次点の森岡正宏（自民）が比例で復活できず落選したのに対し、三位の辻第一（共産）と四位の家西悟（民主）が比例で復活当選するという特殊な結果となっている。高市は任期の途中で新進党を離党して自民党に入党するが、その結果現職の高市と元来の自民党候補である森岡がコスタリカ方式で交互に小選挙区に立候補することとなった。二〇〇〇年の総選挙では四名の候補者のうち森岡が小選挙区で当選するが、二〇〇三年の総選挙では民主党の新人である馬淵澄夫が当選した。

二〇〇五年の総選挙では、比例選出の森岡が郵政法案への投票で造反したことで公認を得られず、無所属で立候補することとなった。この選挙で高市は二区に転出し、一区では元奈良市長の鍵田忠兵衛が自民党の公認候補となるが、小選挙区では馬淵が再選された。森岡はその後二〇〇九年五月に自民党に復党し、二〇〇九年総選挙では自民党の公認候補となったが、選挙では民主党の馬淵が三回目の当選を果たした。選挙結果については、二〇〇〇年代には民主党が県庁所在地で議席を獲得するという「一区現象」が全国的にみられたが、奈良一区もこの現象に当てはまる結果となっている。

現職の馬淵は奈良市出身で、企業経営者を経て二〇〇〇年の総選挙に民主党公認候補として奈良一区から立候補するが落選、その後二〇〇三年に小選挙区で当選して以降連続して当選している。民主党政権では国土交通副大臣・大臣に就任し、東日本大震災では原発事故担当の内閣総理大臣補佐官を務めた。また二〇一一年の民主党代表選挙に立候補しているが、五名の候補者中で最少の得票に終わっている。

これまでの奈良一区の動向で注目すべき点は、自民党の候補者の入れ替わりが激しいことである。一九九六年から二〇〇九年までの五回の選挙で、森岡が三回、高市と鍵田が一回ずつ立候補している。また森岡が二〇〇九年一二月に引退を表明したことにより、二〇一二年には新しい候補者を選ぶ必要があった。

各党の候補者擁立

二〇一二年の総選挙において、奈良一区では四名の候補者が立候補した。このうち現職は民主党の馬淵のみであり、それ以外の各党の候補者は新人候補である。

自民党は森岡の引退によって小選挙区の候補者が不在となった。このため自民党奈良県連は二〇一一年六月に、奈良一区の候補者を公募によって選考することを決定した。県連は七月に応募要項を発表し、八月から九月にかけて四名の応募者を選考したが、候補者に内定した応募者が辞退したことで公募選考は不調に終わった(11)。

県連は別の候補者を検討し、一一月頃には奈良市選出の県議である小林茂樹を一区の候補者とする方向を固めた。県連会長の奥野信亮《おくのしんすけ》が小林を説得し、小林も立候補を了承したため、県連は一二月六日に選対本部会議で小林を一区の候補者とすることを決定した。小林は慶應義塾大学出身で不動産会社の経営者であり、二〇一一年の時点では県議二期目であった。小林の祖父は奈良市議会議員、父は県議を務めており、小林は自民党の県議の中でも安定した支持者と整備された個人後援会を持つとみなされていた。また企業経営者として地域の各種団体に繋がりを持っており、これら組織面での強みに加えて四七歳という年齢から見ても得票を期待できる候補者と考えられた。

共産党は二〇一二年に入ると県内各選挙区の候補者選定を始めた。一区は他の選挙区よりも候補者選びがやや遅れたが、六月に伊藤恵美子を公認候補とすることが決定された。伊藤は准看護師で奈良市内の介護施設に勤務しており、大阪・三重の病院に勤務した経験もある。また以前に津市で市会議員を一期務めていた。

各政党の中で最も動向が注目されたのは、日本維新の会である。地域政党である大阪維新の会は、二〇一一年の大阪府知事・市長ダブル選挙が終了した頃から、次回の衆院選で国政に進出する動きを見せており、国政政党として日本維新の会を二〇一二年九月二八日に発足させた（以下の部分では「維新の会」「維新」という語を使用する場合には日本維新の会を指す）[12]。維新の会が発足した時点で民主党・みんなの党から三名ずつと自民党から一名の議員が合流し、七名の国会議員を擁していたために公職選挙法上の政党の要件は最初から満たしていた。

衆議院解散の翌日である一一月一七日に、維新の会は大阪市内で所属する国会議員・地方議員による全体会議を開催し、太陽の党が解党して維新の会に合流することと、衆議院選挙での一次公認候補四七名の選挙区・氏名を発表した。奈良一区は一次公認の段階で大野祐司が候補者となった。大野は奈良市出身で国土交通省・アジア開発銀行に勤務しており、大阪維新の会が設立した維新政治塾の第一期塾生であった。こうして馬淵澄夫（民主）、小林茂樹（自民）、伊藤恵美子（共産）、大野祐司（維新）が立候補し、この四名によって選挙戦が行われることとなった。

選挙活動と選挙結果

現職の馬淵は二〇〇九年総選挙の際には他選挙区への応援が多く、選挙期間中の地元での活動は四日間にとどまったにもかかわらず約一二万票を獲得した。だが二〇一二年の時点では民主党への支持は低迷しており、知名度のある馬淵であっても厳しい選挙になることが予想された。馬淵は二〇一二年春の連休前後から地元での活動を増やし始め、一月から三月には開催されなかった国政報告を兼ねた集会も四月には再開された[13]。その時期から九月頃にかけて奈良市内での街頭演説の回数が増加し、支持者への挨拶回りやミニ集会も行われている[14]。

今回の選挙期間中、馬淵は初日から地元で活動し、他県への応援は日帰りに限定した。選挙時の民主党への風当たりは強く、馬淵は今回の選挙では党名よりも個人を前面に出すような選挙を行った[15]。選挙活動の中心にあったのは街頭演説とミニ集会であった。馬淵の後援会は地区別・校区別などの組織形態をとらず、小規模な集団がそれぞれ馬淵と事務所スタッフに直接結びつくネットワーク状の形態をとっている。これらの後援会組織をもとに選挙期間中には六〇回のミニ集会が開催されたが、地区別の個人演説会が行われていないことは他の候補との比較で注目される。団体票を固める活動は選挙期間中にはあまり行われなかったが、連合奈良は傘下の労組を動員して組合員の票を固める活動を行った。また民主党の地方議員による集票活動も並行して行われている。

自民党の小林茂樹は公認候補となった時点では、県議としての地盤と活動実績はあったものの、選挙区全域にわたる知名度はあるとは言えなかった。このため小林は二〇一二年四月から選挙区内の主要駅での街頭演説を始め、その回数は選挙までに一四〇回に達した。また他の県議の後援会の行事にも出席するなどの活動を通じて、従来の支持者層以外への働きかけを選挙期間以前から行ってきた。ただし選挙期間に入ると、運動でアピールする重点は小林個人から政党へと変化し、自民党の候補であることが強調されるようになった。

総選挙の際の小林の集票組織は、自分と他の県議の後援会を中心としたものであった。奈良市内の自民党の組織は凝集性が低く、奈良市選出の地方議員たちはこれまでの国政選挙では、選挙区支部ないし奈良市連を単位とした組織的な活動を十分に行ってこなかった。だが今回の総選挙では奈良市選出県議の出口武男が小林の選対本部長となり、出口と自民党奈良市支部長の荻田義雄（県議）、および小林本人の後援会組織を中心とした選対組織が構成され、地方議員の活動は従来の選挙と比べて強化された[16]。選挙区内の各種団体も二〇〇九年に比べると活動は活発であり、二〇〇以上の団体が小林を推薦した。

団体のこうした動向は選挙後の自民党政権の復活を予期しての部分があるが、それと同時に小林の側からの団体への挨拶回りなどの働きかけも団体の動きに影響を与えたと考えられる。

小林陣営は選挙期間初日には六〇〇人を集めた集会を開き、決起大会にも約一一〇〇人が参加した。集会の規模からは組織動員は十分に行われたとみてよい。選挙期間中も企業回りや個人演説会などの活動は行われており、公明党の支援も含めて、新人の小林は組織を固めていく活動に重点を置いていた。

維新の大野は奈良一区からの立候補が決まったのが選挙直前であり、政治家としての経歴もないために、後援会を整備したり事前の街頭演説などで知名度を上げるような時間もなく、組織を欠いた新党からの立候補であるために選挙運動は家族・知人・維新政治塾からのボランティアによるものとなった。[17]組織的な支援としては、総選挙と同日に行われる県議補選に維新公認で立候補した大坪宏通（前奈良市議）との協力がみられ、みんなの党所属の県議である浅川清仁も応援演説などで大野を支援していた。だが全体としては大野個人の知名度・組織票ともに不十分であり、ミニ集会などによる有権者動員も行えなかった。大野にとって最大のアピール手段は、維新の代表代行として政党の顔である橋下徹の名前を政党名と並んで使用することであった。大野は選挙運動中に頻繁に橋下に言及するとともに橋下の演説の録音を街宣でも使用し、一二月一五日には橋下が大野の応援に来県した。

共産党では公示前の一一月二四日に市田忠義書記局長が来県し、立候補予定の伊藤とともに市中心部で演説を行った。伊藤の選挙運動は共産党の地方議員を動員した政党中心の選挙であり、候補者の活動は街頭での宣伝が中心であった。

投票の結果、馬淵が六万八七一二票を獲得して小選挙区で当選した。小林は小選挙区では当選できなかったが六万一〇四三票を得て比例代表で復活当選した。奈良一区の開票結果は表4－2の通りである。馬淵の得票は二〇〇九年に獲得した一二万票からは大幅に減っているが、奈良一区内の比例代表では民

表4－2　奈良1区の開票結果と1区内の比例代表の開票結果

奈良1区	候補者	政党	得票数	得票率	得票率変動
	馬淵澄夫	民主	68,712	37.86	-22.91
	小林茂樹	自民	61,043	33.63	2.71
	大野祐司	維新	38,791	21.37	
	伊藤恵美子	共産	12,954	7.14	-0.54

＊小林茂樹と伊藤恵美子の得票率変動はそれぞれ2009年の森岡正宏・井上良子との比較。

比例代表	政党	得票数	得票率	得票率変動
	維新	52,406	28.89	
	自民	47,836	26.37	1.71
	民主	26,748	14.74	-29.24
	公明	17,247	9.51	0.49
	共産	12,923	7.12	-2.83
	みんな	11,649	6.42	2.02
	未来	9,249	5.1	
	社民	2,790	1.54	-2.98
	幸福	576	0.32	-0.34

主党は二万六七四八票しか獲得できておらず、小選挙区での馬淵への投票と比例代表での民主党への投票の一致度は低い。比例代表では日本維新の会が最も多くの票を獲得したことを考えると、多くの有権者は小選挙区と比例代表で票の分割を行っており、政党ではなく個人への支持が馬淵の当選を可能にしたと考えられる。

3　奈良二区

選挙区の概要と動向

奈良二区は奈良県北部の選挙区であり、その区域は大和郡山市・天理市・生駒市・奈良市（旧都祁村の区域）・山添村・安堵町・斑鳩町・三郷町・平群町といった市町村を含んでいる。一部で中山間地域を含んでいるが、選挙当日時点での有権者数二九万七三七五人のうち四分の三が生駒・大和郡山・天理の三市に居住しており、人口分布からみると郊外都市が中心の選挙区である。

奈良二区の特徴は、第一には接戦の選挙が多く当選者の入れ替わりも多いことである。並立制導入後の一九九六年から二〇一二年までの六回の選挙で、五〇％以上の得票率を獲得した候補者はいない。第二の特徴は今回の選挙も含めて、候補者が所属政党を変える場合が多いことである。

九六年総選挙では五名の候補者が立候補し、自民党の新人で自治省出身の滝実《たきみのる》が小選挙区で当選した。滝は二〇〇〇年の総選挙でも当選するが、この時には民主党の新人である中村哲治が比例代表で復活当選している。二〇〇三年には中村が小選挙区で当選して滝が比例で復活と、小選挙区での順位が入れ替わっている。二〇〇五年の選挙では、郵政法案で反対票を投じた滝が自民党の公認を得られず、新党日本から立候補することになった。自民党の候補者としては奈良一区で落選中だった高市早苗が二区に転出し、小選挙区で当選した(18)。民主党の中村は小選挙区で次点だったが比例では復活できず、小選挙区で三位だった滝が比例で復活当選している。二〇〇九年の総選挙では選挙直前に民主党入りした滝が小選挙区で当選し、高市は小選挙区では落選したが比例で復活当選している(19)。

奈良二区選出の国会議員のうち、滝は東京出身だが自治省時代に奈良県副知事を経験しており、消防庁長官を経て衆議院選挙に立候補した。当選後は自民党時代に総務大臣政務官、法務副大臣を務め、民主党政権下でも法務副大臣と法務大臣に就任している。ただし滝は二〇一二年四月に次の選挙には立候補しないことを表明しており、法務大臣に就任したのは引退表明の後であった。

自民党の高市は奈良県出身で、松下政経塾を経て一九九三年の衆議院選挙で奈良全県区から無所属で当選し、自由党・新進党を経て九六年に自民党に入党した。衆議院選挙では九六年には奈良一区に新進党から立候補して小選挙区で当選、二〇〇〇年総選挙では自民党からコスタリカ方式によって比例代表近畿ブロックに立候補し当選、二〇〇三年には奈良一区から立候補するが落選した。二〇〇五年以降は前述のように奈良二区から立候補しており、二〇一二年総選挙の時点で当選五回であった。内閣の役職としては通産政務次官、経済産業副大臣、内閣府特命担当大臣を経験している。

国政の政局と候補者の動向

二〇一二年の時点で、次期総選挙に奈良二区から立候補する現職は高市早苗のみであり、他の政党は新しく候補者を擁立する必要があった。まず共産党が二〇一二年四月に、党県委員で前県議の中野明美を擁立することを県委員会で決定した。中野は生駒市から県議に選出され、二〇一一年まで三回当選した経歴を持つ。だが自民・共産以外の政党の動向は、中央の政局の影響を受けて混迷したものとなった。

野田内閣は二〇一二年三月に消費税増税法案を国会に提出し、自民・公明との三党合意を経て八月一〇日に「社会保障と税の一体改革」として消費税法の改正を実現した。その間小沢一郎は消費税引上げに反対して内閣批判を続けており、七月二日に小沢と小沢グループの議員五二名が離党届を提出することとなった[20]。民主党からは二〇一一年末に消費税やTPP問題をめぐって九名が離党して「新党きづな」を結成していたが、それに続く小沢グループの大量離党で民主党は事実上の分裂状態に陥った。離党した小沢グループは七月一一日に衆議院では第三党の規模となる「国民の生活が第一」(以下略称は「生活」)を結党し、新党きづなも一一月一四日に合流することになる。その後生活は嘉田由紀子滋賀県知事が結成した「日本未来の党」(以下略称は「未来」)に合流し、総選挙を迎えることになる。

民主党の分裂に際して、奈良県選出の参議院議員である中村哲治《なかむらてつじ》は小沢とともに離党して生活の結党に参加し、同党の参議院政策審議会長・県連代表に就任した。その後中村は一〇月二四日に、参議院議員を辞任して奈良二区から次の総選挙に立候補することを表明した。中村は生活の第一次公認候補に含まれていたが、一二月四日に未来が公認した一二一名のうちの奈良二区の公認候補となっている。

民主党県連は中央での民主党の分裂以前の時期から、引退する滝に代わる候補者の選定を始めていた。離党した中村の動きが注目される中で、県連は八月末になっても候補者を決められずにいたが、九月二三日の常任幹事会で百武威《ひゃくたけたける》を二区の公認候補とすることが決定された。百武は斑鳩町在住で八尾徳洲会総合病院に医師として勤務しており、以前から面識があった滝の後継候補という位置づけであった。

また前節でみた維新の会も、一一月一七日の第一次公認で奈良二区に元外務省職員の並河健を擁立することを発表している。奈良二区では現職の高市（自民）、元職の中村（未来）、新人の百武（民主）・並河（維新）・中野（共産）の五名の候補者によって選挙が行われることになった。

各候補者の選挙活動

高市は二〇〇九年総選挙では比例復活であり、自民党が野党となったこともあって地元活動を強化していた。二〇〇九年から一二年の期間は毎週選挙区に戻り、週末に個人後援会を回って支持者と接触したり地域・団体の行事に出席している。高市の個人後援会は二区に転出した二〇〇五年には未整備であったが、二〇〇九年までの期間に組織された。後援会は市部では校区自治連合会を単位とし、町村部は町村ごとに組織されており、自治会や老人会などの地縁団体の役職にある者が中心となっている。選挙期間中には各地区でこれらの後援会主催で個人演説会が行われた。

企業・団体との関係では、高市は自民党と関係のある団体から多数の推薦を受けており、選挙区内の企業回りは解散から公示の間に行っていた。(21) 政党組織を通じた集票活動は、地方議員による支持者への働きかけと公明党との選挙協力が行われた。(22) これらの組織活動に加えて、一二月五日に安倍晋三が選挙区内に応援に来るなど一般有権者向けの活動も順調で、報道でも盤石の態勢という評価がされていた。

中村は衆参合わせて三回当選しているために選挙区での知名度はあったが、民主党離党後の所属政党は短期間で生活から未来へと変わり、政党名は有権者には浸透しなかった。労組などの民主党系の団体のリーダーの中には中村と親しい者もいたが、民主党を離党した中村に組織としての支援は行われなかった。このために選挙運動は個人後援会を中心としたものになったが、県医師会長の塩見俊次が個人的に中村を支援するなど、民主党に近いとみられていた組織や個人が勝手連的に中村を支援する動きもみられた。中村自身も所属政党の移り変わりがある状況で、政党よりは自分個人を有権者にアピールするような活動を行った。

百武は知名度が不足していることを、民主党の組織によるバックアップと滝の後継者としてのアピールで補おうとした。百武は一〇月から選挙区内で街頭演説を始めていたが、それに加えて滝と二人で写ったポスターを作成するなど、自分自身を有権者に浸透させることに努めていた。百武の集票組織としては滝の後援会組織と民主党の地方議員・連合奈良傘下の労組があり、選挙運動は滝や地方議員が同行してのものが多かった。

並河は維新の公認に加えてみんなの党の推薦を受けていたが、組織的な基盤はなく知人らによる支援で選挙活動を行った。日本維新の会が発足した三日後には、奈良県議会で県議二名が新会派「奈良維新の会」の届出を行った。奈良維新の会は維新の協力団体であり、総選挙では維新の候補を支援すると表明したが、会派に所属する県議は奈良三区・四区の地域から選出されているために二区での協力は期待できなかった。このために並河の活動は、一区における大野の場合と同様に、街頭宣伝やポスターなどによって不特定多数の有権者に訴えるものになった。

選挙の結果は表4－3の通りである。高市が八万六七四七票を獲得して小選挙区で当選した。中村・百武・並河はいずれも小選挙区での当選よりも比例での復活を目指していたが、民主と未来は比例で獲

表4-3　奈良2区の開票結果と2区内市町村の比例代表の開票結果

奈良2区

候補者	政党	得票数	得票率	得票率変動
高市早苗	自民	86,747	46.71	2.01
並河健	維新	45,014	24.24	
百武威	民主	22,321	12.02	-34.50
中村哲治	未来	19,200	10.34	
中野明美	共産	12,444	6.70	-0.66

＊百武威と中野明美の得票率変動はそれぞれ2009年の滝実と西ふみ子との比較。

比例代表

政党	得票数	得票率	得票率変動
維新	56,323	30.36	
自民	51,980	28.02	1.30
民主	22,245	12.00	-32.34
公明	17,405	9.38	-0.20
共産	11,606	6.26	-1.77
みんな	11,302	6.09	1.92
未来	11,197	6.04	
社民	2,582	1.39	-2.64
幸福	554	0.30	-0.32

得した議席が元々少なく、並河も比例復活には達しなかった。高市は選挙区内の全ての市町村で最多の票を獲得したが、投票率が低下したことによって総得票数は二〇〇九年と比較して約九三〇〇票の減少となった。また奈良二区内での比例代表の得票では維新が自民を上回って第一位となるなど、自民党への積極的な支持があったとは解釈しにくい開票結果といえる。

4　現職候補への投票の分析

個人投票と政党投票

以下の部分では奈良一区・二区の事例をふまえて、選挙区レベルの観察から個人投票と政党投票について考察したい。

本章の冒頭でみたように、小選挙区比例代表並立制の下で候補者個人よりも政党が投票の判断基準として重要度を高めており、政党に対する有権者の態度や、政権の人気・党首のイメージといった全国レベルの要因が選挙結果に大きな影響を与えている。事例とした奈良一区・二区の場合にも、選挙前の知名度はほとんどなかった維新の候補者がどちらの小選挙区でも二〇%を超える得票を記録している。この結果は候補者個人への支持とは理解できず、政党投票が増大していることを示す格好の事実といえる。

また有権者の投票基準として政党の重要性が増大しているだけではなく、政治家の側でも選挙における政党要因の重要性が認識され、個人後援会中心の選挙から政党中心の選挙へ移行すべきであるという考えが存在している。奈良県の場合にも二〇〇九年総選挙の直後に行われた自民党県連の役員会において、後援会中心の選挙運動への反省と、県連が選挙においてより大きな役割を果たすことや全国レベルで党本部が魅力的な政策を提示することの必要性が主張されている[23]。

その一方で選挙活動についての記述から分かるように、候補者は自らの個人的な集票組織を重視し、個人後援会は選挙運動において依然として大きな役割を果たしている。小選挙区での選挙を前提として選挙に参入してきた世代の候補者が大半を占める現在においても、候補者個人を有権者に浸透させようとする努力は続いている。政党を中心にアピールするような選挙運動は、維新の場合のように選挙までの時間が短く候補者の知名度が低い場合にやむを得ずとられているか、共産党のように組織化の程度が高く選挙政治において独特の位置にある政党が採用しているかである。

事例でみた馬淵澄夫の場合、二〇一二年に選挙区で行った日常活動は、街頭演説が六二回、挨拶回りが二三件、各種行事への出席（党関係行事を除く）が一一〇件、支持者の集会が三五回となっている(24)。行事への出席はその三分の二が地域の祭りや学校行事のある八月から一〇月に集中しており、支持者の集会は衆議院の解散が決まってから公示までの時期に全体の半数が行われている。いずれにしても相当の時間や労力を選挙区活動に振り向けていることがみてとれる。

選挙が政党中心になり、全国レベルでの要因が過去と比べて重要になっているにもかかわらず、なぜ候補者は依然として地元での活動と個人的な集票組織を重視するのだろうか。まず言えることは、候補者は自らの得票を増やすためであれば考えられるあらゆる手段をとるであろうということである。個人投票の基盤となる個人後援会は従来から当選に不可欠な存在として考えられており、政党や党首のイメージ・人気が重要になったからといって後援会を手放すことや、組織を整備する余裕があるのにしないということは考えにくい。

また、二〇〇五年以降の総選挙では選挙時における政党の人気が選挙結果を左右し、かつ選挙ごとに結果の変動が激しくなっている。このような状況で、選挙の時点で不人気な政党の候補者が所属政党のラベルに依存するならば、当選は期待できないであろう。政治家個人への支持を獲得する活動の効果は低下しているとされるが、[25]だからといって不人気な政党の候補者が個人的な努力を行わずに政党の浮沈と運命をともにすることに甘んじるとは考えにくい。選挙におけるスウィングが大きくなれば個人投票の有効性は小さくなると考えられているが、[26]政治家の主観としては選挙が流動的であるからこそ自らの再選のために自分個人への支持を拡大したいと望む、と考えるのが妥当であろう。

候補者が個人投票を求めるもう一つの理由は重複立候補制度の存在である。小選挙区の候補者の大半は比例代表にも重複立候補しているが、もし小選挙区で落選した場合には小選挙区での惜敗率に基づいて比例代表の順位が決まる。選挙ごとの政党の人気・不人気は全国で共通した要素で、同じ政党の候補者には基本的には同等の影響を及ぼすと考えられる。このために落選した候補者の間で惜敗率の差をもたらすのは、それぞれの候補者が獲得した個人投票であり、そのために候補者は個人後援会を中心として個人投票を獲得しようとする。[27]小選挙区制に注目する議論は選挙制度改革によって中選挙区制時代の政党内競争が消滅したことを強調するが、実際には比例復活をめぐる政党内競争が残存しており、そのために候補者は個人投票を獲得しようとする動機を持つことになる。

個人投票の規模の推定

それでは実際に選挙で投じられた票のうち、政党への評価に基づく票と個人への評価に基づく票はどのような割合で分布しているのか。個人投票の規模を考える一つの手がかりとしては、小選挙区での候補者の得票と、当該選挙区での候補者の所属政党の得票を比較する方法がある。この比較は実際に各候補者の陣営でも基礎的なデータとして利用されているものであるが、単に二つの選挙制度間で票数を比較するだけでは有権者がどのような理由に基づいて投票しているのか分からないという問題がある。

混合型の選挙制度において、有権者が小選挙区と比例代表で異なる投票をする場合は二つある。一つは小政党の支持者が小選挙区において自らの票を有効に使用するために、本来の支持政党の候補者ではなく次善の候補者に投票する戦略投票である。もう一つが政党への支持ではなく候補者個人の属性に基づく個人投票である。(28) R・G・モーザーとE・シャイナーによれば、戦略投票は選挙が接戦であるほど生じやすいので、接戦の選挙区での小選挙区と比例代表の開票結果の差は主として戦略投票が原因であり、接戦でない選挙区の場合には個人投票が主な原因であると推定できるという。また小選挙区において現職の候補者が獲得した票数が、候補者の所属する政党の当該選挙区での獲得票数よりも多い場合に、その票差は個人投票に起因すると推定される。(29) これらの考察をふまえて、以下の部分で奈良一区・二区における個人投票の状況を推定したい。

図4－2は奈良一区での馬淵澄夫の得票と一区内での民主党（および民主党＋協力関係にある政党）の比例代表での得票、図4－3は奈良二区での高市早苗の得票と二区内での比例代表での自民党（および自民党＋公明党）の得票の推移を示したグラフである。(30)

グラフが示していることは二つある。一つ目は、小選挙区における候補者の得票数と比例代表における政党の得票数の選挙ごとの増減はほぼ同一のパターンを示していることである。つまり、政党に対する有権者の支持・不支持が小選挙区における各政党の候補者の得票総数の増減に影響し、基本的には各候補者の得票の総数を決めている。

二つ目は、小選挙区での候補者の得票と比例代表での政党の得票の差には選挙ごとの変動が少ないことである。とくに二〇〇九年と二〇一二年の選挙結果をみた場合に、奈良一区の馬淵はどちらの選挙でも比例代表での民主党の得票を四万票前後上回る得票を記録しており、奈良二区の高市の得票は両方の選挙で比例での自民党票と公明党票の合計を二万票前後上回っている。二回の選挙の情勢はまったく逆であるにもかかわらず、馬淵と高市が小選挙区において比例の政党票に上積みした票数がそれほど変わ

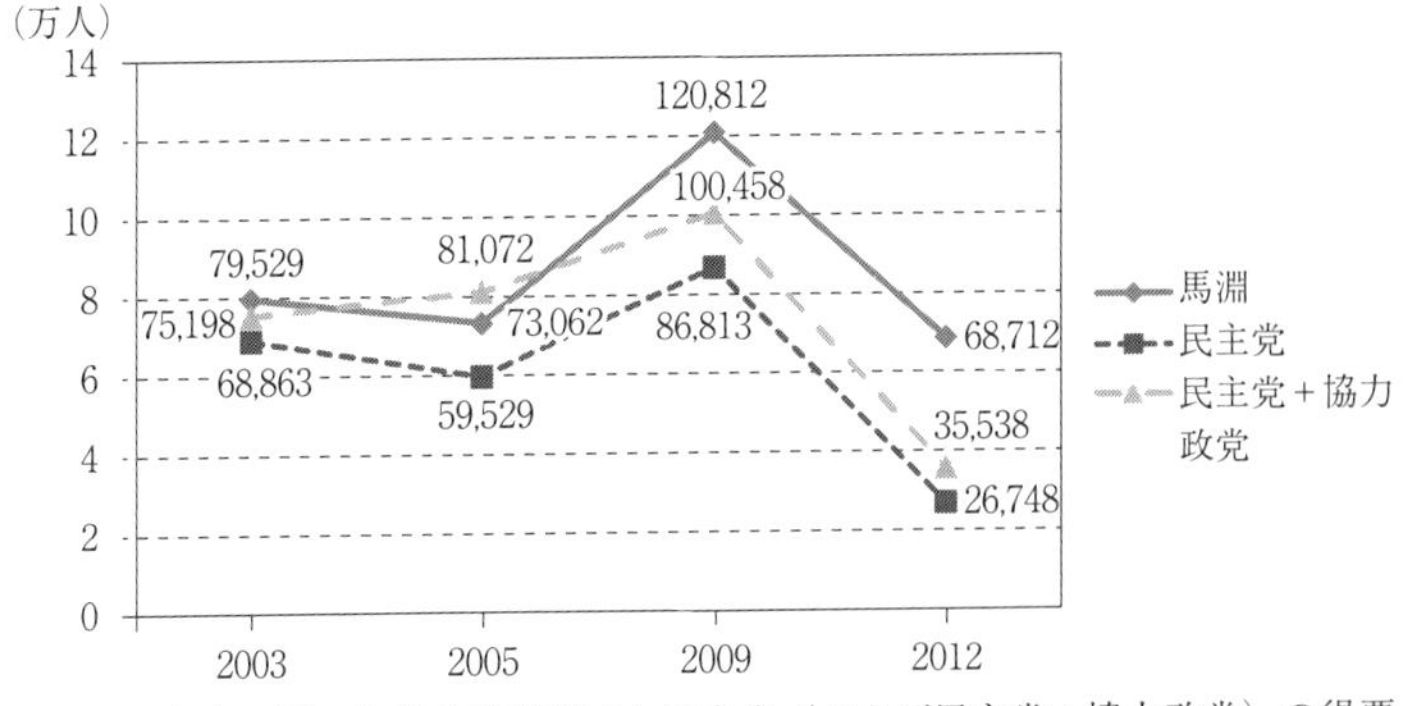

図4－2　奈良1区における馬淵澄夫と民主党（および民主党＋協力政党）の得票の推移

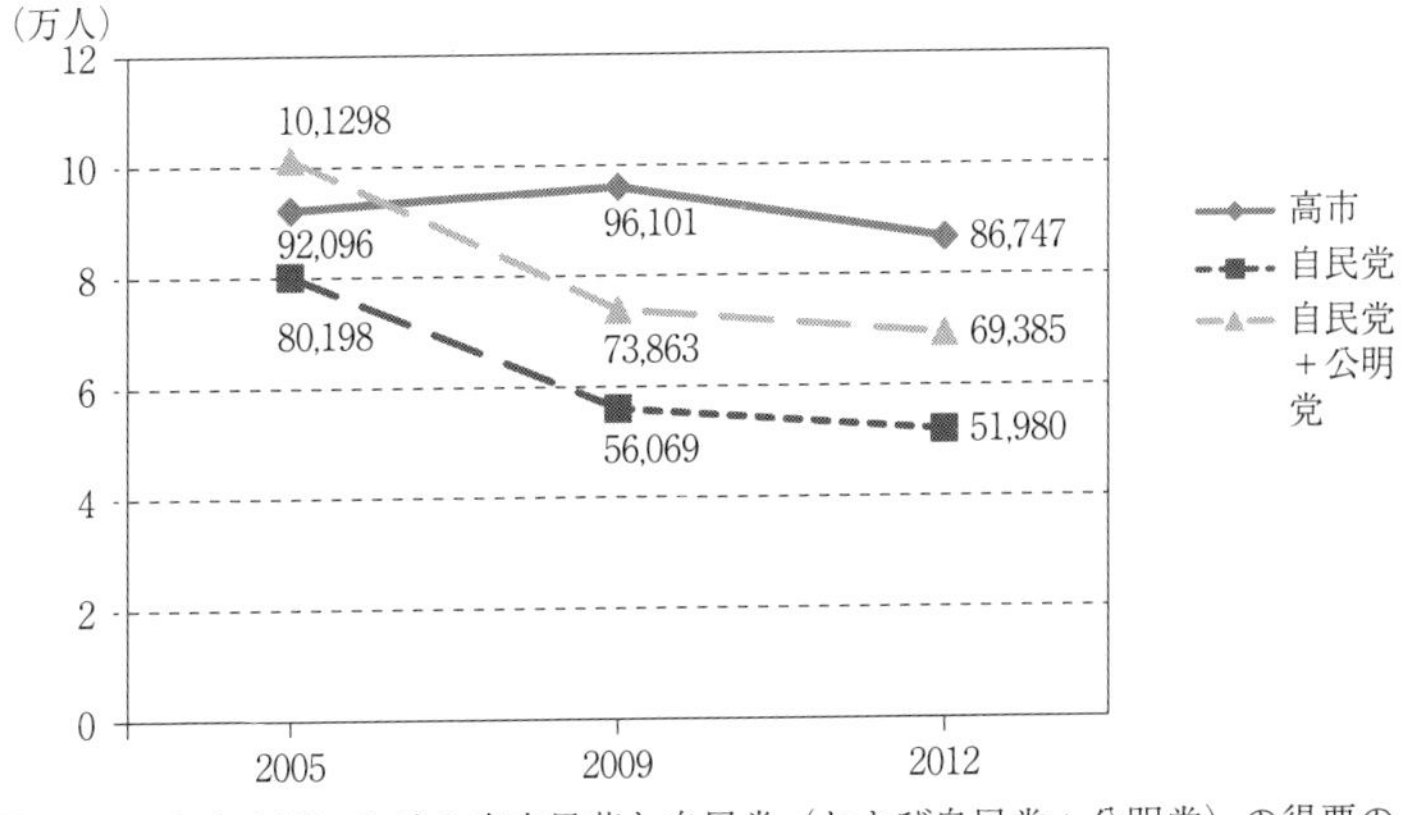

図4－3　奈良2区における高市早苗と自民党（および自民党＋公明党）の得票の推移

らないことは注目される。この部分の多くが個人後援会に組織された有権者を中心とした、候補者個人を支持する投票によるものと考えられる。

票の上積み分のうち、戦略投票は劣勢あるいは不利な状況の候補者に投じられることを考えると、候補者の所属政党が優勢な状況での小選挙区での票の上積みが個人投票と推定できる。このように考えると、馬淵の場合には二〇〇九年の約二万票、高市の場合には二〇一二年の約一万七〇〇〇票が政党への支持とは別個の個人投票とみなしてよい得票数となる。それらの票数は、それぞれの選挙区で実際に投票した有権者数の約一割に該当する。馬淵と高市は国会議員として相当のキャリアがあることを考えると、有効投票数の一割という数字は候補者が獲得できる個人投票の上限であるかもしれないが、選挙結果を左右するだけの規模の個人投票が存在することが推定できた。こうした票の存在とその規模が、候補者および国会議員による選挙区活動を動機づけていると思われる。

5　個人投票の持続

本章では奈良一区と二区における選挙活動をみていくことを通じて、政党中心の選挙が定着する中でも、候補者は個人的な支持基盤を重視して日常・選挙時の活動を行っていることを示した[31]。選挙結果を左右する要素として政党の重要性が高まっているとしても、候補者は政党の人気に頼るだけでは当選し続けることはできないために、個人への支持を獲得しようとする。

郊外型の選挙区において、世襲候補でもなく、並立制の導入後に当選したあるいは選挙区を変更して再出発した候補者の場合にも後援会や地元活動が重視されていることは、個人中心型の選挙が農村型選挙区に限定されず、また中選挙区時代からの連続で続いているだけではないことを表している。ただし観察の対象が自民党・民主党の現職議員であり、また時系列的な変化を考慮していないために、二〇一〇年代に入ってからの政党システムや選挙政治の変化が候補者の活動にどのような影響を与えているかは十分に検討できなかった[32]。

また本章では、候補者の選挙区活動の結果として、現在でも個人投票が現職候補を中心に相当程度存在していることを示した。その規模は選挙結果に無視できない影響を与えるものであり、その結果として候補者は、様々な制約はあるにせよ可能な限り個人への支持を獲得しようという動機を持つであろう。こうした候補者の動機と、地方レベルでの政党組織の未発達という問題のために、個人投票を獲得しようとする候補者の活動は今後も続くであろうと考えられる。

注

(1) Bruce Cain, John Ferejohn, and Morris Fiorina, *The Personal Vote: Constituency Service and Electoral Independence*, Cambridge: Harvard University Press, 1987, p.9.
(2) M・ラムザイヤー、F・ローゼンブルース著、加藤寛監訳『日本政治の経済学——政権政党の合理的選択』弘文堂、一九九五年、二〇四頁。
(3) 濱本真輔「個人投票の低下」『選挙学会紀要』第九号、二〇〇七年、四九〜六一頁。
(4) 堤英敬「選挙制度改革以降の日本における候補者個人投票」『香川法学』第二九巻第一号、二〇〇九年。
(5) Steven Reed, Ethan Scheiner, and Michael F. Thies, "The End of LDP Dominance and the Rise of Party-Oriented Politics in Japan," *Journal of Japanese Studies*, Vol.38, No.2, 2012.
(6) 建林正彦・藤村直史「政権末期における自由民主党の政策形成と議員行動の変容——二〇〇九年自由民主党所属国会議員への政治意識調査から」『法学論叢』第一六九巻第六号、二〇一一年、二一〜二五頁。
(7) このような見解に立つ研究としては次のものがある。大嶽秀夫編著『政界再編の研究——新選挙制度による総選挙』有斐閣、一九九七年。朴喆熙『代議士のつくられ方――小選挙区の選挙戦略』文藝春秋、二〇〇〇年。Ellis S. Krauss and Robert Pekkanen, *The Rise And Fall Of Japan's LDP: Political Party Organizations As Historical Institutions*, Ithaca: Cornell University Press, 2010.

（8）John M. Carey and Matthew S. Shugart, "Incentives to Cultivate a Personal Vote: a Rank Ordering of Electoral Formulas," *Electoral Studies*, Vol.14, No.4, 1995, pp.417-439.

（9）事例とした選挙区を構成する市町村の昼夜間人口比率は次の通りである。奈良市九四・六、天理市一〇一・七、大和郡山市一〇四・一、生駒市七七・一、山添村八八・〇、安堵町七八・七、斑鳩町七七・四、三郷町七八・八、平群町七二・四。どちらの選挙区も郊外型の選挙区としての特徴を持つ。

（10）事例部分の記述は、朝日・毎日・読売・奈良新聞の記事と、高市早苗事務所・馬淵澄夫事務所、その他関係者からの聞き取りに基づく。また一部のインタビューに際して、石田榮仁郎近畿大学名誉教授に仲介の労をとっていただいた。協力をいただいた方々にこの場を借りて感謝したい。

（11）このときに自民党の公認候補を辞退した西峰正佳は、総選挙では奈良三区で日本維新の会の公認候補として立候補している。

（12）実際には二〇一一年一一月から二〇一二年夏までの間、大阪維新の会の国政進出については代表である橋下徹の発言も二転三転したが、維新政治塾の開講などを通じて国政進出の準備は行われていた。

（13）馬淵の行動についての記述は、『まぶちすみおNEWS』（週一回発行）に掲載されている毎週の馬淵の活動日程に基づく。

（14）二〇一二年初頭に有権者に接触するような地元活動が少なかった理由としては、通常国会や原発問題への対応、選挙区支部や後援会の総会などの予定が入っていたことも考えられる。

（15）『世界　別冊　政治を立て直す』第八四一号、二〇一二年、四九頁。

（16）それでも選挙運動に参加しない自民党系の市議もいたという。

（17）維新政治塾には奈良市内選出の保守系地方議員も数名が参加していたが、その中で大野を支援したのは文中で言及した大坪と浅川にとどまった。

(18) 二〇〇五年における高市の選挙区変更は党本部主導で決まったものであり、隣接する奈良二区への転出以外にも亀井静香への刺客候補として広島六区に立候補する可能性もあったという。
(19) この間に中村は二〇〇七年の参議院選挙に立候補し当選しており、二〇〇九年の選挙では滝を支援している。
(20) 離党届を出した議員の中で、七月に実際に離党したのは四九名である。
(21) 奈良一区では推薦団体の概数を記述したが、奈良二区は九市町村から構成され、同一の団体が各市町村の組織ごとに推薦をする場合もある。このため推薦団体数が実際の支持団体よりも多く出てしまい、推薦数による団体の動向が把握しづらいために数字は挙げていない。
(22) 地方組織の活動としてはこれ以外に、自民党の地域支部の青年部・青年局がポスター貼りや街頭活動の実働部隊として貢献しているという。
(23) 『朝日新聞』二〇〇九年一〇月四日、地方面の記事。
(24) 「まぶちすみおNEWS」に記載された活動日程を集計した。なお、期間は一月一日から一二月二〇日で、選挙運動期間は除外している。
(25) 濱本真輔・根元邦朗「個人中心の再選戦略とその有効性——選挙区活動は得票に結びつくのか?」『年報政治学二〇一二—Ⅱ号、政権交代期の「選挙区政治」』木鐸社、二〇一二年。
(26) Cain et al., *op.cit.*, p.11.
(27) Krauss and Pekkanen, *op.cit.*, p.97.
(28) Robert G. Moser and Ethan Scheiner, "Strategic Ticket-Splitting and the Personal Vote in Mixed-Member Electoral Systems," *Legislative Studies Quarterly*, Vol.30, No.2, 2005, pp.260–263.
(29) *Ibid.*, pp.262–268.
(30) 民主党と協力関係にある政党とは、それぞれの選挙で民主党と選挙協力を行った政党、あるいは民主党政権期に連立政権に参加した政党をいう。
(31) 本章で十分に検討できなかった問題として、候補者の経歴と選挙活動のスタイルの関係がある。具体的には、個人中心の選挙を経験してきた地方議員出身者とそれ以外では支持組織の作り方や選挙運動にどのような相違があるのかという問題である。もう一つの問題として、選挙区レベルでの各種団体と候補者との関係、すなわち地元活動が支持団体を介した間接動員にどのように影響しているかがある。これらの問題の検討は、今後の研究課題としたい。

(32) 政党システムの変化については、増山幹高「小選挙区比例代表並立制と二大政党制――重複立候補と現職優位」『レヴァイアサン』五二号、二〇一三年、マニフェストを軸にした政党競争の変化については、中北浩爾『現代日本の政党デモクラシー』岩波書店、二〇一二年、を参照。

参考文献

建林正彦『議員行動の政治経済学――自民党支配の政治分析』有斐閣、二〇〇四年。

野中尚人『自民党政権下の政治エリート――新制度論による日仏比較』東京大学出版会、一九九五年。

David R. Mayhew, *Congress: The Electoral Connection*, 2nd ed., New Haven: Yale University Press, 2004.

第Ⅱ部　政党と政権奪還

当選者の名前に花を付ける安倍晋三総裁ら
（2012年12月16日，東京・永田町にて）（時事）

第5章　政党中心の選挙は実現したか
——石川一区——

岡田　浩

1　問題の所在

現在、定数の格差是正や削減の議論をきっかけに、与野党で衆議院の選挙制度改革の議論が行われているが、現行の小選挙区比例代表並立制については、「続けて当選できない選挙制度の下では安定した政治ができない」[1]、あるいは「新人が当落を繰り返す。大局を見る政治家が育たない」[2]（市川雄一・元公明党書記長）など、議席の変動が激しいことが問題だという指摘がある。

たしかに、新人議員の数は二〇〇五年衆院選で一〇一人、二〇〇九年衆院選で一五八人、二〇一二年衆院選で一八四人と増加しており[3]、選挙区に根を張った現職議員であれ、首相や大臣を経験したような大物議員であれ、全国的な政党への「風」を受けた新人候補に簡単に敗北したり苦戦するのを、最近、目にすることが多いように思われる。

政党の獲得議席の振幅も大きい。小泉内閣の下での二〇〇五年衆院選では自民党が第二党の民主党に議席率で三八ポイントの差をつけて大勝したが、麻生内閣の下での二〇〇九年衆院選では一転して民主党が第二党の自民党に議席率で三九ポイントの差をつけて大勝して政権交代が起こった。野田内閣のもとでの二〇一二年衆院選では自民党が第二党の民主党に議席率で四九ポイントもの差をつけて大勝して

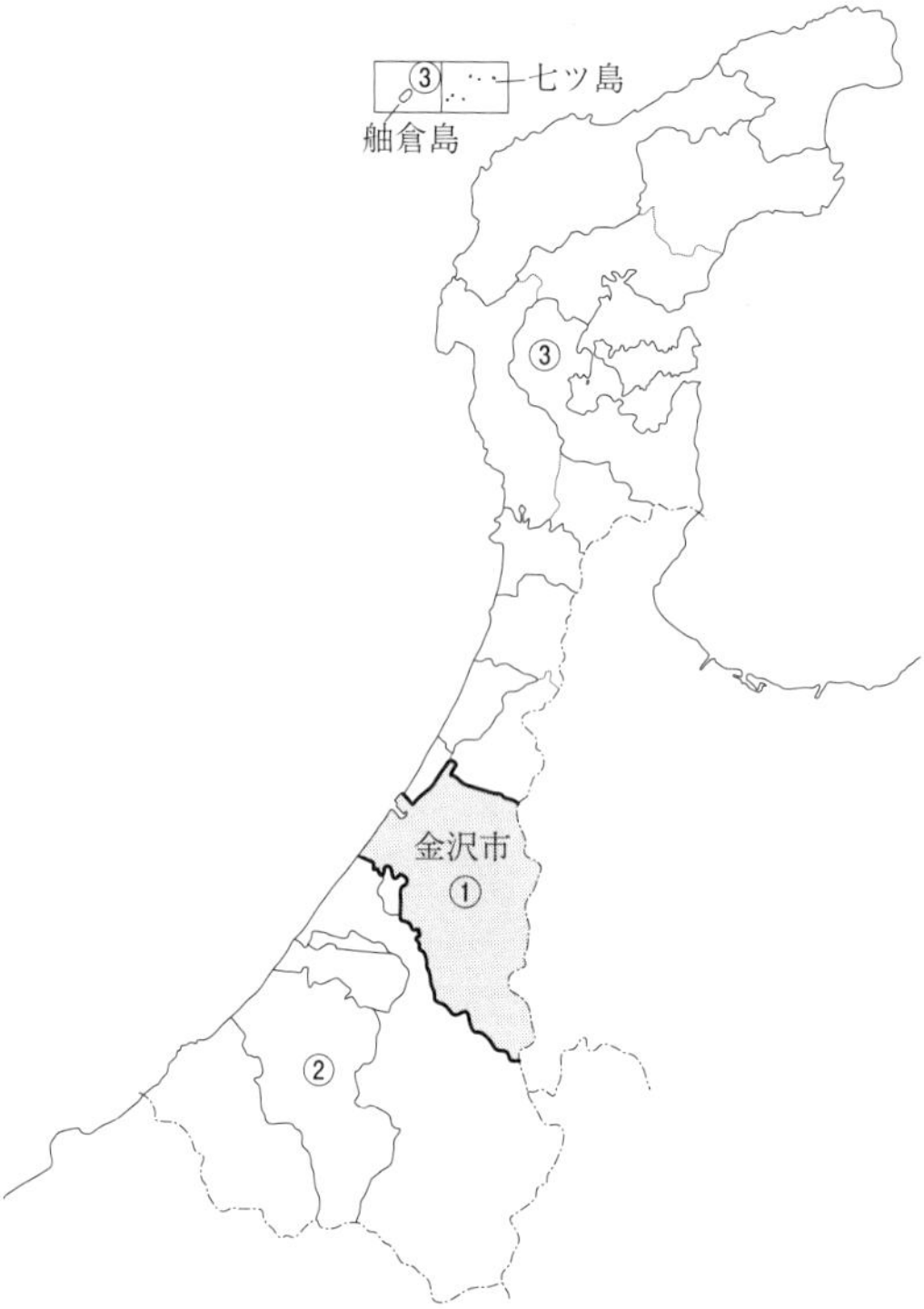

図5－1　衆議院選挙区（石川県）

表5－1　石川1区選挙結果

	得票数	氏名	年齢	党派	推薦・支持	新旧	当選回数	肩書・経歴	重複
当	99,544	馳　浩	51	自	公・改	前	5	（元）文科副大臣	○
	47,582	奥田　建	53	民	国	前	4	（元）国交副大臣	○
	41,207	小間井　俊輔	31	維	み	新		（元）経営指導社員	○
	10,629	熊野　盛夫	42	未	大	新		ライブ喫茶店主	
	8,969	黒崎　清則	64	共		新		党地区委員長	

政権を奪い返している。

選挙区ごとに他よりも一票でも多く獲得しないと議席を得られないため、わずかな票の動きが議席の大きな増減につながる小選挙区制の効果が大きいと考えられるが、同じ小選挙区制でもアメリカやイギリスを対象とするブルース・ケイン（Bruce Cain）らの研究では、現職が圧倒的に有利であり、また、政党や党首に対する評価よりも候補者の政策や選挙区向けのサービスに対する評価が有権者の投票行動に及ぼす影響が増しており、「議員は自分の運命を自分で決められるようになりつつある」[4]と指摘している。このように、たとえ小選挙区制であっても、全国的な存在である政党ではなく選挙区ごとに異なる候補者の要因が重要であれば、ここまで激しい議席の変動は起きないはずである。近年の日本の国政選挙の結果は、政党が選挙の中心になっていることを示すのであろうか。

候補者中心の選挙から政党中心の選挙への転換は、一九九四年に行われた衆議院の選挙制度改革が目指していたものである。この改革に繋がった一九九〇年の第八次選挙制度審議会の答申では以下のように記述されていた[5]。

> 衆議院議員選挙は、政権の獲得、政策の実現を目指して、政党間の政策の争いを中心として行われるべきものである。しかるに、現行の中選挙区制の下では、（中略）同一選挙区で同一政党から複数の候補者が立候補することになり、（中略）選挙は政党、政策の争いというよりは個人同士の争いとならざるを得ない。（中略）政策本位・政党本位の選挙を実現するためには、現行選挙制度を根本的に改革する必要がある。

そして、衆院選を候補者間の争いではなく政党間の争いとするため、各政党の候補者が各選挙区で一

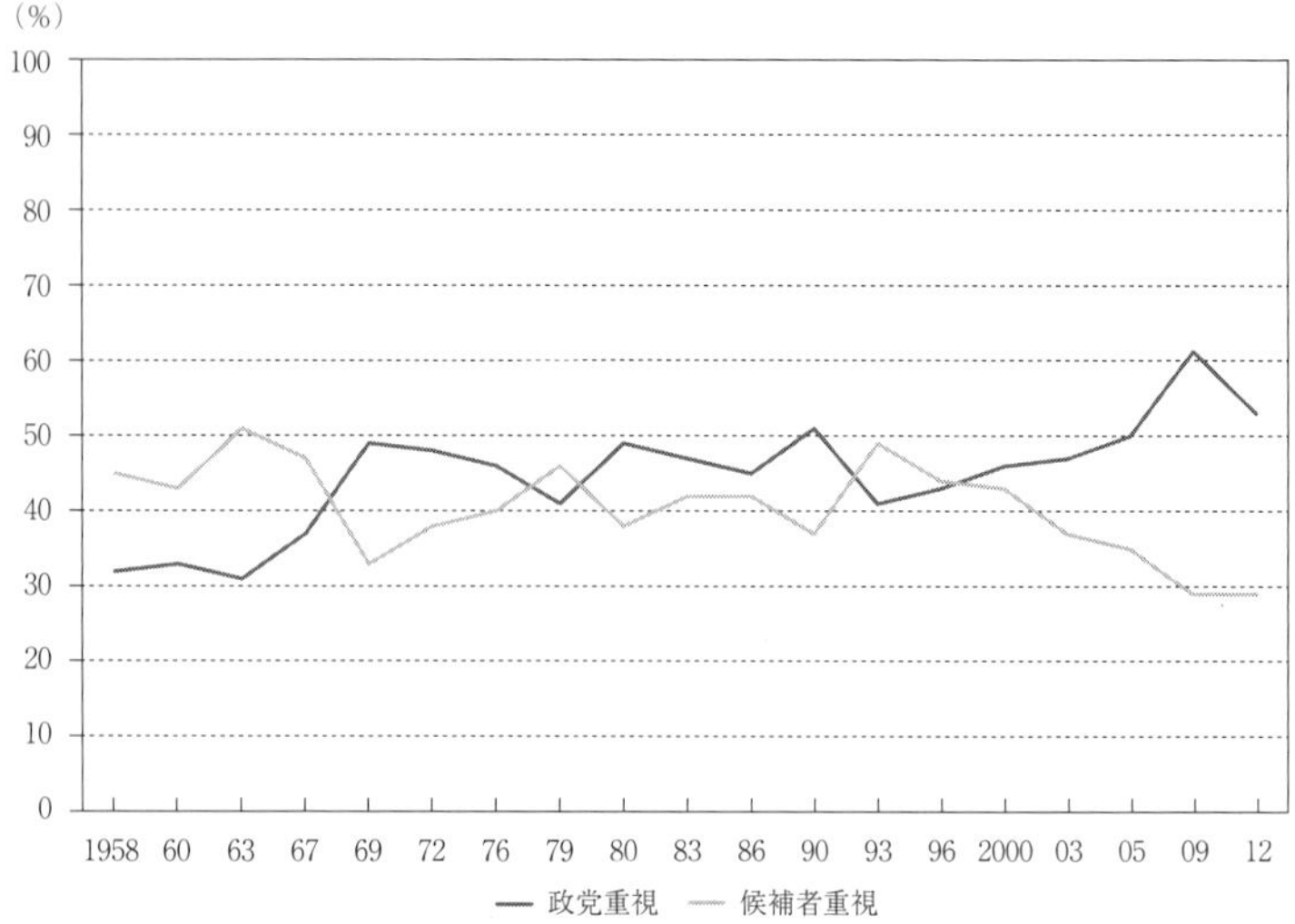

図5－2　「選挙区の選挙で，あなたは政党の方を重くみて投票しましたか，それとも候補者個人を重くみて投票しましたか」という設問への回答

出所：㈶明るい選挙推進協会による衆院選後の全国意識調査（1958～2012年）。

名となる小選挙区選挙に、政党名で投票する比例代表選挙を組み合わせた「小選挙区比例代表並立制」が導入された。

㈶明るい選挙推進協会による衆院選後の意識調査の結果をみると（図5－2）、候補者名で投票する小選挙区選挙であっても、「政党を重視して投票した」という回答が、選挙制度改革が適用された一九九六年衆院選以降、増加する傾向にあることが読み取れる。

選挙制度改革の影響などによって政党中心の選挙が実現しているとすれば、それは日本の政治にとって何を意味するのであろうか。

現行の小選挙区比例代表並立制については、先述の、議席の変動が激しく政治の安定性が損なわれたり人材が育たないことについての批判の他に、「官僚化した党が公認した官製の政治家が生まれる制度になっている」[6]（亀井静香・元国民新党代表）や、

「選ばれる議員は金太郎あめみたいになり、自民党の幅の広さを完全に殺した」[7]（河野洋平・元自民党総裁）など、政党中心の選挙になることによって、公認権などの政党幹部の権限が強化されたことについての批判もある。

また、アメリカやイギリスで候補者要因にもとづく「個人投票（personal vote）」の重要性が高まってきていると主張したケインらは、個人投票の重要性が高まることは政党（幹部）からの独立を議員にもたらして、「個別的な配慮による分権化された政策形成過程につながり（中略）決断力のある一貫した政策を形成するのが困難になる」と指摘している[8]。

つまり、選挙が政党中心か候補者中心かということは、単に選挙のあり方の問題にとどまらず、政党や政策形成過程の集権性、利益誘導の重要性、政策の一貫性など、政策形成過程のあり方やそこから産出される政策の内容にも大きな影響をもたらす重要な問題であるといえる。

本章は、二〇一二年衆院選における石川一区の選挙を取り上げて、政党中心の選挙がどの程度実現しているのか、その現状について、投票する側である有権者の動向と、選挙運動を展開する側である候補者や政党の動向と、両者をつなぐメディアや団体の動向、の三つの視点から検証する。

2　石川県および石川一区の選挙の沿革

国政・地方議会選挙の沿革

まずは石川県および石川一区の選挙の沿革を概観しておきたい。石川県は「自民党王国」と言われてきたが、二〇一三年九月現在も選挙区選出の国会議員は衆参ともに自民党が独占しており（衆議院小選挙区選出三人＋参議院県選挙区選出二人）、県議会も自民党系会派が六割超の圧倒的な議席を占めている。

表5－2　石川1区＝金沢市の特性[9]

	人口（人）	有権者数（人）	05-10年の人口増減率（%）	DID人口比（%）	昼夜間人口比（%）	65歳以上人口比（%）	単身世帯比（%）	産業3部門別就業人口比（1：2：3次）
金沢市	462,361	360,911	1.7	81.6	108.0	21.2	36.6	1：20：70
石川県全体	1,169,788	947,832	-0.4	50.1	100.2	23.7	29.6	3：27：65
全国	－	－	0.2	67.3	100.0	23.0	32.4	4：24：67

出所：国勢調査（2010年）および石川県選挙管理委員会による有権者数まとめ。

しかし、近年はその石川県でも自民党は安泰ではなく、全国的に民主党が大勝した二〇〇七年参院選は一人区の石川県選挙区を民主党の一川《いちかわ》保夫《やすお》が制し、比例票でも民主党の得票が自民党を上回った。全国的に民主党が大勝して政権交代が起こった二〇〇九年衆院選では、石川県内の三小選挙区のうち、二区は自民党の森喜朗元首相が民主党の新人の田中美絵子に僅差で勝利したものの（田中は比例復活当選）、他の二小選挙区は民主党が制し、県内の比例票も民主党が自民党を上回った。

同じ石川県でも選挙区によって状況は異なる。小選挙区比例代表並立制が初めて適用された一九九六年衆院選から今回の二〇一二年衆院選までの過去六回の選挙についてみると、県内の三小選挙区のうち、二区（県南部の加賀地方）は一貫して自民党が議席を獲得し（二〇〇九年までは森喜朗、二〇一二年は後継者の佐々木紀）、三区（県北部の能登地方）は二〇〇九年衆院選で民主党の近藤和也が制した以外は自民党が議席を獲得してきた（二〇〇三年までは瓦力《かわらつとむ》、二〇〇五、二〇一二年は北村茂男）。それに対して一区（金沢市全域）は（表5－2参照）、都市部である県庁所在地で民主党が強いという「一区現象」が当てはまり、自民党候補である馳《はせ》浩《ひろし》と民主党候補の奥田建《おくだけん》の間で、勝者がめまぐるしく入れ替わってきた（表5－3参照）。県議会についても、先述の通り全体では自民党系会派が六割超の圧倒的な議席を占めているが、金沢市選挙区（定数一六）選出議員についてみると、自民党公認は五名で定数の三割程度にとど

表5－3　石川1区の選挙結果（1996～2012年）

	得票数	得票率	氏名	党派	推薦
1996年					
当	87,329	47.49%	奥田敬和	新進党	
比当	71,154	38.70%	桑原　豊	民主党	自民党
	18,431	10.02%	内藤英一	共産党	
1998年（補欠選挙）					
当	78,788	56.36%	奥田　建	民主党	自由党・新党平和・改革クラブ
	42,024	30.06%	岡部雅夫	無所属	自民党
	18,989	13.58%	尾西洋子	共産党	
2000年					
当	107,179	48.82%	馳　浩	自民党	公明党・保守党
比当	100,392	45.72%	奥田　建	民主党	自由党
	11,988	5.46%	佐藤正幸	共産党	
2003年					
当	99,868	48.13%	奥田　建	民主党	無所属の会
比当	97,075	46.78%	馳　浩	自民党	公明党・保守新党
	10,567	5.09%	佐藤正幸	共産党	
2005年					
当	129,142	53.73%	馳　浩	自民党	公明党
	99,397	41.36%	奥田　建	民主党	
	11,802	4.91%	佐藤正幸	共産党	
2009年					
当	125,667	49.17%	奥田　建	民主党	国民新党
比当	117,168	45.85%	馳　浩	自民党	公明党
	10,982	4.30%	佐藤正幸	共産党	
	1,738	0.68%	松林　淳一	幸福実現党	
2012年					
当	99,544	47.87%	馳　浩	自民党	公明党・新党改革
	47,582	22.88%	奥田　建	民主党	国民新党
	41,207	19.82%	小間井俊輔	維新の会	みんなの党
	10,629	5.11%	熊野盛夫	未来の党	新党大地
	8,969	4.31%	黒崎清則	共産党	

出所：総務省自治行政局選挙部『衆議院議員総選挙結果調』などをもとに作成。

まっている。金沢市議会についても、自民党系会派は一一名で、定数（四〇）の三割弱にとどまっている。

一九九三年衆院選までの中選挙区制の下では、石川県は現在の小選挙区の一区と二区を合わせた区域である旧一区（定数三）と、現在の三区の区域である旧二区（定数二）に分かれていた。旧一区では一九七二年から一九九三年まで、元運輸大臣の奥田敬和《おくだけいわ》（自民党竹下派）と森喜朗（自民党三塚派）の自民党候補二名と社会党候補の一名が当選し、旧二区では一九六七年以降、自民党が三議席を独占していたが、定数が二となった一九八六年以降も、瓦力（自民党宮沢派）と坂本三十次《さかもとみそじ》（自民党河本派）の自民党候補二人が当選し続けていた。

旧一区における奥田敬和と森喜朗の自民党候補同士の対決は「森奥戦争」とも言われたが、一九九三年に奥田敬和が自民党を離党して新生党に移り（その後、新進党、民主党などに移行）、一九九六年衆院選から新一区（奥田敬和）と新二区（森）に選挙区が分かれ、また、一九九八年に奥田敬和が逝去した後も、それぞれの系列の地方議員間の対立などの形で残り、現在まで石川県の選挙や政治に長く影響を及ぼしてきたと言われる。

首長選挙の沿革

首長については、二〇一三年九月現在五期目の谷本正憲《たにもとまさのり》知事は、初当選時の一九九四年知事選では、奥田敬和が所属する新生党や社会党など当時の非自民細川連立政権を支えていた政党の推薦を得て、自民党推薦の候補者を破って当選している。二期目の選挙からは自民党も推薦して相乗りになったものの、奥田系列の地方議員は現知事の「生みの親」と自負し続け、一方、森は一九九八年の衆院一区補選で民主党候補の総決起大会にだけ出席した知事に面会と各種会合での同席を拒否する「断交宣言」を突き付

ける など、知事の政治姿勢に苦言を呈することもあった(10)。

石川一区の全域を占める金沢市の市長については、市職員出身の山出保《やまでたもつ》が一九九〇年から二〇〇六年まで共産党以外の政党の推薦を得て五選してきたが、二〇一〇年の市長選挙では、多選批判などから自民党の地方議員の一部が自民党市議の山野之義《やまのゆきよし》を擁立した。現職支持と新人支持の議員の間で板挟みになった自民党金沢支部は双方に推薦を出したが、結果的には山野が僅差で当選した。

以上のような沿革を踏まえた上で、次節以下では、二〇一二年衆院選における石川一区の選挙を、政党中心の選挙がどれだけ実現しているか、という視点から分析する。

3　小選挙区と比例代表の投票のずれ

分割投票の多さ

政党中心の選挙になっており、有権者も政党を基準に投票しているのであれば、たとえば、小選挙区で自民党の公認候補に投票した有権者は、比例代表でも自民党に投票するなど(11)、小選挙区と比例代表の票は基本的に一致するはずであるが、二〇一二年衆院選の石川一区での選挙区と比例代表の得票を比べてみると、両者はかなりずれていることが分かる（表5-3と表5-4を参照）。

馳と奥田建は、比例代表の政党得票数を上回る得票を得ている一方、三位以下の小間井俊輔と熊野盛夫と黒崎清則は、政党得票数を下回る得票しか得ていない。

共同通信社の出口調査によると、馳は、自民党の比例票の九割と、選挙協力をしていた公明党の比例票の八割のほか、維新の会の比例票の三割、みんなの党の比例票の四割も集めていたという。また、奥田建は、民主党の比例票の八割のほか、社民党の比例票の六割を集めていたという。一方、維新の会の

表 5-4　2012年衆院選の比例代表の得票（金沢市）

	得票数	得票率
自由民主党	61,365	29.66%
日本維新の会	51,996	25.13%
民主党	34,812	16.83%
公明党	17,708	8.56%
みんなの党	13,278	6.42%
日本未来の党	11,257	5.44%
日本共産党	10,213	4.94%
社会民主党	5,388	2.60%
幸福実現党	852	0.41%

出所：石川県選挙管理委員会ホームページより作成。

表 5-5　小選挙区と比例代表の投票のクロス集計表

	自民党	民主党	公明党	社民党	共産党	みんなの党	維新の会	幸福実現党	未来の党	忘れた	棄権・選挙権無・無回答	合計
馳　浩	152	12	13	0	4	8	22	2	2	7	5	227
	87.4%	12.5%	76.5%	0.0%	12.1%	36.4%	34.9%	100.0%	50.0%	16.3%	4.3%	39.6%
奥田　建	9	71	0	3	3	4	7	0	1	9	2	109
	5.2%	74.0%	0.0%	75.0%	9.1%	18.2%	11.1%	0.0%	25.0%	20.9%	1.7%	19.0%
小間井俊輔	1	1	0	1	0	1	22	0	0	0	0	26
	0.6%	1.0%	0.0%	25.0%	0.0%	4.5%	34.9%	0.0%	0.0%	0.0%	0.0%	4.5%
熊野盛夫	0	1	0	0	1	2	0	0	0	0	0	4
	0.0%	1.0%	0.0%	0.0%	3.0%	9.1%	0.0%	0.0%	0.0%	0.0%	0.0%	0.7%
黒崎清則	0	0	0	0	10	1	0	0	0	0	0	11
	0.0%	0.0%	0.0%	0.0%	30.3%	4.5%	0.0%	0.0%	0.0%	0.0%	0.0%	1.9%
忘れた	9	8	3	0	13	5	8	0	1	27	3	77
	5.2%	8.3%	17.6%	0.0%	39.4%	22.7%	12.7%	0.0%	25.0%	62.8%	2.6%	13.4%
棄権・選挙権無・無回答	3	3	1	0	2	1	4	0	0	0	105	119
	1.7%	3.1%	5.9%	0.0%	6.1%	4.5%	6.3%	0.0%	0.0%	0.0%	91.3%	20.8%
合　計	174	96	17	4	33	22	63	2	4	43	115	573
	30.4%	16.8%	3.0%	0.7%	5.8%	3.8%	11.0%	0.3%	0.7%	7.5%	20.1%	100.0%

出所：北陸政治行政研究会（代表　岡田浩）による金沢市における有権者意識調査（2013年8月）。

比例票を約一万票下回った小間井は維新の会の比例票の六割、選挙協力をしていたみんなの党の比例票の四割しか集められなかったという[12]。

筆者が代表を務める「北陸政治行政研究会」が二〇一三年八月に行ったアンケート調査[13]の結果からも（表5－5）、二〇一二年衆院選における小選挙区と比例代表の投票はかなりずれていることが分かる。たとえば、比例で自民党に投票した人の八七・四％は馳に投票しているが、五・二％は奥田建に流れている。一方、比例で民主党に投票した人の七四・〇％は奥田建に投票しているが、一二・五％もの人が馳に流れている。

分割投票の原因(1)

このように小選挙区と比例代表の票がずれる「分割投票」の原因として[14]、まず、選挙区に公認候補がいない政党の支持者の動向が考えられる。それらの政党の支持者は、支持する政党が「推薦」や「支持」している候補者に投票するか、それもない場合は自主的に判断した候補者に投票すると考えられる。

今回、比例代表の北陸信越ブロックの名簿届出政党で石川一区で公認候補を出していなかった政党の選挙協力についてみると、公明党は比例代表の北陸信越ブロックに出馬した公明党国対委員長の漆原良夫の当選に向け、県内で六万票超の比例票獲得を目指しており、自民党からの比例票の見返りを期待して県内三小選挙区の自民党候補を推薦していた[15]。それに対して馳は、選挙公報では「比例も自民党」と記載していたものの、集会等では「私は比例は公明と書く。後はみなさんにおまかせする」と公言していたという[16]。

社民党は、二区で公認候補を出し、選挙区と連動して県内の比例票五万票を目指すとしていた。党本部レベルでは社民党は未来の党と選挙協力することで合意し、公示直前のため相互に候補者を推薦することは難しいゆえ、地域の事情に応じて「可能な限り相互に支持・支援を行う」との方針を確認していた[17]。しかし一区では社民党関係者の一部は、未来の党の熊野盛夫ではなく民主党の奥田建陣営に加わっていたという[18]。また、県教職員組合など構成組織に社民系も多い連合石川は、二区では社民党公認候補の細野祐治と民主党公認候補の宮本啓子の間で股裂き状態になり、双方を「心情支援」するとして構成団体個々の支援にとどめたのに対して、一区では奥田建と政策協定を結んで推薦を決定していた[19]。先の出口調査の結果や表5－5を見ても、社民党支持者の多くは未来の党の熊野ではなく奥田建に投票したようである。

みんなの党については、一時検討されていた維新の会との合流は、維新の会と旧太陽の党との合流によって見送ったものの、候補者が競合しない選挙区では互いに推薦することで合意しており[20]、石川一区でも小間井に推薦を出していた。しかし、みんなの党からは「目立った組織的な支援は得られていない現状」だったという[21]。先の出口調査の結果を見ると、みんなの党の支持者の票は、小間井と同程度が馳に流れていたようである。

分割投票の原因(2)

小選挙区と比例代表の票がずれる原因の二つ目として、有権者が、単純に自分が最も支持する候補者に投票するのではなく、当選可能性など選挙の情勢を考慮に入れて投票する「戦略投票」の影響が考えられる。たとえ支持する政党が選挙区で公認候補を出していたとしても、当選の見込みがない場合は、当選の可能性のある大きな政党の候補者のうちで、より好ましい（あるいは、よりましな）候補者に投票する有権者は一定程度存在するだろう。二大政党の候補者である馳と奥田建が比例代表の政党得票数を上回る得票を得ている一方、三位以下の候補者は政党得票数を下回る得票しか得ていないことの原因の一つにこの戦略投票の影響が考えられる。とくに、比例重複立候補をしていなかった熊野と黒崎については、その可能性があるだろう。

分割投票の原因(3)

小選挙区と比例代表の票がずれる原因の三つ目として、「候補者要因」の影響が考えられる。比例代表は政党名で投票するが、小選挙区は候補者名を書くゆえに、その候補者の所属政党のみならず、候補者個人の公約や能力や人柄についての評価[22]、また現職候補の場合は任期中の業績などの「候補者要因」も投票行動に少なからず影響すると考えられる。

今回の石川一区の選挙で業績を問われる現職候補は、前回小選挙区で当選した奥田建と、比例で復活した馳である。与党民主党の奥田建は、選挙公報で、国土交通副大臣として北陸新幹線の金沢―敦賀間の工事認可、金沢の幹線道路の新規事業化、金沢港の日本海側拠点港選定に果たした役割を強調していた[23]。一方、野党自民党の馳は、選挙公報で「初当選以来二〇本の議員立法を成立」と記述し、文教政策の分野などにおける議員立法の実績をアピールしていた。

また、良し悪しの評価以前にそもそも有権者に認知されていないと選択の対象に入ってこないが、馳はプロレスラーから転身して一九九五年参院選の石川県選挙区で初当選して以来、石川県で長く議員を務めており、奥田建も、父親の奥田敬和逝去後の一九九八年の補欠選挙で初当選して以来、長く議員を務めており、他の候補者に比べて両者の認知度は地元では圧倒的である。

維新の会は比例では自民党に次ぐ票を集めながら、小間井はそれを下回る票しか集められなかったが、「金沢では小間井という名前と維新とがまだ結びついていない[24]」と小間井陣営がもらしたように、候補者名の浸透が十分に図れなかったようだ。維新の会は、県内では二〇一二年一〇月に小間井や小松市議の新田寛之ら大阪維新の会の「維新政治塾」に所属する県内在住の四氏が政治団体「石川維新の会」を設立し、一一月一六日の衆院解散後の一八日には小間井を一区の公認候補として決定したものの、維新の会は維新政治塾が閉塾する一二月八日まで塾生の政治活動を認めておらず、それまでは、辻立ちで名前を名乗ることも許されていなかったため、車や通行者に向かって黙々と頭を下げるなどの活動にとどまったことも認知度を上げることができなかった要因かもしれない(25)。

熊野も未来の党の比例票を下回る票しか集められなかった。未来の党は結党が一一月一六日の衆院解散後の一一月二七日で、一二月四日の公示直前であり、未来の党が熊野の公認を発表したのは公示二日前の一二月二日であったことから、活動期間が短く、候補者名の浸透を図ることは難しかったであろう。

黒崎は二〇一二年四月には一区で立候補することが党県委員会で決定しており(26)、また、二〇一〇年の金沢市長選挙にも立候補していたので、候補者名の浸透という点では有利だったはずである。ここで表5－5を見ると、比例で共産党に投票した人であっても小選挙区で投票した候補者について「忘れた」という回答が（選択式の設問であったにもかかわらず）三九・四％で他党より多いことが目に付く。金沢市における他のアンケート調査でも共産党支持者は候補者個人ではなく政党を重視して投票する人が圧倒的に多く、共産党の公認候補についてイメージを持たない人が多いことが分かっており(27)、今回、黒崎が候補者個人の評価で共産党の比例票を引き留めた部分は少なかったと推測できる。選挙公報においても、馳や奥田建は地元への貢献や議員立法の実績をアピールし、小間井は「若さと志がある三一歳」や「企業再生支援機構の役員として北陸最大のレジャー施設の早期再生を果たした」、熊野は「地球環境や平和のための活動に長く取り組んできた」など他の候補者は候補者個人の実績や考えのアピールにかなりスペースを割いていたのに対して、黒崎は出身地や職歴等の簡単なプロフィール以外は、共産党の公約を記述していた。

4　一枚岩でなかった政党

奥田系と労組系のあつれき

前節での検討から、支持する政党から公認候補が出ていなかったり、出ていても当選する見込みが低かったり、候補者個人への評価を重視して投票するなど、有権者が政党中心に投票しない要因が様々あることが分かったが、次に、選挙運動を展開する側である候補者や政党の側について検討する。

先述のように、「森奥戦争」と言われた旧一区における奥田敬和と森の自民党候補同士の対決は、奥田敬和の長男の奥田建と、森の導きでプロレスラーから政界入りした馳との新一区での対決など、石川県の選挙や政治に長く影響を及ぼしてきたと言われる。

一九九三年には、奥田敬和の自民党離脱を機に奥田系列の県議を中心に県議会の会派「新生石川」が結成された。その後、奥田敬和逝去にともなう一九九八年の補欠選挙で長男の奥田建が初当選した後の一九九九年には旧社会党勢力と手を結び、奥田建が民主党県連の代表代行に就任して奥田系と民主党との連携が進んだ。しかしその後も、奥田敬和の新進党加入により「新進石川」と会派名称を変えた奥田系は労組色が強かった民主党および連合石川とは一定の距離を置き、二〇〇四年参院選では、民主党公認の加藤隆ではなく自民党公認の岡田直樹の支援に回った。自民党が新進石川に県議会議長を譲る約束があったとされる。しかし、森の猛反対で結局、約束は反故にされたという。二〇〇九年衆院選での政権交代後の一一月には当時の小沢一郎民主党幹事長からの要請を受けて、新進石川所属の県議八氏が民主党に入党した。しかし県議会の会派はこれまでどおりで、民主党籍を持つ県議は、奥田系の会派「新進石川」と、連合石川の推薦を受けている民主系と社民系による会派「清風・連帯」に分かれたままで(28)

あった。

政権交代があった二〇〇九年八月の衆院選後の一〇月には、以前には奥田敬和が社長を務め、奥田建が役員を務めていた総合建設会社の治山社が経営破綻した。奥田敬和の実弟で治山社の社長だった外世《とよ》雄《お》は長く金沢建設業協会の会長も務めており、選挙のたびに奥田系の集票で最前線に立ってきたと言われるが、治山社の破綻は今回の奥田建の選挙にも少なからぬ影響を与えたと言われる[29]。

二〇一二年衆院選前後の分裂

県議会（定数四三）で六割超の議席（二六名）を占める自民党系会派に対して、二割にも満たない議席（八人）ながら存在感を発揮してきた新進石川は、本章で分析している二〇一二年衆院選の直後、一部の県議が十分に奥田建の選挙活動をしなかったとの反発などから分裂し、その一部によって新会派「県政石川議員会」が結成された。その背景には中選挙区制の時代から続く「森奥戦争」の一方の当事者である森がこの二〇一二年衆院選に立候補せず引退したことから、「反森」の旗がなくなったことがあるとの指摘もある[30]。

金沢市議会（定数四〇）では、二〇〇三年に合流してから同じ会派を構成していた奥田系と労組系が、会派運営のあり方などをめぐって二〇一〇年三月に分裂しており、奥田系の会派（七名）は二〇一二年衆院選では、「奥田党の立場で奥田建を支援するが、民主党員と思われるのは困るので[31]」奥田建と政策協定を締結し、民主党と距離を置いて独自の選対本部を設置する形で奥田建を支援した。

以上のように、民主党は奥田系と労組系の間で根深い軋轢があり、また、二〇一二年衆院選については奥田系の中でも奥田建の選挙活動への関わりをめぐって軋轢が生じており、一枚岩ではなかったことが分かる。

一方の自民党の側も決して一枚岩ではなく、先述の二〇一〇年の金沢市長選挙をめぐる軋轢のように、首長選挙への対応などをめぐって内部で大小の軋轢を繰り返してきた[32]。二〇一二年衆院選前の四月には金沢市議会（定数四〇）の議長選出をめぐる軋轢で自民党系会派（二三名）が分裂して一部が他会派とともに新会派を結成したが、新会派の市議八人のうち三人は衆院選では維新の会の小間井の支援に回ったという[33]。

5　メディアや団体の動向

メディアの動向

次に、有権者と政党や候補者をつなぐメディアや団体について検討する。

日本ABC協会によると石川県の朝刊（約四五万二〇〇〇部）のうち全国紙はわずか一割で、残りの九割を北國新聞（約三〇万部）と北陸中日新聞（約九万部）の地元二紙で占めるという[34]。全国紙は、石川県面では候補者も紹介されていたものの、政党や党首の動向など全国の選挙動向が紙面の中心であったのに対して、地元紙では、金沢市面はもとより一、二、三面や社会面でも、候補者について詳しく報道されていた。

テレビについては、夕刻の地方ニュースでは、かなり候補者について報道されていたが、東京のキー局発の午後九時台以降の報道番組など、全体的には政党や党首の動向など全国の選挙動向の報道の比重が大きいことは他の地方と同様である。

団体の動向

次に団体の動向についてであるが、労働組合の連合石川については、先述の通り一区では奥田建と政策協定を結んで推薦を決定した。業界団体については、今回の衆院選はＴＰＰ（環太平洋経済連携協定）や消費税など業界への影響が深刻な争点になっていたことから、立候補予定者にアンケートなどを行った上でその見解をより慎重に見極めようという動きがみられたという。[35]また、衆院選後の政権枠組みが不透明なこともあって、特定政党の支持を鮮明にせず、政党ではなく政策や人物で支援する候補者を選ぶ動きも目立ったという。[36]

たとえば、ＪＡグループは自民党を支援した以前の選挙と違い、今回の衆院選ではＴＰＰ参加反対を明確にした候補者と政党を支援する方針を打ち出していたが、ＪＡ県中央会は、立候補予定者からＴＰＰについてのアンケートをとり、ＴＰＰ反対を明確にしていた共産党の県委員会の演説会にも応援メッセージを送っていた。[37]また、県医師連盟は、立候補予定者からＴＰＰや消費税増税についてのアンケートをとった上で政策協定を結んで、県内の三小選挙区で自民党公認候補をそれぞれ推薦することを決定した。[38]

しかし、結果的には自民党候補だけを推薦した団体も「結構あった」ようで、「政権交代で民主にも配慮していた業界団体が自然に戻ってきた」（自民党の中堅県議）という。[39]たとえば、県漁連は二〇一〇年参院選では、民主党が政権与党であることを考慮し、県選挙区で自民党、民主党の両候補を推薦するという苦肉の策を取ったが、今回は三小選挙区の自民党候補のみの推薦であった。県歯科医師連盟は、二〇一〇年の参院選では、県選挙区では自民党候補を推薦し、比例代表では民主党候補を支援していたが、今回は三小選挙区で自民党公認候補をそれぞれ推薦した。[40]

6　選挙区レベルで見た選挙

本章は、二〇一二年衆院選における石川一区の選挙を取り上げて、政党中心の選挙がどの程度実現しているのか、その現状について、投票する側である有権者の動向と、選挙運動を展開する側である候補者や政党の動向と、両者をつなぐメディアや団体の動向、の三つの視点から検討してきた。

有権者については、政党名で投票する比例代表と、候補者名で投票する小選挙区の間で票のずれがかなりあり、維新の会の小間井、未来の党の熊野、共産党の黒崎は小選挙区の得票が所属政党の比例票に及ばなかった。それらの候補者は、比例重複立候補をしていないなどで当選の見込みが低かったり、活動期間が短かかったり党本部からの制約があったりなどで認知度を高められなかったり、候補者個人についてのアピールが少なかったことなどで、比例票を引きつけられなかった可能性がある。

候補者や政党については、今回、自民党も民主党も分裂選挙であった。自民党については市議会会派の分裂があり、一部が維新の会の小間井の支援に回った。しかし、小間井の支援に回ったのは市議のうち三人にとどまり、また、馳陣営は小間井支援に回った市議の地元を重点地区として徹底的に回るなどして、ダメージを最小にとどめたのに対して、民主党はそれ以上に結束の乱れが目立ち、奥田建の事務所に労組系議員が入らないなど、従来から続く労組系と奥田系の軋轢に加え、奥田系のなかでも、奥田建の選挙への関わりをめぐって軋轢があった。これまで奥田建の選挙を主導してきた県議が「若い人にやってもらわないと」として選対の主要ポストに就かず、司令塔不在で、「いつも自民、民主双方から動員を頼まれるが、今回頼みに来たのは自民だけだった」という声があちこちで聞かれたという。全国集計では自民党は小選挙区選挙では四三・〇%の得票率、民主党は二二・八%の得票率で、両者の差は二〇・二ポイントであったが[45]、馳と奥田建の間でそれを上回る二五・〇ポイントもの差が開いたのは、奥田敬和の時代から続く支援組織の高齢化と衰退に加え[46]、このような民主党の結束の乱れが影響したと考えられる。

また、未来の党と社民党や、維新の会とみんなの党は、党本部レベルでは選挙協力について合意していたが、選挙区レベルでは必ずしも実質が伴っていなかった。結果として、未来の党の熊野も維新の会の小間井も、選挙協力をしている政党の支持者を思うように取り込めなかった。

メディアについては、新聞は地元紙のシェアが非常に大きく、そこでは、全国的な政党や党首の動向のみならず、候補者についてもかなり詳しく報道されていた。

団体については、TPPや消費税など業界への影響が深刻な問題として争点になっていたことや、衆院選後の政権枠組みが不透明であったことから、政党ではなく政策や人物で支援する候補者を選ぶ動きも今回は目立った。

わが国は議院内閣制をとっていることもあり、全国的には政党ごとの獲得議席が主に注目され、多数の議席を得た政党の政権公約が信任されたとみなされる。しかし、一選挙区の事例の検討ではあるが、本章での分析からは、候補者の顔ぶれや、議員間の人間関係など政党の地方組織の個別事情、選挙区特有のメディア環境や団体の状況などの影響が大きく、選挙区レベルで見ると、選挙が必ずしも全国的な存在である政党を中心に展開していないことが分かる。

注

（1）『北國新聞』二〇一二年一二月一七日。
（2）『朝日新聞』二〇一三年六月一二日。

(3)『朝日新聞』二〇一三年六月一二日。

(4) Bruce Cain, John Ferejohn and Morris Fiorina, *The Personal Vote : Constituency Service and Electoral Independence*, Harvard University Press, 1987, p.193.

(5) 二一世紀臨調「政治改革の軌跡」(http://www.secj.jp/s_library/seiji_chronology_1.htm)(二〇一三年九月二三日)

(6)『朝日新聞』二〇一三年六月一二日。

(7)『朝日新聞』二〇一三年六月一一日。

(8) Cain et al., *op.cit.*, p.20.

(9)「有権者数」は県選管が二〇一〇年二月時点でまとめたもの(『北國新聞』二〇一〇年二月二五日)。「産業三部門別就業人口比(一:二:三次)」は『民力二〇一三』(朝日新聞出版)による二〇一〇年国勢調査に基づく集計。その他は総務省統計局ホームページに掲載された二〇一〇年国勢調査の結果。「DID(人口集中地区:densely inhabited district)」とは、一平方キロの人口密度が四〇〇〇人以上で、それが集団として合計五〇〇〇人以上まとまっている範囲をいう。「昼夜間人口比」とは、国勢調査の夜間人口に対して、従業や通学による流入・流出を計算した昼間人口の割合が、どの程度になっているかをみたものである。

(10)『北國新聞』二〇一二年七月二六日。

(11) 二〇一二年衆院選の石川一区の候補者の概要は以下の通りである。

奥田建(比例重複立候補) 前職 五三歳
代表的肩書:民主党政調会副会長
主な経歴:国土交通副大臣、建設会社役員

馳浩(比例重複立候補) 前職 五一歳
代表的肩書:自民党国対副委員長
主な経歴:文部科学副大臣、プロレスラー、高校教諭

小間井俊輔(比例重複立候補) 新人 三一歳

代表的肩書：党県第一区支部代表
主な経歴：コンサルタント会社員
黒崎清則　新人　六四歳
党役職：党金沢地区委員長
主な経歴：東京都職員、党能登地区委員長
二〇一〇年一一月の金沢市長選挙にも立候補したが、得票数七三七〇、五・八％の得票率で三位で落選
熊野盛夫　新人　四二歳
代表的肩書：喫茶店主
主な経歴：二〇〇四年参院選で俳優の中村敦夫が代表委員を務めた環境政党「みどりの会議」から参議院比例区に立候補して落選。県内で毎年開く環境保護イベントの実行委員を一六年間続けている。

(12)『北國新聞』二〇一二年一二月一八日。

(13) 二〇一三年七月二一日に投票が行われた第二三回参議院選挙後の八月八日に、金沢市選挙人名簿に登録されている約三六万人の中から無作為で抽出した一五〇〇人を対象に、調査票を返送用封筒とともに郵送した。発送後、約三週間の間に五七三人からご回答を頂いた。郵送した数に対する回収率は三八・二％である。

(14) 小選挙区と比例代表の票がずれる「分割投票」の原因としては、本文中で挙げる三つの要因以外にも、政権党が必要以上に勝ちすぎないように政権党支持者が比例代表では対抗政党に投票する「牽制投票」や、支持政党のほかに好意を持っている次善の政党にも票を分配する「分配投票」など、政党間の得票均衡を図るための意図的な分割投票である「均衡投票」の存在も考えられる（三宅一郎『選挙制度改革と投票行動』木鐸社、二〇〇一年、一九〇頁）。
表５－５から、小選挙区では馳に投票しながら比例代表では自民党に投票しなかった人が三割ほどいることが分かるが、この中にも、自民党大勝の予測報道がされていた中で均衡を図るために比例代表は自民党以外に投票した人がいるかもしれない。

(15)『北國新聞』二〇一二年一二月二〇日。

(16)『朝日新聞』（石川県版）二〇一二年一二月一九日。
(17)『北陸中日新聞』二〇一二年一二月四日。
(18)『朝日新聞』（石川県版）二〇一二年一二月二〇日。
(19)『北國新聞』二〇一二年一二月二六日。
(20)『朝日新聞』（石川県版）二〇一二年一二月一日。
(21)『朝日新聞』（石川県版）二〇一二年一一月三〇日。
(22) 平野浩『変容する日本の社会と投票行動』木鐸社、二〇〇七年、一〇四～一二〇頁、および Donald Kinder and David O. Sears, "Public Opinion and Political Action," in G. Lindzey and E. Aronson (eds.), *Handbook of Social Psychology* (3rd edition), vol.2, Random House, 1985, pp.690-691などを参照されたい。
(23) しかし、国土交通副大臣だった一年間は地元での活動がめっきり減ったとの苦言も多かったという（『北陸中日新聞』二〇一二年一二月一七日）。
(24)『朝日新聞』（石川県版）二〇一二年一二月二〇日。
(25)『北國新聞』二〇一二年一一月一六日。
(26)『朝日新聞』（石川県版）二〇一二年四月二八日。
(27) 岡田浩「金沢市における「選挙に関する意識調査報告書」——候補者イメージの投票行動への影響を中心に」『金沢法学』第五三巻第二号、二〇一一年、一六八頁。
(28)『北國新聞』一九九五年五月二八日。
(29)『北國新聞』二〇〇九年一〇月一五日。
(30)『北國新聞』二〇一二年一二月二〇日。
(31)『北國新聞』二〇一二年一一月二〇日。
(32) 二〇一〇年の金沢市長選挙をめぐる分裂以外にも、自民党の支部長を務める現職市長を相手に元自民党県議が立候補した二〇〇九年の能美市長選挙や、森喜朗元首相の連合後援会長を務める現職市長を相手に自民党の一部の地方議員の支援を受けた新人が立候補して当選した二〇〇九年の小松市長選挙などの例があり、最近では、二〇一三年の加賀市長選挙でも、現職市長に対して森の秘書も務めた自民党の元県議が立候補し、支援する候補者をめぐって自民党の地方議員の対応が分かれるということがあった。

(33) 『北國新聞』二〇一二年一二月一七日。
(34) 『朝日新聞』(石川県版)二〇一二年九月一五日。
(35) 『北陸中日新聞』二〇一二年一一月二九日。
(36) 『北國新聞』二〇一二年一一月二八日。
(37) 『北陸中日新聞』二〇一二年一一月二八日。
(38) 『北國新聞』二〇一二年一一月二九日。
(39) 『北國新聞』二〇一二年一二月一七日。
(40) 『北國新聞』二〇一二年一一月二八日。
(41) 『北國新聞』二〇一二年一二月一七日。
(42) 『北陸中日新聞』二〇一二年一二月二〇日。
(43) 『北陸中日新聞』二〇一二年一二月一七日。
(44) 『北國新聞』二〇一二年一二月一七日。
(45) 総務省自治行政局選挙部『衆議院議員総選挙結果調』二〇一二年。
(46) 『北陸中日新聞』二〇一二年一二月一七日。

参考文献

岡田浩「金沢市における「選挙に関する意識調査報告書」――候補者イメージの投票行動への影響を中心に」『金沢法学』第五三巻第二号、二〇一一年。

平野浩『変容する日本の社会と投票行動』木鐸社、二〇〇七年。

三宅一郎『選挙制度改革と投票行動』木鐸社、二〇〇一年。

Bruce Cain, John Ferejohn and Morris Fiorina, *The Personal Vote : Constituency Service and Electoral*

Independence, Harvard University Press, 1987.
Donald Kinder and David O. Sears, "Public Opinion and Political Action," in G. Lindzey and E. Aronson (eds.), *Handbook of Social Psychology* (3rd edition), vol.2, Random House, 1985.

［謝辞］　本章の執筆にあたっては、マスコミ関係者から二〇一二年衆院選の石川一区の選挙の実態に関する貴重な資料の提供を頂いた。また、石川県および石川一区の選挙の沿革や実態については、二〇〇九年六月と一〇月に行った石川県議会議員二氏に対するインタビュー、および二〇一〇年一〇月に行った元首長に対するインタビューも資料として利用している。ご協力いただいた方々にこの場を借りて御礼申し上げたい。

第6章 〝王国の落日〟をもたらした二度の分裂
——愛知県選挙区——

森 正

1 王国の落日

分かれた明暗

二〇一二年一二月一七日未明、名古屋市内の自民党愛知県連。県内一五小選挙区の候補者名を示したボード上には、当選を示す赤い花が一五個並んでいた。投票締め切りの一六日夜八時時点で「自民圧勝・政権交代」が報じられていたが、〝民主王国〟愛知県にも自民党への追い風が吹くのか、注目された。自民党は小選挙区一五選挙区中一三選挙区で勝利、敗れた二選挙区でも比例復活を果たした。前回二〇〇九年総選挙では、海部俊樹元首相をはじめ全小選挙区で完敗、比例復活は大村秀章（一三区）一人に留まった。その大村も二〇一一年二月の知事選で転出したため、県連所属の代議士はゼロという惨状だった。一気に「一五人全員当選」という自民党への追い風は愛知県でどのように吹いたのだろうか。

一方で民主党は二選挙区で勝利、比例区で四人の復活に留まった。党選対委員長として二〇〇九年総選挙の政権交代を導いた赤松広隆元農水相も、公示一週間前に立候補表明した自民党新人に敗れ、比例復活に回った。愛知県は自他ともに認める民主王国と呼ばれ、衆参逆ねじれを再びもたらした二〇一〇年参院選では連合愛知の組織票と支持なし層の票を割り振り、労組系と女性の二新人候補を当選させた。

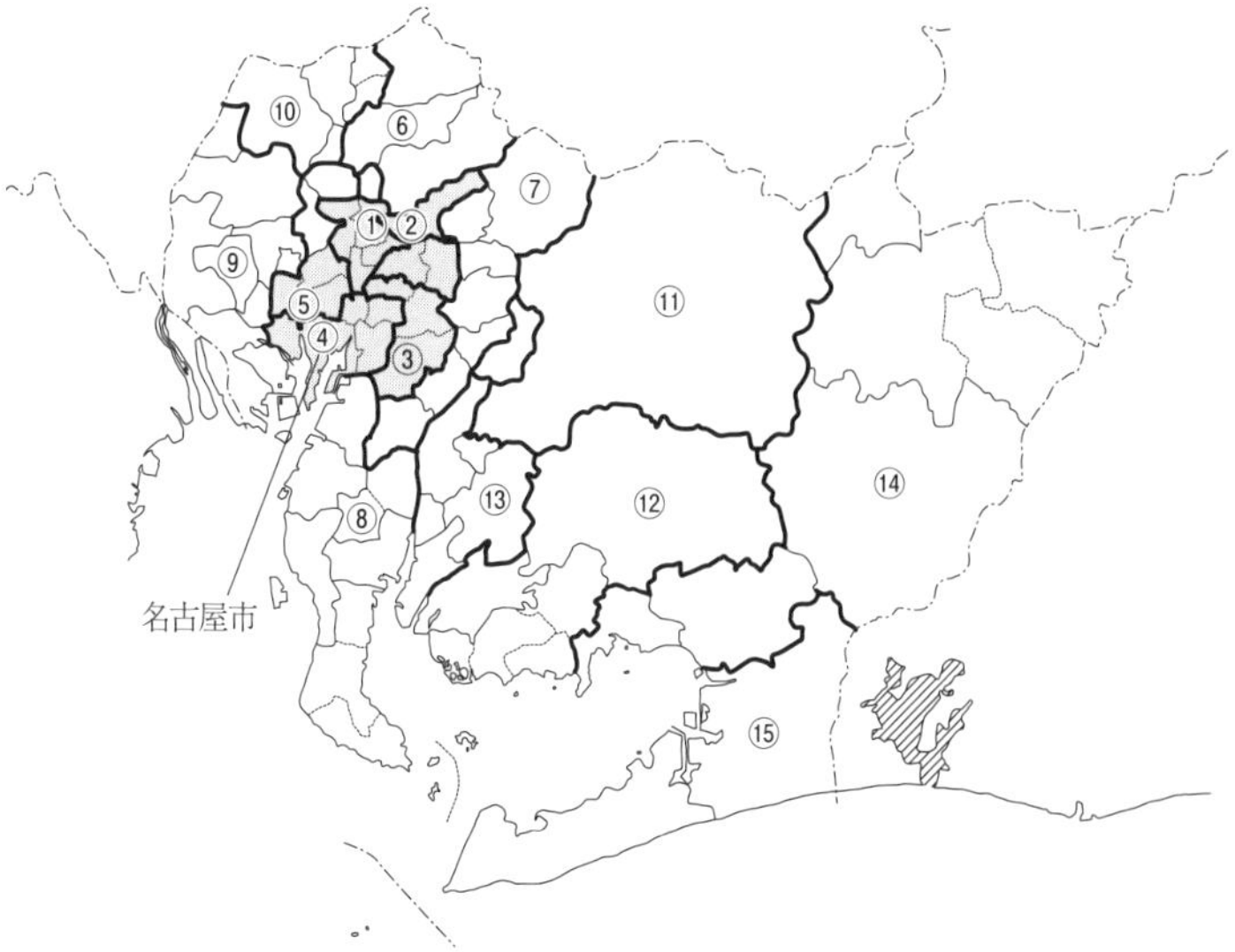

図6－1　衆議院選挙区（愛知県）

他に民主党が複数当選を出したのは改選数五の東京選挙区しかなく、大阪、神奈川、千葉、埼玉の三人区ではいずれも失敗に終わっている。遡れば二〇〇五年の郵政選挙でも、東京や大阪、神奈川といった大都市部で惨敗を喫した中で六選挙区を守り、比例復活四人を合わせて計一〇人の代議士を当選させるなど、愛知は最後の砦となった[1]。愛知県下の苦戦は二〇一二年総選挙における民主党惨敗を象徴する形となったが、この逆風はどこから生じたのだろうか。

　第三極の各党も苦戦を強いられた。日本未来の党は愛知県内で一三名、日本維新の会は五名、みんなの党は一名を小選挙区で擁立したが、いずれも落選。比例区東海ブロックでは各一議席の獲得に留まった。第三極のうち、愛知県内ではとくに河村たかし名古屋市長率いる地域政党、減税日本が合流した日本未来の党が注目されていた。民主党から離党した国民の生活が第一からの合流者を含め、前職

表6－1　愛知県選挙区選挙結果

	得票数	氏名	年齢	党派	推薦・支持	新旧	当選回数	肩書・経歴	重複
愛知1区									
当	77,215	熊田　裕通	48	自	公・改	新	1	（元）県議	○
	60,293	佐藤　夕子	49	未	大	前		（元）県議	○
	36,578	吉田　統彦	38	民	国	前		名大非常勤講師	○
	15,512	大野　宙光	49	共		新		党県委員	
愛知2区									
当	94,058	古川　元久	47	民	国	前	6	（元）国家戦略相	○
比	67,086	東郷　哲也	41	自		新	1	（元）名古屋市議	○
	31,974	真野　哲	51	未	大	新		介護支援会社社長	○
	16,991	黒田　二郎	64	共		新		（元）名古屋市議	
愛知3区									
当	77,700	池田　佳隆	46	自	改	新	1	（元）日本ＪＣ会頭	○
比	73,927	近藤　昭一	54	民	国	前	6	（元）環境副大臣	○
	39,861	磯浦　東	38	未	大	新		小児科医師	○
	20,421	石川　寿	47	共		新		党地区委員長	
愛知4区									
当	63,932	工藤　彰三	48	自		新	1	（元）名古屋市議	○
	41,730	牧　義夫	54	未	大	前		（元）厚労副大臣	○
	33,144	山本　洋一	34	維	み	新		（元）日経新聞記者	○
	30,731	刀禰　勝之	42	民		新		（元）県議	○
	18,351	西田　敏子	58	共		新		党県委員	
愛知5区									
当	67,218	神田　憲次	49	自		新	1	税理士	○
比	65,423	赤松　広隆	64	民	国	前	8	（元）農相	○
	37,806	小山　憲一	52	維	み	新		医療法人理事長	○
	23,609	前田　雄吉	52	未	大	元		（元）衆院議員秘書	○
	16,206	藤井　博樹	35	共		新		党准県委員	
愛知6区									
当	113,991	丹羽　秀樹	39	自	公	前	3	党国対副委員長	○
	56,644	天野　正基	42	民	国	新		（元）県議	○
	37,200	水野　智彦	56	未	大	前		歯科医師	○
	24,203	柳沢　けさ美	62	共		新		党県委員	
愛知7区									
当	110,390	鈴木　淳司	54	自	公	元	3	（元）総務政務官	○
	92,398	山尾　志桜里	38	民	国	前		（元）検事	○
	39,141	正木　裕美	31	未	大	新		弁護士	○
	15,732	郷右近　修	34	共		新		党地区常任委員	
愛知8区									
当	115,407	伊藤　忠彦	48	自	公	元	2	（元）県議	○
	81,078	伴野　豊	51	民	国	前		国土交通副大臣	○
	33,693	増田　成美	39	未	大	新		建設会社社長	○
	16,806	長友　忠弘	53	共		新		党県委員	

愛知9区									
当	93,757	長坂　康正	55	自	公	新	1	(元) 県議	○
	62,033	岡本　充功	41	民	国	前		(元) 厚労政務官	○
	46,739	中野　正康	45	維	み	新		(元) 総務省室長	○
	20,244	井桁　亮	43	未	大	新		(元) 津島市議	○
	15,186	松崎　省三	66	共		新		党県委員	
愛知10区									
当	96,548	江崎　鉄磨	69	自	公	元	5	(元) 国交副大臣	○
比	60,563	杉本　和巳	52	み	維・改	前	2	党政調副会長	○
	33,459	松尾　和弥	39	民	国	新		(元) 参院議員秘書	○
	25,671	高橋　一	52	未	大	新		新聞発行業	○
	16,751	板倉　正文	54	共		新		(元) 一宮市議	
愛知11区									
当	126,724	古本　伸一郎	47	民	国	前	4	党税調事務局長	○
比	91,164	八木　哲也	65	自		新	1	(元) 豊田市議	○
	14,670	渡辺　裕	32	共		新		民青県副委員長	
	11,807	中根　裕美	38	諸		新		幸福実現党員	
愛知12区									
当	91,816	青山　周平	35	自		新	1	幼稚園事務長	○
比	82,363	中根　康浩	50	民	国	前	3	(元) 経産政務官	○
比	69,198	重徳　和彦	41	維	み	新	1	(元) 総務省職員	○
	30,850	都築　譲	62	未	大	元		(元) 一色町長	○
	9,687	若山　晴史	64	共		新		党地区委員	
愛知13区									
当	98,670	大見　正	54	自		新	1	(元) 県議	○
比	97,187	大西　健介	41	民	国	前	2	(元) 衆院議員秘書	○
	37,405	小林　興起	68	未	大	前		(元) 財務副大臣	○
	11,514	宮地　勲	58	共		新		党地区委員	
愛知14区									
当	71,881	今枝　宗一郎	28	自		新	1	内科医師	○
比	59,353	鈴木　克昌	69	未	大	前	4	(元) 総務副大臣	○
	20,124	磯谷　香代子	47	民		前		(元) 党総支部職員	○
	9,283	稲生　俊郎	54	共		新		党地区委員長	
愛知15区									
当	73,521	根本　幸典	47	自		新	1	(元) 豊橋市議	○
	49,053	森本　和義	46	民	国	前		(元) 衆院議員秘書	○
	39,018	近藤　剛	47	維	み	新		弁護士	○
	21,112	杉田　元司	61	無		元		(元) 県議	
	10,404	串田　真吾	36	共		新		党地区副委員長	
	7,927	豊田　八千代	63	社		新		(元) 豊橋市議	○

表６－２　愛知県内の小選挙区結果（1996～2012年）

	名古屋市内				
	１区	２区	３区	４区	５区
1996年	進	進（民）	進（民）	進（共）	民（自）[1]
2000年	民	民	民	民（共）	民（自）[1]
2003年	民	民	民	民（自）[2]	民
2005年	民（自）	民	民（自）	民（自）	自（民）
2009年	民	民	民	民	民
2012年	自	民（自）	自（民）	自	自（民）
	尾張部				
	６区	７区	８区	９区	10区
1996年	進	進	自	進	進
2000年	民	民（社）	自（民）	保	民
2003年	民	民（自）	民	保（民）	保（民）
2005年	自（民）	自	自（民）	自（民）	自
2009年	民	民	民	民	民
2012年	自	自	自	自	自（み）
	三河部				
	11区	12区	13区	14区	15区
1996年	進	自	進（自）	自	自
2000年	民	自（由）	自（民）	自	自
2003年	民	自（民）	自（民）	民	自（民）[3]
2005年	民（自）	自	自	民（自）	自
2009年	民	民	民（自）	民	民
2012年	民（自）	自（民維）	自（民）	自（未）	自

灰色：自民が小選挙区で当選。（　　）内は比例復活当選した者。
注１：自民・木村隆秀は比例名簿上位登載の優遇措置を受けていた。
注２：自民・近藤浩は比例復活するも公職選挙法違反で逮捕，辞職。５区木村が繰り上げ当選。
注３：民主・都築譲は比例名簿上位登載の優遇措置を受けていた。

議員四名（うち一人は比例単独）を擁し、九名は減税日本系の候補者だったが小選挙区での議席獲得はならなかった。第三極はなぜ受け皿となりえなかったのだろうか。

自民党圧勝、民主党と第三極の苦戦という傾向は、〝民主王国〟愛知、河村名古屋市長のお膝元でも変わらなかった。本章では政権交代後の三年余りの政治変動を民主党愛知県連と地域政党「減税日本」の動向を中心に振り返る。さらに有権者の投票行動について、集計データや中部日本放送が実施した世論調査、出口調査データに基づいて、分析を試みる。(2)

愛知県における総選挙の概況

愛知県は全一五小選挙区、ちょうど五選挙区ずつ名古屋市部、尾張部、三河部の三つのエリアから構成される。旧新進、民主党勢力が強い名古屋市部、選挙のたびに勢力が大きくスイングする尾張部、一一区を除けば自民党が優位に展開してきた三河部、と三つのエリアでそれぞれ異なる顔を持つ。

並立制導入後初となる九六年総選挙では、旧民社党、旧公明党に加え、海部ら自民党離党者を糾合した新進党が、名古屋市部、尾張部を中心とした小選挙区で一〇議席を獲得、比例区でも自民党を圧倒した。(3) 民主党の小選挙区当選は元社会党書記長の赤松（五区）のみ、比例復活も名古屋市部から古川元久、近藤昭一の二名に留まった。一方で農村部を中心とする三河部では自民党が三議席を獲得、新進党はトヨタ系労組が強い一一区、一三区で議席を得た。(4)

一九九八年、新民主党結成直後の参院選では、旧社会党勢力と旧民社党勢力が独自に候補者を擁立する分裂選挙となった。結成間もない新党にとって、いずれかの候補が落選していれば禍根を残しかねない情勢だった。しかし、自民党候補の共倒れもあって、二議席を確保したことは党組織の一体化にとって大きく作用した。(5) 最大の支持組織である連合愛知もこれまでの新進党と民主党との間で生じた股裂き状態から解消された。二〇〇〇年総選挙では連立与党間の選挙協力が十分に機能しなかったことも相まって議席獲得の可能性が高まり、旧党派間での協力インセンティブは高まった。名古屋市内の五選挙区すべて、尾張部でも三議席を獲得し、愛知県内の比例区票では自民党を上回った。二〇〇三年総選挙では民由合併を契機として三河部でも伸長し、比例復活も合わせて一五選挙区の候補者全員が当選を果たした[6]。二〇〇五年総選挙では、小泉ブームの追い風を受けて尾張部の五選挙区で自民党が勝利、名古屋市部でも初の議席獲得を果たしたが、民主党も名古屋市部で四議席、三河部で二議席を守り抜いた。そして前回二〇〇九年の政権交代選挙では一五選挙区すべてで民主党が勝利した。

2　二度の分裂劇

第一の分裂――地域政党「減税日本」の結成

二〇一一年春、愛知県、名古屋市では連続して選挙が施行された。二月六日には任期満了に伴う愛知県知事選、河村たかし名古屋市長の辞職・再出馬に伴う名古屋市長選、河村が主導した名古屋市議会リコールの住民投票のトリプル選挙、三月一三日には市議会リコールを受けた名古屋市議選が施行された[7]。

河村は一九九三年、旧愛知一区から日本新党公認で初当選。その後、新進党、自由党、無所属を経て、一九九八年一二月に民主党に加わった。もっぱら選挙区内を自転車で回る選挙戦とテレビ出演による高い知名度で当選五回を重ね、二〇〇九年四月に名古屋市長に転じた。

トリプル選挙は、河村が市長選で掲げた住民税一〇％減税、議員報酬削減問題をめぐる市長と市議会の対立が契機となっている。民主党市議団は、河村との政策協定が一方的に破棄されたとして他会派と連携して全面対決へと転じた[8]。もともと河村と民主党県連、市議団との関係は良好とは言えなかった。

表6-3 減税日本の歩み

2009年	4月26日	名古屋市長選で河村たかし当選（民主党推薦）。
2010年	4月26日	名古屋市議会リコール運動を表明。同時に地域政党「減税日本」設立。
	6月13日	千葉県松戸市長選で推薦候補が当選。
	12月10日	名古屋市議会会派「減税日本ナゴヤ」を結成。
2011年	2月6日	自らの辞職に伴う名古屋市長選で河村再選，市議会リコール成立。愛知県知事選で推薦した大村秀章が当選。
	3月13日	リコールに伴う名古屋市議選で28人当選，市議会第1会派に。
	4月10日	静岡市長選で公認候補が落選。 愛知県議選に13人当選。
	4月24日	衆議院愛知6区補選で公認候補が落選。
	5月13日	佐藤夕子（愛知1区）が民主党を離党し，減税日本に合流。
2012年	4月21日	河村たかし政治塾開講。
	8月17日	内閣不信任案に賛成した小林興起（比例東京），小泉俊明（茨城3区）の合流を発表。
	8月31日	民主党を離党した平智之（京都1区）と院内統一会派を結成。
	10月1日	衆院選候補者公募を開始。
	10月31日	民主党を離党した熊田篤嗣（大阪1区），水野智之（比例南関東）が合流。国政政党「減税日本」を設立。
	11月15日	太陽の党の合流を発表。
	11月17日	太陽の党，日本維新の会との合流を発表。減税日本との合流は白紙に。
	11月20日	民主党を離党した橋本勉（比例東海）が入党。
	11月21日	小林，日本維新の会への入党を図るも断念し，離党を撤回。
	11月22日	亀井静香グループらとの合流を決定。
	11月26日	河村，衆院選不出馬を表明。
	11月28日	日本未来の党設立。同党への合流を決定。
	12月16日	衆議院総選挙。日本未来の党は愛知県内で13人を擁立。減税日本系候補は全員落選。
	12月27日	日本未来の党，小沢系と非小沢系で分裂。
2013年	4月21日	名古屋市長選で河村3選。名古屋市議補選で市議会第2会派に転落。
	7月21日	参院選愛知選挙区で公認候補が落選。

二〇〇九年市長選でも、民主党愛知県連、市議団は弁護士や市教育次長など河村以外の候補者を模索したが、党本部は「相乗り禁止」「勝てる候補」という方針から河村擁立を裁定したという経緯があった[9]。渋々ながら党本部裁定に従った市議団と河村との決裂にそう時間はかからなかった。二〇一〇年四月、市長就任一年を期して、河村は市議会リコール運動と地域政党「減税日本」の立ち上げを表明した。河村は翌年二月の任期満了に伴う愛知県知事選も視野に入れ、八月に市議会解散請求の署名活動を開始した[10]。審査期間の延長、再審査という混乱はあったものの、請求署名は法定数に達した。河村は辞職、再出馬して改めて市民に信を問うとし、県知事選、市議会解散の住民投票とのトリプル選挙となった。自民党代議士から知事への転身を図る大村と連携し、住民税減税、議会改革、中京都構想の三大共通公約を掲げた。既成政党側は大混乱を来した。反河村の民主党愛知県連、市議団、連合愛知に対し、同党国会議員の一部には河村支援を表明する者もおり、結束は乱れた。自民党県連も知事選では元総務官僚の重徳和彦を推薦、市長選では民主党が担ぎ出した石田芳弘に相乗りした[11]。トリプル選挙で河村＝大村連合は圧勝した。

続く三月の名古屋市議選でも減税日本は大幅に議席を伸ばし、第一会派に躍進したものの過半数には及ばなかった[12]。投票率が伸び悩んだ中で自民、公明両党は守りの選挙に徹し、河村が袂を分かった民主党が一人負けする結果となった。三月には河村の地盤を引き継いでいた佐藤夕子（愛知一区）が減税日本への参加を理由に民主党を離党した。四月の愛知県議選でも、名古屋市内では減税日本、市外では大村が率いる地域政党、日本一愛知の会を中心として候補者を擁立したが、第一会派の自民党に遠く及ばなかった。国政での民主党と同じく、河村、大村は野党が多数を占める議会とのねじれに苦慮することになる。その後、河村の減税日本からは議員の不祥事や会派運営をめぐる対立から離脱者が相次ぎ、二〇一三年四月にはついに市議会第一会派の座を自民党に奪われた。

第二の分裂——小沢グループ離党と第三極の合従連衡

菅直人首相退陣後の二〇一一年八月の代表選では、小沢一郎グループらの推す海江田万里を、反小沢勢力を糾合した野田佳彦が決選投票で逆転した。野田が強い意欲を示した社会保障と税の一体改革に対して、総選挙で掲げたマニフェストを反故にするものとして、反主流派勢力が抵抗を強めていた。党税制調査会で合意形成を進めていた一二月、内山晃ら九名が離党、新党きづなを結党した。政権獲得後、初めての集団離党となる。さらに翌年三月末の閣議決定を受けて、小沢グループに属する牧義夫厚労副大臣（愛知四区）ら政務三役四人、鈴木克昌幹事長代理（愛知一四区）ら党役員三〇名が辞表を提出した。一方で野田は自民、公明両党との間で社会保障と税の一体改革法案の修正協議を急いだ。

六月の衆議院本会議採決では、消費税法改正案で反対五七名、棄権一六名と計七三名の造反が出た。七月一日、小沢グループのうち衆議院議員四〇名、参議院議員一二名が離党届を提出、衆議院議員三七名、参議院議員一二名で国民の生活が第一を結党した。[13]愛知県選出議員からは鈴木、牧が離党した。河村、佐藤ら減税日本に引き続き、民主党愛知県連は二度目の分裂を迎えることになった。[14]

衆参ねじれ状況下で、野党は一体法案の成立を人質にとって解散・総選挙を迫った。野田は「一体改革関連法案が成立した暁には、近いうちに国民に信を問う」との認識を示し、解散・総選挙に向けた動きは加速化する。第三極各党も公職選挙法の政党要件を満たす現職国会議員五名の確保に向けて、離党者グループも巻き込んで活発な動きを見せた。各党の足取りは民主党の溶解過程と第三極内部の主導権争い、それに翻弄された議員の混乱を示している。

橋下徹大阪市長は地域政党「大阪維新の会」を母体とした日本維新の会として国政選挙に候補を擁立する方針を決め、既に三月の段階で民主党国会議員を中心とする研究会を立ち上げていた。減税日本も八月の内閣不信任案に同調して離党した小林興起（比例東京）、小泉俊明（茨城三区）、一〇月には同じく民主党を離れた熊田篤嗣（大阪一区）、水野智之（比例南関東）が参加し、五名を確保した。国民の生活が第一は日本維新の会、減税日本らの地域政党、石原慎太郎前東京都知事による石原新党との緩やかな連携、日本版オリーブの木を目指していた。しかし、何よりも連携相手と目した橋下、石原は小沢との連携に否定的であった。石原も早期に新党を立ち上げなければ出遅れるとして、たちあがれ日本を母体とする太陽の党を立ち上げた。

一一月一四日、野田首相は党首討論の場で衆議院の解散を突然表明する。翌一五日に太陽の党と減税日本との合流が発表されたが、衆議院解散当日の一六日には維新の会に合流すると急転換し、減税日本との合流は一夜にして解消された[15]。第三極の大同団結に意欲を見せる石原に対して、維新側は安易に既成政党の議員を取り込むことで支持率が伸び悩むことを恐れた。かつて郵政民営化に反対した小林や自治労と協力した熊田の存在を理由に、減税日本との協力に否定的だった[16]。また、現職議員を引き抜かれる形となったみんなの党とも関係は悪化し、互いに候補者擁立を進めながらの協力はなかなか進展しなかった。橋下と旧たちあがれ日本との距離も小さくはなかったが、連携相手は石原ただ一人となっていた。愛知県知事就任の一年半の間で河村と冷戦状態にあるとされた大村は、日本維新の会顧問として減税日本を含めた連携を提唱していた。しかし、愛知県内の小選挙区で維新が減税日本と激突することが確実となったことで、維新顧問を辞任し、一線を画し、特定の政党を支援しないことを明言した[17]。取り残された形になった減税日本は亀井静香国民新党前代表と「反ＴＰＰ・脱原発・消費増税凍結を実現する党」を結成、さらに国民の生活が第一やその他の民主党離党者とともに嘉田由紀子滋賀県知事を代表とする日本未来の党に合流した。

大急ぎの候補者擁立作業と混乱する選挙戦

候補者擁立作業の途中にあった第三極の各党にとって、突然の解散は準備が不足した中での戦いを余儀なくされた。日本維新の会東海ブロック長を務める大阪府議は「完璧な第三極潰しだ」と声を上げたほどだった。(18)民主党から維新の会に移り、愛知四区から立候補を検討していた今井雅人（比例東海）は前回選挙で落選した岐阜四区に戻った。同区に地盤を持つ太陽の党所属参議院議員の藤井孝男の支援を期待するものである。(19)三区から立候補を予定していた新人は急遽四区に国替えになるなど同党の擁立作業は混乱した。(20)当初、維新は全都道府県の「一区」に候補を擁立する予定だったが、支持率の伸び悩みに加え、作業が難航したことで断念した。

河村が参加した日本未来の党は、前職五名、元職二名、新人六名の一三名を擁立した。一区（佐藤）、四区（牧）、一四区（鈴木）で、前回小選挙区当選の現職、さらに前回比例単独で当選した減税日本系の現職、水野と小林をそれぞれ六区、一三区に国替えさせた。両者は東海ブロック選出ではなく、地縁や組織を持たないが、河村の知名度に加えて、大村の地盤である一三区も集票が見込めるとして減税日本系の候補を愛知県内に集中させた。(21)さらに元職議員二名（前田雄吉、都築譲）を五区、一二区からそれぞれ擁立したが、かつて前田は政治献金問題による離党、都築は選挙違反に連座して議員辞職しており、新党の候補者としては新味に欠ける人選だった。(22)最大の焦点は河村自らが名古屋市長を辞職し、国政復帰を目指して立候補するかであった。出馬によって比例東海ブロックでも集票が見込め、新党のキーマンになることも期待できるが、辞職・再選挙までした市長を放り出すことに批判も少なくなかった。市長選と総選挙を同日に行うための期限ぎりぎりまで逡巡をした結果、河村は不出馬を表明した。(23)公示直前まで第三極の合流をめぐった混乱が長引いたため、三党間の候補者調整など望むべくもなかった。四、五、九、一二区では未来の党と維新の会が、一〇区では未来の党とみんなの党前職との間で第三極同士で争う構図となった。

突然の解散による選挙準備の遅れは既成政党も同じだった。離党者が相次いだ民主党は二〇〇五年の刺客戦術よろしく、慌てて候補者選びに入った。一区、一四区は前回、比例単独で当選した前職議員を、四区、一〇区は公示直前に一一年の統一地方選で落選した前県議、離党議員の前政策秘書を擁立した。最大の支持組織である連合愛知は一〇区、一四区の候補を推薦せず、支持に留めた㉔。従来、連合愛知は民主党公認候補を一律に推薦してきたが、離党者が相次いだため、連合の政策実現に協力しているか否かなどを推薦基準として新設していた。「推薦」は選挙運動の中核部隊として連合傘下の組合員が参加するのに対し、「支持」では人的な応援は行わないという違いがある。擁立が遅れて当選の可能性が低い選挙区を峻別することで、接戦区にエネルギーを割く厳しい選択であった。加えて統一地方選で減税日本や日本一愛知の会など地域政党が躍進した影響を受け、民主党は名古屋市議、愛知県議など地方議員を多く失っていた㉕。政党支持なし層は第三極と奪い合い、組織票固めでも守勢に回らざるを得なかった。

公示後も第三極の各党は打開策が見出せないでいた。日本維新の会は各種世論調査の結果で同党候補の苦戦が報道されると、地盤の大阪府内を固める戦略に転じた。選挙期間中唯一の日曜日であった一二月九日には党所属の府議全員が大阪に入ることになった。選挙運動の責任者である東海ブロック長も例外ではなく、大阪府内の維新候補支援のために地元に戻り、東海地区の新人候補は事実上見放された形となった㉖。小選挙区は劣勢を覆せずに全員落選した。比例区でも一議席にとどまり、自民、民主候補が接戦となったことで惜敗率が上がった愛知一二区・重徳和彦《しげとくかずひこ》が東海ブロック唯一の議席を得た㉗。

河村人気が期待された日本未来の党も完敗に終わった。とくに一区・佐藤夕子には中盤以降、ほぼ毎日のように河村が選挙区に張り付いたにもかかわらず、県議出身の自民新人に敗れた。民主党離党から

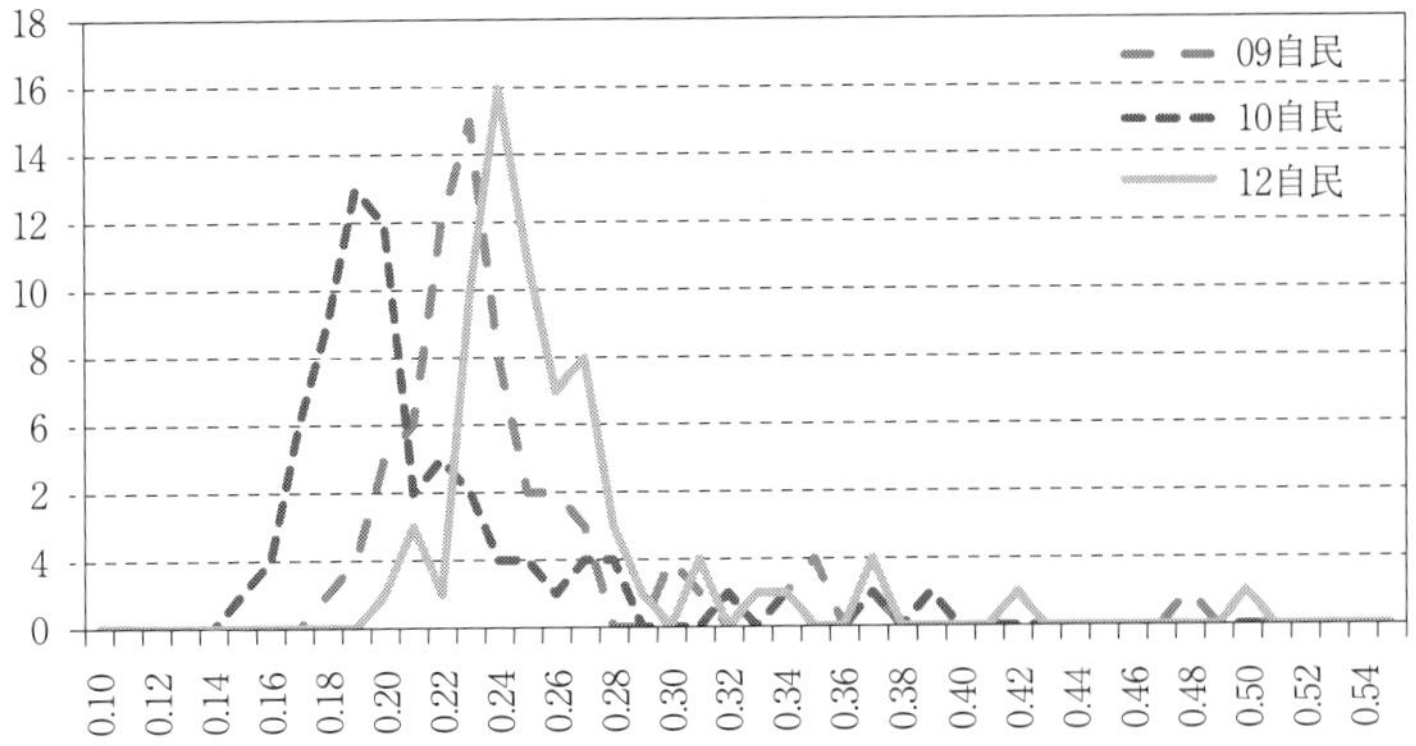

図6－2　自民党得票率のヒストグラム

減税日本の結党、日本未来の党結成と看板が目まぐるしく変わり、その間には太陽の党、日本維新の会との合流や分裂をめぐる混乱があった。党のポスターやロゴが決まったのは公示のわずか一週間前であった。党名が浸透するには時間がなく、連合愛知の組織票も失った中では、個人後援会頼みの選挙戦で苦戦は免れなかった。

3　投票行動の分析

地域特性と投票行動

各党がどのような地域を中心に集票したかを把握するため、愛知県内の六九市区町村の得票率データ、地域特性データを用いて、選挙結果から自民党圧勝、民主党大敗の構造を振り返る。図6－2、6－3は二〇〇九年総選挙、二〇一〇年参院選、二〇一二年総選挙における自民党、民主党の比例区相対得票率のヒストグラムである。比例区データを用いたのは各選挙区特有の事情（候補者数、立候補政党）の影響をできるだけ排除するためである。

二〇〇九年、二〇一〇年ともに自民党の得票率分布はやや右側に裾野が長いものの、正規分布に近い形状になっている。

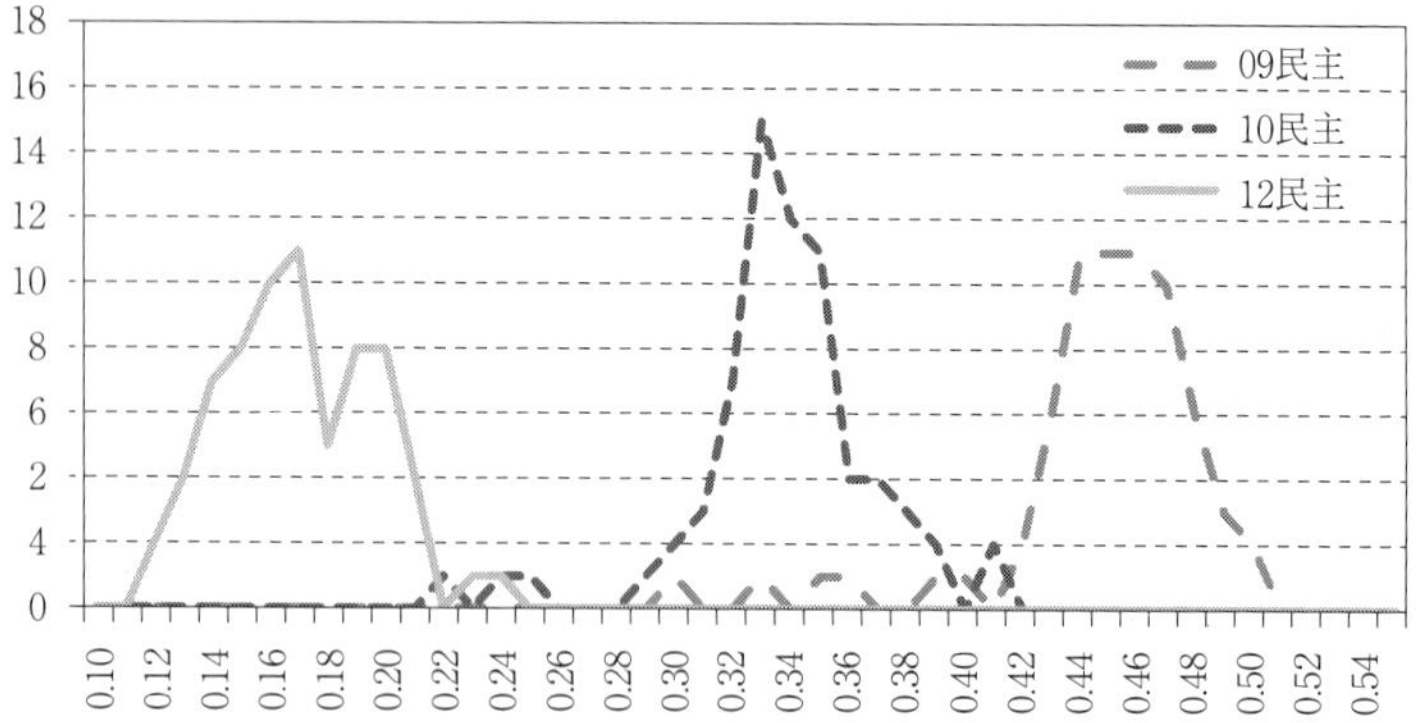

図6－3　民主党得票率のヒストグラム

三回の選挙の得票率分布を比較してみよう。自民党は二〇〇九年総選挙からは平均一・七ポイント、二〇一〇年参院選からは平均四・九ポイント増加している。一方、民主党の得票率は、二〇〇九年総選挙時の平均四五・四%をピークに、二〇一〇年参院選では一一ポイント減、そして二〇一二年総選挙ではさらに一六ポイント減と二〇〇九年総選挙時の四割に留まった。ヒストグラムを見ると、三つの山がまったく重ならず、バラバラに並ぶ特徴的な形状をしている。二回の選挙を経て、全県的に大きく票を失ったことが見てとれる。

ヒストグラムによる分析は各市区町村の規模や地域特性を捨象してしまうという問題点がある。そこでまず各市区町村別の統計データを主成分分析という手法で合成して、地域特性を求めた[28]。主成分分析の結果、四主成分が析出され、第一主成分（バリマックス回転後の寄与率三四・一%）は「活性―停滞」、第二主成分（バリマックス回転後の寄与率二四・八%）は「郊外―都市」と解釈される[29]。こうして析出された各市区町村の第一、二主成分得点（「活性」度、「郊外」度をポイント化したもの）と、二〇〇五年以降の国政選挙における比例区相対得票率、一一年愛知県知事選挙における各候補者の相対得票率との相関係数を求めた。図6－4は二つの軸を組み合わせて、相関係数をプロッ

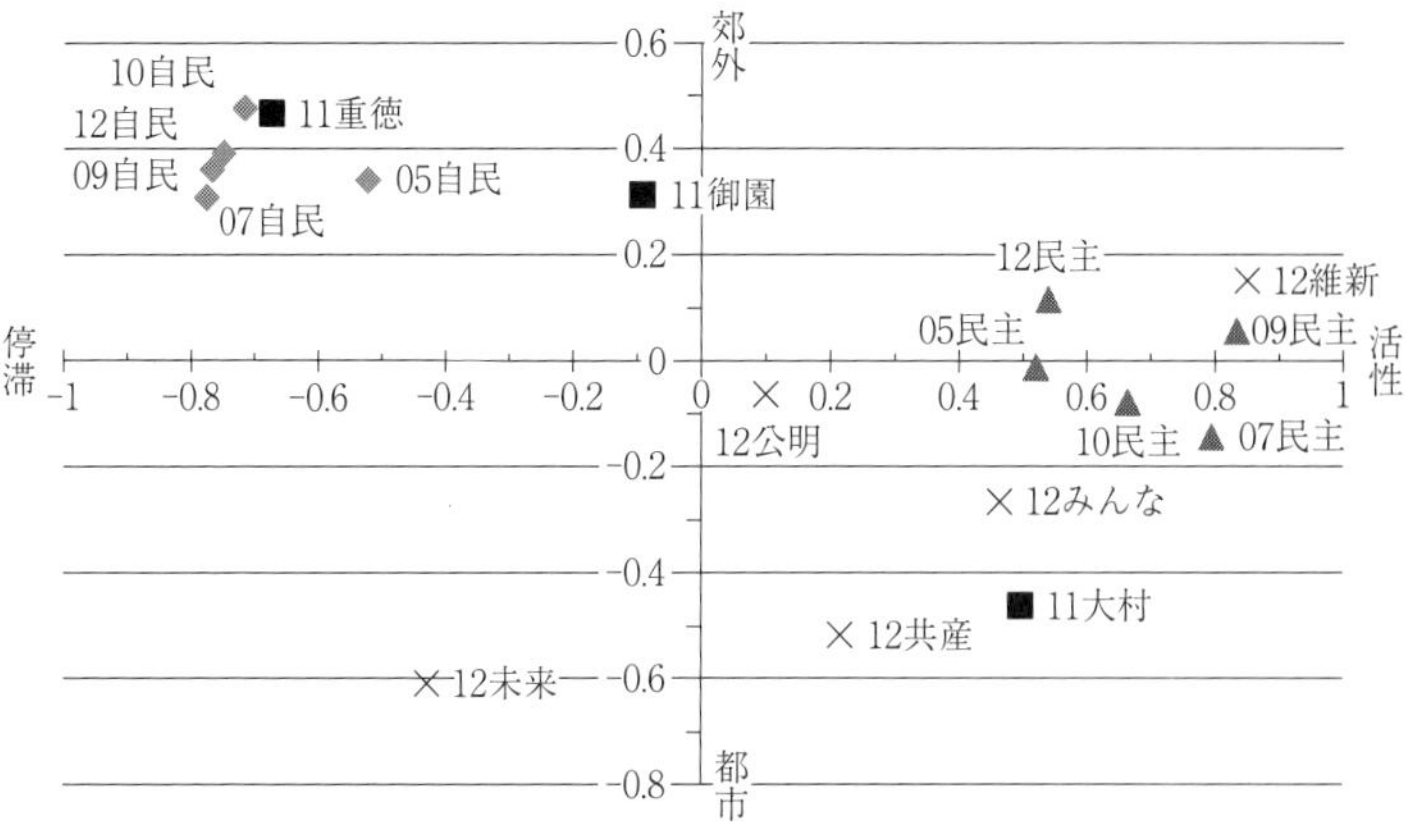

図6－4　地域特性と投票行動（愛知県）

トしたものである。右下の象限は「活性＋都市」地域、左上の象限は「停滞＋郊外」地域となる。

自民、民主両党の二〇〇五年以降の国政選挙における比例区得票率を見ると、民主党は一貫して活性地域に、対照的に自民党は「停滞＋郊外」地域に位置している。ただし、二〇〇五年の郵政選挙では自民党は「活性＋都市」地域方向に支持を広げ、逆に民主党は活性から停滞方向へ移動している。二〇〇九年総選挙では民主党はより活性地域へ、逆に自民党はより停滞地域へシフトしている。そして、二〇一〇年参院選、二〇一二年総選挙では、民主党は再び停滞方向にシフトしている。このことから、活性地域に属するエリア、具体的には名古屋市周辺のベッドタウン地域の動向が選挙全体の勝敗の帰趨を左右することが分かる。しかし、前節で触れた民主党第一の分裂ともいえる二〇一一年知事選では一変した。河村と連携した自民党出身の大村は「活性＋都市」型に位置し、従来の自民党、自民党系候補とは全く異なる集票構造である。これまで民主党が基盤としていた「活性＋都市」地域の票が、河村や大村によって奪われたことが分かる。政党、候補者の集票構造から見ても、民主党の分裂は従来の愛知県における選挙の構図を激変させたことが分かる。

その他の党については、公明党はちょうど原点あたりに位置しているところから万遍なく幅広く票を集めることに成功しており、共産党は都市部かつ弱活性地域に基盤を置くことが分かる。興味深いのは第三極の日本維新の会、みんなの党、日本未来の党である。維新は「活性」型で、民主党以上に活性地域で集票している傾向が分かる。みんなの党は「活性＋都市」型であり、二〇一一年知事選に立候補した薬師寺道代もほぼ同じ位置にプロットしている。未来の党は「停滞＋都市」型に位置しているが、これは河村が地盤としている名古屋市中心部（愛知県中区、東区、西区、北区）の特徴と重なる。集票基盤を見る限り、第三極の各党は棲み分けているかのようである。既成政党に与えた影響という意味では、集票基盤が一切重ならない「停滞＋郊外」型の自民党にとっては奪われる票が少なく、逆に民主党は基盤としてきた活性地域の票は維新とみんなの党に、都市部の票は未来とみんなの党にそれぞれ奪われたことを示す結果となっている。二度の分裂劇が民主党を苦境に追い込み、相対的に自民党が浮上した状況が見てとれる。

政治意識と投票行動

つづいて、有権者の投票行動を中部日本放送が実施した出口調査データから見てみよう。政党支持別に比例区の投票行動を見てみると、全体の二〇％を占める民主党支持層のうち、民主党に投票した者はわずか六三％に留まっている（表6－4）。いわゆる自党の支持層をどれだけ固めたか、歩留まりを示す値だが、全政党の中でも社民党に次いで二番目に低い値となっている。民主党支持層の他党への逸脱投票を見ると、日本未来の党には七％、維新の会には一二％、みんなの党五％と約四分の一が第三極に流れている。

表6-4 政党支持別の投票行動（比例区） （%）

			投票行動							
			民主	自民	未来	公明	維新	共産	みんな	社民
政党支持	民主党	20.3	62.9	6.1	7.3	2.7	12.3	2.5	4.9	0.7
	自民党	27.4	3.1	75.3	2.2	5.3	9.3	0.8	2.9	0.4
	日本未来の党	2.2	2.9	3.4	84.5	2.0	3.4	0.6	1.4	0.3
	公明党	4.5	1.4	1.3	1.0	93.6	0.7	0.9	1.0	0.0
	日本維新の会	6.5	3.6	6.8	1.9	2.3	82.4	0.9	1.9	0.0
	共産党	2.7	2.9	3.4	4.1	1.9	1.9	84.9	0.5	0.2
	みんなの党	2.7	2.1	4.5	5.2	1.7	6.9	1.4	77.0	0.5
	社民党	0.7	9.9	6.3	9.9	2.7	1.8	14.4	0.9	51.4
	政党支持なし	31.1	15.6	20.8	10.9	5.6	22.9	5.4	13.4	2.2

出所：CBC 出口調査。

表6-5 政党支持なし層の投票行動（比例区） （%）

	民主	自民	未来	公明	維新	みんな	共産	社民	国民
05年総選挙	39.3	32.7	—	7.9	—	—	6.7	5.3	—
07年参院選	52.7	17.6	—	9.3	—	—	5.7	2.9	1.9
09年総選挙	56.2	15.2	—	6.1	—	7.0	6.4	4.0	1.7
10年参院選	33.2	16.2	—	7.8	—	21.5	4.6	3.6	1.9
12年総選挙	15.6	20.8	10.9	5.6	22.9	5.4	13.4	2.2	—

出所：CBC 出口調査。

全体の三一％を占める政党支持なし層の投票行動を見ると、政党支持なし層のうち、維新の会に投票した者は二三％と最も多く、以下、自民党、民主党の順になっている（表6－5）。政党支持率で劣る各党が自民党と伍すためには、自民党からの逸脱投票を吸収し、なおかつ政党支持なし層を獲得する必要がある。しかし、政党支持なし層の投票は自民、民主、第三極の各党に分かれてしまい、野党にとって自民党との支持率の差を埋めるに至っていない。二〇〇五年総選挙以降の支持なし層の投票行動を比較してみると、二〇〇七年参院選、二〇〇九年総選挙では民主党は政党支持なし層のそれぞれ五三、五六％を獲得していた。しかし、三年半の間に支持なし層からの期待は（支持なし層の内訳そのものが変わっ

表6－6　政党支持別の投票行動（小選挙区）

		民主候補	離党者
1区	民主支持層	51.1	30.8
	支持なし層	19.9	40.3
4区	民主支持層	42.5	24.5
	支持なし層	9.4	34.7
10区	民主支持層	49.5	27.5
	支持なし層	12.7	32.3
14区	民主支持層	36.1	38.7
	支持なし層	11.4	40.0

注：10区はみんなの党・杉本。他は日本未来の党公認。
出所：CBC 出口調査。

表6－7　前回総選挙民主投票者の投票行動（小選挙区）

		民主候補	自民候補	未来候補	維新候補	みんな候補
離党者	1区	29.5	24.1	38.7		
	4区	18.8	20.7	32.3	22.3	
	10区	21.6	24.1	11.9		34.5
	14区	17.6	29.5	45.0		
空白区	6区	35.8	33.2	19.8		
現職	平均	47.6	22.0	16.5	21.0	

出所：CBC 出口調査。

ているもの）五六%から一六%に縮小している。二〇一〇年参院選ではみんなの党が、さらに二〇一二年総選挙では維新が、民主党から離れた支持なし層の新たな受け皿となっていることが分かる。自民党は二〇〇七年参院選、二〇〇九年総選挙、議席を伸ばした二〇一〇年参院選との間で、支持なし層における投票の割合はほとんど変化していない。二〇一二年総選挙では二一%とわずかに上昇しているものの、圧勝した二〇〇五年総選挙では支持なし層のうち三三%もの支持を集めたのに比較すると、野党陣営への投票が割れたことが自民党に有利に働いたことがうかがえる。

　小選挙区における投票行動を

見てみよう。民主党離党者が立候補した一区、四区、一〇区、一四区における政党支持別の投票行動では、民主党支持層のうち、離党者に二五〜三九%が流れ、民主党のいわゆる刺客候補に対しては三六〜五一%の投票に留まった（表6－6）。また、民主党離党者は政党支持なし層については三二〜四〇%を獲得し、四選挙区いずれも最も支持なし層からの支持を得ている。離党者から見た場合、支持なし層を取り込むことには一定程度成功しているものの、一四区を除けば民主党支持層の獲得という点では後れを取っている。連合愛知を中心とした固い組織票を切り崩すところまでには至らず、当選に達しなかったことが分かる。

また、前回二〇〇九年総選挙において民主党に投票した有権者が今回どの党の候補者に投票したかを見ると、民主党現職が引き続き立候補した一〇選挙区では平均四八%の獲得に留まっている（表6－7）。自民党に投票行動を変えた者も二二%に上っており、この層が政権交代をもたらしたとも言える。民主党離党者が立候補した四選挙区では、未来の党候補への投票は前回民主党投票者のうち三二〜四五%の獲得に留まり、自民党への投票も二一〜三〇%に達している。〇九年総選挙で掲げたマニフェスト堅持を理由とした離党ではあったが、民主党に残った候補者よりも低い値となっており、前回民主党に投票した層の受け皿とならなかったことが分かる。

4　"負け比べ"を制した自民党

本章では愛知県における自民党勝利、民主党敗北の要因を、民主党の二度の分裂劇に注目して論じた。民主党は前回二〇〇九年総選挙で得た支持なし層、都市部の票を離党者と第三極の各党に奪われた。比例復活当選も名古屋市部と連合愛知がとくに力を入れた一二区、一三区の四議席に留まり、選挙のたびに大きく議席が移動する尾張部に至っては復活当選もならなかった。七区で選対事務局を務めた県議は「できる限りのことはやった。これ以上、何をやればいいのかと思うぐらいやった」[30]と述べた。たしかに、今回の惨敗は愛知県の特有の事情というよりは全国的な傾向が愛知県でも顕著に表れたと見るべきだろう。しかし、連合愛知の組織票頼み、政党支持なし層の風頼みの状況は、かつて旧社会党が「日常活動の不足、議員党的体質、労組依存」（成田三原則）と指摘された問題点そのままである[31]。

自民党愛知県連会長の藤川政人は、「自民が大きな評価を得たわけではないというのが実感だ」と語った[32]。投票率が六九・六％から五九・〇％へと一〇ポイント以上低下したこともあるが、自民党が議席を奪った一三選挙区のうち八選挙区では二〇〇九年総選挙から得票を減らしている。民主党との〝負け比べ〟を制した結果とも言える。

河村の地盤である一区を引き継いだ佐藤は落選後の記者会見で「河村色を十分出し切れなかった」と語った[33]。二〇一一年市長選において、河村は愛知一区部分（名古屋市東区、北区、西区、中区）で一三万七〇〇〇票余りを得たが、第三極の枠組みをめぐる混乱が長引いたことで、河村支持票を取りまとめることもかなわず、佐藤の得票数は市長選時の半分以下に終わった。また四区の維新新人候補は「公示後、本部は一度も来てくれなかった」と語り、党組織の未整備、選挙準備の遅れによって日本維新の会は大阪府以外には支持を広げることはできなかったことを指摘している[34]。

政権交代のある民主主義を目指した小選挙区制を中心とする選挙制度改革から二〇年が経つ。二〇〇九年、二〇一二年と政権交代が生じたことで当時の改革論者の目的は果たされたのかもしれない。ただ、政権交代そのものは手段であって目標ではないはずである。小選挙区制の導入は政党の中央集権化や選挙の全国化をもたらした。党本部は公認権や政党助成金の配分権を一手に握り、全国一律のマニフェストや党首人気が選挙の帰趨を左右する。その意味では、王国が他の都道府県と同様の選挙結果になったことも、首長政党をバックグラウンドに持つ政党の国政選挙における苦戦も、小選挙区制のもたらした影響、効果として捉えることができるだろう。

注

(1) 二〇〇五年総選挙において、東京都（二五選挙区）、大阪府（同一九）、神奈川県（同一八）内の民主党小選挙区当選者は菅直人（東京一八区）のみだった。

(2) 本章の分析において、中部日本放送「CBC第四六回衆議院総選挙出口調査」データを使用した。同データの利用については、中部日本放送報道・制作センターの協力を得た。記して感謝申し上げたい。

(3) 新進党は結党前の一九九四年の参院補選、一九九五年の参院選でも自民党、社会党の連立与党系候補に大差をつけている。

(4) 愛知一一区におけるトヨタ労組を中心とした選挙運動については、丹羽（一九九七）を参照。

(5) 旧民主党愛知事務局、旧民主党愛知県連関係者へのインタビュー。民主党愛知県連の組織形態については、森（二〇一一）、待鳥・大村（二〇一三）を参照。

(6) 森（二〇一一）を参照。

(7) 二〇一一年のトリプル選挙、名古屋市議選の分析として、森（二〇一二）および白鳥（二〇一三）を参照。

(8) マニフェストでは議員報酬の「一割」削減を謳っていたが、当選後の市長提案では「半減」と大きく踏み込んだ内容になっていた。

(9) 河村は二〇〇一年、二〇〇五年市長選でも出馬への意欲を見せたが、民主党市議団の支持を得られず、出馬断念に追い込まれた

(10) 首長による市議会リコールの趣意、河村の政策的主張については、河村（二〇一一）を参照。

(11) 石田は愛知県議、犬山市長を経て、二〇〇七年県知事選で民主党、社民党、国民新党推薦で立候補。自民党、公明党推薦の現職に挑んだものの落選。その後、二〇〇九年総選挙で民主党公認で愛知六区から初当選

した。

(12) 名古屋市議選（定数七五）の結果は以下の通り（カッコ内は解散前議席数）。減税日本二八（一）、自民党一九（二三）、公明党一二（一四）、民主党一一（二七）、共産党五（八）。

(13) 鈴木は愛知県議、蒲郡市長を経て、衆院選の落選を挟んで二〇〇三年総選挙で民主党公認で初当選。小沢グループ（一新会）代表幹事を務めた。牧は鳩山邦夫の秘書を経て二〇〇〇年総選挙で初当選、当選四回。

(14) 民主党の分裂過程とその決定要因に関する分析として、前田・森（二〇一五）を参照。

(15) 「名古屋飛ばし 衝撃」『中日新聞』二〇一二年一一月一七日。

(16) 「維新 強気の単独路線」『中日新聞』二〇一二年一二月四日。もっとも、同様に郵政民営化に反対した平沼赳夫、藤井孝男や自治労の推薦を受けていた民主党離党者と連携した理由が十分に説明できない。

(17) 「『村・村』雪解け？」『中日新聞』二〇一二年一一月二二日、「知事会見詳報」『中日新聞』二〇一二年一二月四日。

(18) 「第三極あたふた」『中日新聞』二〇一二年一一月一五日。

(19) 今井は二〇〇九年総選挙で民主党公認で岐阜四区から立候補、自民党・金子一義に敗れるも比例復活で初当選、二〇一二年秋に維新の会に参加。藤井孝男は二〇〇五年総選挙で郵政民営化に反対し、岐阜四区から無所属で立候補するも落選。二〇〇七年参院選で国政復帰。二〇一〇年たちあがれ日本参加に伴い、自民党を再び離党。

(20) 「東西急ぎ歩み寄り」『中日新聞』二〇一二年一一月一八日。

(21) 「一次公認の候補、減税が二〇人発表」『中日新聞』二〇一二年一一月二七日。小林は維新の会に入党を拒まれ、出戻る形となり、地盤だった東京一〇区からの出馬も模索していた。熊田も愛知三区からの出馬も検討されたが、前回立候補した大阪一区からの出馬となった。

(22) 前田はマルチ商法業者から献金を受けた責任を取って民主党を離党し（二〇〇八年一〇月）、二〇〇九年総選挙への立候補を断念した。

(23) 「迷い続け 時間切れ」『中日新聞』二〇一二年一一月二七日。

(24)「連合愛知 一律推薦やめます」『中日新聞』二〇一二年一一月二九日。
(25) 二〇一一年三月の名古屋市議選（注(12)参照）に続いて、四月に行われた愛知県議選（定数一〇三）で民主党は三五議席から二六議席に議席を減らした。
(26)「維新独りぼっち」『中日新聞』二〇一二年一二月一三日。
(27) 重徳は二〇一一年愛知県知事選において自民党推薦で立候補、落選している。
(28) 主成分分析を用いて地域特性と集票構造を析出した研究として、小林（一九九七）、森（二〇〇五）などを参照。
(29) 投入した変数は以下の通り。出生率、死亡率、老年人口比、就業可能人口比、農家世帯率、婚姻率、男性人口比、人口当たり商品販売額、産業人口比率、世帯人員、世帯密度、人口密度、平均地価、耕地面積率、人口当たり保育所数、人口当たり小売業数、人口当たり商品販売額、人口当たり卸売業者数、人口当たり商品販売額、人口当たり製造品出荷額。データの収集に際しては、二〇一一年度森ゼミナール・地域データベースグループの協力を得た。
(30)「風のゆくえ衆院選愛知（中）」『中日新聞』二〇一二年一二月一九日。
(31)「党改革の前進のために」『社会新報』一九六四年一月一日。なお、民主党組織と労働組合との関係については森（二〇一一）を参照。
(32)「風のゆくえ衆院選愛知（上）」『中日新聞』二〇一二年一二月一八日。
(33)「民主落日、未来暗く」『中日新聞』二〇一二年一二月一七日。
(34)『中日新聞』二〇一二年一二月一三日。

参考文献

河村たかし『名古屋発どえりゃあ革命』ベスト新書、二〇一一年。

小林良彰『現代日本の政治過程――日本型民主主義の計量分析』東京大学出版会、一九九七年。

白鳥浩「『減税日本』と東日本大震災――愛知県議選、名古屋市議選、静岡市長選」白鳥浩編著『統一地方選挙

の政治学――二〇一一年東日本大震災と地域政党の挑戦』ミネルヴァ書房、二〇一三年。

丹羽功「大企業労使と選挙――愛知一一区・茨城五区」大嶽秀夫編『政界再編の研究』有斐閣、一九九七年。

前田幸男・森正「民主党政権における立法と議員行動――造反・離党の研究」前田幸男・堤英敬編『統治の条件――民主党に見る政権運営と党内統治』千倉書房、二〇一五年。

待鳥聡史・大村華子「民主党地方組織の歴史的基盤――北海道と愛知県を事例として」建林正彦編『政党組織の政治学』東洋経済新報社、二〇一三年。

森正「日本におけるコート・テール・イフェクトと有権者意識」小林良彰編『日本における有権者意識の動態』慶應義塾大学出版会、二〇〇五年。

森正「民主党地方組織と労働組合」上神貴佳・堤英敬編『民主党の組織と政策――結党から政権交代まで』東洋経済新報社、二〇一一年。

森正「地域政党と地方選挙――愛知・名古屋トリプル選挙、名古屋市議会議員選挙の分析」『公共選択』五八〇号、二〇一二年。

第7章　政権交代後の「気候」の変化
――福岡九区・一〇区――

松田憲忠

1　二〇一二年衆院選への視座としての「天候」と「気候」

二〇一二年衆院選における自民党の勝利と民主党の敗北

戦後の日本における歴史的な政権交代から三年余りが経った二〇一二年一二月一六日、第四六回衆院選が執行され、自民党が圧倒的な数の議席を獲得し、政権交代を日本は再び経験することとなった。自民党は、二〇〇五年の郵政選挙で勝利を収めた自民党の獲得議席数（二九六議席）や二〇〇九年の衆院選で政権を奪った民主党の獲得議席数（三〇八議席）に匹敵する議席数（二九四議席）を占め、政権を奪還することに成功した。

しかしながら、今回の衆院選の結果は、獲得議席数という点では自民党の圧勝と呼ぶことができる一方で、自民党の得票率に着目すると、異なる評価が可能となる。自民党の小選挙区での得票率（四三・〇一%）は、前回二〇〇九年衆院選から約四・三ポイント上昇したに過ぎず、前々回二〇〇五年衆院選と比べると約四・八ポイント低い値である。それにもかかわらず、今回の小選挙区での獲得議席数（二三七議席）は、前回（六四議席）から大幅に増えて、大勝したと言われた前々回（二一九議席）をも上回った。他方で、今回の比例区での自民党の得票率（二七・六二%）は、前回から約〇・九ポイント上昇し

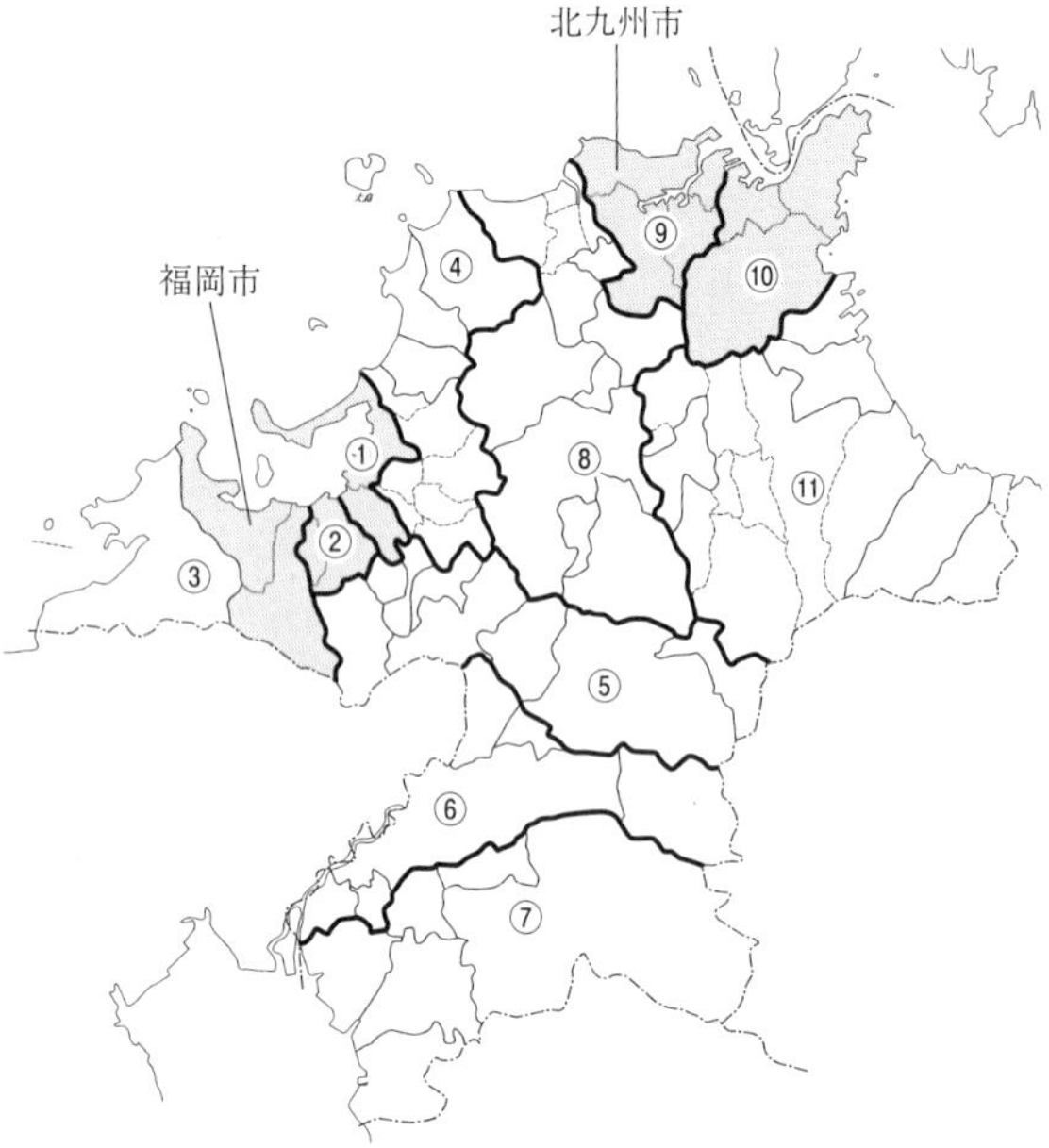

図7－1　衆議院選挙区（福岡県）

たに過ぎず、前々回からは一〇ポイント以上低くなった。

こうした過去の選挙と比較すると、今回の衆院選は自民党圧勝というよりはむしろ民主党惨敗として描出されるべき結果といえる。実際の選挙結果を見てみると、民主党が今回獲得した議席の数（五七議席）は、前々回の民主党の議席数（一一三議席）や前回の自民党の議席数（一一九議席）を大幅に下回るものであった。

二〇一二年衆院選におけるこの民主党惨敗の構図は、各選挙区のレベルでは、「民主党への逆風」として描出されることが多い。そもそも「風」を用いた表現は、今回の衆院選に限らず、あらゆる選挙で用いられてきた。二〇一〇年参院選では「民主党への逆風」が強調され、二〇〇九年衆院選は「自民党への逆風」や「民主党への追い

表7-1　福岡9区・10区選挙結果

	得票数	氏名	年齢	党派	推薦・支持	新旧	当選回数	肩書・経歴	重複
福岡9区									
当	97,419	三原　朝彦	65	自	公	元	6	(元) 防衛政務次官	○
	62,186	緒方　林太郎	39	民	国	前		党県副代表	○
	30,093	荒木　学	47	維	み	新		ペットサロン業	○
	22,109	真島　省三	49	共		新		(元) 県議	○
福岡10区									
当	87,460	山本　幸三	64	自	公	前	6	(元) 経産副大臣	
	55,040	城井　崇	39	民	国	前		(元) 文科政務官	○
比	45,698	佐藤　正夫	57	み	維	新	1	(元) 県議	○
	22,214	高瀬　菜穂子	52	共		新		(元) 県議	

風」によって解釈された。こうした表現は、個々の選挙のなかでそれぞれの政党やその候補者が置かれた状況を説明することに寄与し得る。しかしながら、ここ最近の数回の選挙を見ても理解されるように、「風」の状況は短期的に大きく変化するものである。いわば、「風」は短期的な「天候」であるといえよう。したがって、「風」といった「天候」だけに目を奪われている限り、各選挙区における各政党・各候補者の状況の中長期的な変化——比喩的な表現を用いれば「気候」の変化——に気づくことは難しい。

民主党が政権を担った三年余りの間で、民主党を取り巻く「天候」は大きく変わった。しかしながら、民主党は、この短期的な目まぐるしい変化だけでなく、中長期的な「気候」の変化にも直面しているのではなかろうか。他方、自民党は、結党以来二度目の下野から今回の政権奪還を経て、現在いかなる「気候」のなかにいるのであろうか。本章は、今回の衆院選の結果に含意される民主党と自民党をめぐるそれぞれの「気候」の変化について考究する。

こうした中長期的な「気候」の変化は、必ずしも観察可能な変数として明示化できるものではない。そこで本章は、特定の地域に焦点を当てる事例研究の手法を採用する。具体的には、分析対象地域として福岡県北九州市（福岡九区・一〇区）を取り上げる。その意味で、本章の事例研究のねらいは、政権交代と政権奪還を経験した今日の「気候」の変化を全国レベルで検証するための一歩となることにある。(1)

本章の論考は次のように構成される。まず導入として、北九州市での今回の衆院選の結果を概観する。そのうえで、北九州における「天候」（いわゆる「風」）の変化のインパクトを確認するとともに、北九州市を本章で取り上げる意義を明らかにする。第2節では、自民党陣営が北九州市で勝利を収める過程を整理して、自民党をめぐる「気候」の変化について論究する。第3節は、北九州市における民主党の敗北から見えてくる民主党を取り巻く「気候」の変化について考察する。第4節では、北九州市における自民党と民主党の「気候」の行方についての示唆を、本章の分析から導出する。

福岡県における自民党の勝利と民主党の敗北

二〇一二年衆院選での自民党勝利は、獲得議席数を見る限り、福岡県にも当てはまる。自民党が福岡県の小選挙区で擁立した全ての公認候補が当選を果たし、それ以外の選挙区では自民党推薦候補が当選し、自民党が実質的に全ての小選挙区を制するという圧勝であった（表7－2）。福岡県は伝統的に保守が強い選挙区が多く存在する地域であるにもかかわらず、前回の衆院選では多くの自民党候補が敗れた。しかしながら、今回の衆院選では、保守が強い選挙区だけでなく、例外的に民主党が強かった選挙区においても議席を獲得した。なかでも、現行の選挙制度のもとで民主党が議席を保持し続けた一区で初めて自民党が勝利を収めたことは多くの注目を集めた。

他方、民主党は、福岡県においても惨敗を喫した。小選挙区全てで議席を獲得できなかっただけでな

表7-2　福岡県小選挙区における衆院選の当選者の党派別推移

衆院選	1区	2区	3区	4区	5区	6区	7区	8区	9区	10区	11区
第41回 1996年	民主	自民	自民	自民	自民	新進	自民	自民	新進	自民	新進
第42回 2000年	民主	自民	自民	自民	自民	自民	自民	自民	民主	自民	無所属
第43回 2003年	民主	民主	民主	自民	自民	民主	自民	自民	民主	自民	無所属
第44回 2005年	民主	自民	自民	自民	自民	自民	自民	自民	自民	自民	無所属
第45回 2009年	民主	民主	民主	民主	民主	自民	自民	自民	民主	民主	自民
第46回 2012年	自民	自民	自民	自民	自民	無所属 *自民推薦	自民	自民	自民	自民	自民

出所：筆者作成。

く、比例区でも当選者を出すことができなかった。一〇以上の小選挙区を有する都道府県は九つあるが、そのうち小選挙区で民主党公認候補が全敗したところは、福岡県以外に、北海道と大阪府であった。しかし、比例区での復活当選も含めて一人も当選を果たせなかったのは福岡県のみであった。福岡県の民主党の衆議院議員が一人もいないという結果は、民主党が一九九六年に結成されて以降初めてのことであった[2]。

得票率の点からも、福岡県は全国的な状況と同様の結果——自民党圧勝よりもむしろ民主党惨敗——であった。表7-3は、福岡県小選挙区における自民党候補（推薦候補を含む）の得票数を、今回の衆院選と前回の衆院選について示したものである。前回の衆院選では、福岡県で民主党が大躍進し、自民党が多くの議席を失った（表7-2）。しかしながら、今回の衆院選では全議席を自民党が獲得したにもかかわらず、自民党候補の多くは、前回の衆院選と比べて、得票数を減らしている。こうした状況が生まれた背景には、二大政党化の流れからの転換があると言えよう。民主党政権の経験から二大政党制への希望を失った少なくない

表7－3　福岡県小選挙区における自民党候補の得票数

選挙区	2009年衆院選得票数	票の増減	2012年衆院選得票数
1区	88,648	↗	96,706
2区	103,270	↗	105,493
3区	108,236	↗	118,299
4区	106,124	↘	86,039
5区	125,767	↘	113,155
6区	138,327	↘	87,705
7区	128,137	↘	96,172
8区	165,327	↘	146,712
9区	109,807	↘	97,419
10区	106,365	↘	87,460
11区	106,334	↘	86,443

出所：『西日本新聞』2012年12月18日。

議員が二大政党以外の政党に所属し、それらの政党が福岡県の選挙区で候補者を擁立した。これらの第三極の候補者を含めた多数の候補者に票が分散した結果、当選者である自民党候補の得票数が減ったのである。しかし多くの候補者の存在によるダメージは自民党よりも民主党の方が大きかったことは、全議席を自民党に奪われただけでなく、復活当選を果たした民主党候補が一人もいなかったことからも理解されよう。

北九州市における自民党の勝利と民主党の敗北

本章が分析事例として取り上げる北九州市は、二つの小選挙区（九区と一〇区）に分けられている。九区と一〇区の区域はそれぞれ北九州市西部（戸畑区、八幡東区、八幡西区、若松区）と東部（門司区、小倉北区、小倉南区）である。これら二つの選挙区の特徴については第2節において言及されるので、ここでは各選挙区を概観して、北九州市の分析事例としての意義を明らかにする。

北九州市では、九区と一〇区ともに、前回の衆院選では民主党が勝利し、今回の衆院選では自民党が勝利している。しかしながら、これら二つの選挙区における衆院選の歴史は、表7－2に示されているように、大きく異なる。九区は伝統的に労組の政治的影響力が大きく、一区と同様に民主党が強い地域である。今回の衆院選以前にこの区で自民党が勝利したのは、前々回（二〇〇五年）のいわゆる郵政選挙の時のみである。他方、一〇区は自民党の牙城と言われてきたが、前回の衆院選で初めて自民党が議席を失った。しかし、今回の衆院選で自民党は議席を奪還した（表7－1）。

前回の選挙とは逆の結果となった北九州市の今回の選挙に関しては、「天候」の観点から描写されることが多い。すなわち、民主党への逆風や自民党への追い風といった、「風」を用いた表現である[3]。しかしながら、その一方で、今回の選挙結果をめぐって「風」が強調されることについては、疑問の声も聞かれている。たとえば、九区で勝利を収めた自民党陣営の幹部は「追い風など全く感じられない」と述べ、そこには選挙戦の空気と選挙結果とのギャップの大きさが見て取れる[4]。こうした「風」への疑問は、九区と一〇区のどちらの民主党陣営の関係者も感じている[5]。今回の衆院選において民主党陣営が持った感覚は「悪くない」ものであり、二〇〇五年の郵政選挙のときのほうが遥かに厳しいものであったと述べ、今回の選挙結果を受けて「感覚と票が違う」と口を揃えている。この「感覚と票の違い」は、九区の民主党陣営の幹部の「想像以上の逆風だった」という言葉にも表れている[6]。

この「感覚と票の違い」が含意することは何であろうか。風のような短期的な「天候」の変化は自らの肌で比較的感じ取りやすいものである。もし「天候」の変化が今回の選挙結果に大きなインパクトを及ぼしたのであれば、感覚と票との間に大きな乖離は生まれなかったであろう。むしろ今回の選挙によって北九州市における中長期的な「気候」の変化が顕在化したのではなかろうかという一つの仮説が導出され得る。そこで本章は、次の問いに取り組む。自民党と民主党を取り巻くそれぞれの「気候」は、二〇〇九年の政権交代とその後三年余りの民主党政権を経て、どのように変化していったのであろうか。

この問いに答えるための出発点として、北九州市は有用な分析事例である。なぜなら、民主党の牙城（九区）と自民党の牙城（一〇区）という歴史的に対照的な二つの選挙区を見ることによって、民主党と自民党がこの三年でどのような「気候」の変化（各政党の支持基盤の変容等）を経験しているのかをより鮮明に引き出すことが期待できるためである。

さらに、北九州市では、この衆院選から僅か約一カ月後の二〇一三年一月二七日に市議選が行われた。この市議選は、自民党と民主党をめぐる「気候」の変化を、市のレベルから描出する選挙として位置づけられる。本章の主眼は二〇一二年衆院選に置かれているが、二〇一三年北九州市議選にも適宜論及する。

2　自民党をめぐる「気候」の変化

民主党牙城の福岡九区

福岡九区は、一九〇一年の官営八幡製鐵所の作業開始以来、鉄鋼の街として栄えてきた。今日においても、新日鉄住金八幡製鉄所をはじめとする多くの鉄鋼企業が立地する企業城下町である。九区では、これらの鉄鋼企業の労組が中心となって支援する民主党候補（旧新進党候補も含む）が勝利することが多く、この選挙区はまさに民主党の牙城であると言える。二〇一二年の衆院選に臨むにあたって、民主党候補の緒方林太郎は九区の歴史を踏まえ、一一月二二日の選挙対策本部の発足式の場で「伝統ある選挙区で絶対に負けられない」ことを強調し、「バトンを自分のところで止めることは絶対に許されない」と決意表明していた(7)。

他方、現行の選挙制度が導入されてから、自民党は福岡九区で三原朝彦を擁立している。三原は、一九七〇年代に文部大臣や防衛庁長官等を歴任した朝雄を父に持ち、朝雄の代からの支持者層（「三原党」とも呼ばれる）に支えられ[8]、衆議院議員を五期務めてきた経歴を有していた。しかしながら、現行の選挙制度への変更以降、三原は福岡九区で苦しい戦いを強いられてきた。前回（二〇〇九年）の衆院選までの五回の選挙のなかで、三原が福岡九区を制したのは小泉旋風が吹き荒れた二〇〇五年の郵政選挙のみであり、比例区での復活当選も二〇〇三年だけであった。二〇〇三年までの三回の選挙では、現在の北九州市長である北橋健治に敗れ続けた。二〇〇五年衆院選において初めて北橋に勝利したものの、北橋に復活当選を許していた。北橋が北九州市長に転身した後の二〇〇九年衆院選では、北橋の後を継いだ緒方に三原は敗れ、復活当選もならなかった。

この民主党の牙城である九区で辛酸を嘗めさせられ続けた三原は、今回の衆院選に鬼気迫る思いで臨んだ。その背景には、自民党には現在、小選挙区において二回連続で敗れると次回選挙では事実上公認をもらえないというルールがある[9]。今回の衆院選にかける三原の強い思いは、「負ければ政治生命は終わり」という言葉にも表れていた[10]。

表７−１に示されているように、今回の衆院選の結果は三原の勝利であった。前回二〇〇九年の選挙では緒方に一万三〇〇〇票の差をつけられ敗れた三原が、今回は、三万五〇〇〇票以上の大差で勝利した。緒方は比例区での復活当選を果たすこともできず、現行の選挙制度において九区で民主党候補が復活当選も含めて議席を取れなかった初めてのケースとなった。得票率に目を向けてみると、三原が四六・〇％、緒方が二九・四％であり、一五ポイント以上の差が開いた。九区で当選者が次点候補者に一〇ポイント以上の得票率の差をつけたのは今回の選挙が初めてのことであり[11]、ここからも三原の圧勝ぶりが見て取れる。苦汁を飲まされ続けたこの民主党の牙城で自民党は圧倒的な勝利を摑んだのであるが、

今回の選挙で自民党陣営が採った戦略に目を向けると、それは自民党にとってきわめて伝統的なものであったといえる。以下では、九区の自民党の戦略を、三点に絞って整理する。

第一に、自民党の伝統的な支持層を固めるという戦略が採用された。地元の中小企業にくわえて、従来から自民党の集票マシンといわれてきた医師会等からの支持を取り付けることに注力した[12]。同様に、自民党の組織票とされてきた農政連からの支持を固めた[13]。

ここで注目すべきは、医師会も農政連も、二〇〇九年の衆院選とその結果としての政権交代を契機に、自民党から距離を置き出した業界団体である。医師会は、二〇一〇年四月に小沢一郎・民主党幹事長（当時）と親しかった原中勝征が会長に就任して、民主党支持にまわった[14]。全国農政連は、二〇一〇年参院選において、比例区に組織内候補を擁立することは行わず、自主投票の方針を示していた[15]。ところが、二〇一二年衆院選では、自民党陣営は、一度は自民党から離れてしまったこれらの伝統的な自民党の組織票を取り戻すことに成功したのである。

第二に、自民党陣営は公明党との選挙協力の強化を図った。実際、三原は公明党を「友党」と呼ぶほど重要視した[16]。具体的には、「比例は公明」と繰り返し叫ぶ一方で、小選挙区では三原への投票を強く訴えた。公明党との選挙協力の意義は、「自民と公明の両輪が良く回って、この結果につながった」という当選後のコメントにも表れている[17]。この戦略の成果は、複数のメディアによる出口調査結果でも確認することができる。いずれの調査においても、公明支持層の約八割が三原に投票したという結果が示され、公明党との選挙協力を成し得たことが、自民党支持層からの票を手堅く集めたことと並んで、三原当選の大きな勝因として位置づけられる[18]。

第三に、選挙戦における自民党陣営の活動を機能させることに大きく寄与したファクターとして、福岡県議と北九州市議らの存在が挙げられる。各政党が国政選挙で戦っていくうえで、選挙区にいる都道府県議や市町村議といった地方議員はそれぞれの政党の戦略を支える「実動部隊」であり[19]、地方議員による支えは北九州市においても、自民党陣営と民主党陣営の双方において、同様に見受けられてきた[20]。

　今回の選挙でも、自民党陣営は地元の福岡県議と北九州市議に支えられた。選対幹部には県議や市議が名を連ね[21]、実際に選挙戦を展開するにあたっては県議や市議が大きな役割を担った。とりわけ市議は、翌年一月に市議選が控えていることから、自らの選挙活動も兼ねて、後援会等を活用して企業回りを行った[22]。「市議選があることが幸いした」という自民党陣営の言葉にも表れているように[23]、市議らを中心とする組織戦が展開されていなかったら、前述の支持層固めは必ずしも十分には進められなかったであろう。

　こうした地方議員による支援は、民主党陣営にも当てはまるはずである。北九州市議選を視野に入れて、民主党の北九州市議も必死に民主党の緒方陣営を支えようとするであろうことは想像に難くない。しかしながら、民主党の地方議員の選挙支援活動は必ずしも十分に機能しなかった。この点については、第3節で論及する。

自民党牙城の福岡一〇区

　次に、北九州市東部を区域とする福岡一〇区に目を向ける。ここには、九区とは異なる選挙区としての歴史がある[24]。表7－2に示されているように、一〇区は、民主党が全国的に圧勝した前回二〇〇九年の選挙を除いて、自民党候補が勝利している選挙区であり、いわば自民党の牙城と呼ぶことができる。その一方で、民主党の支持基盤については、九区と同様に、労組が重要な支援組織となっている[25]。

　前回の衆院選では、民主党の城井《きい》崇《たかし》が、一〇区で初めて一〇万票を超える票を獲得して当選した。しかしながら、今回はその半分にも満たない票しか得られずに城井は落選し、復活当選も果たせなかった。他方、自民党の山本幸三は、前回の選挙まで福岡一一区を地元とし、五回の当選を重ねてきた。今回の選挙で選挙区を一〇区に鞍替えし、自民党が前回初めて失ったこの選挙区の議席を奪還することに成功した。また、第三極として注目されたみんなの党の佐藤正夫が、小選挙区での得票数は三位であったものの、比例区で復活当選し、この当選がみんなの党にとって衆参合わせて初めての議席となった。

山本陣営が採った戦略は、九区の三原陣営と同様、自民党に伝統的なものであった。当選後の支援者に対する挨拶のなかで「市議や県議、公明党の助けで当選できた」と山本が謝意を示したように、[26]北九州の地方議員と公明党の貢献は大きかったといえる。前者については、地方議員との組織戦が繰り広げられた。[27]とりわけ翌年（二〇一三年）一月に市議選が行われる市議たちと連携して、企業や団体回りを徹底した。最終的に山本を推薦した企業や団体は二〇〇を超えるまでに至った。[28]

くわえて、公明党との選挙協力が成立したことも山本の当選を後押しした。山本と公明党は過去の衆院選において必ずしも協力関係になかったために、山本推薦をめぐっては公明党のなかで反対意見が少なくなく、他の自民党候補の場合よりも多くの時間を調整に要したが、[30]一一月末に山本推薦が決定された。[29]この決定により、山本陣営は「比例は公明」と呼びかける一方で、公明党支持者からの票を多く集めることに成功した。[31]

このように、もともと自民党の牙城だった一〇区において、山本陣営の戦いは盤石な基盤に支えられて展開されたように映る。しかし実際には、投票日近くまで山本陣営は、自分たちに勝機があるのか疑心暗鬼だった。[32]その理由は、公明党との選挙協力をめぐる不安だけではなかった。それにくわえて、一〇区では自民党分裂選挙の危機が存在していたことが挙げられる。そこで、以下で、一〇区の歴史を辿りながら、自民党分裂の危機が生まれてきた流れを概観する。

一〇区では長らく自民党所属の自見庄三郎が議席を保持してきたが、二〇〇五年衆院選で、自見は郵政民営化関連法案に反対票を投じたために、自民党から公認を得られず、無所属で立候補した。しかしながら、自見は自民党が「刺客候補」として送り込んだ西川京子に敗れた[33]。次の二〇〇九年衆院選では、西川は議席を保持できず、復活当選もならなかった[34]。その結果、自民党では次の衆院選の公認候補となる支部長が、福岡一〇区において不在となった。

そして二〇一一年四月一九日、大きな動きが起きた。これまで一一区を地元としてきた山本が、一〇区支部長の就任を求めて、推薦願を県連に提出したのである。この山本の動きの背景には、一一区で党の公認争いを山本と繰り広げてきた武田良太が二〇一一年一月に福岡県連会長に就任したために、一一区で山本が公認を得るのは難しいという認識が山本にはあったことが挙げられる[35]。その一方で、過去二回の衆院選を一〇区で戦った西川は、「淡々と一〇区で次の選挙に向かうだけ」と再挑戦への意欲を示し[36]、五月三一日に推薦願を県連に提出した。西川は「党本部が示す支部長要件を満たしている私が当然、選任されるものと考えている」と強調した[37]。

一〇区の前衆議院議員と選挙区は異なるものの現職の衆議院議員とが支部長就任を目指すなか、県連が九月二一日に下した最終決断は、山本を支部長に推薦するというものであった[38]。県連によれば、今回の支部長推薦に関して一〇区では当初から山本を推す声が強く、山本推薦はそうした地元の要請に応えたかたちでの決定であった[39]。この県連の決定について西川は、地元の意向の聞き取りの方法が不透明であると批判したうえで、支部長推薦の再考を県連に申し入れると同時に、最終的な決定権を持つ党本部に対しても公正な判断を行うように要望した[40]。

二〇一二年四月六日、党本部は山本を一〇区支部長として正式決定した[41]。党本部の最終決定がここまで時間を要した理由には、県連は山本を推す一方で、西川は麻生太郎・元首相等から支援されていたために、調整が難航したことがある[42]。この決定を受けて、山本は支部長として支持者や地方議員への挨拶回りを開始した[43]。他方、西川は、比例九州ブロックの上位単独で処遇するとする党本部からの打診を断ったうえで、無所属での出馬の意向を示し、「私が引くことはあり得ない」ことを強調した[44]。ここに、自民党分裂選挙の危機が生まれたのである。

この危機を深刻なものにしたのが、西川への支持が少なくなかったことである。過去二回の衆院選を戦い、二〇一一年の参院選では一〇区選対責任者を務めた西川には、一部の県議が支援をする姿勢を示し[45]、さらに自民党の友好団体や企業の一部からも支援の動きが見られた[46]。

分裂選挙への不安が広がるなか、この事態を収拾したのが安倍晋三総裁と麻生太郎・元首相であった。一二月二日に安倍から電話で「議員バッジをつけることを最優先すべきだ」と言われ、比例区への転向を求められた。その電話から一〇分ほど経った後、麻生から「自民党で共倒れするより、（議員として）仕事をすることを優先しなさい」と電話で告げられた[47]。これらの電話を受けて西川は、「党に戻れなければ意味がない」という考えのもと、「現総裁と元総理からの要請を断れば、小選挙区で当選しても自民党議員にはなれない」という認識に立ち、比例区での立候補を決断した[48]。他方、山本は重複立候補せずに、小選挙区単独となった。

自民党分裂選挙が回避されたことにより、陣営は、目の前にあった大きなハードルが除去され、勝利に向かって加速した。候補の一本化が勝利に与えた意味は、「あれ（分裂回避）で流れができて、組織票、団体票が固まった」という勝利後の陣営関係者の言葉にも表れている[49]。山本陣営が採った組織票・団体票固めという伝統的な戦略が奏功するに至ったのは、分裂回避に成功したことが大きいといえよう。

自民党をめぐる「気候」の変化？

今回の衆院選で北九州の自民党陣営が採った戦略は、民主党の牙城で議席を獲得した九区においても、前回の選挙で初めて失った議席を取り戻した一〇区においても、斬新とはいえない伝統的な自民党の手法として捉えることができる。民主党政権への不満や政治不信の高まりを踏まえて新たな支持層を獲得しようとする戦略よりむしろ、公明党との選挙協力のもとで、従来からの支持基盤を重視する戦略であった。

こうした自民党陣営の戦略から、北九州市の自民党をめぐる「気候」についていかなる示唆が引き出され得るであろうか。前回の衆院選との比較の観点からは、自民党をめぐる「気候」の変化は、「出戻り」という意味での変化として描出することができよう。先述したように、伝統的に自民党の支持基盤とされていた業界団体のなかには、民主党への追い風が強かった二〇〇九年の衆院選を一つの契機として、自民党から与党民主党へ支持を変えた団体が多く見られた。しかしながら、民主党内部における対立や混乱が生まれ、民主党の政権運営に対しては、多くの批判が社会から向けられるようになった。こうした状況のなかで多くの政党が誕生した。これは、民主党を支持してきた団体にとっては、民主党に代わる選択肢が多く誕生したことを意味する。今回の衆院選に関して注目すべきは、これらの団体が、数多い選択肢のなかから自民党を再び支持するという自民党支持への回帰――「出戻り」――を選択したことである。

「出戻り」という変化は、長いタイムスパンからは、自民党をめぐる「気候」の「安定性」を表すものとして捉えることもできるであろう。これまでの自民党の歴史のなかで、自民党への逆風が吹き荒れ、自民党から議員が離党し新たな政党を結成したことは少なくなかった。こうした状況の変化にもかかわらず、自民党は、短期的には組織票固めに苦労しながらも、現在に至るまで盤石な組織的基盤を保持し続けてきた。前回から今回までの衆院選における「政権交代→政権奪還」の流れも、自民党の伝統的な支持基盤が自民党に対して決別を決断することは起こり難いという、これまでの自民党をめぐる「気候」の傾向と違わない事例、すなわち「気候」の安定性を示唆する事例として見なし得るであろう。[50]

自民党をめぐる「気候」のこうした短期的な意味での変化（「出戻り」）もしくは中長期的な意味での「安定性」がこの先いかなる状態に至るかを推察するためには、留意すべき幾つかの点が存在する。北九州市における「気候」の行方については、第4節で論及する。

3　民主党をめぐる「気候」の変化

労組による支援の構図

本節は、北九州市の民主党をめぐる「気候」の変化に焦点を移す。第1節で触れたように、今回の選挙における民主党の敗北は、「風」という「天候」の変化、具体的には民主党に対する追い風から逆風への変化の観点から説明されることが多い。この説明を受け入れるとすると、次の疑問が生じる。今後再び「天候」（風向き）が変われば、民主党が躍進する可能性が存在するのであろうか。

もし民主党を取り巻く変化が、短期的な「天候」レベルだけでなく、中長期的な「気候」レベルでも起きているのであれば、仮にこの先自民党等の与党に対する逆風が強く吹いたとしても、民主党がその風を利用して躍進することは容易には期待できないであろう。[51] そこで、二〇一二年衆院選で民主党が北九州で敗れたことは、北九州市の民主党をめぐる「気候」の変化についていかなる示唆を与えているのかについて、本節において考察する。

民主党の全国的な「気候」の安定性に大きく寄与しているものが、労組による支援である。労組が民主党の支持基盤を構成しているがゆえに、民主党の党員数やサポーターの規模よりも遥かに多くの集票が安定的に可能になっているのである。[52] とはいえ、労組だけが民主党を支える団体であるわけではない。

とりわけ二〇〇三年のいわゆる民由合併によって、小沢一郎らが民主党に合流したことにより、小沢グループを支持する団体が民主党の支持基盤に加わり、民主党の集票力を高めた。しかしながら、二〇一二年七月に小沢グループが民主党を離党したために、今回の衆院選において民主党は再び労組の支えに大きく依存しなければならない状況に至った[53]。

北九州市の民主党をめぐる「気候」については、先述したように、労組による支援がきわめて重要な意味を持つと言われている（とりわけ福岡九区）。労組がどの候補者を支援するかが、北九州の民主党関係者の選挙戦での行動をこれまで大きく左右してきた[54]。今回の選挙でも、労組は民主党候補に対する支援を決めた。連合福岡は、福岡県の各選挙区での民主党公認候補が決まったことを受けて、一一月二二日に各候補と政策協定を結び、推薦状を手渡した[55]。一一月二五日には民主党福岡県連の定期大会が北九州市で開かれ、そこに来賓として出席した連合福岡の高島喜信会長は今回の衆院選に関して、「（これまで民主党を）支援してきた連合の活動の真価も問われている」と述べ、共闘の意思を表明した[56]。また連合福岡の推薦が決まったことを受けて、民主党陣営は個別の労組からの支援を取り付けるために奔走し[57]、最終的にそれらの労組の支援を受けて、選挙に臨むことになった[58]。こうして、今回の選挙においても、労組による民主党候補への支援という構図が成立したのである。

労組による支援の実態

北九州市を伝統的に特徴づけてきた労組による民主党支援は、今回の衆院選でも構図的には行われたが、しかしながら、その実態に目を向けると、変化を見出すことができる。その変化とは、一言で表現すれば、労組による支援枠組みが崩れかけているということである。労組と民主党との関係の揺らぎについては、北九州市以外の地域に焦点を当てた事例研究等で確認されているが[59]、労組の集票力がとりわけ強いとされてきた北九州市でも同様の変化が見られ始めているのである。以下では、北九州市における労組と民主党との関係の変化を描出する。

今回の衆院選では、労組は民主党にとっての集票の要としての役割をこれまでのように十分には果たせなかった。たとえば一〇区では、城井陣営は、無党派層への浸透が進まなかったことにくわえて、民主支持層をも固めきれなかったという調査結果がある[60]。その理由については詳細な分析が必要となるが、一つの暫定的な解釈として、労組内部の組織的な変容が挙げられよう。九区と一〇区のどちらの民主党陣営のなかからも、「労組はもはや一枚岩とはいえない」という声が聞かれた[61]。むしろ選挙戦を繰り広げるなかで、「国民世論と労組内部の意見分布にいまや大きな差はないのではないか」と感じられたという[62]。連合福岡の幹部も、「組織によっては活動が鈍った面もある」と述べている[63]。こうした民主党陣営の認識から示唆されることは、労組の組合員にとっては、組合員の意見や行動に影響を及ぼすファクターとして、組織の締め付け以上に重要なものが存在しているということであろう[64]。

労組の集票力低下の兆候は、選挙結果だけでなく、選挙戦のなかでも見受けられた。一〇区の陣営関係者は、出陣式の際に変化を感じたという。陣営は、過去の選挙での経験を踏まえて、出陣式に集まる人数を見積もったが、しかし実際にその場に来たのはその見積もりよりも遥かに少なかった。同様の状況は九区でも見られた[65]。この見積もりと実際との乖離は、労組による民主党支援という構図が実態としては十分機能していないことを表していると理解できよう。

民主党をめぐる「気候」の変化？

今回の衆院選において労組による民主党支援の構図と実態との間に乖離が見られたことからは、民主党をめぐる「気候」に変化が生じていることが示唆される。すなわち、北九州市の民主党を集票の要として支えてきた労組がこれまでの役割を担い難い状況にあるといえよう。しかしながら、この民主党をめぐる「気候」の変化について留意すべき点が少なくとも二つある。

第一に、この「気候」の変化はいつから起こっているのかという点である。一つの見方は、二〇〇九年の政権交代以降、与党としての民主党に失望した組合員が、労組と民主党との関係に少なからず影響を及ぼしたというものである。連合福岡の幹部は、民主党が与党として示した原発政策やTPP（環太平洋経済連携協定）の方針に対しては組合員のなかで賛否が分かれたことを踏まえて、「野党なら隠せた不満が、与党になって隠せなくなった」と述べている[66]。こうした賛否の割れた状況は、労組票が大きな意味を持つ北九州では深刻な状況をもたらしかねない。九区の選対幹部によれば、前回から大幅に下がった投票率の背景の一つに、「核となる労組の人たちが、少なからず棄権という形で静かに抗議した」ことがあろう[67]。

いま一つの見方は、北九州の民主党をめぐる「気候」は、二〇〇九年の衆院選のときには既に変化し始めていたのではないかというものである。このときの選挙では、民主党が伝統的に強い九区だけでなく、自民党の牙城とされてきた一〇区でも初めて民主党（城井）が議席を獲得した。城井はその前の郵政選挙のときの得票数の二倍以上の票を獲得したにもかかわらず、この勝利は予想外の辛勝として評価された。当時の自民党への猛烈な逆風が吹いていたことや民主党が他の政党（社民党と国民新党）との選挙協力に成功したこと等を踏まえると、圧勝するであろうことは容易に想像できた。しかしながら、結果は、対立候補の自民党の西川に郵政選挙で勝利したとき以上の得票を許すほどの辛勝となった[68]。

九区の民主党関係者は、労組による支援という観点から総力戦となった選挙は、二〇〇五年の郵政選挙が最後だったのではないかという意見を示している[69]。先述の通り、九区では、現行の選挙制度が導入されてから二〇〇三年までの三回の衆院選では民主党公認の北橋が勝利を収めてきた。北橋が初めて小選挙区で敗れたのが二〇〇五年であった。しかしながら、北橋は過去三回の衆院選での得票数を上回る票を獲得した。自民党への追い風が強かったと言われた郵政選挙でこれほど多くの得票に北橋が成功した大きな要因の一つとして、労組との強い関係があったのである。

民主党をめぐる「気候」の変化が民主党政権成立前に始まっていたという認識に立つと、今回の衆院選での民主党陣営の戦略は、その有効性について疑問が向けられよう。北九州で民主党が労組との関係を重視し続けるのであれば、この関係をより強固なものとするための密な意見交換等を行うといった、「気候」の変化に対応する戦略が必要であった。しかしながら、実際には、民主党の各候補は、自転車で選挙区を回ることや辻立ち（街頭演説）を行うことにかなり注力した。これは、二〇〇九年衆院選の勝利を「成功体験」として認識してしまったことの表れではないかと、民主党関係者は解釈している。(70)

民主党をめぐる「気候」の変化について留意すべき二つ目の点は、国政選挙と地方選挙との違いに関わる。北九州では今回の衆院選の約一カ月後に市議選が行われた。その結果は、民主党所属の議員が九人から七人に減るというものであった。選挙制度の違いを考慮に入れる必要はあるものの、民主党は、衆院選での大敗に比べれば、善戦したといえよう。

この市議選で民主党候補たちが直面した状況は、衆院選のときとは大きく違っていた。今回の市議選において市議候補たちは、これまでの市議選のときと大差ない支援を支持者たちから受けていると実感できた。(71)この衆院選と市議選での違いから引き出される一つの示唆は、国政レベルと市政レベルとでは個人と政党の重要性が異なるということである。国政レベルにおいて、議員としてのキャリアを十分に積んできた人でない限り、政党のラベルが相当大きな影響力を有する。今回の衆院選では、九区の緒方は、「問われるべきなのは、候補者個人」と訴え、人々の視線を政党から個人へと変えようとした。(72)しかしながら、この戦略は機能しなかった。陣営を支持する人たちが、知り合い等に民主党候補への支持を呼び掛けても、その候補が民主党所属であるという理由で支持が集まらない状況であった[73]。他方、市政レベルでは、候補者個人への評価が、候補と支持基盤との関係性において重視される。今回の衆院選後の市議選では、民主党というラベルに関係なく、市議候補個人を支持者は支え続けた。

こうした国政選挙と地方選挙での違いが生まれる要因として、民主党関係者は議員と支持者たちとの人間関係を強調する。すなわち、地理的に狭い地域で地方議員は常に支持者たちと密に関わり合うことが可能であるがゆえに、仮に所属政党への逆風が吹いたとしても、支持者たちは地方議員個人を支援する傾向が強くなるのである。

人間関係に加えて、政治制度に着目する必要があろう。選挙制度を例に挙げると[74]、衆院選の小選挙区制では、各政党が一つの選挙区で擁立する候補者は一名となり、結果的に政党のラベルが選挙戦の前面に出てくることになる。他方、大選挙区制を採用する地方議会議員選挙では、大きな政党ほど複数の候補者を同一選挙区で擁立する戦略を採る。このことは、地方政治において、政党と同じかそれ以上に重要なファクターとして候補者個人を位置づけることになる。

では、北九州の民主党をめぐる国政選挙での「気候」の変化と地方選挙での「気候」の安定は、今後も続くのであろうか。民主党の「気候」の行方については、次節で言及する。

4　北九州市の「気候」の行方

自民党をめぐる「気候」の行方

二〇一二年の衆院選に関しては、民主党への逆風という「天候」の変化がよく強調される。本章が取り上げた北九州市においても、「天候」の観点から今回の衆院選の結果が説明されることが少なくない。

しかしながら、「天候」の変化という短期的なファクターに目を奪われていると、時間をかけて進行する地域の特質に関わる変化――「気候」の変化――を見落としかねない。本章は、北九州市の「気候」の変化に着目し、自民党と民主党それぞれをめぐる「気候」がいかなる状態にあるのかについて考察した。自民党は、短期的には「出戻り」という変化を経験し、長いタイムスパンで見ると安定的な「気候」のなかにいることが導出された。民主党をめぐっては、労組に代表される伝統的な支持基盤との関係が構図としては安定的に映る一方で、その実態は変化し始めていることが示唆された。そこで、この最終節では、自民党と民主党それぞれの「気候」の今後に目を向けて、それらの「気候」の行方を左右し得るファクターの幾つかを提示する。

まず、自民党をめぐる「気候」について、業界団体等が自民党に戻ってきた状態はこの先安定へと向かうのであろうか。自民党をめぐる「気候」の中長期的な意味での安定性が揺らぐとしたら、いかなる状況下においてであろうか。第一に、自民党が与党として推進する政策といった全国レベルのファクターがある。たとえば二〇一三年参院選においては、TPP交渉参加を推進するという安倍政権の方針が、自民党候補の選挙戦に大きな影響を及ぼした。福岡県選挙区では、自民党候補の松山政司は、政権の方針と支持団体である福岡県農政連との間で苦慮し、選挙戦では地域浮揚策については抽象的な説明に終始することになった(75)。支持団体の意向と政権の方針との違いは、少なくとも短期的には自民党陣営と支持団体との関係に影響を及ぼす可能性は高く、場合によっては「気候」そのものを変え得ることにもなるかもしれない。

全国レベルの観点からは、政権交代が常態化するか否かにも、自民党をめぐる「気候」の行方は大きく依存するであろう。自民党をめぐる「気候」の安定性に寄与するファクターに、与党としての自民党に支持団体が期待していることが挙げられる。二〇〇九年の衆院選において、福岡一〇区では北九州の経済界の多くが自民党候補の西川を支援したが、その支援の背景には、それまで続いてきた自民党中心の政権への期待と、新しく生まれるかもしれない民主党政権への不安や懸念があった[76]。しかしながら、政権交代が常態化すると、こうした期待や不安・懸念に変容が生じ、政党と業界団体等との間に新しいかたちの関係が構築されるようになるかもしれない。

今後の自民党をめぐる「気候」に影響を及ぼし得る第二のファクターは、地域内部に関わる。福岡一〇区をはじめ福岡県は、表7－2に示されているように、自民党がきわめて強い地域である。しかしながら、その一方で、この地域は様々な選挙で内部分裂やその危機を経験してきている。今回の衆院選でも福岡一〇区において自民党は内部分裂の危機に直面した。二〇一一年の福岡県知事選では、自民党福岡県連が決めた推薦候補とは異なる候補を推す動きが党内で生まれたために、党内に混乱が生じ、結果的には福岡県連の決定を撤回するに至った[77]。このような内部分裂が全国的な政界再編の動きと重なるような状況になった場合、自民党をめぐる「気候」にも大きな変化が生まれるかもしれない。

民主党をめぐる「気候」の行方

次に、民主党に目を向ける。民主党をめぐる国政レベルの「気候」で起きている変化の行方を左右する一つのファクターに、北九州市の民主党を支えてきた労組の今後の組織的な展開が挙げられる。必ずしも一枚岩とは言えなくなっている労組が、組合員との関係をいかなるものとして構築するのか、組合員がどのようなかたちで選挙戦に関わっていくのかに、民主党の国政レベルの「気候」は依存することになろう。

今回の衆院選から約一カ月後の市議選からは、市政レベルでの「気候」の安定性が見出される。しかしながら、この「気候」は、これからの国政との関係を考慮に入れると、変化の可能性を十分に持っているといえる。市政レベルの「気候」に大きな影響を及ぼし得るのが、北九州市選出の衆議院議員がいないという状況である。このことが持つ意味は、第一に、民主党福岡県連の財政事情が悪化することである。[78] なぜなら、政党交付金は国会議員の数等に応じて支給されるため、今回の衆院選の結果は支給額が大幅に減ることを意味し、そのことは北九州市議の活動にも深刻なダメージを与えることになる。

北九州市選出の衆議院議員がゼロであることの第二の意味は、国との重要なパイプを市議が失うことである。政令市である北九州市では、関与の特例として、福岡県を介さずに国と直接的に関わることが多い。そこでは北九州市選出の衆議院議員の協力が市議の活動に大きく貢献し得る一方で、そうした衆議院議員がいない状況では、国との唯一のパイプとなる福岡県選出の参議院議員がその役割を担うこととなる。[79] しかしながら、市議が参議院議員に衆議院議員のようなサポートを期待することは難しいであろう。そもそも参議院議員は福岡県全体に関わる必要がある。くわえて、今回の衆院選では民主党は福岡県で全滅となったために、福岡県のあらゆる地方議員がわずか二名の民主党所属の参議院議員に頼らざるを得なくなる。さらに、二名の参議院議員はいずれも北九州市出身ではないため、北九州市に目を向ける可能性はあまり高くないであろう。

このように、今回の衆院選の結果、市議は、様々な活動を行ううえで必要となる資金を得ることが厳しくなり、また国との関わりを必要とする活動においては国へと繋ぐパイプを十分に持てない状況に置かれたのである。こうしたなかで市議が支持者たちのニーズに応えるような活動を行うことは容易ではない。その結果として、市議に対する支援の安定性が揺らぐかもしれない。今後国政レベルの「気候」が変化し、福岡九区を含めて北九州市で民主党が衆議院議員を輩出できない状況が続くと、市政レベルでの「気候」の変化も起こり得るといえよう。

ここまでの本章の考察を踏まえて強調されるべきことは、今回の衆院選は政権奪還という国政での変化からのみ捉えられるべきではないということである。この衆院選は、各地域での中長期的な「気候」の変化が顕在化した結果としても注目に値する選挙である。それぞれの地域で「気候」がどのように変化しているのかを検証することは、各地域の政治についての理解を促すだけでない。それらの地域での変化が集積することによって国政も大きく変わり得ることを踏まえると、国政での変化についての論究においても、地域レベルに着眼することの重要性が見えてくる。政権交代、そして政権奪還という大きな変化が国レベルで起きている今日、その変化の意味を探るために、地域での「気候」の変化を中長期的な視点から分析することが欠かせない。

注

(1) 選挙研究において特定地域を分析対象とする意義については、松田憲忠「地域と選挙」岩崎正洋編『選挙と民主主義』吉田書店、二〇一三年、一五三～一六八頁、を参照されたい。
(2) 『朝日新聞』二〇一二年一二月二〇日。
(3) たとえば、『読売新聞』二〇一二年一二月一七日、『西日本新聞』二〇一二年一二月一七日。
(4) 『毎日新聞』二〇一二年一二月一八日。
(5) 北九州市の民主党関係者への筆者のインタビュー（二〇一三年三月二二日）。
(6) 『読売新聞』二〇一二年一二月一八日。
(7) 『読売新聞』二〇一二年一二月一日。
(8) 『読売新聞』二〇一二年一二月一日、『毎日新聞』二〇一二年一二月一七日。
(9) 『朝日新聞』二〇一二年一二月五日。
(10) 『西日本新聞』二〇一二年一二月一七日。

(11)『毎日新聞』二〇一二年一二月一八日。

(12)『西日本新聞』二〇一二年一二月一七日。三原陣営が医師会からの支持の取り付けに成功した背景として、二〇一二年四月の会長選で、自民党の古賀誠・元幹事長に近い横倉義武が当選したことも指摘される（「業界団体票、自民回帰の動き…民主が強い警戒感」『YOMIURI ONLINE』二〇一二年一一月二五日）。

(13)『西日本新聞』二〇一二年一二月一七日、「県農政連が10人を推薦」『朝日新聞デジタル』二〇一二年一一月二九日。

(14)「業界団体票、自民回帰の動き…民主が強い警戒感」『YOMIURI ONLINE』二〇一二年一一月二五日。

(15)「農政連、自民支援せず　参院比例区、40年来の方針転換」『asahi.com』二〇一〇年三月二三日。

(16)『読売新聞』二〇一二年一二月一四日。

(17)『西日本新聞』二〇一二年一二月一七日。

(18)『西日本新聞』二〇一二年一二月一八日、『朝日新聞』二〇一二年一二月一九日。

(19)『読売新聞』二〇一二年一二月一日。

(20)二〇〇九年衆院選と二〇一〇年参院選における北九州市での地方議員の貢献については、以下を参照されたい。松田憲忠「政権交代への期待と躊躇――福岡一〇区」白鳥浩編著『政権交代選挙の政治学』ミネルヴァ書房、二〇一〇年、一五九～一八五頁、松田憲忠「二人区は「攻め」の選挙区か、「守り」の選挙区か――福岡県選挙区」白鳥浩編著『衆参ねじれ選挙の政治学』ミネルヴァ書房、二〇一一年、二二四～二三八頁。

(21)『読売新聞』二〇一二年一二月一七日。

(22)北九州市議の衆院選にかける強い思いは、北九州市議会の運営にも影響を及ぼした。二〇一二年一二月四日は、市議会では一般質問が予定されていたが、衆院選公示日と重なったため、市議会はこの日を休むこととなった。市議にとっては、市議会における議員活動よりも、衆院選における支援活動のほうが重要であったといえよう。『朝日新聞』二〇一二年一二月一日（夕刊）。

(23)『朝日新聞』二〇一二年一一月二七日。

(24)福岡一〇区の歴史については、松田、前掲「政権交代への期待と躊躇」、を参照されたい。

(25) 北九州市の民主党関係者への筆者のインタビュー（二〇一三年三月二二日）。
(26) 『西日本新聞』二〇一二年一二月一七日。
(27) 『毎日新聞』二〇一二年一一月二七日、『毎日新聞』二〇一二年一二月一七日。
(28) 『朝日新聞』二〇一二年一二月一七日。
(29) 『毎日新聞』二〇一二年一一月三〇日。
(30) 山本陣営は、公明党への投票を呼びかけるための組織として「明幸会」を新たに設けたほど、公明党との選挙協力を重視した（『西日本新聞』二〇一二年一二月一八日）。
(31) 出口調査によると、山本は公明党支持者の八割強の支持を得た（『西日本新聞』二〇一二年一二月一八日）。
(32) 『毎日新聞』二〇一二年一二月一八日。
(33) 二〇〇五年衆院選での落選後、自見は国民新党に入党し、二〇〇七年参院選で当選を果たした（比例区での当選）。
(34) 福岡一〇区における二〇〇九年衆院選については、松田、前掲「政権交代への期待と躊躇」、を参照されたい。
(35) 『毎日新聞』二〇一一年五月九日。
(36) 『毎日新聞』二〇一一年四月二七日。
(37) 『毎日新聞』二〇一一年五月三一日（夕刊）。なお、支部長要件とは、西川によると、「前回選挙時に惜敗率七〇％以上で六十五歳以下」であり、この条件を西川は満たしていた（『読売新聞』二〇一一年六月一日）。
(38) 『毎日新聞』二〇一一年六月一日。山本を強く推し、市議団幹部に対して山本支持を求めていたのは、山本が所属する派閥の長である古賀誠・元党幹事長であったと言われている（『毎日新聞』二〇一二年五月一一日）。
(39) 『読売新聞』二〇一一年九月二一日（夕刊）。
(40) 『毎日新聞』二〇一一年九月二八日。
(41) 県連とは異なる党本部の決断を望んだ西川の期待が叶わなかったのは、決して不思議なことではない。自民党本部が都道府県連の決定に反対することは基本的にはないことが、自民党の地方組織へのヒアリングのなかで確認されている。詳細については、砂原庸介「政党の地方組織と地方議員の分析」建林正彦編著『政党組織の政治学』東洋経済新報社、二〇一三年、六〇～六一頁。

(42)『朝日新聞』二〇一二年四月七日。

(43)『朝日新聞』二〇一二年四月八日、『朝日新聞』四月一一日。

(44)『毎日新聞』二〇一二年四月六日（夕刊）。西川の県連への批判と党本部に対する失望感は、西川の公式サイトにも掲載される（四月八日）と同時に、事務所で会見も行われた。また、西川は地元メディア（ＲＫＢ毎日放送）の取材にも応じ（五月三日）、その内容が放映された（五月八日）。詳細については、「西川京子公式サイト」http://www.nishikawa-kyoko.jp/ を参照されたい（「自民党衆議院福岡10区支部長決定についての反論」（四月八日投稿）、「福岡10区問題が報道されました。」（五月一〇日投稿））。

(45)『朝日新聞』二〇一二年四月七日。

(46)『毎日新聞』二〇一二年一一月二七日、『読売新聞』二〇一二年一二月二日。

(47)『朝日新聞』二〇一二年一二月四日。

(48)『朝日新聞』二〇一二年一二月四日、『読売新聞』二〇一二年一二月四日。

(49)『西日本新聞』二〇一二年一二月一八日。

(50) 自民党の牙城とされてきた一〇区に目を向けると、自民党候補の西川京子が敗れた前回の衆院選においてでさえも、自民党の支持基盤は健在であったという見方も可能である。当時、自民党への逆風と民主党への追い風が強く吹いていたにもかかわらず、その前の郵政選挙で当選したときの得票数よりも、西川は多くの票を獲得した。公明党からの推薦による得票数の増加分を考慮しても、得票数は維持されていた。このことは北九州（とりわけ一〇区）における自民党の支持基盤の盤石さ、すなわち自民党をめぐる「気候」の安定性を示唆しているといえよう。松田、前掲「政権交代への期待と躊躇」、一七六～一七八頁。

(51)「天候」の変化については、前回の衆院選で見られた民主党への追い風が民主党への逆風と自民党への追い風へと変わったとは、第1節で言及したように、自民党と民主党の両陣営とも実感を持って感じ取ってはいなかった。その意味で、「天候」の変化は、民主党への追い風が止んだという変化に過ぎないといえよう。
(52) 森正「民主党地方組織と労働組合」上神貴佳・堤英敬編著『民主党の組織と政策――結党から政権交代まで』東洋経済新報社、二〇一一年、一三五頁。
(53) 村上弘「民主党――二〇一二年衆議院選挙と二大政党制」『立命館法学』第三四五・三四六号、二〇一三年三月、七九四頁。民主党における小沢一郎らの旧自由党議員の存在等を考慮に入れて、民主党内の影響力のメカニズムを解明した論考として、森、前掲「民主党地方組織と労働組合」、がある。
(54) たとえば二〇一〇年の参院選では、福岡県選挙区の民主党公認候補と民主党推薦候補の選挙支援をめぐって、民主党福岡県連は北九州市では推薦候補の支援に注力するという方針を立てた一方で、北九州市の労組は公認候補を支援することを決定した。この県連の方針と労組の決定との間で板挟みになった北九州市の民主党関係者は、どっちつかずの選挙支援を展開する状況に陥った。詳細については、松田、前掲「二人区は「攻め」の選挙区か、「守り」の選挙区か」二一四～二三八頁、を参照されたい。
(55) 『読売新聞』二〇一二年一一月二三日。
(56) 『朝日新聞』二〇一二年一一月二六日。
(57) 『朝日新聞』二〇一二年一一月二七日。
(58) 『朝日新聞』二〇一二年一二月一七日、『読売新聞』二〇一二年一二月一七日。
(59) たとえば、河村直幸「最近の選挙キャンペーンの動向――各種選挙の事例分析から」『現在社会文化研究』第二七号、二〇〇三年七月、一〇七～一二四頁。
(60) 『毎日新聞』二〇一二年一二月一七日。
(61) 北九州市の民主党関係者への筆者のインタビュー（二〇一三年三月二二日）。
(62) 北九州市の民主党関係者への筆者のインタビュー（二〇一三年三月二二日）。
(63) 『朝日新聞』二〇一二年一二月二〇日。
(64) 労組の組合員の投票行動の実証分析として、たとえば、東正訓「国政選挙における労働組合員の投票行動の一貫性と非一貫性――二〇〇九年衆院選と二〇一〇年参院選の場合」『追手門学院大学心理学部紀要』第六巻、二〇一二年三月、六七～九三頁、がある。
(65) 北九州市の民主党関係者への筆者のインタビュー（二〇一三年三月二二日）。
(66) 『朝日新聞』二〇一二年一二月二〇日。
(67) 『毎日新聞』二〇一二年一二月一八日。
(68) 松田、前掲「政権交代への期待と躊躇」一七四～一八〇頁。
(69) 北九州市の民主党関係者への筆者のインタビュー（二〇一三年三月二三日）。
(70) 北九州市の民主党関係者への筆者のインタビュー（二〇一三年三月二二日）。
(71) 北九州市の民主党関係者への筆者のインタビュー（二〇一三年三月二二日）。
(72) 『朝日新聞』二〇一二年一二月五日。
(73) 北九州市の民主党関係者への筆者のインタビュー（二〇一三年三月二二日）、『西日本新聞』二〇一二年一二月一八日。この状況は、民主党陣営の支持基盤の集票力をさらに引き下げる要因として捉えることができるであろう。
(74) 選挙制度以外の制度も、地域における選挙に大きな影響を及ぼす。松田、前掲「地域と選挙」一五五～一五九頁。自治制度の影響については、松田憲忠「相乗りの構図と実態——福岡県知事選」白鳥浩編著『統一地方選挙の政治学』ミネルヴァ書房、三〇五～三〇六頁、を参照されたい。
(75) 『読売新聞』二〇一三年七月二四日。
(76) 松田、前掲「政権交代への期待と躊躇」一七七頁。
(77) 二〇一〇年の福岡県知事選をめぐる自民党内部の動きについては、松田、前掲「相乗りの構図と実態」二八九～三〇二頁、を参照されたい。
(78) 『朝日新聞』二〇一二年一二月二〇日。
(79) 松田、前掲「相乗りの構図と実態」三〇五～三〇六頁。

参考文献

河村直幸「最近の選挙キャンペーンの動向——各種選挙の事例分析から」『現在社会文化研究』第二七号、二〇〇三年七月。

砂原庸介「政党の地方組織と地方議員の分析」建林正彦編著『政党組織の政治学』東洋経済新報社、二〇一三年。

東正訓「国政選挙における労働組合員の投票行動の一貫性と非一貫性——二〇〇九年衆院選と二〇一〇年参院選の場合」『追手門学院大学心理学部紀要』第六巻、二〇一二年三月。

松田憲忠「政権交代への期待と躊躇——福岡一〇区」白鳥浩編著『政権交代選挙の政治学——地方から変わる日本政治』ミネルヴァ書房、二〇一〇年。

松田憲忠「二人区は「攻め」の選挙区か、「守り」の選挙区か——福岡県選挙区」白鳥浩編著『衆参ねじれ選挙の政治学——政権交代下の二〇一〇年参院選』ミネルヴァ書房、二〇一一年。

松田憲忠「相乗りの構図と実態——福岡県知事選」白鳥浩編著『統一地方選挙の政治学——二〇一一年東日本大震災と地域政党の挑戦』ミネルヴァ書房、二〇一三年。

松田憲忠「地域と選挙」岩崎正洋編『選挙と民主主義』吉田書店、二〇一三年。

村上弘「民主党——二〇一二年衆議院選挙と二大政党制」『立命館法学』第三四五・三四六号、二〇一三年三月。

森正「民主党地方組織と労働組合」上神貴佳・堤英敬編著『民主党の組織と政策——結党から政権交代まで』東洋経済新報社、二〇一一年。

〔謝辞〕　本章の執筆にあたりましては、北九州市の民主党関係者の方々から多大なるお力添えを賜りました。資料の収集・整理等につきましては、北九州市立大学大学院法学研究科修士課程（当時。現在法政大学大学院公共政策研究科博士後期課程）の永野理絵さんに協力していただきました。記して深くお礼申し上げます。
なお、本章の不備と誤りは全て筆者の責任に帰すものであります。

第8章　自民党議席奪還の構図
——沖縄県選挙区——

照屋寛之

1　民主党への失望

マニフェスト不履行

二〇〇九年衆議院選挙は、政権党である自民党への有権者の不信感、嫌悪感が募った選挙で、自民敗北必至の中で行われた。権力の座を奪われた自民党は、当分の間、政権復帰は困難ではないかとみられていた。しかし、幸いにも自民党にとって民主党の政権担当能力の無さのゆえ、有権者が民主党から離れるのに多くの時間は要らなかった。「民主党政権は、新しい持続可能な政治の構築への国民の期待に応えることができず、リベラルな社会への希望を託した人々を幻滅させることになった[1]」。「一体、あの歴史的な政権交代は何だったのか。民主党政権の経過を振り返ると、むなしさが募る。三年前のマニフェスト（政権公約）は今や総崩れとなった[2]」と言われるほど民主党の評価は落ちていた。自民党は、そのチャンスを逃がすことなく、解散を何よりも恐れていた民主党に解散を決断させた。民主党にとって解散は、政権の座を明け渡すことであった。解散を前にして民主党から離党し、新党の結成、離合集散は激しくなっていった。「二〇〇九年の衆議院選挙で戦後初めて、選挙によって政権交代が実現したとき、よもやこのような形で民主党が分裂し、任期を待たずに追い込まれようとは、誰が想像しえたで

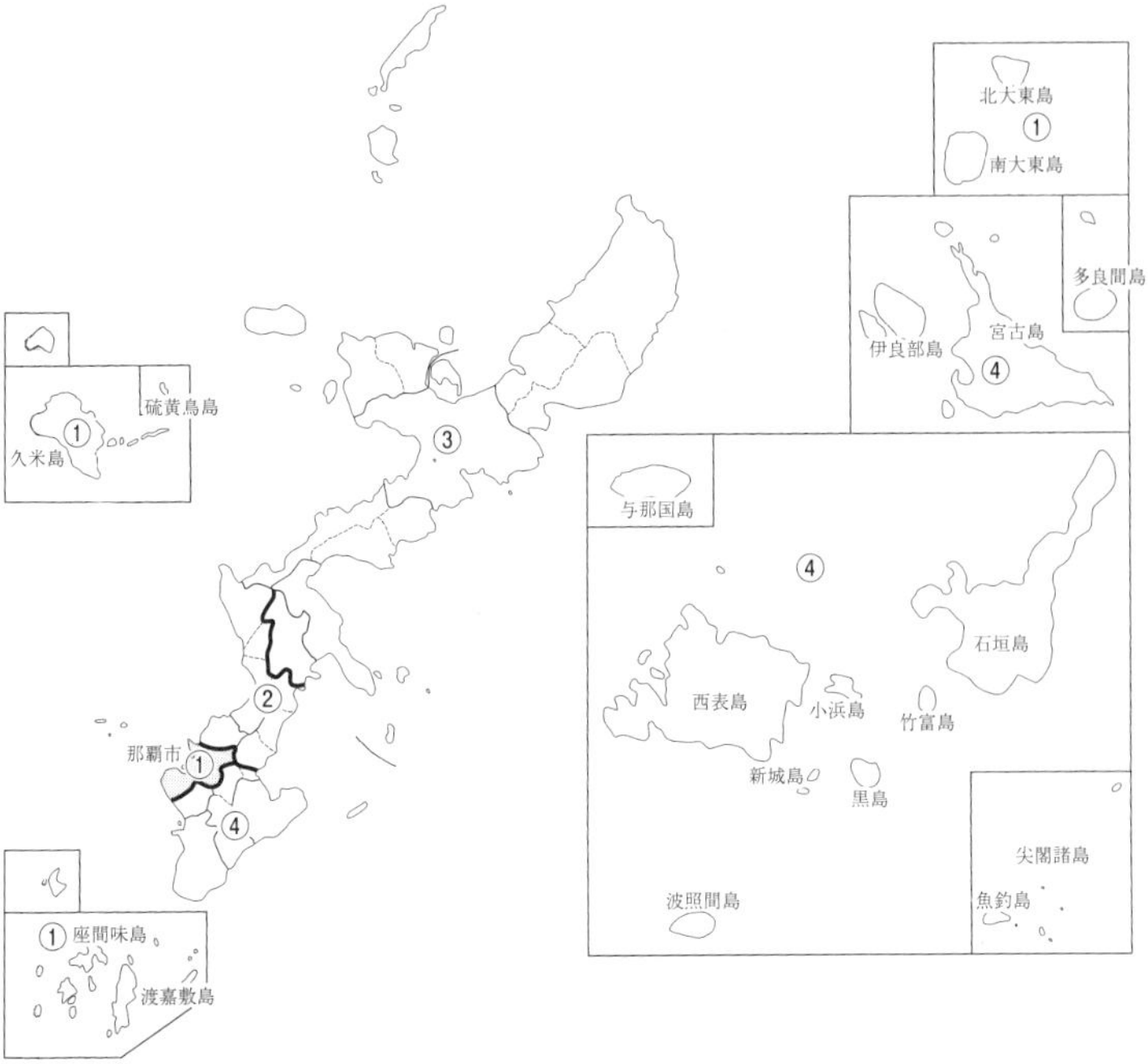

図8-1　衆議院小選挙区（沖縄県）

あろうか」と評されたように[3]、この選挙は民主党に「マニフェスト選挙の怖さ」を見せつけるものとなった。

全国的に民主党の人気はあまりにも呆気なく終焉した。特に沖縄では、鳩山由紀夫民主党代表（当時）が、普天間飛行場を「最低でも県外」に移すと公言したために、民主党への期待は急激に膨らみ、民主党は初めて小選挙区で二議席を確保した。しかし、普天間基地の移設先を探すことができず、「抑止論」の視点から辺野古への移設が望ましいとなり、県民を失望させ、これまでの民主党への県民の期待は、怒りと失望へと急変した[4]。

自民一強と野党の分裂・弱小化

二〇一二年衆院選を目前に控え、既成政党への批判・不信の高まりを

表8－1　沖縄県選挙区選挙結果

沖縄1区									
	得票数	氏名	年齢	党派	推薦・支持	新旧	当選回数	肩書・経歴	重複
当	65,233	国場　幸之助	39	自	公	新	1	(元) 県議	○
	46,865	下地　幹郎	51	国民	民	前		郵政改革相	
比	27,856	赤嶺　政賢	64	共		前	5	党幹部会委員	○
	11,514	安田　邦弘	67	維	み	新		(元) 参院議員秘書	○
沖縄2区									
当	73,498	照屋　寛徳	67	社		前	4	党国対委員長	○
比	55,373	宮崎　政久	47	自	公	新	1	弁護士	○
	19,551	金城　利憲	58	維	み	新		畜産会社社長	○
	1,556	永井　獏	68	無		新		(元) 大学教授	
沖縄3区									
当	68,523	比嘉　奈津美	54	自	公	新	1	歯科医師	○
比	56,711	玉城　デニー	53	未	大	前	2	(元) 衆沖北委理事	○
	12,503	大城　俊男	45	維	み	新		社福法人理事長	○
	10,269	宮里　昇	65	共		新		党県常任委員	
	7,404	崎浜　宏信	56	民	国	新		(元) 大学職員	○
	1,874	金城　竜郎	48	諸		新		幸福実現党員	
沖縄4区									
当	72,912	西銘　恒三郎	58	自	公	元	3	(元) 国交政務官	○
	33,791	瑞慶覧　長敏	54	無		前		英語教室経営	
	12,918	魚森　豪太郎	34	維	み	新		(元) 医療機器社員	○
	11,825	真栄里　保	56	共		新		党県常任委員	
	8,193	大城　信彦	45	民		新		(元) 南風原町議	○

受けて新党の結成が相次ぎ、結果的に一二もの政党が候補者を擁立した。しかし、〇九年衆院選と異なり、政権を目指す自民党以外には圧倒的な勢いを持つ政党はなく、まさしく一強多弱の選挙戦となり、選挙を待たずして自民党の圧勝、政権奪還は既成事実となっていた。本選挙では、現職大臣が八名も落選した。(5) これはわが国の選挙史上初めてのことであった。このような結果になったのは、いかに民主党政権が国民から乖離し、見放されていたかの何よりの証でもあった。沖縄選挙区では下地幹郎《しもじみきお》が現職大臣ながら大差で新人の国場幸之助《こくばこうのすけ》に敗れた。

多くの政党が候補者を擁立する選挙が沖縄でも行われ、一〇の政党が候補者を擁立した。国政での新党乱立に伴い、沖縄でも一九七〇年の国政選挙以来、過去最多の一九名が四選挙区で立候補した。県内政党間の連携の枠組みも前回衆院選とは変わり、各政党はしのぎを削る戦いを展開した。二〇〇九年衆院選で当選した二名の民主党議員は選挙を待たずして離党した。新たに民主党は候補者を擁立したもののまったくの泡沫候補となり、選挙結果は二〇〇九年の政権交代選挙の面影さえなかった。

二〇〇九年衆院選で民主党が第三区と第四区で自民党の大物現職を破り、議席を確保したが、三年余で民主党はガタガタになり、一二年衆院選では、自民党に議席を奪還された。沖縄選挙区も「自民回帰」への潮流となった。〇九年衆院選で沖縄が国政選挙に参加して以降初めて、全ての衆議院の全議席を失う歴史的敗北を喫した自民党は、一、三、四区で議席を奪還した。(6) 沖縄一区では一九九六年に小選挙区制度が導入されて以降、初めて自民党公認候補が議席を得た。自民党は、二区の比例復活と合わせて計四議席を獲得した。沖縄選挙区において史上空前の圧勝であった。本章では、なぜこのように自民党がわずか三年余で議席を奪還することができたのか、その構図を考察してみたい。

2　各選挙区情勢と政党間選挙協力

自民党圧勝の選挙区情勢

(1) 沖縄一区

この選挙区は、国民新党前職の下地幹郎に共産党前職（比例）の赤嶺政賢《あかみねせいけん》、自民党新人の国場幸之助が挑み、[7] 共産党はこれまで重点選挙区として位置づけてきたが、小選挙区で議席を得ることはきわめて困難であった。全国的な第三極の風を受け、日本維新の会の新人安田邦弘《やすだくにひろ》も立候補はするものの、政治家としても知名度、実績はまったくなく、維新としても当選を目指しているのではなく、維新の会全体の票稼ぎ要員の感は否めなかった。したがって一区は、実質的には下地と国場の一騎打ちの選挙区であった。前職大臣が議席を死守するのか、国場が三度目の挑戦で議席を獲得し、自民党が初めて議席を獲得できるのか、県内では注目の選挙区であった。

一区は県都那覇市を中心とした選挙区で無党派層が多いのが特徴で、したがって浮動票獲得が勝敗を決する鍵となった。従来、公明党公認候補を自民が推薦するパターンの自公協力が鮮明な選挙区であり、自公連立後の初めての二〇〇一年衆院選では自公選挙協力のモデルケースとも言われたが、[8] 二〇〇五年選挙では反自公を掲げる下地が議席を獲得して二期務めており、自公勢力の下地への怨念の巻き返しにも注目が集まる選挙区であった。

(2) 沖縄三区

この選挙区は、二〇〇三、〇五年衆院選で自民党の嘉数知賢《かかずちけん》が当選し、しかも嘉数は一九九六、二〇〇〇年の衆院選では比例で復活当選していた。したがって、嘉数は小選挙区の導入以来自民党の議席を守っており、この選挙区は強固な保守地盤であった。ところが、二〇〇九年衆院選では、民主への追い風で新人の玉城《たまき》デニーが沖縄保守の有力政治家であった嘉数を破った。

一二年衆院選では、この選挙区には民主党から離党した日本未来前職の玉城デニー、自民新人の比嘉《ひが》奈津美《なつみ》、共産新人の宮里昇《みやざとのぼる》、民主新人の崎浜宏信《さきはまひろのぶ》、日本維新の会新人の大城俊男《おおしろとしお》、幸福実現党の金城《きんじょう》竜郎《たつろう》の六人が立候補した。この選挙区でも共産党は議席を獲得したことはなく、日本維新の会の候補者は政治家として実績、知名度はまったくなく泡沫候補、さらに幸福実現党の候補者もこれまでの選挙結果から判断するならば泡沫候補であった。したがって、前職玉城が議席を守れるか、新人の比嘉が自民の議席を奪還できるかで注目された。実質的には、玉城と比嘉の一騎打ちの選挙であった。三区は注目の米軍普天間飛行場の移設予定地の名護市を抱え、選挙結果は、移設問題にも大きな影響を与えるだけに自民党としては是が非でも議席を奪還したい選挙区であった。

玉城は民主を離党したが、前回選挙と同様に全駐労の推薦と連合沖縄の支持・支援を受けた。一方玉城への刺客として擁立された崎浜は民主政権の成果を強調するが、それに耳を貸す有権者はほとんどなく、三年前の民主への追い風がウソのようにまったく独自の戦いを余儀なくされた。保守陣営の比嘉は自民党の候補者選考委員会で擁立が決まったものの、市議、県議の経験もなく政治家としての実績はまったくの未知数で、知名度もまったくなく、通常の選挙であれば当選にはほど遠い候補であった。ところが民主は自滅に近く、第三極はバラバラで小選挙区という制度のゆえに当選を視野に選挙戦を展開することはできた。

(3) 沖縄四区

この選挙区はこれまで強い自民党地盤とされる地域で小選挙区制が導入されて以来、保守が議席を獲得してきた選挙区であった。ところが、二〇〇九年の選挙では、このように強固な保守地盤も民主旋風の前にはなす術もなく議席を守れなかった。

一二年衆院選では無所属前職の瑞慶覧長敏《ずけらんちょうびん》に自民元職の西銘恒三郎《にしめこうさぶろう》、共産新人の真栄里保《まえさとたもつ》、民主新人の大城信彦《おおしろのぶひこ》、日本維新の会魚森豪太郎《うおもりごうたろう》が挑む構図であった。この選挙区でも五人が立候補したが、一区、三区同様、民主、共産、日本維新の会は候補者を擁立したものの、どのぐらい真剣に当選を考えていたのか疑問をもたれる程度の候補者であった。西銘は「西銘ブランド」[9]と言われるぐらい知名度もあり、これまで衆議院二期の実績もあり、この選挙では、実質的な対抗馬がないところから選挙戦と同時に当確が出たと言っても過言ではないほど西銘が強い選挙区であった。

前回の選挙では民主への追い風でまったくの無名の新人で当選していた、前職の瑞慶覧は選挙を待たず民主党を離党し、無所属の立候補で、沖縄社会大衆党（社大党）の支援はあったものの、西銘ブランドに対抗するには組織力がなく、はじめから当選にはかなり厳しい選挙戦を余儀なくされていた。

政党間選挙協力の構図

小選挙区制の下では、イギリス、アメリカなどにみられるように、二大政党制になるとされる。わが国でも制度導入後は二大政党化するものと思われていた。現に民主党が政権担当可能な政党にまで成長し、政権交代も起こった。ところが、民主党の分裂後は、小規模な政党が誕生することになり、巨大与党と野党の弱小化、「一強多弱」の構図となった。そのため野党にとって小選挙区制の下では強力な野党間選挙協力なしには選挙区で議席を得ることは不可能となった。そこで次に、沖縄選挙区における一二年衆議選での与野党の選挙協力を概観してみたい。

「政権選択」が最大の争点となった二〇〇九年衆院選では、自公政権に対する不満から、民主党を中心とする「反自公」勢力を結集して政権交代を実現させた。ところが、民主党政権誕生後は、民主党の党内運営に対する不満から離党者が相次ぎ、これまでにない第三勢力の乱立となり、政党間の連携も様変わりせざるを得なかった。したがって、沖縄県内の政党間協力も変化したのは当然であった。〇九年衆院選では、反自公勢力が緩やかな共闘関係を構築した。とくに国政で連携していた民主、社民、国民新は一部選挙区を除き、連携を深めて推薦や支持によって、事実上の選挙協力を行った。

ところが、一二年衆院選では、米軍普天間飛行場の移設先が辺野古に回帰したことに抗議する形で、民主党政権から離脱した社民は、民主、国民新のいずれとも距離を置き、公認候補を擁立した沖縄二区以外の選挙区では自由投票とした。民主は、党本部が一区の国民新前職の下地幹郎に推薦を出していたが、県連レベルでは、普天間移設問題での対応が異なるために不信感は強く、実質的には連携は厳しかった。

沖縄三区の前職玉城デニー、四区は瑞慶覧長敏が民主を離党したため、前職と新人で「元民主対民主」の対決構図となった。沖縄三区では、共産は社大を推薦し、社民は、人材不足などを理由に小選挙区が導入されて以来、初めて候補者擁立を断念した。〇九年衆院選は「反自公」の枠組みの中で候補者を立て、民主と競合した。沖縄四区では、共産は社大を推薦し、無所属前職の瑞慶覧を社大が推薦した。

自民と公明は「選挙区は自民、比例区は公明」のバーター協力が全国的に定着し、沖縄でも国政、自治体レベルの各選挙で自公の選挙協力は強固になった。自民にとっては、公明の学会票は何にも代え難い魅力的なものである[10]。とくに自公の初めての選挙であった二〇〇一年には、自公協力のモデルケースとも言われたほどである。

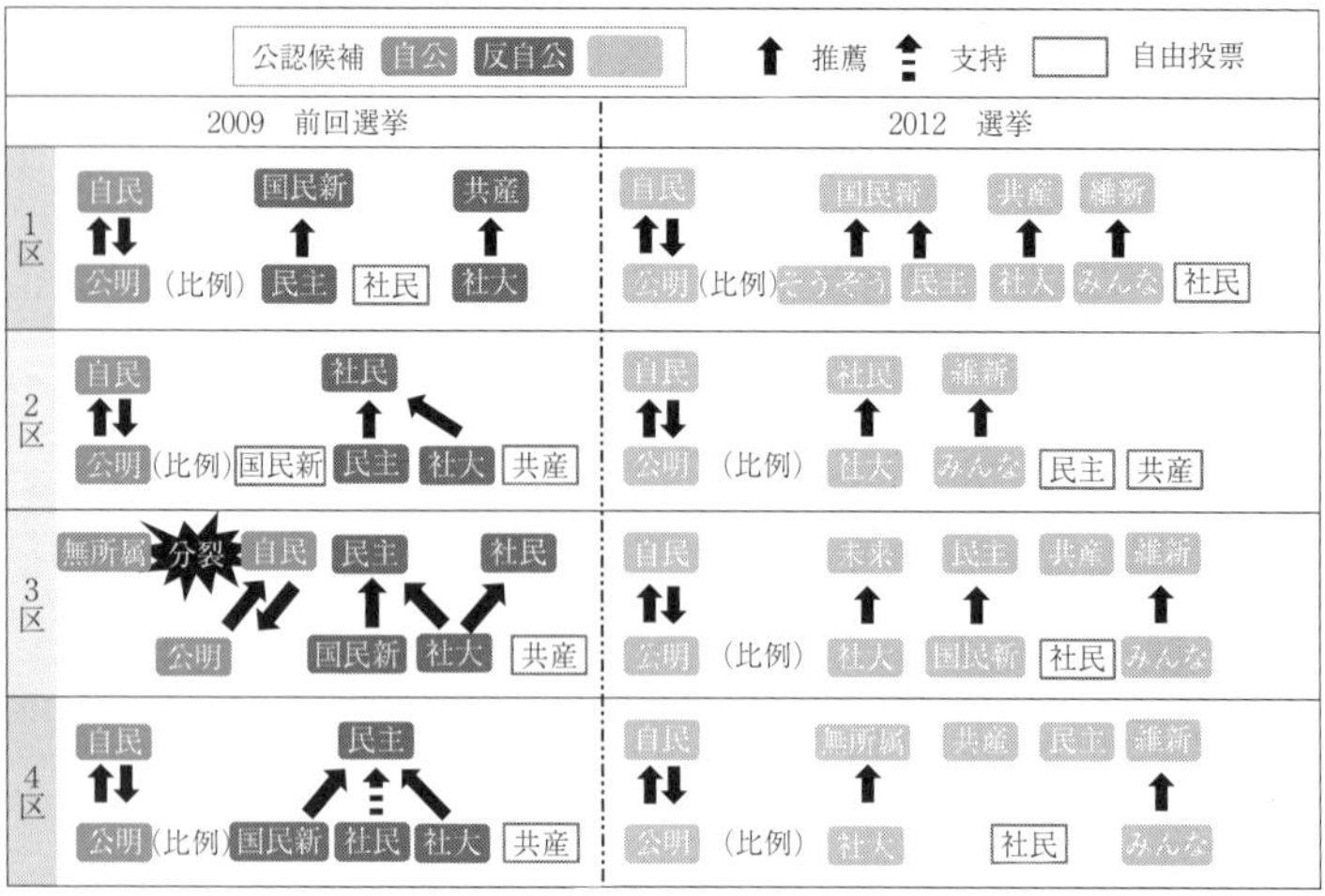

図8－2　衆院選沖縄選挙区の政党間選挙協力

出所：『琉球新報』2012年12月6日。

一二年衆院選での政党間協力で当落に大きな影響を与えたのは、沖縄一区であった。この選挙区では、国民新前職の下地幹郎は、連立を組む民主党が常任幹事会で早々に推薦を決定した。下地が代表を務める地域政党そうぞうは、組織を挙げて支持を決定した。前職の赤嶺政賢が出馬する共産は、社大が推薦した。前回一部議員が下地を支援した社民は、この選挙では自主投票と決めていたが投票に際しては、社民の基本政策を踏まえて支援を判断することになっていた。実質的には社民票は下地ではなく、かなりの票が共産に流れたであろう。ちなみに、一区が〇九衆院選より四一四一票増えており、投票率が約九ポイント下がったことを考慮すれば、社民票は共産にかなり流れたことが想定できる。共産党内には、「下地氏の政策は社民の基準に合わない。今回、社民は下地支持に動かないだろう[11]」との見方があり、赤嶺への協力が強まることに期待が強かった。社民の支援が得られるならば、その見返りに共産は唯一候補者を擁立していない二区では自ずから社民を支持したであろう。このように一区と二区では共産と社民は他党と比べ政策距離が近い政党同士の協力関係が築かれた。そのぶん下地は苦戦せざるを得なかった。〇九年には社民支持層からも幾分入ったが、一二年はおそらくそれもなく、さらに民主は推薦はしているもののほとんど動く力量もなく、票に結びつくことはなかったのではないか。

野党の協力関係が選挙ごとに変動があるのに比べると自公の協力関係は、二〇〇一年衆議院選以来不動であった。今回選挙で第三極が台頭したが、それでも自公の協力関係にはまったく影響はなかった。自公の選挙協力は国場にとっては当選に大きな影響があったに違いない。とくに沖縄一区では「自公対反自公」の選挙で下地が、二〇〇五年衆院選で公明の公認候補を下して、雪辱を果たした。公明県本部幹部は、「公明にとって下地は敵だ。自民候補の応援というだけでなく、県内政界から消し去るほどの意気込みで公明党の支持者は徹底して戦った[12]」と語るほどであった。

以上のように、一二年衆院選での政党間の選挙協力を一瞥して言えることは、自公の選挙協力は全国的にうまくいった。沖縄で自民が比例を含めて四議席を獲得できたのは、公明の協力抜きには考えられない。一方、野党の選挙協力は、弱小政党間のものとなり協力の効果は限定的で、自公候補と互角に戦えるほどには成果を上げることはできなかった。

選挙直前の政党支持率は、自民一五%、民主六%、維新五%、未来、共産、社民三%、公明二%、国民新、みんな一%で、選挙協力しているどの組み合わせも自公の一七%にはまったく及ばない[13]。沖縄では一九六八年の主席公選で社会党、共産党、社大党が革新共闘会議を結成し、自民党を破り革新主席が誕生した歴史があり、この三党は社大党が要政党になり、これまでも各種の選挙を戦ってきた。したがって、〇九、一二年衆院選でも社大は共産、社民と協力関係を構築しやすかったであろう。現在のように小党分立した野党の場合、選挙協力しても選挙の流れを代えるような勢力になれず、政党間の政策、理念の違いから無理に協力することは難しく、無理にやれば有権者からは選挙目当ての野合と批判されるし、野党弱小政党の選挙協力の限界を思い知らされる結果であった。

3　選挙公約

辺野古移設容認では戦えない

わが国では二〇〇三年衆院選からマニフェスト選挙になった。二〇〇九年に民主党はマニフェストで有権者を引き付け、政権交代を実現した。ところが、民主党はマニフェストを実行できず、二〇一二年衆院選では政権を奪取された。政党にとって政策、公約は有権者の信頼を得る重要なものである。ところが、政党が選挙直前しかも選挙目当てに離合集散する中でどのぐらい政策を吟味・検討したのか、気になるところである。ここでは沖縄の候補者の公約を考えてみたい。

沖縄は戦後、巨大な米軍基地を押しつけられ、復帰後もその状態は依然として続いている。そのため、選挙ではどうしても基地問題、とりわけ辺野古移設問題が大きな争点になってきた。沖縄の選挙では基地問題が候補者の擁立にも大きな影響を与えてきた。二〇一〇年参院選では、民主党本部と民主党県連で米軍普天間飛行場の辺野古移設でねじれ、民主党は政権党でありながら候補者擁立を断念した[14]。二〇一〇年の県知事選でも同様であった[15]。

このように、基地問題、安全保障条約、オスプレイ配備が公約、争点になる選挙はおそらく沖縄だけであろう[16]。最近の選挙では、普天間飛行場の辺野古移設問題が争点となっていたが、二〇一〇年参院選からこれまで辺野古移設を推進してきた自民党候補者も表８－２にみるように「県内移設反対」を訴えるようになった。もはや沖縄で基地容認、県内移設容認では選挙が戦えなくなった。結果的には重要な

表8－2　2012年選挙で訴えた内容

国場幸之助氏（1区）　県外
辺野古移設は非常に難しく不可能だと思っている。これは私の意見ではなく，県民の民意だ。党本部とのねじれとの指摘もあるが，県民の立場で県外移設を主張したい。
宮崎政久氏（2区）　県外
普天間飛行場の危険性除去に最も確実な方法は県外移設だ。沖縄の過重負担軽減の必要を国民共通認識とすべく，「日本の安全保障を考える国民会議」を立ち上げ，国民世論を形成する。
比嘉奈津実氏（3区）　県外
普天間飛行場は危険性除去のため早急移設が必要。自民党県連，仲井真弘多知事と同じ立場で，県外移設を主張していく。県民の目線で，最後まで県外という形で押していく。

出所：『沖縄タイムス』2012年11月14日。

争点が回避された選挙になっている。自民と民主は、党本部は県内移設、沖縄県連は「県外移設」という「ねじれの構図」が、二〇一〇年参院選から続いている。

このように自民と民主がねじれ選挙を余儀なくされるなか、一二年衆院選で注目すべきことは、日本維新の会が県内移設を公約にしたことである。橋下徹代表は、普天間飛行場の移設先について「一度、辺野古にお願いしたい。受け入れるところはいまのところ本州にはない⑰」と、辺野古移設を訴えた。選挙結果は、選挙区では一人も当選できなかったが、維新の会の得票数は、四選挙区で五万六四八六票、比例区で九万六四九〇票であった。

党本部と県連のねじれ選挙

表8－3にみるように、自民や民主の候補者は県内移設に反対し、辺野古移設を断固推進しようとする党本部とのねじれが鮮明になった。現職大臣の国民新党候補は選挙戦当初、内閣不統一を避けることを理由に「辺野古移設、暫定的な県内移設」を掲げていたが、選挙中で閣議がないことなどを理由に「辺野古移設の白紙撤回⑱」の立場に戻った。日本維新の会は、三候補が「暫定的な県内移設」、一候補

表8－3　衆院選・立候補者　政策早見表

※政党要件を満たしている政党から公認，推薦を得た者，もしくは前職の立候補者のみ対象。敬称略（届出順）		米軍基地	
各選挙区候補者名		普天間返還・移設問題	オスプレイ県内配備
1区	赤嶺　政賢（共産前）	無条件閉鎖・撤去	反対
	安田　邦弘（維新新）	暫定的な県内移設	条件付き容認
	国場幸之助（自民新）	県外移設	反対
	下地　幹郎（国民新前）	辺野古移設白紙撤回	反対
2区	金城　利憲（維新新）	県外・国外移設	反対
	宮崎　政久（自民新）	県外移設	反対
	照屋　寛徳（社民前）	県外・国外移設	反対
3区	大城　俊男（維新新）	暫定的な県外移設	反対
	宮里　昇（共産新）	無条件閉鎖・撤去	反対
	比嘉奈津美（自民新）	県外移設	反対
	玉城デニー（未来前）	県外・国外移設	反対
	崎浜　宏信（民主新）	無条件閉鎖・撤去	反対
4区	魚森豪太郎（維新新）	暫定的な県内移設	条件付き容認
	西銘恒三郎（自民元）	県外・国外移設	反対
	大城　信彦（民主新）	無条件閉鎖・撤去	反対
	瑞慶覧長敏（無所属前）	無条件閉鎖・撤去	反対
	真栄里　保（共産新）	無条件閉鎖・撤去	反対

出所：『琉球新報』2012年12月15日参照。

が「県外・国外移設」であった。ところが、橋下代表は辺野古移設に反対する候補者に「党の意見として反対を唱えるのであれば偽りになる。維新から出て行ってもらわないといけない」と断言した。橋下発言の後、その候補は「県外・国外」から「辺野古移設」に方向転換した[19]。下地は辺野古移設問題でぶれたのが敗因の一要因でもあった。

自民党は一、二、三区の候補は「県外移設」で、四区の西銘は「県外・国外移設」であった。当選後の座談会でも「党の政調会長、幹事長、総裁を含め、徹底的に県外移設を含めた議論をしたい[20]」と語っていた。ところが、西銘は当選後半年も経たないうちに普天間飛行場の移設問題で「危険性の除去という原点に立ち返るしかないと思っている。辺野古は万やむなし。普天間を固定化しないというのも県連の公約だ。県外は具体性がない。政権与党でいつまでも県外と言って持つのか」と述べ、選挙公約に反することについて、「原点は危険性の除去。政治家として自分の決断を公にして、私自身、それで政治生命がなくなっても何の悔いもないというぐらい腹を決めている[21]」と述べ、県外移設を撤回し、県内移設を容認することになった。

極論すれば、政府としては、自民候補に公約を破棄させせなければ、県内移設を推進することは厳しい。したがって、今後も沖縄選出の自民党議員に県内移設容認と公約破棄を迫ってくることは想定されていたのであるが、その時期は県民の予想よりも早かった。

4　自民党本部、官邸の公約破棄への圧力

自民党当選者の公約破棄

二〇一二年衆院選では、自民党から立候補した四人の国会議員は、普天間飛行場の移設に関して「県外移設」を訴えて選挙戦を戦い、一、三、四区は選挙区で当選、二区は比例で復活当選した。選挙戦において基地問題、とりわけ移設問題は有権者の大きな関心事であった。そこで自民党県連も候補者も揃って県外移設を訴えた。結果的に争点がぼやけ、自民党は選挙戦を有利に展開することができた。前述の通り西銘は党本部から強要されることなく、自分の政治信念に照らして公約を撤回して辺野古への

県内受け入れを容認した。ところが、国場、宮崎、比嘉が辺野古移設を堅持したので党本部は、三人に受け入れ容認を執拗に迫った。ちなみに、一二年衆院選での三人の選挙区候補者の普天間飛行場移設についての考え方は表8－2の通りであった。

政府は辺野古移設を推進するためには、沖縄選出の自民党国会議員がそれに賛成しなければ難しいと判断、まだ県内移設に反対している国場、宮崎、比嘉に是が非でも公約を破棄させ、辺野古推進に転換させる必要があった。そこで、自民党本部は「離党勧告」をちらつかせ、三人の沖縄選出国会議員に公約を撤回させ、辺野古移設容認を強引に迫った。

三人は県外移設の堅持をしたのであったが、自民党本部の圧力、官邸権力でもって公約を破棄させられた。宮崎は県外移設を公約に掲げたことに対して「最も早くて確実な方法は県外の既存施設を活用することだと訴えてきた。しかし、状況は変化し、時も進んでいる」と釈明し、容認の理由として「統合計画によって普天間の返還の道筋や時期が明示され、2プラス2（日米の外交・防衛担当閣僚による安全保障協議委員会）で辺野古移設への日米両政府の強い決意が再確認された」[22]ことを挙げた。宮崎は米軍基地負担軽減の進展を指し、「状況は変化している」と指摘したが、オスプレイの追加配備強行など衆院選以降、状況はさらに悪化し、県民の負担軽減よりむしろ増加しているのが実情である。状況が変化しているのは、政府・自民の圧力が増している点にあることは明らかであった[23]。

比嘉は県外移設容認に至った経緯と理由について「石破茂幹事長からあらためて普天間の固定化の可能性が高いという説明をもらった。固定化になった場合、もし事故が起きたら尊い命がどうなるか、（中略）危険性の除去が移設問題の始まりだ」と説明し、公約違反については、「公約との方向性が違ったということに責任を感じている。しかし医療人として手掛けていることもあるし、自民党だからできることがある。オスプレイの県外運用や嘉手納以南の返還など沖縄の負担軽減を目に見える形で、県民に分かる形を作っていけるよう努力していきたい[24]」と語った。

国場は公約撤回について、「県外移設公約は堅持するという県民との公約は重く、取り下げることはできない。ただ普天間飛行場の固定化は最悪のプランだ」。辺野古移設の容認について、「固定化はあってはならない。一日も早い危険性の除去につながるすべての可能性を排除すべきではない。それが私の言葉のすべてだ[25]」と語り、実質的には辺野古移設容認となった。

自民党県連も党本部・官邸に屈す

このように、県選出自民党国会議員らは党本部の圧力に「総崩れ」して県外移設公約から辺野古移設に転じたのは、「危険性除去のため」という党側の大義名分に縛られた上、与党議員として国政に残ることに固執したからである。県外移設を信じて一票を投じた有権者の期待を裏切ることになった。ますます政治・政党・政治家不信を高めることになった。首相官邸と党は「固定化」と「離党勧告」の二つの〝脅し文句〟で三人の議員を辺野古推進に追い込んだ[26]。

この一連の公約破棄騒動をみて、自民党にとっては、公約は選挙に当選するための手段であって、有権者との固い約束ではないことが浮き彫りにされた。同時に、政権与党のおごりが明らかになった。二〇一二年総選挙での自民党公認の四人は公約をかなぐり捨て党本部にひれ伏すことになった。一九七〇年の国政参加以来、このような公約破棄は記憶にない。二〇一二年選挙での辺野古の賛否は争点の一つであり、投票結果に大きな影響を与えていたことを考えると、選挙そのものの意義を喪失させることにもなりかねない。

自民党本部の公約破棄の圧力は、国会議員にとどまらず自民党沖縄県連にも及んだ。菅義偉官房長官、石破茂自民党幹事長は、翁長政俊《おながまさとし》沖縄自民党県連会長らに「このまま県連の要望を聞いていると、普天間の固定化がほぼ確実になる」「県外移設なんてとんでもない。党本部の方針に従うべきだ[27]」と、「恫喝」同様な言葉で辺野古移設容認を迫った。党本部、官邸権力に屈するかのように、ほとんど間をおかず、自民党沖縄県連も二〇一二年衆院選での公約を撤回し、普天間飛行場の辺野古移設を容認する方針を決定した。

5　選挙結果

自民党の党勢拡張なき圧勝

今回の選挙結果は、一九九六年に小選挙区比例代表制が導入されて以後、自民党が県内全ての選挙区で候補者を擁立し、比例区を含め全員当選という圧勝であった。しかし、自民党の県連役員は格段の高揚感をみせなかった。選挙結果は、自民党が期待を一身に集めたことの表れというより、民主党への失望の反映との見方が強かったからであった[28]。

沖縄四選挙区での自民候補者の総得票数は二六万二〇四一票（絶対得票率二二・九二％）であった。しかも〇九年選挙での自民、保守系無所属の獲得票数が二六万二八七六票（絶対得票率二四・六二％）であったことから判断すれば、この選挙結果は自民の圧勝ではなかった。民主への失望感、野党の分裂・弱小化のなかで小選挙区制という制度のマジックゆえに自民は圧勝したのであった。自民は比例（二区）を含めて四選挙区全てで議席を得たものの、表8－4にみるように、得票率で過半数を超えたのは四区の西銘だけであった。自民の支持が拡大したわけではなかった。

このことは自民党の比例区での得票数からも明らかになった（表8－5）。自民党は、二〇〇九年衆院選で失った三、四区も取り返し、議席は二区での比例復活も含めて全選挙区で議席を獲得したものの、

表8－4　自民党候補の選挙区得票数（率）

	得票数	得票率（%）	有効投票数
1区　国場幸之助	65,233	43.1	151,468
2区　宮崎政久	55,373	36.9	149,978
3区　比嘉奈津美	68,523	43.6	157,284
4区　西銘恒三郎	72,912	52.2	139,639

出所：『沖縄タイムス』2012年12月17日を基に作成。

表8－5　比例区政党別得票・得票率の推移

	2012年	2009年	2005年
民主	49,033（ 8.3%）	258,152（38.5%）	163,085（26.4%）
公明	103,720（17.6%）	120,095（17.9%）	54,592（ 8.8%）
自民	124,149（21.1%）	118,365（17.7%）	218,383（35.4%）
社民	78,679（13.3%）	74,006（11.1%）	96,975（15.7%）
共産	49,611（ 8.4%）	53,603（ 8.0%）	53,752（ 8.7%）
みんな	30,013（ 5.1%）	20,473（ 3.1%）	
国民新	16,675（ 2.8%）	18,972（ 2.8%）	30,605（ 5.0%）
幸福実現	4,051（ 0.7%）	6,175（ 0.9%）	
維新	96,490（16.4%）		
未来	37,488（ 6.4%）		

出所：『沖縄タイムス』2005年9月12日，2009年8月31日，2012年12月16日を基に作成。

得票数は〇九年衆院選より五七八四票増えたに過ぎず、決して有権者の支持が増えたわけではなかった。さらに二〇〇五年と比較すると九万四二三四票も減らし、得票率は一四・三ポイントも減少している。

比例区の得票数で注目すべきは、日本維新の会の得票数であった。初戦ながら、しかも普天間基地移設の県内移設を訴えながら、九万六四九〇票（一六・三六%）を獲得したことは、今後の選挙を考える上でも注目すべき得票数である。一気に組織政党である共産党のほぼ二倍も得票し、学会票を基礎票とする公明党の得票数にもかなり迫った。

民主党の凋落ぶりは、表8－5からも明らかなように、小選挙区同様に比例区でも驚愕する結果であった。〇九年衆院選の二割弱程度しか得票できなかった。とくに沖縄では鳩山の基地問題へのスタンスのぶれ、オスプレイの強行配備などから有権者を裏切ることが重なり、全国よりも厳しい結果であった。全国的に見ると民主は、〇九年衆院選の四二％から一六％になり二六ポイントも下落した。沖縄ではさらに厳しく、〇九年衆院選の三八・五％から八・三％になり、三〇・二ポイントも減少した。自民党は民主を離れた批判票の受け皿になりきれず、民主を離れた票は維新、みんな、未来に流れた。

自民党圧勝の構図——沖縄一区

(1)自民初議席・現職大臣落選

自民新人の国場幸之助が、〇九年衆院選で敗れた国民新前職で現職大臣の下地幹郎を大きく引き離して雪辱を果たした。前回の選挙での落選後、細かい地域回りなど有権者と膝を交えた選挙運動が功を奏し、支持を拡げた(29)。下地が普天間基地の移設問題でぶれたのに対して、国場が「ブレない政治」を掲げ、政策浸透よりも政治姿勢を前面に出した選挙戦を展開した。自民・公明の支持基盤に加え、自公の政権奪還を見越した企業、団体の「期待票」が国場に雪崩を打った。

一方、県建設業政策推進連盟（県産連）、JAグループなどを中心とした「県農業政治連盟」は国民新党前職の下地の支援を打ち出した。従来の自民党支持組織からの推薦も取り付け、保守票の争奪にも成功したかに見えた。ところが、自民党の石破茂幹事長が来県し、建設業界を締め付け、建設、農業票を奪い返したことは国場の勝利への大きな弾みとなった。JAに対しては、政権与党の威力を発揮し、サトウキビ価格決定に関わる自民党農林部会長らが説得に当たるなど、新たな下地支援の芽は一つずつ摘

表8－6　沖縄1区市町村別得票数

	2012		2009	
	国場幸之助	下地幹郎	国場幸之助	下地幹郎
那覇市	62,389	43,522	60,029	72,285
渡嘉敷村	209	179	183	234
座間味村	337	163	266	279
粟国村	140	252	199	193
渡名喜村	164	24	155	74
南大東村	453	265	427	335
北大東村	154	176	186	154
久米島村	1,387	2,284	1,582	2,598
計	65,233	46,865	63,017	77,152

出所：『沖縄タイムス』2009年8月31日，2012年12月17日を基に作成。

み取られていった[30]。

こうした動きが進むにつれ、下地の支援網は弱くなり、追い込まれた。さらに、下地劣勢と自民党躍進が伝えられると、業者は国場へ雪崩を打った。いわゆる「バンドワゴン効果[31]」が働き、ますます国場が有利になったといえる。勝ち馬に乗ろうという流れが加速したのが印象的であったともいえる。国場はこのような流れについて、「那覇市内の建設業者が最終的には、かなり国場支持に回ったが、回ったから勝ったのではなく、彼らは国場が勝つと分かったので国場に流れた[32]」と語っていた。

(2) 二〇〇九年と一二年衆院選の得票数比較

この選挙区は、国民新の下地に自民国場、共産赤嶺政賢、日本維新の会安田邦弘が挑む構図であったが、共産のこれまでの選挙での得票数、維新の会の知名度、政治実績の無さを考えると、実質的には国場と下地の一騎打ちの選挙区であった。

この選挙区は有権者の九六％を那覇市が占めており、表8－6にみるように、那覇の得票差がそのまま当落を決める。〇九年衆院選で下地は有効投票数の四七％、国場が三八％であった。一二年衆院選では国場が有効投票数の四三％を得票し、下地は三一％であった。この選挙区は二〇〇三年の選挙から下地が立候補しており、かなり地盤は固められていた。そこに新人で挑戦し当選するのは容易ではないが、一二年衆院選では国場が自公勢力の結束で現職大臣の下地を破った。

結局、この選挙区で自民が議席を獲得できたのは、国場陣営幹部が勝因を「国場氏が強いわけでも、沖縄に自民の風がふいたわけでもない。勝因はただ一つ、下地の自滅だ」[33]との指摘もあるが、自公の選挙協力のうまさ、国場の落選翌日からの街頭あいさつ、二〇〇九年衆院選で自民への逆風の中でも当選した全国の自民党国会議員に会い、政治姿勢を学んだこと、三年余にわたる地域回り、地域活動への積極的な参加による票固め、落選バネとも言うべき当選への執念があったことも忘れてはならない[34]。さらに、自民党本部の強力な支援体制が効を奏した。

自民党圧勝の構図——沖縄三区

(1) 自民議席奪還

今回は自民が早々に候補者擁立に着手し、衆院選の一年前に支部長を決定するなど順調に滑り出した。このことは選挙結果にも如実に表れている。

自民新人の比嘉は、協力する公明の運動で知名度不足をカバーし、さらに、自民党の石破茂幹事長が公示後二回、応援弁士を務める異例なほどの力の入れようであった。自身が歯科医師で、医療・福祉団体など保守層以外にも支持を拡げることができたのも勝因であった。

出身の歯科医師会など医療界が全面支援したことも勝利に大きく貢献した。自民党は保守候補が分裂して議席を失った〇九年衆院選の反省を踏まえ[35]、候補者選考員会を開いて比嘉を選出した。これによって「生まれ変わった」自民党を演出することに成功したといえる。

一方、民主の負の遺産を背負って再選を目指した玉城は、全駐労の全面支援の下に運動を展開したが、政権与党の民主出身の批判をかわすことができなかった。さらに民主新人が立候補したことで同党支持層が割れ、候補者が乱立したことも影響した[36]。

玉城は全駐労などの支援を受けたが、比嘉陣営に比べ組織力が劣っていた。辺野古への移設反対を明確に掲げ、候補者擁立を見送った社民の票も取り込んだが、日米安保に対する考え方の違いから社民の運動面での支援までは得られず、広がりに欠けた。前回選挙時に所属していた民主党に逆風が吹く中で、離党したとはいえその影響を払拭することは容易ではなかった。玉城は未来支持層を手堅く固め、古巣の民主支持層の六割にも食い込み、さらに、六割を超える無党派層、社民支持層の五割近くの支持も得たが、当選には至らなかった[37]。

この選挙区でも確かに民主の自滅、野党の弱小化による自民の勝利を説明できるが、自公の選挙協力、候補者選考による一本化、現職の歯科医を擁立したことで医療・福祉団体などの支持が得やすかったこと等も自民比嘉圧勝を確かなものとした。

(2) 二〇〇九年衆院選と一二年衆院選の得票数比較

三区では金城竜郎（幸福実現党）、大城（日本維新の会）、宮里（共産党）、比嘉（自民党）、玉城（日本未来の党）、崎浜宏信（民主党）が立候補したが、比嘉が有効投票数の約四三・六％、玉城が約三六・一％を獲得し二人で七九・七％を獲得しており、実質的には比嘉と玉城の一騎打ちであった。なお、玉城は二〇〇九年には民主党からの立候補であったが、今選挙では政党が離合集散する中で日本未来の党（民主党離党当時は「国民の生活が第一」）からの立候補であった。

表8－7　沖縄3区市町村別得票数

	2012年		2009年	
	比嘉奈津美（自民）	玉城デニー（未来）	嘉数知賢（自民）	玉城デニー（民主）
名護市	12,354	7,842	9,000	12,000
沖縄市	22,057	20,439	11,200	13,800
うるま市	20,172	18,579	11,684	28,643
国頭村	1,472	611	1,245	1,347
大宜見村	579	556	368	763
東　村	636	269	520	466
今帰仁村	1,568	1,499	1,246	2,427
本部町	2,744	1,876	2,250	3,550
恩納村	1,801	1,334	1,283	2,518
宜野座村	1,516	1,248	664	1,413
金武町	1,977	1,348	1,450	2,550
伊江村	848	746	928	1,594
伊平屋村	332	149	182	416
伊是名村	467	215	321	431
合　計	68,523	56,711	42,341	71,918

出所：『沖縄タイムス』2009年8月31日，2012年12月17日参照。

二〇〇九年衆院選は民主党に追い風、自民党に逆風の選挙であった。その選挙では玉城は、東村を除く全ての市町村で現職ベテランの嘉数を上回り、新人であったが嘉数におよそ三万票の大差で勝利した（表8－7）。有効投票数は四四・二％で、嘉数の有効投票数の二六・〇％を大きく上回っての勝利であった。

ところが、二〇一二年衆議院選は、民主党への極度の不信・批判が渦巻く中、しかも野党の分裂・多党化・弱小化の中で行われ、さらに、急な解散、選挙となったため、多党化した野党は選挙協力も十分行うことができず、自民党に追い風が吹いたわけではないが、選挙制度が小選挙区制であったため、自民党

表8-8　沖縄4区の市町村別得票数

	2012年衆院選		2009年衆院選	
	西銘恒三郎（自民）	瑞慶覧長敏（無所属）	西銘恒三郎（自民）	瑞慶覧長敏（民主）
石垣市	9,279	4,345	9,664	10,747
糸満市	12,536	4,526	11,947	14,292
豊見城市	11,200	4,864	10,300	13,500
宮古島市	11,869	3,080	13,271	10,287
南城市	9,497	6,362	9,000	9,000
与那原町	3,553	2,380	2,994	4,912
南風原町	6,611	4,366	6,322	10,724
八重瀬町	6,259	3,045	5,480	7,675
多良間村	468	81	373	191
竹富町	1,106	466	1,193	1,190
与那国町	534	276	536	410
計	72,912	33,791	71,080	82,928

出所：『沖縄タイムス』2009年8月31日，2012年12月17日参照。

に有利になった。二〇〇九年の選挙結果とは、打って変わって一四市町村すべてで比嘉が玉城を上回り、新人の比嘉が一万一八一二票差で玉城に勝利した。

二〇〇九年衆院選では、玉城が民主党から立候補し、有効投票数の四四・二％を獲得したのであったが、今選挙で民主党から立候補した崎浜は、七四〇四票（有効投票数の約四・七％）しか得票できなかった。民主党の凋落ぶりをシンボライズする得票数であった。

日本維新の会から立候補した大城は、沖縄選挙区では知名度もほとんどなく、しかも選挙準備の不十分さにもかかわらず、一万二五〇三票（有効投票数の七・九％）を得票したのは注目すべきである。これは、大城への投票というよりも維新の会という政党への期待票と考えるのが妥当ではないか。この選挙区で維新が大きな足跡を残したことは確かであろう。

組織政党の共産を上回っていることにも注目したい。

(1)自民党圧勝の構図――沖縄四区

西銘恒三郎は二〇〇九年衆院選では、この選挙区が強力な保守地盤であるにもかかわらず、政権交代を掲げる民主の風に乗った新人瑞慶覧長敏に敗れた。ところが、一二年衆院選では組織力で上回る自民元職の西銘が、無所属前職の瑞慶覧に約四万票近くの大差で圧勝した。自民元職の西銘は一一市町村のうち八市町村長の支援を受けるなど盤石の体制で臨み、無所属前職の瑞慶覧ら他候補をまったく寄せ付けず、圧勝で返り咲きを果たした（表8－8）。瑞慶覧にダブルスコア以上の大差での圧勝であった。さらに、他四候補の得票合計よりも上回る得票であった。投票日当日の出口調査でも瑞慶覧に大差をつけ、まだ開票作業も始まらないうちに早々と当確が打たれた。有効投票に占める得票率も五二・二一％で過半数を超えた。

西銘は支援する県議や首長、市町村議員団らが結束し、他の四候補を圧倒した。農業や経済、福祉など推薦六〇団体の支援も加わり抜群の組織力を発揮し、二〇〇九年の選挙の六四・三三％から一〇・九六％低い五三・三七％という低調な投票率も、組織力のある西銘に有利に展開したことは間違いない。

さらに、西銘の圧勝を確かなものにしたのは、前回選挙の落選以降、地道な地域回りを継続し、TPP反対も強く訴え農家票も手堅くまとめ、他候補より出足が早い運動の展開で無党派層の掘り起こしでも先行したことであった[38]。ちなみに、選挙直前の調査で無党派層の五割弱の支持を得ていたことも圧勝の要因であろう[39]。

西銘は四区の全一一市町村で前回敗れた瑞慶覧を上回った。もちろん他の候補者にも圧勝したことは言うまでもない。このように全ての市町村で他の候補者を上回ったのは、一区から四区の候補者で西銘だけであった。まさしく完全試合であった。

瑞慶覧は無所属で出馬せざるを得なかった。前職の国会議員としての知名度を生かし、遊説戦略に徹した。瑞慶覧が離党した民主は新人の大城を、共産も新人の真栄里を擁立したため、前回のように「反自公層」をまとめることができなかった(40)。

(2)二〇〇九年衆院選と一二年衆院選の得票数比較

この選挙区は前回同様、形の上では西銘と瑞慶覧の一騎打ちであったが、一騎打ちとは言え、実質的には西銘の当選は選挙を待たずして決まったのも同然の選挙であった。選挙戦は終始西銘が安定した戦いを展開し、世論調査でも西銘「優勢」「安定」と言われていた。当日の出口調査でも瑞慶覧におよそ一〇ポイントの大差をつけた。〇九年衆院選では、まったくの無名新人の瑞慶覧が現職の西銘を破った選挙区であった。その選挙では共産党も候補者を擁立せず、瑞慶覧にとっては民主への追い風に加えて実に幸運な選挙であった。その票差は、一万一八四八票で、過去の共産党の得票数、三万八五五〇票（二〇〇三年衆院選）、四万一五三二票（二〇〇五年同）を考慮すれば、民主党への追い風があったとしても共産党が候補者を擁立していれば、当選は厳しかったかもしれない。ちなみに、二〇一二年衆院選での共産党の得票率は一万一八二五票であった。

この選挙区でも自公協力のうまさ、野党の弱小化による自民勝利を説明することはできるが、西銘本人の落選直後からの地域回りの徹底による離れた支持者を呼び戻したことなども自民圧勝を確かなものにすることができた。良きにつけ悪しきにつけ、わが国の選挙の常道は「どぶ板選挙」であり、「候補者は歩いた分しか得票できない」とも言われ、候補者は政策を訴えるよりも地域を回り有権者に会うことが大切なようである。

注

（1）伊藤光利・宮本太郎編『民主党政権の挑戦と挫折』日本経済評論社、二〇一四年、四六頁。
（2）『琉球新報』二〇一二年一一月七日。
（3）『沖縄タイムス』二〇一二年一二月四日。
（4）「最低でも県外」発言に対して、首相辞任後、琉球新報とのインタビューで次のように語っている。「沖縄の現実を考えた時に、県民の苦しみを軽減するために党として『最低でも県外』と決めてきた。鳩山個人の考えで勝手に発言したというより党代表として党の基本的な考えを大いなる期待感をもって申し上げた。見通しがあって発言したというより、しなければならないという使命感の中で申し上げた。しっかりと詰めがあったわけではない」（「鳩山前首相一問一答」二〇一一年二月一三日）。このような民主党の基地問題への対応を山口二郎は次のように語っている。「沖縄基地問題は鳩山政権にとって最も大きな難問であった。たとえて言えば、数学の試験問題の中で、わざわざ最も難しい問題を最初に選び、答えを出せないまま時間を費やし、他の問題にも手が回らないという状況を自ら作り出したのであった」（山口二郎『政権交代とは何だったのか』岩波新書、二〇一二年、一〇頁）。なお、政府が沖縄への基地の配備の必要性をことあるごとに抑止論の視点から説くが、森本敏元防衛大臣は沖縄への基地配備について「軍事的には沖縄でなくてもよいが、政治的に考えると沖縄が最適の地域だ」と語ったことが注目を集めた（『沖縄タイムス』二〇一二年一二月二五日）。
（5）今回の選挙には一二人の現職閣僚が立候補したが、藤村修官房長官、城島光力財務相、樽床伸二総務相、田中真紀子文科相、三井辨雄厚労相、小平忠正国家公安委員長、中塚一宏金融相、下地幹郎郵政民営化相が落選し、当選したのは四人であった。現職の官房長官が落選したのは、一九四七年の官房長官制度が創設されて以来、初めてのことであった（『朝日新聞』二〇一二年一二月一七日）。
（6）小選挙区制度がスタートした一九九六年の選挙で、下地は第一区から自民党候補として立候補したが落選。

新進党（旧公明党）の白保台一《しらほたいいち》が当選。二〇〇〇年の選挙で下地は同選挙区で立候補の準備を進めていたが、自公政権の誕生で選挙区での候補者は公明党の白保になり、下地は比例区から立候補し当選。二〇〇三年の選挙で白保が一区の候補者となったが、これに下地は納得せず、党本部の意向を無視し立候補したが落選。党本部は下地に離党勧告。これがきっかけで下地は自民党を離党。二〇〇三年の選挙では無所属で一区から立候補するが、公明の白保に敗れる。二〇〇五年の郵政選挙では無所属で立候補し当選。二〇〇九年選挙では国民新党から立候補し当選。このようにみてくると小選挙制導入後、一区で自民党が議席をとったことはなく、国場の当選で初めて自民党は議席を獲得したことになる。

（7）一九七〇年の国政選挙から連続六期（一三年）衆議院議員を務めた国場幸昌は大叔父で、広義の世襲議員。

（8）自公モデルケースの犠牲になったのが下地であった。下地は自民党公認で一区から立候補する準備を進めていたが、党本部は下地を比例に回し、公明候補を推薦することを決定し、下地は比例で当選はしたものの忸怩たる思いであったに違いない。その後下地と公明、自民の怨念の戦いの始まりとなった。

（9）西銘は二世議員。父西銘順治は、衆議院議員を三期連続当選後、沖縄県知事を三期務め「西銘王国」を築いた政治家であった。

（10）ちなみに、沖縄の四衆院選挙区における公明党の基礎票は、一選挙区およそ二万票と言われている。これは自民党にとって魅力的であることは間違いない。動員力に関しても「公明党支持者の皆さんは非常に熱心で集票活動を一生懸命やってくれるので、そのことがいざ選挙となると大きなパワーとなって、選挙の大小にかかわらず、集票力につながっている。もちろんほとんどが学会票である。これがパワーの源である。公明党は調整も抜群にうまい。一定の基礎票を分配しながら、長年の積み重ねのデータから、どの程度の配分をして、どの程度のてこ入れをすれば、どういう結果になるかということが、長年のキャリアからおおよそ分かっている」（照屋寛之「『子ども手当』という突風」白鳥浩編著『衆参ねじれ選挙の政治学』ミネルヴァ書房、二〇一一年、二九三～二九四頁）。

（11）「活動30日攻防③」『沖縄タイムス』二〇一二年一一月一八日。

（12）『琉球新報』二〇一二年一二月一九日。

(13)『沖縄タイムス』二〇一二年一二月七日。
(14)照屋寛之「全国唯一の民主党候補空白選挙区――沖縄県選挙区」白鳥浩編著『衆参ねじれ選挙の政治学』ミネルヴァ書房、二〇一一年、二六六頁参照。
(15)照屋寛之「候補者擁立ができない民主党――沖縄県知事選」白鳥浩編著『統一地方選挙の政治学』ミネルヴァ書房、二〇一三年、三一九頁参照。
(16)県内ではほぼすべての候補者が主要政策に「普天間問題」を挙げている。民主、自民、未来、共産、社民など主要政党の候補者は「県外・国外移設」や「即時無条件撤去」を訴えているが、一方、全国的には「普天間問題」や「オスプレイ配備」は選挙の争点から外れていた。
(17)「自民圧勝の舞台裏④」『沖縄タイムス』二〇一二年一二月二一日。
(18)『琉球新報』二〇一二年一二月一八日。
(19)「自民圧勝の舞台裏④」『沖縄タイムス』二〇一二年一二月二一日参照。
(20)『琉球新報』二〇一二年一二月一八日。
(21)『琉球新報』二〇一三年四月二〇日。西銘は自民党政権時代、普天間移設を推進していた。今衆院選でも「将来の県外・国外移設を前提とした暫定的な県内移設、辺野古移設の可能性を排除しない」と述べた（「争点を読み解く③」『琉球新報』二〇一二年一一月二八日）。ところが、「衆院選では、沖縄県連の会長から『それ（辺野古推進）は言ってくれるな』と指摘され、県外移設を求めるという発言にとどめた」経緯がある（『沖縄タイムス』二〇一三年四月四日）。このようなことを考えると、西銘は「県内移設」が本音であった。
(22)『沖縄タイムス』二〇一三年一一月二五日。
(23)『琉球新報』二〇一三年一一月二五日。
(24)『琉球新報』二〇一三年一一月二六日。
(25)同前。
(26)同前。
(27)『沖縄タイムス』二〇一三年一一月一九日。

(28)『琉球新報』二〇一二年一二月一七日。
(29) 国場は、選挙戦を振り返ってインタビューで次のように語った。「街頭演説をやった後に、周辺地域回りをした。これまでの自分の選挙は郷友会、企業が中心であった。二〇〇九年の選挙に負けて、もう自民党はしばらく政権に復帰することはないだろうと思っていた。誰も相手にしてくれないので、地域を歩くしかなかった。それが今回の選挙で効果的であった。地域の方々に見えるように、街頭に立ったり、清掃活動にも参加してみたり、地域に入っていこうと考えた。那覇市内には、小さな神社もたくさんあり、そういうところを回って、定期的な集まり等にも出席したことは、選挙運動の大きな変化であった」(国場氏へのヒアリング、国場事務所にて、二〇一三年九月二日)。
(30)「揺り戻しの衝撃①」『琉球新報』二〇一二年一二月一八日。
(31) 勝利すると予測された候補者が有権者の勝ち馬に乗ろうとする心理によって、ますます大勝利となる現象。『ジュリスト』増刊総合特集〈選挙〉No.38、一四三頁。
(32) 前掲、国場氏へのヒアリング。
(33)「揺り戻しの衝撃①」『琉球新報』二〇一二年一二月一八日。
(34) 前掲、国場氏へのヒアリング。
(35) 保守分裂の選挙となったことも自民の嘉数が敗れた一因であったため、一本化を至上命題とした。
(36)『沖縄タイムス』二〇一二年一二月一七日。
(37)『沖縄タイムス』二〇一二年一二月九日。
(38)『沖縄タイムス』二〇一二年一二月一七日。
(39)『沖縄タイムス』二〇一二年一二月一四日。
(40)『沖縄タイムス』二〇一二年一二月一七日。

［謝辞］　国場幸之助氏には、ヒアリングに際して貴重なお時間を割いていただき、誠に有難うございました。記して感謝の意を表します。

第9章　第三極と「スプリット・ウィナー」
——静岡一区、東京二区・五区——

白鳥　浩

1　二〇一二年政権奪還選挙と第三極

二〇一二年一二月一六日に、第四六回衆議院選挙が行われた。この選挙は、政権交代以降、民主党を中心とした三年間の政権運営の是非を問うものであり、このまま民主党を中心とした政権を継続させるのか、それとも異なる勢力に政権を委ねるのかについての政権選択の選挙であるという側面を持っていた。

本章では、この選挙における静岡一区の選挙結果を事例として、日本政治に表れてきた特異な現象を検討するものである。この二〇一二年選挙は、二〇〇九年衆院選で野党となっていた自民党によって「政権奪還選挙」と名付けられ、総裁に返り咲いていた安倍晋三によって、「自民を選ぶか、民主を選ぶか」といった選択肢が有権者に提示されていた選挙という側面が存在した。しかしながら、今回の選挙にあたって有権者に提示されていた選択肢は、自民党か民主党かといったものだけではなかった。そこにおいては、これまで日本の政治の中に存在してこなかった新たな勢力が、選択肢として提起されていたのであった。いわゆる「第三極」と呼ばれる政治勢力である。

本章においては、民主党政権下で出現した第三極と総称される新党を分析の対象とする。第三極と称

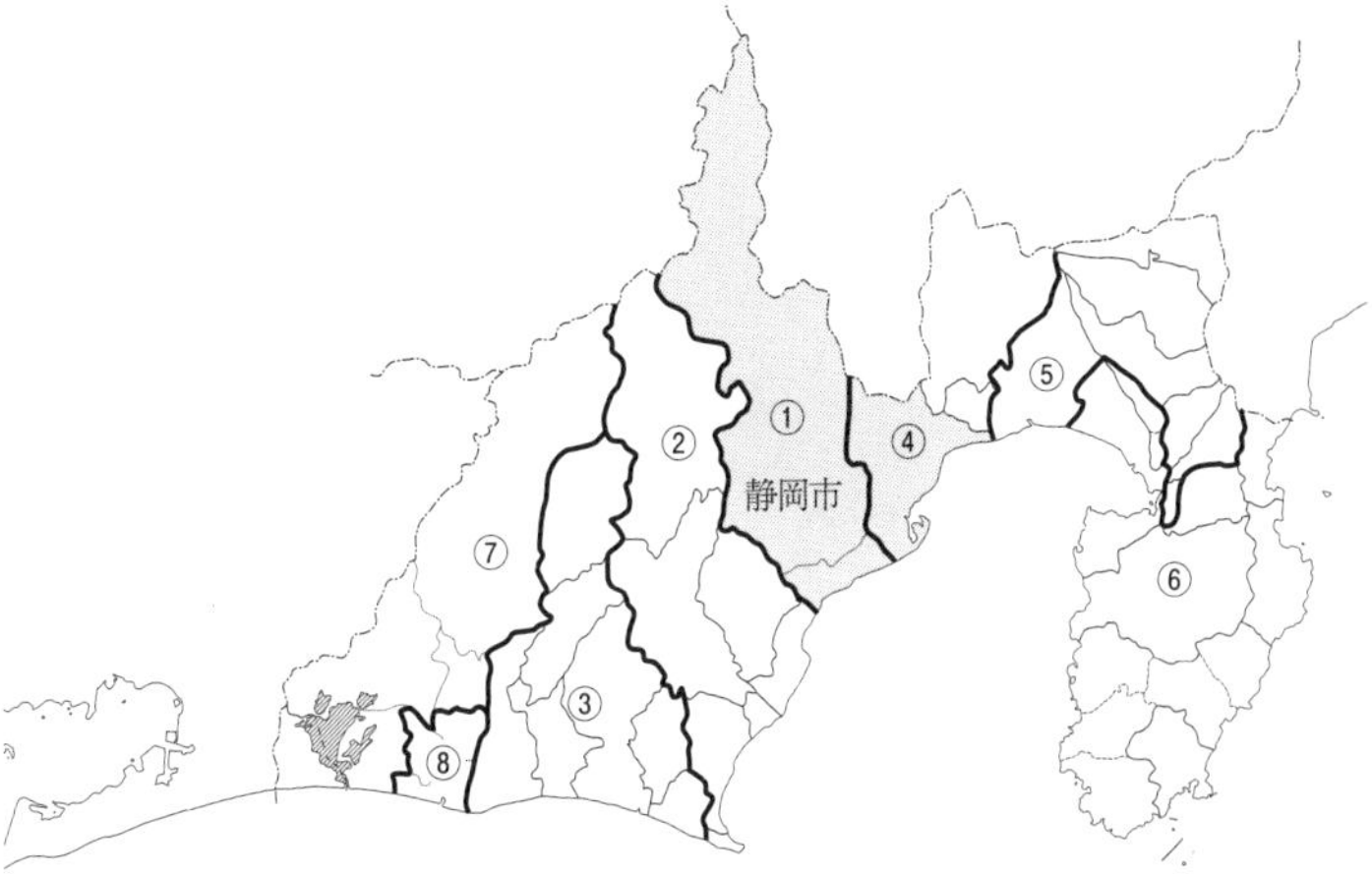

図9－1　衆議院小選挙区（静岡県）

表9－1　静岡1区選挙結果

	得票数	氏名	年齢	党派	推薦・支持	新旧	当選回数	肩書・経歴	重複
当	81,278	上川　陽子	59	自	公	元	4	（元）少子化相	○
	53,773	牧野　聖修	67	民	国	前		党総括副幹事長	○
	41,479	尾崎　剛司	36	維		新		（元）静岡市議	○
比	34,457	小池　政就	38	み		新	1	（元）東大特任助教	○
	13,646	河瀬　幸代	61	共		新		（元）旧静岡市議	

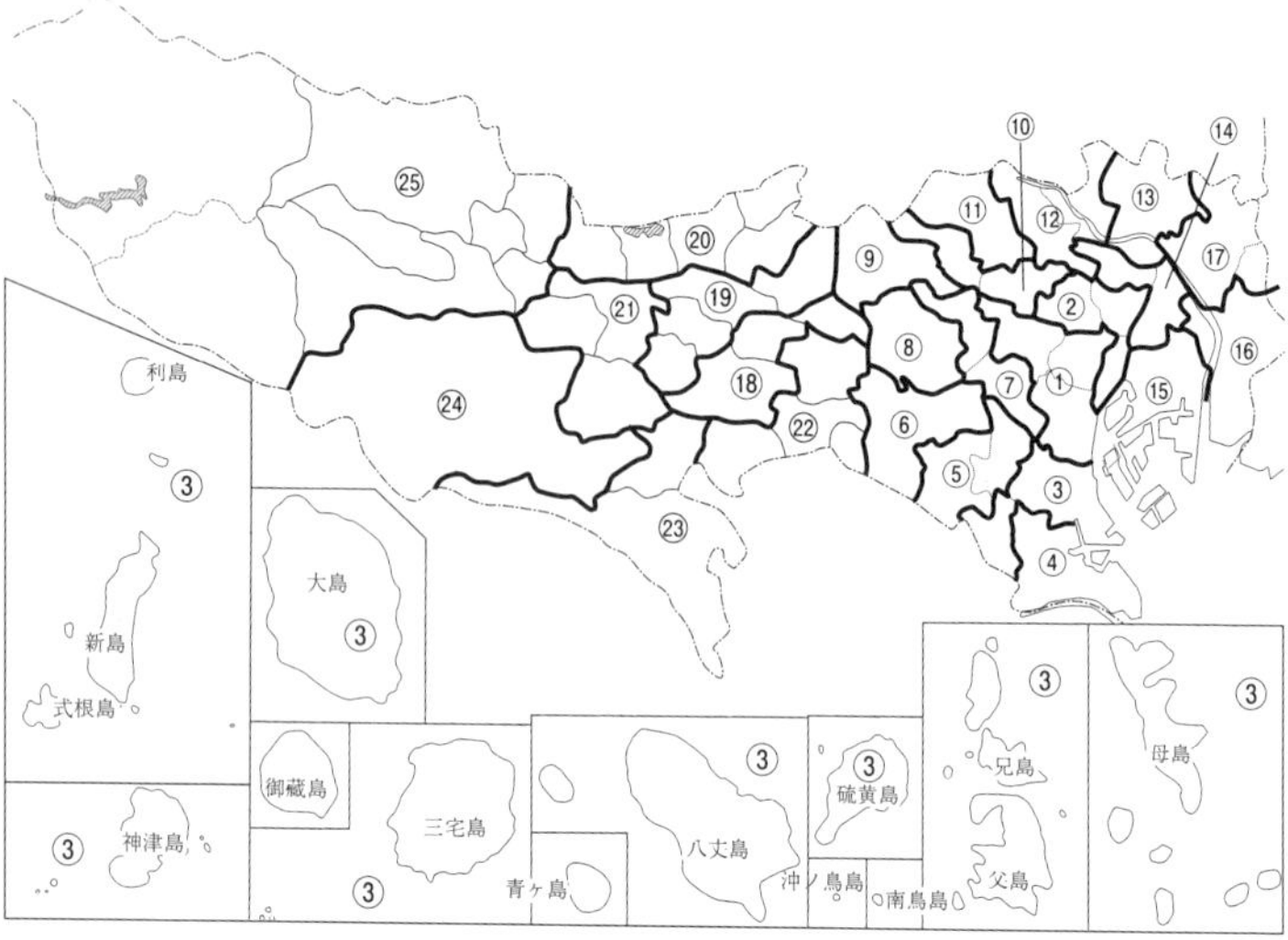

図 9－2　衆議院小選挙区（東京都）

表 9－2　東京２区・５区選挙結果

東京２区										
当	84,663	辻　清人	33	自		新	1	（元）研究機関員	○
	64,676	中山　義活	67	民	国	前		（元）首相補佐官	○
比	48,704	大熊　利昭	49	み		新	1	政策研究機関員	○
	38,564	松本　和巳	47	維		元		（元）衆院議員秘書	○
	23,035	桑名　文彦	42	共		新		党地区常任委員	
	2,045	井上　雅弘	57	無		新		無職	
東京５区										
当	85,408	若宮　健嗣	51	自		元	2	党都副幹事長	○
	65,778	手塚　仁雄	46	民	国	前		（元）首相補佐官	○
比	46,629	三谷　英弘	36	み		新	1	弁護士	○
	45,518	渡辺　徹	34	維		新		経営指導業	○
	19,462	丸子　安子	44	未	大	新		服飾デザイナー	○
	15,796	三浦　岩男	63	共		新		党地区常任委員	
	1,089	曽我　周作	33	諸		新		幸福実現党員	

される新党は、みんなの党、日本維新の会、そして日本未来の党が挙げられる。ここでは、とくにみんなの党を中心に分析を加え、日本維新の会、未来の党に関しては、適宜分析を加えるものとする。これら第三極の特徴は、自民党の退潮が明らかとなった二〇〇九年以降に新党の形成を行ってきたというところにある。では、以下において、まず第三極の定義を明らかにし、次いでそれら第三極の候補者が選挙に出馬し、特異な選挙結果となった静岡一区をメインとし、同様にみんなの党が比例復活した東京二区、東京五区の結果をも視野に入れながら現実の政治過程を確認し、最後にそれら第三極と言われる政党の性格を分析することによって、この政権奪還選挙における第三極の意義を検討していくものとする。

2　第三極とは何か

第三極の位相

この「第三極」と言われる政治勢力は、一体何を意味しているのであろうか。今回の選挙にあたり「第三極」であるとされる政治勢力は、一般に、自民党、ないし民主党といった既成政党とは異なる新党であり、民主党の政権交代前後に出現し、二〇一二年衆院選に臨んだ新党を指す。そのうちで、選挙以前には、自民党、民主党とも連立を組んで政権を獲得する可能性の低い勢力を指すと考えられる。具体的には、「みんなの党」「日本維新の会」そして「日本未来の党」が挙げられるであろう。これらの政党が、二〇一二年衆院選では台風の目の一つとなったのであった。

それではこの第三極と言われる政党は、どういった条件を有しているであろうか。この範疇には、二〇〇九年の政権交代選挙直前に結党されたみんなの党、民主党政権下の二〇一二年に国政政党化した日本維新の会、二〇一二年の選挙直前に多くの政治勢力を糾合する形で結成された日本未来の党といった全国政党が含まれる。

第一に、これらは基本的には、第一極としての自民党、第二極としての民主党でもない、それ以外の新党を指して使用される用語としての「第三極」である。既存政党としての自民党でも民主党でもない、新しい政党としてこれらの政党を理解することができよう。そのため、政権政党としての経験もなく、また、政権政党になったこともないために、いわゆるしがらみといったものとは無縁であることが考えられる。さらにそれは、自民党であれば業界団体や後援会、民主党であれば労働組合の連合といった、強力な支持母体が存在しないことも意味している。

また第二に、この第三極は、全国政党として存在し、ある地域に特有である地域政党だけでは、必ずしも第三極のカテゴリーに入るものではない。というのも、第一極であれ、第二極であれ、自民党も民主党も全国政党であり、それとは異なる第三極としてそれらと比肩する政治勢力であれば、当然、全国政党であることが条件となるからである。そのために、全国的に比例代表選挙に対応した政党のリストを持っていることが条件といえる。

第三に、これら第三極の政党は、基本的には社会保障と税の一体改革に関する三党合意を行った政権与党の民主党や、野党の自民党、公明党でもなく、さらに社民党や共産党といったイデオロギー色の強い政党とも異なり、もちろん、連立与党の一角である国民新党とも異なる新たな政党である。そのため、多くの候補者は、新たに発掘した新人であった。そこで新規なイメージを持って有権者にとらえられることが多かったといえる。

要約すれば、第一に、新党ゆえにしがらみとは無縁で、強力な支持母体を持たない、第二に、全国政党としての条件を持っており、第三に、選挙の候補者の多くが新人候補者であるために、新規なイメージを持つことができる、二〇〇九年以降に結党された政党であるという条件を持っていることが、第三極の政党の条件といえるのではないだろうか。

一口に第三極といっても，これらの政党はそれぞれ異なった政策を持つものであった。主要な政策として，みんなの党のアジェンダによれば脱官僚主義による行政のムダの排除[1]，日本維新の会は大阪都構想にみられる地方分権[2]，未来の党は原発，増税，ＴＰＰ（環太平洋経済連携協定）などに反対[3]，といった具合に大きな隔たりのあるものであった。また，それらの個々の政党の中心となる政治家を見ても，みんなの党は渡辺喜美，日本維新の会は橋下徹と石原慎太郎，未来の党は小沢一郎といったように，異なる政治理念を持つ政治リーダーが中心となっており，必ずしも一枚岩となるものではない。こうした相違は，はたして有権者にどれほど理解されているものかは，選挙が短い時間で展開することとなったので，不透明であったし，第三極の政党の候補者の間でも，完全に浸透しきっていたかどうかは不明確であったといえるであろう。

ところで，地域政党は必ずしも第三極のカテゴリーに入るものではないとした。しかしながら，ここでは，そうした全国政党としての第三極と連携した全国政党を狙う地域政党，たとえば未来の党と連携した北海道を中心とする地域政党の新党大地をも視野に入れて分析するものとする。また，この選挙以降，「一強多弱」と揶揄されるようになった，自民党以外の社民党や共産党などの政党をも，後述する選挙結果からは同一のカテゴリーに収斂できるものとして検討することができると考える。そのため，以下においては非民主・非自民の政党を，その視野に入れて検討していこう。

この「第三極」は，全国的に二〇一二年衆院選を特徴づける政治勢力であった。この政治勢力の出現，並びにその展開については本書の序章に譲るが，本章が対象とする新製品を試験的に投入するマーケティング業界において，しばしば「日本の縮図」と言われる静岡においても，例にもれず，新党である「第三極」の候補者が，この二〇一二年選挙を戦っていたのであった[4]。

既存政党は選挙協力を行うこと、それにより小選挙区での勝利を目指すことに始まり、政権を獲得することを試みるというのが通例であった。少しでも票の上積みをしなければ、小選挙区で勝利を収めることは非常に難しいこととなる。そこで、与党である民主党は国民新党と、野党である自民党は公明党と選挙協力を行うことによって、小選挙区での勝利を目指すこととなっていた。そのためには、候補者の調整によって、同じ選挙区に選挙協力を行う政党の候補者が出馬しないようにするのが常であった。

つまり、小選挙区比例代表並立制という小選挙区制に比重の置かれた現行の選挙制度では、小選挙区の勝敗が、政権の帰趨を決定するため、まず何よりも小選挙区で勝利することを政党は目指す。多くの政党は、自党の基礎票だけでは、小選挙区の当選ラインに到達することができない見込みが高い。そのため、小選挙区で勝利するためには、政党間で選挙協力を行う、選挙のための「政党ブロック」を構成し、選挙を戦うということが一般的である。必然的に、勝利も「政党ブロック」によるものとなり、勝利した政党ブロックは必然的に連立内閣を構成することになる。これは、政権交代可能な二大政党システムによる単独内閣政権を目指し、デュベルジェの法則に則って、小選挙区制を導入した一九九〇年代の日本の政治改革の一つの予期せぬ結果であったのかもしれない。

そのため、日本政治の性格は連立内閣による政権の時代である一九九〇年代以降変化した。これを筆者は、連立の時代が始まった一九九三年の細川連立内閣以降を「一九九三年体制」と名付けた(5)。つまり、「一九九三年体制」の時代の選挙の定石としては、いかに効果的に他党と選挙協力を行うことができるかにある。そのためには、マニフェストに記載する政策もすり合わせるし、政党ブロック内で競合する選挙区においては、候補者の調整も行うといった、少し時間のかかる作業が必要とされるのである。そうした候補者の調整を含む選挙協力の過程がなければ、小選挙区で勝利することはできず、政党ブロックの勢力の伸長はあり得ないものとなるであろう。

しかしながら、こうした選挙戦略については、政党の側としては必ずしも、諸手を挙げて全面的に賛成しているというわけではない。政党ブロックとしては勢力が伸長するかもしれないが、所詮連立といっても他党であり、政党ブロックが伸長したところで、自党の勢力が伸びなければ、政界の求心力を失いかねない。また、選挙協力で自党の候補者を引き下げて、選挙協力を行う相手の政党の候補者を優遇しては、そもそも自党の勢力が伸びないばかりか、党内においても他党を優遇しすぎるという不満をくすぶらせるという結果となる可能性がある。そのため、選挙協力も勢い慎重になり、時間をかけざるを得ないという側面がある。結局は、各党とも自党の勢力を伸ばすために、便宜的に政党ブロックを組んでいるという側面があるのである。

もともと、連立を志向しないのであれば、他党と選挙協力を行う必要は存在しないのではあるが、それではたして小選挙区で議席を獲得できるかどうかは、非常に難しいといったことになる可能性が高い。小選挙区で自党の当選者を増やすためには、連立を視野に入れながら、時間をかけて、選挙において他党と選挙協力を行い、場合によっては自党の候補者の出馬を見送るといった駆け引きを行う必要がある、というのが一九九三年体制下の選挙の定石であった。

しかしながら、この選挙に本格的に参入し、有権者の注目を集めていた「第三極」の政党間には、「非民主」「非自民」といった共通項しか存在せず、また、「みんなの党」以外は、今回が衆院選に初めて挑戦する政党ばかりで、政党組織としても全国的には必ずしも十全なものがあったとは言い難い。また、その結党後間もないうちに選挙に臨まなければならないといったこともあり、多岐にわたる政策を有権者に効果的に浸透を図る時間的余裕もなかったと言える。また、この選挙までの時間が圧倒的に余裕のないものであったという時間的な制約は、ひるがえれば、前記の政党間の選挙協力の時間をも与えないといったものでもあった。

第三極の政治的指導者と選挙戦略

それでは、「第三極」は、まったく当選する見込みがなかったのかというと、これに関してはそうとばかりもいえない。というのも、「第三極」の政党はそれぞれ、傑出したカリスマ性のある政党指導者によって率いられていたからであった。二〇〇九年八月八日に結成されたみんなの党は渡辺喜美、二〇一二年九月二八日に設立され、一一月一七日に太陽の党と合流した日本維新の会は橋下徹と石原慎太郎、二〇一二年一一月二七日に結党された日本未来の党は嘉田由紀子と小沢一郎という政党指導者がいた。ここで少し「第三極」とされるそれぞれの政党のリーダーを検討しよう。

渡辺は、かつての自民党の重鎮である父、渡辺美智雄の時代から続く強固な地盤を背景とし、当選回数を数えてきた人物である。渡辺は、自民党に在籍していた時代から、その歯に衣を着せぬ鋭い批判によって、強力な論客の一人と目され、閣僚経験もあった。彼は主として官僚機構を批判し、そうした渡辺の立場は、みんなの党の政策にも色濃く反映されたものであった。みんなの党は政策的には、主に、脱官僚、ＴＰＰには賛成、増税には反対というものであった。

橋下は、人気のあるバラエティ番組のコメンテーターとして名を馳せた弁護士であったが、二〇〇八年の大阪府知事選挙を機に、政治家としての活動を始めた。二〇一〇年四月に、自らの政策を実現するための政策集団として「大阪維新の会」を結成し、後にこれが地域政党化していった。当初の政策としては、行政のムダを削減するという面が強かった。その行政のムダの最たるものとして、橋下は大阪府と大阪府内の政令指定都市の二重行政の解消を訴え、二〇一〇年三月に「大阪都構想」を提起することとなった(6)。この大阪都構想の実現のために、府知事を辞して二〇一一年大阪市長選挙に出馬、現職の平松邦夫を破ることによって、大阪市長に就任した。この大阪都構想の推進のために国政に影響を与えるべく、大阪維新の会は国政政党化を進めた。最終的に、二〇一二年九月に一定数の国会議員を組織に迎えることによって、国政政党化を成し遂げ、「日本維新の会」と名前を改め、その代表に橋下が就任した。橋下は二〇一二年衆院選を前にして、太陽の党と合流した一一月に、代表を石原に譲り、代表代行に退いたのであった[7]。

その石原は、作家として世に知られるようになった人物だが、職業政治家としてのキャリアは一九六八年の参院選に全国区から出馬し、初当選したことから始まる。その後、一九七二年には衆議院へと転身し、一九七五年の東京都知事選では美濃部亮吉と知事の座を争ったものの落選した。そののち衆議院に戻り、環境庁長官、運輸大臣などの要職を歴任した。のちに地方政治へとその活動の場を移し、一九九九年都知事選で当選し、二〇一一年まで四期連続の当選をし、選挙において圧倒的な強さを誇った。二〇一二年に都知事を任期途中で辞職し、再び国政に挑むことが表明された。のちに、選挙を前に日本維新の会の代表に就任し、衆院選に臨むこととなった。

こうした、国政を視野に政治家としてのキャリアをこれまで積んできた人物とは異質だったのが嘉田である。嘉田は環境の研究者として出発し、二〇〇六年の滋賀県知事選挙に「もったいない」というスローガンで出馬し、現職の國松善次を破って初当選を果たした。嘉田は公共事業に関わる出費を「もったいない」として、新幹線新駅の建設凍結などを訴え当選したのであった[8]。そして二〇一〇年の県知事選にも当選し二選を果たした[9]。しかしながら嘉田は、女性知事として日本政治史上歴代五人目であるということは、一つの注目すべき点であるかもしれないが、全国的な知名度としては、第三極の他の政党指導者に比べれば、少し弱いものがあったと考えることができよう。また、地方政治の経験しかなく、国政の手腕、政党の党首としての能力も、必ずしも明らかであったわけではないという不安材料を抱えていた。

それにもかかわらず、なぜ嘉田が全国で選挙を戦う国政政党の「政党の顔」として代表に選ばれたのであろうか。これには、小沢の計算があったと考えることができよう。思えば二〇一二年は、二〇一一年の未曾有の大災害となった東日本大震災以降、初めての政権を選ぶ選挙であった。そこでは、当然、政策的な対立軸として東日本大震災で生起した原発の是非が大きな争点として浮上することが予想された。というのも、原子力発電所の事故により、福島県は大きな環境被害をこうむっており、その影響の深刻さは環境問題をも含めて議論されるべきであった。環境社会学を専攻していた嘉田は、そうした争点に対して、うってつけの人物だと考えることができたのであった[10]。

争点は、何も東日本大震災から生起する環境問題ばかりではない。そもそも、小沢が民主党を飛び出すこととなった増税の問題も大きな争点となり得る。それにも小沢はしっかりと目配りをしており、名古屋の地域政党である減税日本の河村たかし代表を、未来の党の中に取り込むことに成功していたのであった。小沢としてみれば、増税なき財政再建こそが、そもそもの二〇〇九年の政権交代時のスローガンであったはずという思いが強く、未来の党の母体の一つとなった、小沢の作った「国民の生活が第一」も、二〇〇九年の政権交代選挙時の民主党のマニフェストに着想を得たことを示していた[11]。こうして党名として示すことで、そうした政権交代当初の想いに基づくネーミングにある、本来の政策に戻ることを志向していたと考えられよう。

しかし、小沢の前に立ちはだかるのは民主党だけではない。もともとの古巣の自民党も、今回の選挙にあたっては、大きな懸念材料であった。そして、自民党を支援する強力な全国的な組織としては、農協がある。小沢はその組織を揺さぶるということも考えていたのであった。そこで、山田正彦元農林水産大臣を引き入れ、加入すれば日本の農業に大打撃になると考えられるＴＰＰに反対することを重要政策の一つに取り入れることも怠らなかった。

こうしてみれば、小沢は短い時間の間に、自らの勢力の生き残りをかけてできることはすべてしていたとみることができる。しかしながら、全国の選挙区に候補者を擁立し、「民主党＝国民新党」「自民党＝公明党」といった政党ブロックに対抗するためには、なおも二つの条件が必要であったと考えられる。第一に、「第三極」の糾合による候補者、比例名簿の一本化であり、第二に、全国的に展開される選挙に対する政治資金であった。ところが、前者については、みんなの党や日本維新の会との一本化は進まず、後者に至ってはその選挙年度の途中に結成された政党であり、その多くが所属政党を離党して参加しているために、人数的には政党要件を備えているとはいえ、この二つとも、政党助成金の交付対象になっていないという厳しい状況があった。そこで、未来の党候補者の多くは、実際の選挙においては、「神がかり的」「天才的」と言われた小沢の、これまでのネームバリューにすがるといったところが、実情であったのではないだろうか。

これらの政党指導者が、十分に候補者を揃えて、選挙に臨むという事態は、これまでの日本政治からすると初めての事態であり、その帰結は未知数であったともいえよう。

3　「日本の縮図」としての静岡

静岡における政治状況

静岡において第三極はどういった展開を見せたのであろうか。

まず、二〇〇九年衆院選、二〇一〇年参院選において、国政選挙の候補者として、第三極から県内において選挙を戦っていたのは「みんなの党」だけであった。二〇〇九年の政権交代選挙であった衆院選では、静岡一区から佐藤剛が出馬し、落選していた(12)。また、二〇一〇年参院選では静岡県選挙から、全盲のパラリンピック・メダリストで、元中学校教諭である河合純一が出馬したが、落選していた(13)。その河合は、今回二〇一二年は衆院静岡七区で出馬することになっていた。このように、みんなの党は、すでに国政選挙を戦ってきた実績があった。また減税日本からは、二〇一一年統一地方選において、海野《うんの》徹《とおる》が静岡市長選挙に公認で立候補し、落選するといった経験も持っていた。また、国政では減税日本は二〇一二年に未来の党に参加していた。しかしながら、それら第三極の政党は、過去の選挙で全県的な広がりを見せたとは必ずしも言えなかったのではなかろうか。さらに、他の政党はどうだったであろうか。

まずここでは、静岡における日本維新の会の動きを検討してみよう。橋下が政治維新塾を展開していたことはすでに序章で述べているが、それとは異なる形で、静岡の地方議員などが中心となって「静岡維新の会」を結成する動きが存在した。この静岡維新の会は、当初必ずしも大阪維新の会が主導して形成されたものではなく、ましてや橋下の薫陶を受けた維新塾の塾生が中心となっていたものでもなかった。

この「静岡維新の会」を主導していった一人が鈴木《すずき》望《のぞむ》元磐田市長である。鈴木は、浜岡原発を抱える静岡において、稼働を停止されている浜岡原発が再稼働するべきかどうかに関する県民投票を意図して、浜岡原発の再稼働の是非を問う県民投票条例を要求する市民団体である「原発県民投票静岡」を二〇一二年三月に立ち上げ、その共同代表として精力的に署名を集めるなどの活動を行ったのであった。ところが、この政治に直接に訴えかける動きは、結局、その条例案が二〇一二年一〇月一一日に県議会で否決となることによって一応の収束を見て、団体は解散した(14)。

しかし、鈴木はその後、国政への運動の展開を検討し、全県的な運動体を模索し、国政から脱原発に働きかけることを検討するようになった。そこでは、県議会の県民投票条例否決の経緯から、自民党でも、民主党でもない政治勢力の県内構築と、広い連携を志し、後の第三極に繋がる政治勢力との連携を図る試みに出た。そこでまずは、静岡県内での選挙の実績のある近隣県である愛知の地域政党である減税日本、ないし、県議会の会派「みんなの党・無所属クラブ」などとの連携を試み、最終的に日本維新の会と協定を結び第三極を糾合するべく、「静岡維新の会」を設立した。結果的に、これは一一月七日に、日本維新の会の地方組織として大阪で交渉することとなり、大阪市内で協定を結び、「静岡維新の会」として発足した。これには、静岡市長選で減税日本の公認歴のある元参議院議員の海野、県議会の「みんなの党・無所属クラブ」の柏木健なども関与することとなった。

この鈴木の動きは、ある面で成功裡に進んでいるように見えたが、懸念材料もないわけではなかった。それは、第一には先の県民投票との関係であり、第二には地元主導で維新の会の直系組織ではないということであり、第三には必ずしも純粋に維新の会の政策の信奉者だけがこの組織に参加しているのではないことであった。

第一の県民投票との関係であるが、県内の一部には鈴木が自分の国政進出のために、浜岡原発についての県民投票を口実として組織を張り巡らせ利用した、という向きでとらえるものもいた。確かに直前まで原発問題を焦点として住民投票運動を行っておきながら、県議会で条例案が否決されてすぐに国政に乗り換えるというのでは、違和感を覚える者がいることも納得できなくはない議論であった。そこで、鈴木は静岡維新の会には所属せず、後方支援に回り、静岡維新の会自体は地方政党として県議の柏木が代表を務めるという動きとなったのであった。

第二の、地元主導で組織が形成されていたことであるが、この展開の何が問題となるかというと、橋下直系の維新政治塾との関係である。すでに序章でも述べたように、橋下は、自らの維新の会を国政党化するに当たり、自らの望む人物を公認候補とすることを念頭に、教育の機会として維新政治塾を立ち上げていたのであった。この維新塾には、県内からは元民主党の県議であった源馬《げんま》謙太郎《けんたろう》が参加していた。源馬は「橋下直系」を自認し「静岡維新の会」には参加せず、「静岡維新の会」とは距離を置く姿勢をみせていた。維新塾生の中には「静岡維新の会」に参加した者もいなかったわけではないが、こうした「橋下直系」の「日本維新の会」と地元主導の「静岡維新の会」との関係は、非常に微妙なものであった。

これは第三の点とも関連する。組織として日本維新の会の政策に賛同するものだけが参加するという政策的な純粋性の面では、静岡維新の会は疑問がもたれるものであった。中央における第三極の糾合があるならば、第三極の他の政党から参加者がいてもよいわけであるが、ただ第三極であるということだけでは、必ずしも政策的にすべて一致するわけではなく、他政党との関係を保持したままで、維新の会を名乗るのは違和感を有権者に与えるものでもあった。そこで結局、「静岡維新の会」は、「みんなの党・無所属クラブ」の県議であった柏木が代表を務め、副代表を元県議の大石裕之、事務局を担当するのが維新塾生の白浜史教といった陣容で船出し、減税日本との関係が深かった海野は所属しないという形となった。

地方における第三極——日本維新の会と静岡維新の会

この静岡維新の会は、あくまでも日本維新の会の友好協力団体という位置であり、純粋に日本維新の会の下部組織とは言い切れない状態であった。そこである意味でこれは、第三極の糾合の主導権を地元で握ろうとする試みであったのかもしれない。しかしながら、中央での第三極の糾合が進まない中で、第三極の糾合の主導権を地元の政治経験者が掌握するという独自の試みは、難しいもののように思われた。この「静岡維新の会」は、日本維新の会の「維新八策」にならった静岡県版の「維新八策」を衆議院の解散を、翌日の一一月一六日に控えた、一一月一五日に県庁で発表した。この内容として静岡県版「維新八策」は、次の八項目よりなっていた。その八項目とは、(1)「維新八策」への賛同、(2)企業・団体献金の禁止、⑶議員報酬三割削減、議員定数二割削減、⑷議会改革（議員による条例案・予算案の提出、県民投票の活用など）、⑸静岡県版教育基本条例、職員基本条例、天下り禁止条例の制定、⑹浜岡原子力発電所の廃炉、全国モデルとしての地元の地域振興、新エネルギーの導入促進、⑺静岡県版社会保障・医療改革（若者の雇用対策、家庭医育成・メディカルスクールの創設など）、⑻第一次産業の輸出産業化であった[15]。

この静岡版の維新八策を、オリジナルである日本維新の会の維新八策と比較検討してみよう。日本維新の会の維新八策は、以下に述べる八項目よりなる[16]。この内容を吟味していくと、静岡維新の会と日本維新の会の維新八策の相違が明らかとなってくる。というのも静岡維新の会は、日本維新の会に範をとりながら八項目を掲げ、日本維新の会の維新八策に対応したかたちをとってはいるが、必ずしも政策の方向性が一致しないものとなっていたからである。

日本維新の会の維新八策は、維新政治塾のテキストとされ、二〇一二年八月に最終案がまとめられたものであった[17]。これには「日本再生のためのグレートリセット」と副題が付けられ、その目指すところが「これまでの社会システムをリセット、そして再構築」「給付型公約から改革型公約へ」という文字にみられるように、新しい日本の国家像を目指すとともに、政策の主軸が「改革」にあることを示している。そこではまず、維新が目指す国家像が述べられている。維新の目指す国家像とは「個人の自由な選択と多様な価値観を認め合う社会を前提に、自立する個人・自立する地域・自立する国家を実現すること」にあるとされる[18]。

さて、日本維新の会の具体的な維新八策の内容とはどうであったのであろうか。その内容としては、「一、統治機構の作り直し：決定でき責任を負う統治の仕組みへ」として中央集権型国家から地方分権型国家への転換や、大阪都構想などを訴え、「二、財政・行政・政治改革：スリムで機動的な政府へ」

として持続可能な小さな政府、企業団体献金の禁止などを訴え、「三、公務員制度改革：官民を超えて活躍できる政策専門家へ」では公務員制度に能力、実績主義を導入する、公務員の人件費を削減することなどを訴え、「四、教育改革：世界水準の教育復活へ」では基礎学力を底上げしグローバル人材を育てることなどを訴え、「五、社会保障制度改革：真の弱者支援に徹し持続可能な制度へ」では受益と負担の明確化などを訴え、「六、経済政策・雇用政策・税制：未来への希望の再構築」では競争力を重視する自由経済、ＴＰＰ参加、ＦＴＡ拡大などを訴え、「七、外交・防衛：主権・平和・国益を守る万全の備えを」では日本の主権と領土を自力で守る防衛力と政策の整備などを訴え、「八、憲法改正：決定できる統治機構の本格的再構築」では憲法九条を変えるか否かの国民投票などに訴えるといった政策集の形をとり、その政策の焦点は前記の八分野に及んでいる。

この日本維新の会の政策は、基本的なトーンとしては、小さな政府を標榜し、福祉に関しても増税よりも自助努力による側面を強調する自由主義であるものの、第七番目の項目、そして第八番目の項目では、国家主義的な側面を強調している点に重点がある。それに対して静岡維新の会の静岡版の維新八策は、たとえば(3)議員報酬や議員定数の削減といった減税日本の政策の影響が見て取れるものであったり、(4)議会改革において、浜岡原発に関わる県民投票を意識している県民投票の活用を述べたりするなど、純粋に日本維新の会の政策とは言い難いものも含まれていた。さらに、(6)の浜岡原子力発電所の廃炉であったり、(7)の静岡県版社会保障・医療改革、(8)第一次産業の輸出産業化などでは、日本維新の会の政策との違いが際立っていた。

そうした形で、維新塾出身の中には、静岡維新の会に対して違和感を持ち、参加しない者もいた。おそらくそれは、こうした政策的な隔たりも一つの要因であろうが、橋下直系の維新塾生と、地元静岡の地方政治家との間の、「維新」の正統性をめぐるヘゲモニーの対立があったのではないだろうか。地元静岡の地方政治家が、中心的な位置を占めれば、橋下直系の維新塾生の「維新」についての正統性はなくなってしまう。こうした静岡維新の会と、あくまでも橋下直系で日本維新の会にこだわる塾生との間の関係については、静岡八区の維新公認で小選挙区に臨むこととなった源馬のブログが、その当時の雰囲気をよく表している。

源馬は自らの公式ホームページにおいて、二〇一二年一二月二六日に「日本維新の会と静岡維新の会」といったブログのコメントを残しており、あくまでも、「日本維新の会」と「静岡維新の会」は別の組織であるということを強調している。[19] そのなかで源馬は、「これまでも日本維新の会と静岡維新の会はどういう関係なのだ、とのお問い合わせをいただいてきました」と自らの支持者からも疑問を提起されたことを挙げ、「源馬さんは静岡維新の会なの？　日本維新の会なの？　と聞かれることも少なくありません。私はあくまでも日本維新の会所属であり、静岡維新の会の発足にも携わっていませんし、所属もしていないので詳細はわかりません」として、静岡維新の会が日本維新の会とは異なることを明言している。さらに静岡維新の会と源馬が会合を持ったことに触れ、「静岡維新の会が衣替えして日本維新の会の静岡県組織にするのではなく、県内の日本維新の会支部が支部連合会（県連）を組織する方向が確認されました。静岡維新の会としても、あくまでも日本維新の会と静岡維新の会は別組織という認識で、なんでも日本維新の会の言いなりではなく主張すべきは主張していくべき、との考えのようでした」と、あくまでも日本維新の会とは異なる、一線を画しているという認識を述べていた。[20] 日本維新の会の公認候補の一人であった源馬のこの認識は、同じ「維新」という旗の下に集まってはいるものの、その内部においては、必ずしも一枚岩ではなく、「維新」という一つの政党をとってみても、地域によって主導権をめぐる争いがあることを示唆していた。

そして、一つの政党内部ですら、主導権の争いが生じるのに、ましてや第三極と言われる複数の政党間で、はたして政党として糾合や、選挙協力を行うことができるのかということに関しては、まったく不透明であり、その可能性は低いと考えられた。すなわち、この事例は政党として第三極が糾合できない一つの背景も示唆しているとみることもできよう。つまり、同じ「第三極」といっても、みんなの党、維新の会、未来の党は、それぞれ中心となる政治リーダーも中心となる政策も異なる。また、そこにおいては、第三極内部の主導権をめぐる争いも当然存在していることは明瞭であった。そこで、それらの政党が共同歩調をとって、選挙協力を行い、既成政党に対峙するということは難しいものであった。一部で、みんなの党と維新の会などの限定的な選挙協力は見られたものの、この選挙自体が、第三極の主導権をめぐる戦いの様相も一部では呈してきたために、全体としては、必ずしも選挙協力が組織的に展開されたとは言い切れない状況であった。

こうした第三極間の主導権をめぐる争い、そして、第三極の個々の政党内部の主導権をめぐる争いから、第三極は選挙区に、相互の調整もなく公認候補を個々に擁立し相争うこととなっていったのであった。

静岡一区の「維新」候補の擁立

二〇一二年一一月初旬の段階では、静岡一区において各党の予想される候補者としては、民主党は現職の牧野聖修《まきのせいしゅう》、自民党は元職である上川陽子の二人が中心となり、これまでの経験を生かし、激しい選挙戦を繰り広げるということが考えられており、さらに、新人としてみんなの党と共産党の候補が、その選挙に絡むということが認識されていた。またこの段階では、日本維新の会は、みんなの党の新人候補と考えられていた小池政就と選挙協力する可能性もあるのではないかと考えられていた。

ところが、公示の一週間前となった一一月二七日に、日本維新の会から公認候補として尾崎剛司が出馬するという正式な発表があった[21]。同日、静岡維新の会事務所で出馬会見を開いた尾崎は、大阪で橋下代表代行が行ってきた改革を、日本全国で行いたい旨を表明し、日本維新の会の政策への賛同を明らかとしたのであった。これはみんなの党との選挙協力を行う可能性が高いと考えられ、静岡ではこれまでも日本維新の会の独自の候補は、みんなの党への配慮から見送られており、独自候補の擁立を断念するという示唆さえなされてきたという経緯を考えれば、多くの静岡の有権者には驚きをもって受け止められた。また尾崎は、政令指定都市静岡市の現職の市議でもあり、その職をなげうっての国政への挑戦は、尾崎にとっても大きな決断だったであろうと考えられる。

選挙を間近に控えた土壇場でのこの日本維新の会の公認候補擁立は、一体、何を意味していたのであろうか。これを読み解く鍵は、第一に、尾崎の会見場所にあると考えられる。尾崎は「静岡維新の会」の事務所で会見を行っていた。また、尾崎は静岡維新の会の代表である柏木とも非常に近しい間柄にあった。すでに述べた、橋下直系の維新塾生と、地元地方議員を中心とした静岡維新の会の間の溝を考慮するならば、県都である静岡市を主戦場とする静岡一区という象徴的な選挙区で、地元地方議員を中心とした「静岡維新の会」系列の候補を「日本維新の会」の公認候補として擁立することができれば、県内における「静岡維新の会」系列の正統性が認知され発言権が増すことになり、県内における「維新」勢力に対する主導権を握ることになる[22]。

第二には、全体の政党の立ち位置の急激な変化が挙げられる。本来、日本維新の会とみんなの党は、合併をも視野に入れて、選挙協力の可能性があったのであった。おそらく、渡辺の目算としては、東日本の栃木を地盤とする渡辺のみんなの党が東日本の候補者擁立にあたり、西日本の大阪を地盤とする橋下の維新の会が西日本の候補者擁立にあたる、お互いに選挙区において地域的な「棲み分け」を行うということを考えていたはずであった。ところが、維新の会とみんなの党の選挙区の調整が必ずしもうまく進まなかったために、その選挙協力の計画は、十全なものではなくなった。さらに、二〇一二年九月一一日に結成される「日本維新の会」に参加するために離党届や除籍届を提出したみんなの党所属の上野宏史、小熊慎司、桜内文城《さくらうちふみき》ら三名の比例選出参院議員への対応をめぐり、みんなの党と日本維新の会との関係が悪化したことも響いていた。そして決定的であったのは、二〇一二年一一月一七日の日本維新の会と太陽の党との合流であった。そもそも太陽の党は、たちあがれ日本を母体とし、政治的経験の点でも政策運営の点でもベテランの議員たちによって結成されていた。そのため、どちらかというと渡辺が批判する「古い世代」といった時代の政治経験をもっており、政策的には必ずしもみんなの党と一致するものではなかった。そのため、この合流以降の日本維新の会とみんなの党の合併は難しいものとなっていった[23]。こうした政党の立ち位置の変動もあり、日本維新の会側としても、みんなの党に必ずしも配慮しなければいけないという事情もなくなったと考えられる。そこで、長期的には党勢の拡大、短期的には来る衆院選における比例票の増大を目指して、維新の会が県都一区に候補者を擁立するという戦略に出たことは理解できないことではない。

こうした、地元の主導権をめぐる争いと、国政における政党の勢力拡大といった二つの利害が一致したことによって、尾崎の擁立という状況が静岡一区で生まれたといっても過言ではない。そこで、この静岡一区は、自民党、民主党、共産党といった既成政党だけではなく、第三極のみんなの党と維新の会が激突する選挙区となったのであった。

4　選挙結果と民意の反映

スプリット当選者は民意を反映するか

二〇一二年一二月一六日に投開票が行われ、自民党によって命名された「政権奪還選挙」が現実となった選挙結果は、静岡においても十分に反映されたものであった。静岡一区では、自民党公認、公明党推薦の上川陽子元少子化担当大臣が、四期目の当選を決め、議席に返り咲いた一方で、現職であった民主党公認、国民新党推薦の牧野聖修党総括副幹事長は、議席を失い比例復活もできなかった。詳しい選挙結果を見てみよう。小選挙区での得票率の順に述べるならば、首位の上川の得票は八万一二七八票、得票率は三六・二%、二位の牧野の得票は五万三七七三票、得票率は二三・九%、三位の維新の会公認の尾崎の得票は四万一四七九票、得票率は一八・五%、四位のみんなの党公認の小池の得票三万四四五七票、得票率は一五・三%、最下位の共産党公認の河瀬幸代の得票は一万三六四六票、得票率は六・一%であった(24)。

ここで奇妙なことが起こっていた。小選挙区をトップで通過した上川が当選するのは当然としても、二位の牧野、三位の尾崎が落選しているにもかかわらず、小選挙区では四位でしかなかったみんなの党の小池が、比例復活で当選したのであった。これは、選挙を観察していた静岡の有権者には非常に奇異なものととらえられたのであった。結果は公職選挙法の規定による、比例区での惜敗率に基づく復活当選の制度によるもので、小池としてはまったくやましいところはない、ルールに基づいて当選したということになるはずであるが、小選挙区の有権者が四番手にしか選ばなかった小池が、その上位の落選者を押しのけて当選するということ自体、選挙民にとっては納得のいく結果とは言えなかったのではないだろうか。こうした上位に落選者がいるにもかかわらず、小選挙区で下位の落選者が比例復活で当選する現象、この現象をボウリングのピンになぞらえて「スプリット現象」、それによって当選したものを「スプリット・ウィナー（当選者）」とここでは呼ぶことにする。

時代を遡ってみるならば、小選挙区比例代表並立制が日本に導入され、現実に衆院選の選挙制度で行われるようになって以来、重複立候補の問題は常に批判にさらされてきた。小選挙区で選挙区の有権者が選んでいない候補者が、なぜ復活して当選していくのか、これはその候補者を選ばないといった有権者の民意を反映していないのではないかといった批判が、大勢を占めていたと考えられる。こうした「スプリット現象」は、批判こそされ、必ずしも十分な政治学の検討課題としてはみなされてこなかった。しかしながら、筆者はこのスプリット現象にこそ、その選挙時点での日本政治の真の姿の一断面が特徴的に表れていく可能性があると考えている。二〇一二年政権奪還選挙に基本的にみられる対決構図である、民主党と自民党の対決が有権者の関心を集めるようになったのは、二〇〇三年九月の民主党と自由党の合併、いわゆる民自合併以降であると考えられよう。これ以降の衆院選におけるスプリット現象を確認すると、筆者の集計によれば、二〇〇三年衆院選では六事例、二〇〇五年衆院選では一〇事例、二〇〇九年衆院選では四事例と、非常に数が少ないことが理解できる。

今回の政権奪還選挙におけるこうしたスプリット・ウィナーの事例は、この静岡四区だけではない。スプリット現象の事例は一四事例存在するのである。これは、民主と自民が対決の基本構造となって以降で最も多い現象であり、それが二〇一二年衆院選の特徴の一つである。これは何を意味するのであろうか。この民主と自民の対決という構図が決定される前のスプリット現象はどれほど発生していたかというと、新進党が形成され、また現行の選挙制度が導入されて初の一九九六年選挙では二二事例、新進党が解党した余波の中で行われた二〇〇〇年選挙では二七事例と、大きな政治変動の時には、スプリット現象が多く表れていることが分かる。それからするならば、ここで取り扱っている二〇一二年選挙は、日本政治が大きな変動のもとにあることを示唆しているのではないだろうか。それでは、その特徴とは何であろうか。

二〇一二年選挙におけるスプリット・ウィナーの事例を拾い上げてみると、いわゆる第三極と言われる政党、とくにみんなの党や、維新の会に多く見られる現象であることが理解できる。これは何を意味するのであろうか。小選挙区で下位であり、得票率も惜敗率もそれほど高くないながら、比例復活で当選するというこのスプリット・ウィナーの現象は、可能性としては、「政党の支持は高いが、候補者個人の支持が低い」場合に起きると考えることができよう。付言すれば「比例代表にみられる政党の知名度が高く支持は高いが、小選挙区における候補者の知名度が低く支持が低い」という場合に多く起きると考えられるのではないだろうか。すなわち、候補者の支持よりも、はるかに政党指導者などのイメージを通じた政党の支持が高いために、政党に集まる比例票は伸びるが、小選挙区の候補者に集まる個人票は少ない、そのために結果として、小選挙区では下位に甘んじることになったとしても、結果として政党に集まった比例票によって救われるというものである。

そこで以下においては、「政党の支持は高いが、候補者個人の支持が低いときにスプリット現象は起こり、それは今回の第三極政党や中小野党のいくつかに当てはまる」という仮説を検証していこう。このスプリット現象を分析する上で、既存政党の候補者の存在や、他の第三極政党の候補者の存在も、大きく影響を与えるものと考えられる。なお、重複立候補による当選者の存在しない政党は、ここでは分析の対象としては扱わない。

次にそれぞれの政党のスプリット・ウィナーを検討していこう。

みんなの党（スプリット現象四事例、復活当選者一三事例の中でのスプリット・ウィナー率三〇・八％）

まずは、みんなの党の比例復活当選者を検討する。表9－3は、比例名簿の順位、候補者名、選挙結果にみる小選挙区の順位、小選挙区名、惜敗率、他党の候補擁立状況（公認候補がいればあり、公認候補がいなければなし）、そして比例復活した候補者よりも、スプリット・ウィナーよりも小選挙区で上位であったにもかかわらず落選した候補者の有無、存在した場合には氏名と政党を表にしてまとめたものである。

この表によれば、みんなの党の比例復活で、静岡一区と同様に、東京二区・五区、福岡一〇区で小選挙区上位の落選者がいるにもかかわらず、下位の候補が比例復活で議席を確保するというスプリット現象が起こっている。そして特徴的であるのは、静岡一区の尾崎を除けば小選挙区上位で落選している者の多くは、民主党議員であるということである。

この傾向を見るならば、スプリット現象のもう一つの逆のロジックも可能である。「小選挙区における候補者個人の支持は高いにもかかわらず、比例代表における政党の支持が低い」といった現象により、それなりの票を個人として小選挙区において集めているにもかかわらず、政党に集まる比例代表の票が伸び悩み、候補者は、比例復活による当選を逃している可能性があるというのが、この政権奪還選挙における民主党の比例復活を逃している事例であったのではないだろうか。

さらに、みんなの党の比例復活当選者の選挙における他政党の候補者擁立状況を検討してみると、多くの事例で自民党と民主党の与野党の既成政党が候補者を擁立していて（神奈川六区は選挙協力の結果、公明党候補に立候補を自民党が譲っているので例外だが、有権者の選択肢としては実質的に自民党の候補と同様と見ることもできよう）、さらに西日本などでは、維新の会とバッティングしていないところが、当選している条件として読むことができる。さらに、東日本では、維新の会の候補とバッティングしていても東

表9-3　みんなの党の比例復活と「スプリット現象」

	名簿順位	比例復活者名	小選挙区順位	小選挙区	惜敗率	自民	民主	維新	未来	小選挙区上位の落選者
東北	1	林　宙紀	3位	宮城1区	43.7	あり	あり	なし	あり	なし
北関東	2	柏倉祐司	3位	栃木2区	68.1	あり	あり	なし	なし	なし
北陸信越	1	井出庸生	2位	長野3区	97.0	あり	あり	あり	なし	なし
東京	1	大熊利昭	3位	東京2区	57.5	あり	あり	あり	なし	中山義活（民主）
	1	三谷英弘	3位	東京5区	54.5	あり	あり	あり	あり	手塚仁雄（民主）
南関東	1	青柳陽一郎	2位	神奈川6区	84.6	なし	あり	なし	なし	なし
	1	中島克仁	3位	山梨3区	76.6	あり	あり	なし	なし	なし
	1	椎名　毅	3位	神奈川9区	61.4	あり	あり	なし	なし	なし
東海	1	杉本和巳	2位	愛知10区	62.7	あり	あり	なし	あり	なし
	1	小池正就	4位	静岡1区	42.3	あり	あり	あり	なし	牧野聖修（民主），尾崎剛司（維新）
近畿	1	井坂信彦	2位	兵庫1区	96.3	あり	あり	なし	なし	なし
	1	畠中光成	2位	兵庫7区	76.5	あり	あり	なし	なし	なし
九州	1	佐藤正夫	3位	福岡10区	52.2	あり	あり	なし	なし	城井崇（民主）

出所：各都道府県選挙委員会ホームページ等から筆者作成。

海圏までは、比例復活している事例があることが分かる。また同じ第三極でも、未来の党の候補が出馬しているか否かは、必ずしも当選のための条件には、影響を与えないように思われる。これは、そもそもみんなの党が地域的に東日本で強いということがある。また、みんなの党は維新の会と協力する姿勢を途中まで示していたために、第三極の中で、維新の会とみんなの党の候補者が選挙の時に混在する選挙区では、みんなの党の支持は、有権者の間でその二党が混乱して必ずしも伸びない。さらに、第三極の中でも未来の党は、維新の会とみんなの党からは離れた距離にあると有権者が認識していたことを示していたからではないだろうか。

こうしてみると静岡一区と東京二

区・五区は、自民党も民主党も候補者を擁立しており、維新の会とみんなの党の候補者が混在する選挙区であったことが理解できる。そうした選挙区であれば、第三極の票は分散し、小選挙区において、みんなの党の新人候補者が第二位につけることはできないという結果になる。しかし、東日本における選挙区であるために、一定程度の集票が見込まれた。そこで、候補者を絞っているみんなの党の候補者が、スプリットしながらも、比例復活する可能性が高いということになったのではなかろうか。

また静岡一区で、小選挙区上位の第二位の民主党と第三位の維新の会の二人の候補が落選し、比例復活当選にも到達しなかったにもかかわらず、小選挙区第四位であったみんなの党の候補である小池が、惜敗率について、五〇％にも満たないのに当選できた背景には、みんなの党の比例名簿一位の候補者の絶対数が限定されていたからという説明も成り立つ。そうした政党側の要因が強く選挙結果に反映するとするならば、現行の衆議院の選挙制度は、必ずしも小選挙区に表れる民意を直接反映する制度とは、言い切れない可能性もあるのではないだろうか。しかし、比例に表れる民意を、ある程度は反映する制度ではあるということができるかもしれない。

こうしたみんなの党の静岡一区、東京二区・五区の比例復活当選者の中のスプリット・ウィナーの傾向が他の政党においてはどうであったか、それを比較の視点で分析することが必要である。以下においては他の政党の比例復活当選者と、その中のスプリット・ウィナーのあり方を考察しよう。

日本維新の会（スプリット現象七事例、復活当選者三二事例の中でのスプリット・ウィナー率二一・九％）

さらにこのことは、日本維新の会の比例復活当選者を分析してみると容易に理解できる。日本維新の会の比例復活当選者は、北海道二区、千葉一区を例外として三二事例中三〇事例で、みんなの党と競合していないところで比例復活で当選者を出している。そして比例復活当選者の福島四区、大阪二区と愛

表9-4　日本維新の会の比例復活と「スプリット現象」

	名簿順位	比例復活者名	小選挙区順位	小選挙区	惜敗率	自民	民主	みんな	未来	小選挙区上位の落選者
北海道	1	高橋美穂	3位	北海道2区	56.4	あり	あり	あり	なし	三井辨雄（民主）
東北	1	小熊慎司	2位	福島4区	69.7	あり	なし	なし	なし	なし
	1	村岡敏英	2位	秋田3区	76.5	あり	あり	なし	あり	なし
北関東	1	上野宏史	2位	群馬1区	49.5	あり	あり	なし	あり	なし
	2	石関貴史	2位	群馬2区	59.4	あり	あり	なし	なし	なし
	3	鈴木義弘	2位	埼玉14区	85.3	あり	あり	なし	なし	なし
	3	坂本祐之輔	2位	埼玉10区	65.7	あり	あり	なし	あり	なし
北陸信越	2	宮沢隆仁	3位	長野1区	53.5	あり	あり	なし	なし	なし
	2	百瀬智之	3位	長野2区	53.1	あり	あり	なし	なし	下条みつ（民主）
中国	1	中丸　啓	3位	広島3区	42.0	あり	あり	なし	なし	橋本博明（民主）
	1	坂元大輔	3位	広島7区	41.6	あり	あり	なし	なし	和田隆志（民主）
東京	3	山田　宏	3位	東京19区	64.0	あり	あり	なし	あり	末松義規（民主）
南関東	1	小沢鋭仁	2位	山梨1区	62.7	あり	あり	なし	なし	なし
	3	田沼隆志	3位	千葉1区	58.0	あり	あり	あり	なし	なし
	3	西田　譲	3位	千葉9区	57.2	あり	あり	なし	あり	なし
	3	椎木　保	3位	千葉13区	53.8	あり	あり	なし	なし	なし
東海	2	今井雅人	2位	岐阜4区	48.8	あり	あり	なし	なし	なし
	3	重徳和彦	3位	愛知12区	75.3	あり	あり	なし	あり	なし
	3	鈴木　望	2位	静岡3区	67.6	あり	あり	なし	なし	なし
近畿	3	坂口直人	2位	和歌山2区	49.4	あり	あり	なし	なし	なし
	3	三木圭恵	2位	兵庫6区	49.1	あり	あり	なし	なし	なし
	12	上西小百合	2位	大阪7区	89.3	あり	あり	なし	あり	なし
	12	西根由佳	2位	大阪2区	85.6	あり	なし	なし	あり	なし
	12	岩永裕貴	2位	滋賀4区	83.6	あり	あり	なし	なし	なし
	12	新原秀人	2位	兵庫3区	82.2	あり	あり	なし	あり	なし
	12	杉田水脈	2位	兵庫6区	79.1	あり	あり	なし	あり	なし
四国	1	桜内文城	2位	愛媛4区	78.2	あり	あり	なし	なし	なし
	1	西岡　新	2位	愛媛2区	63.2	あり	なし	なし	あり	なし
九州	1	松野頼久	2位	熊本1区	70.1	あり	あり	なし	なし	なし
	2	河野正美	2位	福岡4区	49.1	あり	あり	なし	あり	なし
	2	中山成彬	3位	宮崎1区	47.4	あり	あり	なし	あり	川村秀三郎（民主）
	2	山之内毅	3位	鹿児島1区	47.2	あり	あり	なし	あり	川内博史（民主）

出所：各都道府県選挙委員会ホームページ等から筆者作成。

媛二区を除く、三二事例中二九事例で自民と民主の既成政党がともに小選挙区の候補者を出している事例で勝利を収めている。すなわち、維新の会の比例復活の条件は、「自民党と民主党が小選挙区に候補者を出していてみんなの党と競合しないところ」であれば、比例復活をする当選者が出る可能性が、政党間競合の布置からは言えるということになる。ここでも第三極の中の未来の党は、維新の会の比例復活当選のための条件とは関わりがないように思われる。

そして維新の会も、北海道二区、長野二区、広島三区、広島七区、東京一九区、宮崎一区、鹿児島一区でスプリット現象を起こし、比例復活で当選者を国会に送ることになった。また、この事例で、小選挙区で上位にいるにもかかわらず、比例復活ができなかった候補者の所属政党は、すべてが民主党であった。スプリット現象の逆の側面が、民主党にここでも働いているということが、如実に理解できる。

未来の党など他の中小野党（未来の党のスプリット現象二事例、比例復活当選者七事例の中でのスプリット・ウィナー率一四・三％）

比例復活当選者を出したそれ以外の政党を、第三極の一つである日本未来の党を含めて次に検討しよう。未来の党が比例復活当選している選挙区は、岩手二区、東京一二区、愛知一四区、大阪六区など、ほかの第三極であるみんなの党や維新の会が、選挙に公認候補を立てていないところが多い。これは七事例の中で四つである。また、未来の党が選挙協力を行っていた北海道一一区の新党大地公認候補であった石川知裕を、実質的に未来の党候補と位置づけるならば、八事例の中で五つで、他の第三極の存在しない小選挙区に出馬した未来の党候補が、比例復活当選を迎えているということになる。

また、未来の党候補者が比例復活して当選するためには、戦った小選挙区で、強力な民主党の公認候補が存在しないことが多少なりとも望ましい傾向にあると考えられる。岩手二区、東京一二区、大阪六

表9-5　日本未来の党と中小政党の比例復活と「スプリット現象」

	名簿順位	比例復活者名	小選挙区順位	小選挙区	惜敗率	自民	民主	みんな	維新	未来	小選挙区上位の落選者	所属政党
北海道	1	石川知裕	2位	北海道11区	80.8	あり	なし	なし	なし	なし	なし	新党大地
東北	1	畑　浩治	2位	岩手2区	65.9	あり	なし	なし	なし	x	なし	未来
北関東	1	小宮山泰子	3位	埼玉7区	56.5	あり	あり	なし	あり	x	矢口健一（維新）	未来
東京	1	青木　愛	2位	東京12区	49.4	なし	なし	なし	なし	x	なし	未来
南関東	1	阿部知子	2位	神奈川12区	69.3	あり	あり	なし	あり	x	なし	未来
東海	1	鈴木克昌	2位	愛知14区	82.5	あり	あり	なし	なし	x	なし	未来
近畿	1	村上史好	2位	大阪6区	38.1	なし	なし	なし	なし	x	なし	未来
	1	穀田恵二	3位	京都1区	59.6	あり	あり	あり	あり	なし	田坂幾太（維新）	共産
九州	1	玉城デニー	2位	沖縄3区	82.7	あり	あり	なし	あり	x	なし	未来
	1	吉川　元	2位	大分2区	49.4	あり	なし	なし	あり	なし	なし	社民

出所：各都道府県選挙委員会ホームページ等から筆者作成。

区、沖縄三区など、比例復活当選の中で、七事例の中で四つ、北海道一一区を実質的に未来の党と換算すれば八事例のうちで五つが、強力な民主党の公認候補不在の小選挙区で比例復活しているということになる。これは、未来の党の公認候補の多くが、民主党の離党組で占められていることに起因すると考えられる。すなわち、第三極の中でも、未来の党はどちらかといえば、政権与党の民主党のマイナスのイメージを持ったまま離脱し、政党を結成してしまったように有権者には受け止められていた可能性が存在しよう。そもそも、その母体の「国民の生活が第一」にしても、党名は二〇〇九年政権交代選挙の民主党のスローガンを思い起こさせ、党の代表に現職の滋賀県知事であり、しかも女性の嘉田を据えて新味を出そうとしても、必ずしも、他の第三極のように「まったく新しい政党」とは、有権者に受け入れられていなかったのではないだろうか。そうしたことが、比例復活候補の分析から読み取れる可能性があるであろう。さらに、そのイメージは、選挙直前の政党の結党劇によっても、必ずしも有権者に新規なイメージを与えないどころか、むしろ政党として不安定なイメージを与えてしまったのではないだろうか。

さらに、未来の党候補の中でも、神奈川一二区の阿部知子のように、高い知名度と政治的キャリアを持つ候補者や、沖縄三区の玉城デニーのように、個人の人気もさることながら、基地を抱えるなど特有の争点や地理的な政治背景を持つ選挙区において選挙を戦った候補者の中には、第三極の他の候補が存在しても比例復活し当選するという事例も存在した。こうしてみるならば、第三極の中では、未来の党は、やはり、みんなの党や維新の会とは、若干政治的なイメージが異なり、第三極の他党が、候補者を出していないところでは比例復活で勝利することもできるが、それ以外では個人的な知名度や選挙区の背景によらないと、なかなか比例復活で勝利することが難しいということができるであろう。これも、必ずしも政党の人気が高いとは言い切れない状況があるからではないだろうか。

また、ここで検討しているみんなの党や維新の会以外の野党のスプリット現象による当選者をみると、埼玉七区の未来の党の小宮山泰子や、京都一区の共産党の穀田恵二の事例しか存在しない。そして、その両者とも、上位で落選していたのは維新の会の候補者であった。あまりスプリット現象が起こらなかったことに関しては、スプリット現象の効果の説明からするならば、政党の支持もさほど高くなく、候補者自体の支持も地域的かつ局所的にしか高くないという状況が理解できるのではないだろうか。にもかかわらず、この二例でスプリット現象が起こっていた背景には、民主党と自民党の既成政党がそれぞれ公認候補を立て、他に維新の会などの第三極の候補者が立候補することで、票が分散し、惜敗率が、その政党の比例名簿同位の重複立候補者の中で相対的に上がった可能性があるからではないだろうか。こうした必ずしも高い人気を持たない政党の候補者が、スプリット現象によって当選するためには、個人の知名度や人気が重要であることも理解できる。そこで、もちろん、当選のためにはその個人独自で持つ票も一定数以上獲得することができれば，という条件が付与されることはいうまでもない。

民主党（スプリット現象〇事例，復活当選者三〇事例の中のスプリット・ウィナー率〇・〇％）

スプリット現象に関する，本章の仮説は民主党の比例復活候補を検討すれば，より明瞭になってくる。民主党の比例復活当選者のうちで，スプリットによって当選した候補は存在しないのである。これはすなわち，「政党の支持も一定以上あるが，候補者の支持も一定以上あった」ということの証左になり，他の第三極，なかんずくみんなの党や維新の会とは際立った差異を示している。すなわち，「スプリット現象」ないし，「スプリット・ウィナー」は，第三極に多く出現するという本章の仮説を図らずも実証する結果となっているとは言えないだろうか。実に比例復活当選者の三〇事例のうちで，スプリット現象による当選者は存在しなかった。

考えてみれば，民主党は与党であったのだから，小選挙区において前回当選していた多くの現職の候補者を抱えていたので，候補者の知名度が高く，候補者個人に対する支持も一定数以上あったことは予想される。これは与党としては当然のことであり，知名度も政治的な経験も足りない新人候補が多く，勢い知名度の足りない分を，党のリーダーのカリスマ性に頼らざるを得なかった多くの第三極の政党とは，著しい差異を示すことは明瞭であった。それが，結果として「スプリット現象」に表れてきたと考えることができよう。

この民主党内の比例復活による当選者を検討してみると，すべて当選した候補者は，小選挙区で二番目の得票を集め，野党と接戦になっておきながら，敗北するといった事例が多く，惜敗率も非常に高いことが理解できる。そして比例復活当選を行った候補者の，すべての小選挙区には，自民党の候補者が存在するというのも，一つの傾向ではないだろうか。

表9－6　民主党の比例復活と「スプリット現象」

	名簿順位	比例復活者名	小選挙区順位	小選挙区	惜敗率	自民	みんな	維新	未来	小選挙区上位の落選者
北海道	1	横路孝弘	2位	北海道1区	92.9	あり	なし	あり	なし	なし
	1	荒井　聰	2位	北海道3区	73.1	あり	なし	あり	なし	なし
東北	1	吉田　泉	2位	福島5区	88.7	あり	あり	あり	あり	なし
	1	近藤洋介	2位	山形2区	81.2	あり	なし	あり	なし	なし
	1	郡　和子	2位	宮城1区	69.6	あり	あり	なし	あり	なし
北関東	1	大島　敦	2位	埼玉6区	99.7	あり	なし	あり	なし	なし
	1	福田昭夫	2位	栃木2区	82.8	あり	あり	なし	なし	なし
	1	武正公一	2位	埼玉1区	79.5	あり	あり	なし	なし	なし
北陸信越	1	鷲尾英一郎	2位	新潟2区	85.1	あり	なし	なし	なし	なし
	1	菊田真紀子	2位	新潟4区	82.5	あり	なし	あり	なし	なし
中国	1	柚木道義	2位	岡山4区	70.5	あり	なし	あり	なし	なし
	1	津村啓介	2位	岡山2区	70.1	あり	なし	なし	なし	なし
東京	1	海江田万里	2位	東京1区	98.6	あり	あり	あり	あり	なし
	1	松原　仁	2位	東京3区	98.3	あり	なし	なし	あり	なし
	1	菅　直人	2位	東京18区	87.9	あり	なし	あり	あり	なし
南関東	1	後藤祐一	2位	神奈川16区	91.8	あり	なし	あり	なし	なし
	1	奥野総一郎	2位	千葉9区	79.2	あり	なし	あり	あり	なし
	1	若井康彦	2位	千葉13区	67.4	あり	なし	あり	なし	なし
	1	生方幸夫	2位	千葉6区	66.4	あり	あり	あり	あり	なし
東海	1	大西健介	2位	愛知13区	98.4	あり	なし	なし	あり	なし
	1	赤松宏隆	2位	愛知5区	97.3	あり	なし	あり	あり	なし
	1	近藤昭一	2位	愛知3区	95.1	あり	なし	なし	あり	なし
	1	中根康浩	2位	愛知12区	89.7	あり	なし	あり	あり	なし
近畿	1	泉　健太	2位	京都3区	99.6	あり	なし	あり	なし	なし
	1	三日月大造	2位	滋賀3区	92.0	あり	なし	あり	なし	なし
	1	辻元清美	2位	大阪10区	91.9	あり	なし	あり	なし	なし
四国	1	小川淳也	2位	香川1区	75.0	あり	なし	あり	なし	なし
九州	1	大串博志	2位	佐賀2区	89.3	あり	なし	なし	なし	なし
	1	原口一博	2位	佐賀1区	89.3	あり	なし	なし	なし	なし
	1	高木義明	2位	長崎1区	88.6	あり	なし	なし	なし	なし

出所：各都道府県選挙委員会ホームページ等から筆者作成。

また、第三極のどの政党の候補が存在するかについては、必ずしも一定のパターンがあるようには思えず、むしろここでは、候補者個人が、いかに小選挙区で集票し、惜敗率を上げるかにかかっているように思われる。そうした意味では、第三極のうちで、党首の個人的な人気に引きずられて政党に票が集まることによった比例復活による「スプリット現象」を経て当選した、みんなの党や維新の会とは、比例復活当選のパターンは、まったく異なるのである。

自民党（スプリット現象一事例、復活当選者三九事例の中のスプリット・ウィナー率二・六％）

同様のことは、今回の選挙の勝者である自民党についても言える。自民党の比例復活当選者を分析すると、「スプリット現象」によって当選したのは、岩手三区の橋本英教だけである。そもそも岩手三区は、中選挙区時代は小沢一郎の地盤であった旧岩手二区がその大半であり、そうした小沢の支持者の多いところであるので、未来の党の候補者が自民党の候補者よりも小選挙区では上位に来るということが予想された。そこで注目されたのは、二〇一一年の東日本大震災を契機として小沢と袂を分かった、もともと小沢の忠実な腹心と目されてきた民主党公認の黄川田徹と、小沢が新たに擁立した未来の党公認の佐藤奈保美との争いであった。結果、黄川田が勝利し、佐藤は二位に甘んじたが、自民党は比例東北ブロックで重複立候補していた候補者全員が当選するといった事態となり、小選挙区二位の佐藤を後目に、橋本も比例復活当選することとなった。このスプリット現象は、自民党の比例代表の集票が一定以上であったために起こったのであった。

しかし、この自民党のスプリット現象であった一事例は、前記のように非常に例外的な地盤を背景としたものであり、比例復活当選者三九事例のうちの一事例にしか過ぎない。また、未来の党の佐藤からすれば、スプリット現象の逆の効果、すなわち「小選挙区における候補者個人の支持は高いにもかかわ

表9-7　自民党の比例復活と「スプリット現象」

	名簿順位	比例復活者名	小選挙区順位	小選挙区	惜敗率	民主	みんな	維新	未来	小選挙区上位の落選者
東北	1	高橋比奈子	2位	岩手1区	78.7	あり	なし	なし	あり	なし
	1	藤原　崇	2位	岩手4区	61.3	あり	なし	なし	あり	なし
	1	橋本英教	3位	岩手3区	57.8	あり	なし	なし	あり	佐藤奈保美（未来）
	1	大久保三代	2位	宮城6区	47.8	あり	なし	なし	あり	なし
	1	菅野佐智子	2位	福島3区	45.2	あり	なし	なし	なし	なし
北関東	1	牧原秀樹	2位	埼玉5区	89.8	あり	なし	なし	あり	なし
	1	石川昭政	2位	茨城5区	84.7	あり	なし	なし	なし	なし
	1	永岡桂子	2位	茨城7区	73.4	あり	なし	あり	なし	なし
	1	簗　和生	2位	栃木3区	58.2	なし	あり	なし	なし	なし
	1	今野智博	2位	埼玉11区	46.4	なし	なし	なし	なし	なし
北陸信越	1	木内　均	3位	長野3区	89.5	あり	あり	あり	なし	なし
	1	小松　裕	2位	長野1区	89.3	あり	なし	あり	なし	なし
中国	1	小島敏文	2位	広島6区	86.4	なし	なし	なし	あり	なし
	1	阿部俊子	2位	岡山3区	73.1	あり	なし	あり	なし	なし
東京	1	小田原潔	2位	東京21区	84.5	あり	なし	あり	あり	なし
	1	秋元　司	2位	東京15区	84.0	あり	あり	なし	あり	なし
	1	松本文明	2位	東京7区	78.3	あり	なし	あり	あり	なし
南関東	1	中谷真一	2位	山梨3区	99.6	あり	あり	なし	なし	なし
	1	門山宏哲	2位	千葉1区	90.9	あり	あり	あり	なし	なし
	1	堀内詔子	2位	山梨2区	88.5	あり	なし	なし	なし	なし
	1	中山展宏	2位	神奈川9区	86.5	あり	あり	なし	なし	なし
	1	山本朋広	2位	神奈川4区	57.1	あり	あり	なし	なし	なし
	1	福田峰之	2位	神奈川8区	47.6	あり	あり	なし	なし	なし
東海	1	勝俣孝明	2位	静岡6区	89.5	あり	なし	なし	あり	なし
	1	八木哲也	2位	愛知11区	71.9	あり	なし	なし	なし	なし
	1	東郷哲也	2位	愛知2区	71.3	あり	なし	なし	あり	なし
	1	島田佳和	2位	三重2区	66.7	あり	なし	あり	なし	なし
	1	吉川　赳	2位	静岡5区	54.0	あり	なし	なし	なし	なし
	1	桜井　宏	2位	三重3区	43.3	あり	なし	なし	なし	なし
近畿	1	門博　文	2位	和歌山1区	99.5	あり	なし	あり	なし	なし
	1	竹本直一	2位	大阪15区	96.3	なし	なし	あり	あり	なし
	1	中山泰秀	2位	大阪4区	94.1	あり	なし	あり	なし	なし
	1	大塚高司	2位	大阪8区	92.9	あり	なし	あり	なし	なし
	1	安藤　裕	2位	京都6区	90.3	あり	なし	あり	なし	なし
	1	小林茂樹	2位	奈良1区	88.8	あり	なし	あり	なし	なし
	1	原田憲治	2位	大阪9区	86.2	あり	なし	あり	なし	なし
四国	1	瀬戸隆一	2位	香川2区	91.0	あり	なし	なし	なし	なし
九州	1	宮路和明	2位	鹿児島3区	91.2	なし	なし	あり	なし	なし
	1	宮崎政久	2位	沖縄2区	75.3	なし	なし	あり	なし	なし

出所：各都道府県選挙委員会ホームページ等から筆者作成。

らず、比例代表における政党の支持が低い」といった現象によって、小選挙区で多く集票したにもかかわらず、比例区で政党の票が伸びないために比例復活による当選もできないといった事態となった。

このようにして個々の政党の比例復活の事例を検討したが、「政党の支持は高いが、候補者個人の支持が低いときにスプリット現象は起こり、それは今回の第三極政党のいくつかに当てはまる」という仮説は、成り立つように思われる。また、このスプリット現象を分析する上で、選挙の帰趨には既存政党の候補者の存在や、他の第三極政党の候補者の存在も、大きく影響を与えたのであった。そうした地域的な差異も明瞭になったといえる。

5　第三極の政党理論

政党理論にみられるリンケージ論を手掛かりとして

これら第三極は、既存の政治、そしてそれを体現してきた既存政党を「しがらみ」にまみれたものとして攻撃してきた。この第三極の政党理論における位置を確認しておこう。

伝統的な既存政党に対する攻撃は西欧においても共通して見られた現象である。ピーター・メイアー（Peter Mair）は、伝統的な政治が過去のもの（passé）とされ、そうした政治を「もっともよく組織的に体現」している大規模な政党は、現代の代表制において「ますます不適切な装置（increasingly inappropriate devices）」と見なされているという[25]。

伝統的な既存政党の弱み（vulnerability）は、二つの点に起因するとメイアーは見ている[26]。第一に、これらの政党のイデオロギーや政策は、現代の利害の多様性にもはや対応しない点で攻撃されやすく、第二に、より教育され、表出的で、そして情報を与えられた市民は、そうした政党への参加が特徴的である受動性、匿名性を、もはやよしとはせず、そうした政党の本質的に寡頭制的な性格にも満足しないため、組織的な観点からも攻撃されやすいという。

こうした既存政党への攻撃に対して、新党や小党による再編成（realignment）の可能性を示唆する論文も存在する。その中で代表的なものは、ロナルド・イングルハート（Ronald Inglehart）の『静かなる革命』と『カルチャーシフトと政治変動』に代表される先進国の有権者の「価値の変動」による環境政党の台頭が新たな再編成を招くと見る者もいる。[27] 政党論の研究者で、こうした視点を提起していたのはフェルディナンド・ミュラー＝ロンメル（Ferdinand Müller-Rommel）であった。[28] 小沢の未来の党は、二〇一二年衆院選で焦点の一つとなった原発問題について、「卒原発」という視点を提起した滋賀県知事で環境社会学者の嘉田を党首に据えることで、強く環境色を他の政党に対して提起したと考えられる。これはある意味で、こうした研究者の視点を視野に入れて形成されたものであったのかもしれない。

しかしながら、政党理論から言うと、必ずしもそうした新たな再編成を招く可能性のある政党は、環境政党であるばかりではない。メイアーやトーマス・ポグントケ（Thomas Poguntke）も認めているように、極左政党であったり、右派政党であったりする可能性もある。そして、いくつかの右派政党に特徴的であるのは、カリスマ的な政党指導者が存在するということなのかもしれない。過去のヨーロッパを事例にとれば、多くの事例が一九三〇年代には見つけることができるし、現代ヨーロッパを例にとってもオーストリアの自由党（Freiheitliche Partei Österreichs: FPÖ）の党首であったイエルグ・ハイダー（Jörg Heider）や、フランスの統一戦線（Front National: FN）のジャン＝マリー・ル・ペン（Jean-Marie Le Pen）やマリーヌ・ル・ペン（Marine Le Pen）、デンマークの進歩党（Fremskridtspartiet）のモーゲンス・グリストロップ（Mogens Glistrup）、ノルウェーの進歩党（Fremskrittspartiet）のアンダース・ランゲ（Anders Lange）などの多くの事例を挙げることができる。これらの右派政党は、現在ではニュー・ライト政党（New Right Political Parties，新右翼政党），ライト＝ウイング・エクストリズム政党（Right-wing Extremism Party，極右政党），そしてポピュリスト・ラディカル・ライト政党（Populist Radical Right Parties，ポピュリスト極右政党）などと呼ばれている。[29]

ここで特徴的なのは，最後の呼称がいみじくも明らかにしているように，政党指導者の「ポピュリスト的」立場が，そこに存在するというものである。こうした政党は，従来の組織を強固にすることで積み上げ式で票の獲得を狙うという政党のあり方とは異なる選挙戦略をとるという。ポグントケは政党に関して，「政党とは，市民の選好と民主的な政府の行動の間の中心的なリンケージ（linkage）を表現するものであるとする。[30]そして政党にとって最も重要であるのは，こうしたリンケージであることを強調する。これらリンケージに関しては，これまでも多くの研究者が議論を展開してきた。[31]また，カッツとメイアーは，必ずしも組織を持った大衆政党が絶対的なものではなく，「一連の過程の一つの段階」に過ぎないと考えている。[32]ポグントケはリンケージに二つの種類があるという。第一のものは「組織的リンケージ」（organizational linkage）であり，第二のものは「直接的リンケージ」（direct linkage）であるという。[33]前者は，労働組合や，日本でいうならば後援会といった支援団体を通じた政党に対するリンケージであるが，後者の直接的なリンケージは，マスメディアなどを通じて政党指導者が直接的なリンケージを確立することを指す。

ポグントケがここで，「リンケージ」という用語を使用して表現している概念は，シュタイン・ロッカン（Stein Rokkan）などが使用する，「投票者編成」（voter alignments）という概念に近いと思われる。[34]しかしながら，なぜ，「投票者編成」という用語を使用せず，「リンケージ」という用語を使用したのであろうか。必ずしも明示的ではないが，これにはポグントケの用語の選択に対して込められた思いというものがあることが理解できよう。すなわち，「投票者編成」で示唆されている，投票者と政党との

「きずな」は、基本的には何らかの組織を通じた政党支持に基づく、投票者と政党との間の長期的な「きずな」を指すが、ここでポグントケは、その減少を「組織的リンケージ」ととらえている。そして、それに対して、前記のようなポピュリスト政党などが、マスメディアを通じて有権者に訴えることによって、とくに強力な組織もなく支持を集める現象を、「投票者編成」では、必ずしも十全に説明できない、というポグントケの意味を見て取ることも不可能ではない。そこで彼はそうした現象を説明するものとして、「直接的リンケージ」という用語を新たに使用し、その差異化を図っているとみることができる。

この直接的リンケージとして理解できる現象として、メディアを通じて直接国民に訴えかける手法は、渡辺や橋下、そして嘉田に、二〇一二年衆院選で特徴的にみられると考えられる。さらにいえば、これらは、明らかに第三極とされる政党の一つの特徴であるのかもしれない。しかしながら、これには特徴がある。ポグントケによれば、これら政党指導者と有権者との間の直接的リンケージは、伝統的に政党理論の中で言われている「利益の集約」（interest aggregation）を全く含まないという[35]。というのも、政党指導者を含む政党エリート（party elite）は、どの要求が他のものよりも妥当であるかについて決定する時に、一人で決めなければならないからであるという[36]。そして、直接的リンケージを通じた交換関係は、組織的リンケージとは異なり、政党エリートと有権者集団との間の拘束を伴う取り決めを作らない、つまり、直接的リンケージは政党指導者を有権者の要求から自由にする一方で、他方では政党に有権者を必ずしも強く結びつけないという[37]。

このポグントケの示唆は、二〇一二年選挙時に現れた第三極を考察する上で、非常に示唆的である。つまり、第三極の政党指導者を含む政党エリートは、必ずしも依拠しなければいけない支持母体を持っていない。そこで彼らは、既存の政党のように、支持母体の提起する「利益の集約」を行う必要はない。

だが、そのことは、依拠するべき政策の方向性が必ずしも、組織的に決定されるものではないことをも表している。そして、そのために、マニフェストにおける政策のプライオリティの決定も、その政党指導者の選好を強く反映したものにならざるを得ないために、時としてその政策は、時宜を得たものからは少し外れ、また他人の異論を許容しない強い調子のものとなりがちである。そして、彼らは選挙の直前になって、政党を形成したり、合従連衡を細かく繰り返すことで、ある意味でのメディア・ジャックを試み、報道されるマスメディアのニュースなどを通じて、有権者に対して直接的リンケージを持って訴えざるを得ない。第三極の多くはそうした目を引く強い政策、そして選挙直前のメディアを使った直接的リンケージの選挙戦略に打って出るものであった。

それに対して、民主党・自民党など多くの既存政党の依拠する組織的リンケージは、どの政策が重要であるかという利益の選択と利益集約の多くの部分は、政党エリートの関与なく行われることを意味しているという[38]。ポグントケは「労働組合、宗教組織、ないし政党の青年部といった、それに適した組織環境では、時宜に沿った不満を、政治的要求のかなり首尾一貫したパッケージへと選抜し集約させていく。そして、それは組織エリートと政党エリートの間の交渉の対象となる」とし、「原則として、通常は、ある所与の組織によって当初に提起されたすべての要求を反映するのではなく、相互に合意できる妥協を表す、政治的なパッケージについての合意を促進する」とする[39]。

そしてポグントケは、「直接的リンケージは、エリートの応答性と引き換えとして、個人の政党支持に依拠する一方で、組織的リンケージは、政党エリートと、政党に対する自らの組織の支持を動員したり引き出したりすることのできる組織エリートとの間のやり取りにもとづく」と総括する[40]。さらにポグントケは、組織的リンケージを行う組織にも、三つのタイプがあるという。それらは、第一に組織としての形態を欠落させた「ニュー・ソーシャル・ムーブメンツ」(新社会運動、new social movements)[41]、第

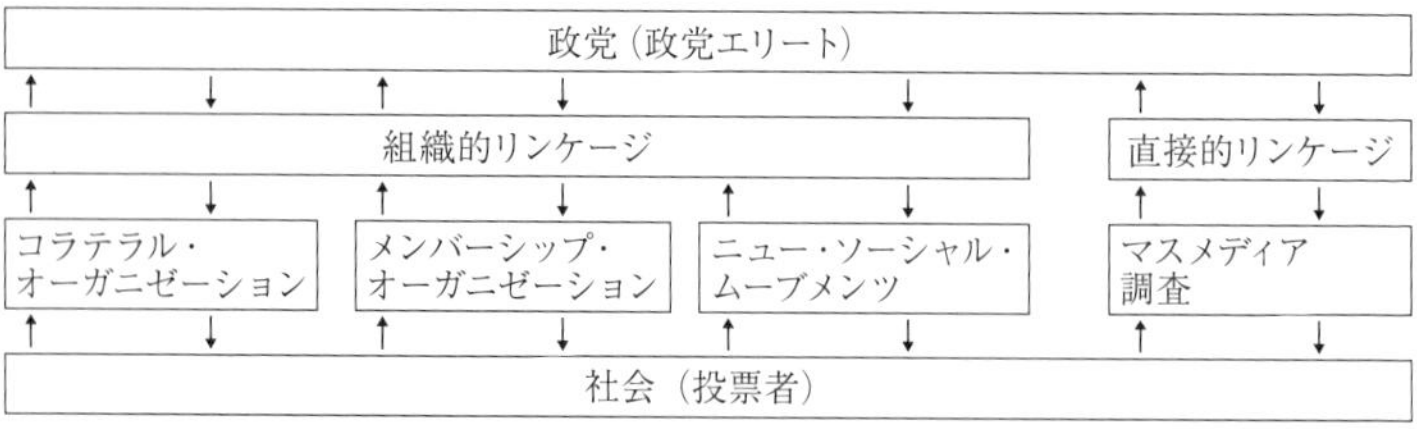

図9－3　政党と社会

出所：Thomas Poguntke, "Party Organizational Linkage: Parties Without Firm Social Roots?" *Political Parties in the New Europe*, Oxford: Oxford University Press, 2005, p.46と Thomas Poguntke, Parteiorganisation im XXandel, Wiesbaden: Westdeutscher Verlag, 2000, S. 32を筆者訳出。

二に特定の社会集団ないし明確な利害に焦点を当て見返りを与える「コラテラル・オーガニゼーション」(collateral organizations)[42]、そして直接政党の会員となる「パーティー・メンバーシップ・オーガニゼーション」(政党会員組織、party membership organization)といった三つに分類される組織を通じて、リンケージは発生するという[43]。

筆者もかつて試論的に同様の分析を行ったことがあるが、筆者の分析が有権者のアイデンティティに視座を置いたものであったのに対して、このポグントケの分析は、政党組織に焦点を当てたものであった[44]。そうした政党組織に焦点を当てることによって、直接的リンケージと組織的リンケージ、さらに組織的リンケージ内の類型化に、ポグントケは進むことができたと考えられる。

第一の「ニュー・ソーシャル・ムーブメンツ」に関しては、原発反対運動を挙げることができ、二〇一二年衆院選では、東京八区から出馬した山本太郎の運動を挙げることができよう。そして、第二の「コラテラル・オーガニゼーション」に関しては、伝統的な政党と圧力団体との関係が考えられ、民主党と連合、自民党と農協・医師会といった組織が考えられよう。また、多くの地域政党も、特定の地域の利害といった明確な利害に焦点を当てて集票を行うといった点で、このカテゴリーの組織的なリンケージを通じて集票を行っていると考えられる。第三の「パーティー・メンバーシップ・オーガニゼーション」は、党員組織を表し、たとえば、自民党や共産党の党員であることを通じて集票を行うといったリンケージにみられるものである。

第三極のリンケージ上の位置

こうしてみるならば、第三極の政党理論上の位置が、徐々に明瞭となってくる。第三極の政党指導者は、テレビなどのメディアを通じて、直接的リンケージに訴えて、集票を行っている。そして、第三極は、自らの政党がこれまでの大衆政党と異なることを訴えるために、しばしば「既存政党はしがらみにまみれている」といった攻撃を、民主党や自民党などに対して行ってきている。この「しがらみ」の正体こそが、組織的リンケージ、その中でもとくに第二の「コラテラル・オーガニゼーション」による政党支持を表しているのではないだろうか。つまり、特定の団体と、政党との間の何らかの「見返り」(コラテラル)、それは、公式のものでも、非公式のものでもありうるし、実体的で物質的なものであったり、非実体的で物質的なものではないものでもある可能性もあるが、そうした「見返り」を求める既存の多くの政党支持のあり方を「しがらみ」と表現しているのではないだろうか。逆に言えば、これは、第三極の多くの政党が、全国的な組織を持っていないために組織的リンケージを活用することができないといった厳しい状況を表していると考えることもできよう。

こうした視座に立つと、第三極の中でも、「直接的リンケージ」を使用するという点では、共通した視点が提起されるが、その一方で、このリンケージのあり方を大きく変えてきた政党も存在することに気付く。[45] 地域政党から国政政党化していった橋下の大阪維新の会と河村たかしの減税日本の二つの政党である。この二つの政党は、当初の国政政党化の過程においては、同様に国会議員を五名以上集めるという手段をとったところで共通しているが、その後の実際の一二月の選挙においては明暗を分けることとなった。この選挙で、大阪維新の会が国政政党化した日本維新の会は、国政政党として一定の成功を収めたとみることができるが、減税日本が参加した日本未来の党は、必ずしも選挙において成功裡のパフォーマンスを上げたとは言い難い状況であった。この明暗はなぜ生まれたのだろうか。この二つの政党は、その政党指導者である地方の首長のメディアを通じた知名度による直接的リンケージという側面ももってはいたが、政策的に、もともとは特定の地域の利害を訴え、特定地域の住民に「見返り」を与えるべく形成された「コラテラル・オーガニゼーション」による支持を特徴として持っていた。大阪維新の会の大阪都構想による二重行政のムダの廃止であったり、減税日本の名古屋市の市民税一〇%減税であったりといった、その当初の政策に地域住民のための「コラテラル・オーガニゼーション」を通じた組織的リンケージという側面があったことは否めない。しかしながら、全国政党化した後に、政党指導者ないし政党エリートとして、全国組織の脆弱性を石原というもう一人の知名度の高い人物を利用することで、直接的リンケージを強化することでカバーしようとした橋下に対し、河村は日本未来の党の中では、必ずしもその存在感を発揮することなく、他の政党エリートの一人として埋没してしまい、その直接的リンケージを活用することができなかった。日本未来の党は、河村のお膝元の愛知一区の小選挙区ですら、議席を獲得することはできなかったのであった。

第三極の明暗を分けたもの

この減税日本の失敗は、鈴木宗男という知名度のある「直接的リンケージ」を維持したまま、地域住民の利害という「組織的リンケージ」を保持しながら戦った、北海道の地域政党であり、国政政党化した新党大地とも対照的であった。新党大地は、他の大政党に飲み込まれることなく存続し続け、鈴木が公職選挙法の規定により出馬できないという厳しい状況ではあったが、選挙の結果、政党要件を失うことになったものの、北海道一一区で小選挙区において敗北した石川知裕が比例復活当選し、衆議院の議席を、北海道という地域で守ったのであった。

また日本維新の会も、公示前の一一議席から五四議席へと躍進を見せたが、比例区では全国でまんべんなく四〇議席を獲得したものの、小選挙区では一四議席しか獲得できず、その一四議席のうち大阪府以外の小選挙区の議席は岡山三区の平沼赳夫と熊本四区の園田博之だけであった。これをみると、石原、橋下のメディアによる強力な直接的リンケージが全国の比例票を押し上げたものの、旧たちあがれ日本、そして旧太陽の党であった知名度のある平沼と園田以外は、大阪都構想という政策を継続していた大阪府の住民に対する組織的リンケージを働かせなければ、小選挙区では議席には到達できないという状況が生まれていたのではないだろうか。

同様のことは、渡辺のみんなの党にも当てはまる。みんなの党は公示前の八議席から一八議席へと躍進するものの、小選挙区で獲得できた議席は地域でも知名度が高く地域の政策にも明るい組織的リンケージを活用できた、栃木三区の渡辺喜美、東京一五区の柿沢《かきざわ》未途《みと》、神奈川四区の浅尾慶一郎、そして神奈川八区の江田憲司の四議席のみであり、その他の一四議席は、政党指導者である渡辺のメディアを通じた直接的リンケージによるところが大きいと考えることができよう。

こうしてみるならば、第三極政党が小選挙区で勝利できる可能性は、政党リーダーの直接的リンケージを活用することができることと同時に、地域住民を動員する組織的リンケージが存在するところに限られており、政党リーダーのメディアを通じた直接的リンケージによる集票は、主に比例区において効果を発揮するということが推測できる。そこで、スプリット現象も、そうした第三極の政党リーダーによる直接的リンケージが効果的であった政党に集中し、みんなの党や維新の会に集中していたということが言えよう。しかし、逆に言えば、これは、それらのスプリット当選者が、小選挙区での地域的リンケージを発揮できなかった、もっと言うと小選挙区の地盤を必ずしもうまく形成できなかったことを表し、将来の衆院選における不安材料を残す結果ともなった。

こうして直接的リンケージ、組織的リンケージという概念を使用して分析するならば、静岡などの地域において同じ維新の会の候補者でありながら、地方政治家を中心として独自に形成された静岡維新の会の候補者と、橋下直系の維新塾出身の源馬などにみられる候補者との間の違和感も説明ができる。そもそも、この違和感は地域主義のクリーヴィッジ（亀裂）に根差した大阪維新の会との対等な関係の構築を目指し、主に静岡県という地域住民を対象にした静岡維新の会（そしてその中には「ニュー・ソーシャル・ムーブメンツ」とみられる原発住民投票の会の鈴木なども含まれると見てよい）の「組織的リンケージ」も使用しようとした候補者と、あくまでも橋下直系の維新塾にこだわり、主に「直接的リンケージ」によって選挙を戦おうとした候補者との間の戦略をめぐる方向性の違いであったのではないだろうか。もちろん、個々の選挙区の状況の違いもあるが、前記の説明によれば、元磐田市長であった経験と原発住民運動を背景とした組織的リンケージを、橋下の直接リンケージと同様に有効に活用し静岡三区に出馬したものの小選挙区で落選した鈴木望が、比例区で復活当選したことも理解できるし、一区で組織的リンケージを有効に構築することができなかった小池政就が、渡辺のメディアなどによる直接的リンケージによって、スプリット当選したのも理解できよう。

6　比例復活における「スプリット」現象と第三極

これまでの政党配置と復活当選者に関する分析において、復活当選者のなかのスプリット当選者を起こすスプリット現象において、ある一定の傾向があることが分かった。このスプリット現象において同様な傾向を見せていた第三極の中でのみんなの党と維新の会について、有権者はみんなの党と維新の会の差異が明確には分かっていない可能性が高かった。これには、選挙以前においては、途中まで合流の話があり、今回の選挙にあたっても、一定程度の選挙協力を模索したことも理由と考えられる。

また、このスプリット現象を検討することで、地域的な政党の比例復活の傾向も理解できた。すなわち、東日本では、維新の会の候補者は、みんなの党の候補者の存在しないところで多く比例復活するという傾向の存在に気付くことができた。東日本の渡辺のみんなの党、西日本の橋下の維新の会といった当初の渡辺の棲み分けプランがある程度実現していたことが理解できる。こうしたある意味で、同様の印象を与えていた第三極の中のみんなの党と維新の会に対し、同じ第三極の中における未来の党は、他の第三極の政党とは明確に区分されていることが理解できる。これには、政党の形成が、他の第三極に比べてもあまりにも急であったこと、そしてどちらかといえば既存の政治家の小沢のイメージが強かったこと、さらに嘉田が原発や環境といった他の党とは異なる印象を与えたために、明確な差異化を受けた結果、第三極の中で伸び悩んだことを示唆している。

そして、明確な組織的な支持を持たない第三極の政党指導者に特徴的であった、メディアを使った選挙活動、支持の動員のあり方を、「リンケージ」という概念を使用することによって、既存の大衆政党である自民党や民主党と区分することで、政党理論の側面からこうした第三極の当選のロジックに関して示唆を行った。これは、第三極という政治勢力が顕在化した二〇一二年政権奪還選挙だからこそおこったと考えることができ、日本のなかでも成功した、直接的リンケージを使用した事例と考えられるのではないだろうか。こうした直接的リンケージが効果的であったからこそ、小選挙区における第三極の新人候補の集票は進まなかったにもかかわらず、小選挙区上位の他党の候補者を押しのけるスプリット現象が起き、スプリット当選者を、第三極、とくにみんなの党と維新の会が輩出する結果となったのではないだろうか。

また、既存政党である民主党や自民党は、「直接的リンケージ」ではなく、「組織的リンケージ」を使用することによって、小選挙区においても組織動員を行い候補者に集票することができた。そのためメディアのみを通じて政党指導者のイメージを売り込むといった、第三極のような直接的リンケージを使用した帰結ともいうべきスプリット現象による、スプリット当選者を生み出すことはほとんどないということも理解できた。

以上、比例区への重複立候補による復活当選によって、非常にユニークな現象が起こった静岡一区の事例をもとに、「スプリット現象」という用語をキーワードとして二〇一二年政権奪還選挙を第三極を中心に分析してきた。

これまで、小選挙区と比例区との重複立候補による比例復活当選者に関しては、ジャーナリストによって「ゾンビ議員」というありがたくない揶揄を受け、有権者が選択をしていない議員が選択をされるのはいかがなものかというモラルの側面からのみ語られることが多かった。しかしながら、今回の静岡の事例のように、第三極の間で選挙協力が進まず、同じようなイメージを持ったと考えられる第三極に属する政党がそれぞれ独自に候補者を擁立し、選挙を戦う中で、その結果としての比例復活を取り上げ、分析することによって、比例復活を分類する新たな視点が提起される可能性が理解できた。本章が、この意義について、新たな知見を与えられれば幸いである。

というのも、これまでは非常に学問的にはマージナルなものと考えられ、モラルの点からも、ジャーナリズムの点からも、多くは批判の対象であった比例復活議員を取り上げ、その出馬した選挙区の政党対立の構図を検討することによって、それぞれの政党イメージに基づいて有権者が投票を行い、それが結果としてスプリット現象を生み出していることを示唆した。むしろ、このスプリット現象という概念を使うことによってしか成り立たない、与野党に分かれた既存政党と第三極などの政党対立の構図の中で、比例復活当選者がなぜ生じ、そこには少なからずとも、小選挙区に立候補している「候補者」を選択することとは異なる民意、つまり「強力な政党指導者のイメージに基づく政党選択」という異なる民意の反映の可能性があることを本章は示唆している。

そしてそのスプリット現象をリンケージ論を参照して考察することで、日本政治を理解する新しい理論的な視座の提起を行った。この研究によって、単に、モラルの側面から、「小選挙区で有権者が選ばなかった候補者がなぜ、国政にあずかることができるのか」といった批判だけではなく、異なる民意のインプットとして、重複立候補の比例代表の復活という制度を、考察することも可能ではないかという、将来の日本における独自のデモクラシー論への研究課題を残していることを示唆しながら、筆を擱くこととする。

注

（1）二〇一二年時点でのみんなの党の政策はこちらを参照。https://www.your-party.jp/file/agenda201212.pdf

（2）これは日本維新の会のホームページに詳しい。http://j-ishin.jp/（日本維新の会は二〇一四年に解党したため、二〇一五年現在ではホームページを閲覧することができなくなっている）。

（3）未来の党は二〇一二年に分党したため、現在ではホームページにアクセスできない。しかし、二〇一二年時点での日本未来の党の政策は、こちらで確認できる。http://www.hatatomoko.org/mirainoseisaku.pdf

（4）静岡県が試験的にマーケティングを行う最適地であり、「日本の縮図」であるというのは、メディアでもよく知られた主張である。マーケティングの会社の報告によれば、位置、全国市場に近い構成（人口、年齢、気候など）、適度な市場規模、独立したメディア環境、首都圏に隣接していることなどが挙げられるという。http://www.e-toms.com/shizuoka_marketing_center/#　また、月尾嘉男（東京大学名誉教授）も、その主張を紹介しており、一般に受け入れられた主張といってもよいであろう。http://www.tbs.co.jp/newsbird/lineup/tsukio/dr_tsukio20090828.html

（5）筆者は、日本政治学会での報告論文をもとに、選挙における変動率（ヴォラティリティ、volatility）のデータをもとにして、単独政党政権による五五年体制を日本政治の「凍結期（安定した時代）」、一九九三年以降の九三年体制を日本の「変動期（脱編成と再編成の時代）」として分類している。これについては、白鳥浩「政党システムにおける『凍結仮説』の日本における検討――戦後衆議院選挙データにみる『凍結』期としての『五五年体制』：『選挙ヴォラティリティ』を中心に」静岡大学『法政研究』第五巻第一号、二〇〇〇年。さらに、同様の議論は白鳥浩『都市対地方の政治学』芦書房、二〇〇四年。さらにそれを改訂した白鳥浩『都市対地方の日本政治』芦書房、二〇〇九年においても展開されている。

（6）大阪維新の会は、その後、二〇一五年五月一七日に大阪都構想の是非を大阪府民に訴える住民投票を行うこととなった。http://oneosaka.jp/tokoso/ また、この住民投票に向かって、大阪維新の会の方では、広域マニフェストすらも用意したのであった。http://oneosaka.jp/policy/policydetail/pdf/tokubetsuku_koiki_detail.pdf

（7）これは日本維新の会のホームページに詳しい。http://j-ishin.jp/（日本維新の会は二〇一四年に解党したため、現在ではホームページを閲覧することができない）。

（8）二〇〇六年滋賀県知事選挙の初当選の時点での嘉田のマニフェストはこちらを参照。http://kadayukiko.net/pdf/060710_kadamanifesto.pdf

（9）二〇一〇年の滋賀県知事選挙における嘉田のマニフェストはこちらを参照。http://www.hiraku-shiga.net/images/kada-manifesto-v2.pdf

（10）嘉田由紀子の略歴については、嘉田が塾長として二〇一三年に設立した未来政治塾のプロフィールに詳しい。http://www.mirai-seiji.jp/lecturer/Yukiko_Kada.html　なお、嘉田は、二〇一五年現在、びわこ成蹊ス

ポーツ大学の学長となっている。http://www.bss.ac.jp/staff/p_kada.html

(11) なお、二〇〇九年政権交代選挙時の民主党のマニフェストは、次のホームページからダウンロード可能である。http://www.dpj.or.jp/article/manifesto2009

(12) 二〇〇九年政権交代選挙については、白鳥浩編著『政権交代選挙の政治学――地方から変わる日本政治』ミネルヴァ書房、二〇一〇年に、各地の政治の変動が詳しい。

(13) これについては、白鳥浩編著『衆参ねじれ選挙の政治学――政権交代下の二〇一〇年参院選』ミネルヴァ書房、二〇一一年に詳しい。

(14) この静岡の浜岡原発の再稼働の是非を問う「原発県民投票静岡」については、次のホームページを参照。http://kenmintohyo.com/report.php

(15) 静岡維新の会の維新八策の概要は、代表であった柏木健のホームページでうかがい知ることができる。http://kashiwagi.hamazo.tv/e4017650.html

(16) 日本維新の会のもともとの政策である維新八策については、こちらを参照。http://oneosaka.jp/news/120831%20%E7%B6%AD%E6%96%B0%E5%85%AB%E7%AD%96.pdf

(17) Ibid.

(18) Ibid.

(19) http://gemma-kentaro.com/mobile/%e6%97%a5%e6%9c%ac%e7%b6%ad%e6%96%b0%e3%81%ae%e4%bc%9a%e3%81%a8%e9%9d%99%e5%b2%a1%e7%b6%ad%e6%96%b0%e3%81%ae%e4%bc%9a/

(20) Ibid.

(21) 筆者とのインタビューのなかで、尾崎によれば、この候補者の決定は「非常に急」なものであったという（二〇一三年五月、静岡市におけるヒアリング）。二〇一二年衆院選の尾崎の政策については次を参照。http://www.ozakitakeshi.net/seisaku.pdf

(22) ある意味で、維新内の地方における維新塾生と地方政治家との間の対立は、そもそも「維新」が、ある意味での多様な集団の集合体として成り立ってきたからだという側面があるのではないだろうか。この側面は、人によっては野合という批判を受けるものであった。後にかつての静岡維新の会の所属議員の多くをかかえ、日本維新の会静岡県総支部に衣替えした組織は、二〇一四年の日本維新の会の分党について、「今の野党再編は国民には野合としか思われない」という言葉を残して、県内の県議、市議七人が、無所属で活動することを選んだ。このことは、こうした対立を伏線としており、その必然の結果だったのかもしれない。『中日新聞』東海本社版、二〇一四年七月一二日。

(23)　こうした見方は一般的であろう。たとえば元経済官僚の古賀重明は、「公務員改革なんて、太陽の党の人たちがやるとは思えないわけですよ。片山虎之助さん（元総務大臣）なんていうのは、渡辺喜美さんが公務員改革をやろうとしていたときに反対側で官僚代表として頑張ったような人ですから、とてもじゃないけどできない」といった見方をしていた。古賀重明「日本再生に挑む」http://gendai.ismedia.jp/articles/-/35500

(24)　静岡市選挙管理委員会ホームページによる。http://www.pref.shizuoka.jp/senkan/shugiin2012/kai/kai-shou/kai-1ku.html

(25)　Peter Mair, "The Elecoral Universe of Small Parties in Postwar Western Europe," in Ferdinand Müller-Rommel and Geoffrey Pridham (eds.), *Small Parties in Western Europe: Comparative and National Perspective*, London: Sage, 1991, p. 41.

(26)　Ibid.

(27)　Ronald Inglehart, *The Silent Revolution in Europe: Changing Values and Political Styles among Western Publics*, Princeton, NJ: Princeton University Press, 1977. Ronald Inglehart, *Culture Shift in Advanced Industrial Society*, Princeton: Princeton University Press, 1990. Ronal Inglehart, *Modernization and Postmodernization*, Princeton: Princeton University Press, 1997.

(28)　Ferdinand Müller-Rommel (ed.), *New politics in Western Europe: The Rise and the Success of Green Parties and Alternative Lists*, Boulder, Co. and London; Westview Press, 1989. Ferdinand Müller-Rommel, "New Politics Parties and New Social Movements in Western Europe," in Russel Dalton and Manfred Küchler (eds.), *Challenging the Political Order*, Oxford: Oxford University Press, 1990.

（29）Klaus von Beyme（ed.）, *Right-wing Extremism in Post-war Europe*, London: Frank Cass, 1988.Cas Mudde, *Populist Radical Right Parties in Europe*, Cambridge: Cambridge University Press, 2007. などを参照。

（30）Thomas Poguntke, "Party Organizational Linkage: Parties Without Firm Social Roots?," in Kurt Richard Luther and Ferdinand Müller-Rommel（eds.）, *Political Parties in the New Europe: Political and Analytical Challenges*, Oxford: Oxford University Press, 2002, p.43.

（31）リンケージに関する議論として、他にも異なる視点から書いているものとしては、次の論文が挙げられる。Richard S. Katz, "Party as Linkage: A Vestigial Function?," in Dinane Sainsbury（ed.）, Party Strategies and Party-Voter Linkages, special issue of *European Journal of Political Research*, Vol. 18, No. 1, 1990. なお、この論文は、一九九七年にヴォルフガング・C・ミュラー（Wolfgang C. Müller）によって再評価され、カッツも自身の研究の意味を回顧している。"Nominations and Reflections: Party as Linkage," *European Journal of Political Research*, Vol. 31, 1997, pp. 169-178.

（32）Richard S. Katz and Peter Mair, "Changing Models of Party Organization and Party Democracy," *Party Politics*, Vol. 1, 1995, p.6.

（33）Thomas Poguntke, *op. cit.*, p. 45.

（34）Seymour M. Lipset and Stein Rokkan（eds.）, *Party Systems and Voter Alignments: Cross-National Perspectives*, New York: Free Press, 1967.

（35）Ibid.「利益の集約機能」については、アーモンドとコールマンの古典的な著作の中にみられる。Gabriel Almond and James S. Coleman, *Politics of the Developing Areas*, Princeton N.J.: Princeton University Press, 1960.

（36）Thomas Poguntke, *op. cit.*, p. 45.

（37）*Ibid.*

（38）*Ibid.*

（39）*Ibid.*

(40) *Ibid.*

(41) これについてはFriedhelm Neidhart, "Einige Ideen zu einer allgemeinen Theorie sozialer Bewegungen," in Stefan Fradil (ed.), *Sozial Struktur im Umbruch: Karl Martin Bolte zum 60. Geburtstag*, Opladen: Leske+Budrich, 1985, s.193-204.

(42) これについては、Seymour M. Lipset and Stein Rokkan, *op. cit.*, 1967. そして近年では、Stefano Bartolini and Peter Mair, *Idenitity, Competition, and Electoral Availability: The Stabilization of European Electorates 1885-1985*, Cambridge: Cambridge University Press, 1990. も、同様の視座から書いている。

(43) カッツは、「メンバーシップ・オーガニゼーションは、とくにエリートと大衆の間のリンケージとしては、より重要ではないものとなってきている」と述べている。Katz, *op. cit.*, p.146.

(44) 筆者の政党支持に関する理論的な考察は、白鳥浩「政党とイデオロギー」白鳥令・砂田一郎編『現代政党の理論』東海大学出版会、一九九六年、を参照されたい。

(45) これらの二つの政党に関しては、白鳥浩編著『統一地方選挙の政治学』ミネルヴァ書房、二〇一三年の大阪、静岡、名古屋について触れた章に詳しい。

終章　政権奪還と日本政治への影響

白鳥　浩

1　選挙結果

自公による政権奪還へ

二〇一二年一二月一六日、第四六回衆院総選挙が投開票された。結果、自民党が二九四議席、公明党が三一議席、民主党が五七議席、維新の会が五四議席、みんなの党が一八議席、未来の党が九議席、共産党が八議席、社民党が二議席、国民新党が一議席、新党大地が一議席、無所属が五議席という内訳となった。選挙後に連立を組むと予想された自民党と公明党だけで、参議院で否決された法案を再可決できる三分の二の議席（三二〇議席）以上を衆議院で確保し、この議席数は安定した政権運営を可能にするものであった。それに対して政権与党であった民主党は、結党以来最低の獲得議席数であった。自民党の石破茂幹事長と公明党の井上義久幹事長は一六日に会談、選挙後の連立政権樹立を確認した。

この選挙は、戦後最低の小選挙区の投票率を記録し、確定投票率は五九・三二％であった。現行の選挙制度の下での最高の投票率を記録し、政権交代の熱気の中で投票が行われた前回の二〇〇九年衆院選の投票率の六九・二八％よりも一〇ポイント近く下落したことになる。これだけをみても、必ずしも今回の選挙が有権者の関心を十分に集めたものとはいい得ないのではないだろうか。

端的にいって、この選挙結果は、「低投票率のもとの、敵失による消極的な勝利」というところが大きい。それは、安倍晋三自身の「森政権の時から（自民党の）比例票が伸びていない」という発言からも見て取れる[1]。有権者は、この選挙で必ずしも積極的に自民党を支持したわけではない。期待をした民主党への政権交代が失望に終わり、第三極も一本化ができず「同士討ち」を繰り返す中で、公明党との選挙協力で組織票を積み上げて手堅く小選挙区を勝ち抜いた自民党の勝利という側面が強いものであった。

自民党はこの二〇一二年政権奪還選挙において、前回の二〇〇九年政権交代選挙で現行憲法下で単独政党として最大議席を獲得した民主党にも、一九八六年の中曽根康弘内閣時の体制選択選挙で獲得した三〇〇議席にも、二〇〇五年の小泉純一郎内閣時の郵政解散選挙で獲得した二九六議席にも及ぶことはなかったが、大勝であった。逆に民主党は、これまで最少であった二〇〇五年の郵政解散選挙時の一一三議席を割り込んだ結党以来最少の議席数に落ち込んだ。これにより、小選挙区制で「振り子現象」が再び起きたといわれているが、はたしてそのサイクルの中で語ってよい選挙であったであろうか。この「振り子現象」とは、前回の選挙で大勝した政治勢力が、有権者の高い期待に応えられず、次回選挙では少数党に転落、逆に前回選挙で少数党であった政党が、次回選挙で圧倒的多数を占める現象であるが、これは基本的には「A党かB党か」という二者択一を迫られる二大政党システムのときに起こる現象であると一般的には考えられる。これはアメリカの共和党と民主党や、イギリスの保守党と労働党などが考えられる。そういった意味では、今回、第三極もそれなりの存在感を示したことで、民主党と自民党の擬似的な二大政党システムから逸脱する可能性がある。この現象が「振り子現象」であったとしても、場合によっては、最後の「振り子現象」となる可能性もある。これについては、今後の日本政治の展開を待たねばならないだろう。

さて、この選挙では、小選挙区の選挙において、自民党は一九県（青森、秋田、群馬、新潟、富山、石川、福井、岐阜、滋賀、鳥取、島根、山口、徳島、愛媛、高知、佐賀、長崎、大分、宮崎）で議席を独占し、二〇〇九年政権交代選挙で自民党の小選挙区の議席がゼロであった一三の空白県（秋田、岩手、福島、埼玉、新潟、長野、山梨、静岡、愛知、滋賀、長崎、大分、沖縄）をなくす圧勝を見せた。すべての都道府県で自民党の候補が、一人は小選挙区で勝利しているという結果となった。

また対立の構図からも、自民党一人勝ちの様相が見て取れる。ここでは、民主党と自民党を中心に見ていこう。今回の衆院選で「民主党」対「自民党」の構図になっているのは、二五六選挙区である。そうした構図に第三極が絡む選挙だったといえる。「民主党」対「自民党」対「第三極」（維新の会、みんなの党、未来の党）の対決構図を持つ小選挙区である合計二〇四選挙区では、自民党一六八議席、民主党二〇議席、第三極一五議席（維新の会一一、みんなの党三、未来の党一）、無所属一議席といった結果となった。これら第三極の多くの主要な候補者が民主党からの離党者だったことを考えるならば、もともとの民主党の支持票が第三極に流れ、結果、自民党が漁夫の利を得ていると解釈できなくもない。「民主党」対「自民党」対「維新の会」対「みんなの党」対「未来の党」という五党対決となった一二選挙区においては、自民党は全て勝利している。これは如実に、非自民勢力が分裂することによって自民党候補者が利する結果となったと考えられよう。また特徴的であるのは、小選挙区を見ると第三極の中でも維新の会が、大阪一区・四区・八区・九区・一〇区・一一区・一三区・一四区・一七区・一九区の各選挙区で議席を獲得する圧倒的な強さを見せている。大阪という地の利を生かしたこれも地域政党から転じた国政政党ならではの強さを示したものと考えられる。逆にいえば、それ以外の選挙区では、思ったほど議席数を獲得できていない。第三極の絡まない「民主党」対「自民党」の選挙では、五二選挙区のうち、自民党は四四議席、民主党は七議席、無所属が一議席という結果となった。ここにおいても自民党は強さを見せた。

実に、自民党の小選挙区での二〇一二年選挙における得票率は四三・〇一％であり、二〇〇三年のマニフェスト選挙における得票率四三・八五％とさほど変わらない。しかしながら、今回の小選挙区での獲得議席数二三七議席に対して、二〇〇三年時の選挙は一六八議席であった。また、自民党の比例代表の得票数は、過去最低であった。これは前回の二〇〇九年政権交代選挙よりも、二一九万票も減らしたことになる。単純に政党に対する支持を表す比例代表の票が伸びず、さらに比例代表の獲得議席数も惨敗に終わった二〇〇九年政権交代選挙時の五五議席から五七議席に増えたのみということは、必ずしも積極的な支持が自民党に向かっていったのではないことを示唆していた。

そこで、この自民党の大勝は、一二月一六日に安倍総裁が述べたように「自民党への国民の信頼が完全に戻ったわけではない」と見るのが妥当であろう。安倍総裁がその後に述べたように「三年間の民主党政治の混乱に対する『ノー』」ととらえた方がよいのかもしれない。これについては野田佳彦首相も、「三年三カ月の政権運営に対し、政権交代を実現させたときの国民の熱い期待にこたえられなかった。そのことに対する厳しい評価」という同様の認識を表していた。結果としては、現職閣僚、党重鎮の落選も相次いだ。藤村修官房長官、城島光力財務相、樽床伸二総務相、田中真紀子文部科学相や、仙石由人副代表が落選した。比例代表の得票では、自民党ばかりか、維新の会にも敗れて第三党としての位置に転落した。労組が強く「民主党王国」とされてきた北海道の一二選挙区で全敗し、愛知の一五選挙区においても二勝しかできなかったことは、民主党の全国的な敗北を端的に象徴していると考えることもできる。一二月一六日、この歴史的な惨敗を受け、野田首相は党代表を辞任することを表明した。

第三極の結果

この選挙でもう一つ注目すべきは、明暗を分けた第三極の結果であった。維新の会は公示前の一一議席から五四議席（小選挙区一四、比例区四〇）へ、みんなの党も八議席から一八議席（小選挙区四、比例区一四）へと増えた。ところが、同じ第三極でも未来の党は公示前勢力六一議席を九議席（小選挙区二、比例区七）へと激減させた。この選挙結果における違いは一体何であったのだろうか。

維新の会は、代表の石原慎太郎と代表代行の橋下徹という二人の高い知名度をフルに生かしながら、初めて国政選挙に臨むという新鮮なイメージを有権者に訴える戦略が功を奏し、比例票を積み上げた。しかしながら、事前の人気に比べて維新の会が伸び悩んだのは、石原は高齢であり、橋下は衆院選に出馬しない中、現実感のある首相候補が存在しないことであった。さらには、もともと大阪維新の会と合併を協議していたみんなの党との選挙協力が必ずしも十分ではなく、少なくない小選挙区で、両党の候補が競合するところも見られた。さらに、候補者の発掘や、資金面での準備などの課題も残る結果となった。みんなの党では、首都圏を中心として一定の勢力を保持しており、その中で、小選挙区では勝てる選挙区で勝ち、あとは比例票を上積みするという戦略で勢力を伸ばすことができた結果と見ることができる。

こうした維新の会、みんなの党に対して、未来の党はどうだったのだろうか。未来の党は、公示直前にいくつかの政党が合併してできた、いわば「急ごしらえ」の政党というイメージが先行する結果となってしまった。また、東日本大震災によって起こった脱原発の全国的なうねりを選挙結果に結びつけるべく、環境問題に詳しい嘉田由紀子を代表としたが、代表自身が選挙に出馬しない中で、選挙活動自体の盛り上がりに欠けた。また、未来の党の公示前の議員の多くは、民主党から離党した者が多く、その中で、選挙区に民主党の議員の候補者を立てられ、かつて所属した民主党時代の支持組織であった連合の支援も受けられないなど、厳しい戦いを強いられたことを反映した結果といえる。脱原発が選挙の中心的な争点とは必ずしもならず、また、支持組織も取り上げられた中で、未来の党は厳しい結果を受け入れざるを得なかった。

こうして、良くも悪くも自民党、民主党、第三極が注目を浴びる選挙の中で、それ以外の政党は埋没を余儀なくされた。社民党は、公示前勢力の五議席から二議席へ、新党大地も三議席から一議席へと減少し、新党日本、新党改革は議席を獲得することすらできなかった。政党助成法においては、政党要件が規定されており、同法においては(1)所属国会議員が五名以上、(2)直近の衆院選、参院選、前前回の参院選のいずれかで得票率が全国の投票数の二％以上であり、かつ国会議員が一名以上所属することが要件とされている。これによって、新党大地は所属議員が五名を切り、新党日本は所属国会議員がいなくなったために、両党は政党要件を失うこととなった。

しかし、何といっても今回の選挙を特徴づけたのは、民主党の退潮ではないだろうか。この民主党の退潮の大きな原因と考えられたのは民主党からの大量の離党者であった。考えれば二〇〇九年政権交代選挙において民主党として当選した三〇八名のうち、公示前に七八名が離党し、衆院における民主党単独では過半数割れとなった。その離党者のうち、四名は選挙に不出馬であり、七四名が今回の選挙に臨んだ。これらの離党者の選挙結果はいかがであったのだろうか。小選挙区には六六名が出馬し、比例では八名が比例単独候補として名前を載せていた。民主党を離党し、今回出馬している候補者のうちで小選挙区を勝利したのは未来の党の小沢一郎だけであった。比例単独候補は八名が全敗する結果となった。重複立候補によって比例代表で復活当選した候補も一三名を数えるのみであり、最終的に当選できたのは、小沢を含めて一四名しかいなかった。政党を離脱することに対する有権者の厳しい判断を明らかにしているものと考えることもできよう。

また、同日行われた東京都知事選挙においては、猪瀬直樹が史上最多得票の四三三万八九三六票を獲得し、当選を果たした。この票は日本における国政選挙、地方選挙すべての結果を通じて、個人が獲得した最多得票となった。有権者数が最も多い自治体の選挙において、国政選挙と同日の選挙であったため投票率が上昇し、一九七五年以来三七年ぶりに六割を超えた（六二・六〇％）ことも大きな要因と考えることができる。政権奪還選挙は、単に国政だけではなく、地方の選挙にも大きな影響を与えたのであった。

2　選挙結果の余波

民主党の代表選挙

二〇一二年衆院選の結果、一二月二六日の午前の臨時閣議で野田内閣は総辞職した。その在任期間は四八二日で終わった。民主党政権の歴代内閣の在職日数からすれば、鳩山由紀夫が二六六日、菅直人が四五二日で、野田は最長であった。こうして民主党政権は、一一九八日の政権担当期間に終止符を打った。自民党の安倍総裁は一二月二六日招集の特別国会で第九六代首相に選出され、自民党、公明党両党による組閣を行い、第二次安倍内閣が発足することとなった。一度辞職した首相が再び政権担当者となるのは、一九四六年に首相になり、一九四七年に退陣し、一九四八年に再び首相に就任した吉田茂以来六四年ぶりであった。

さて、この二〇一二年政権奪還選挙で、政権の座から滑り落ちた民主党はどうだったのだろうか。民主党は二〇一二年一二月二五日に、代表選挙が行われることが決定され、野田に代わる新たな政党指導者の選抜に入っていた。この代表選挙では、選挙直後の政権の喪失感、さらに敗北感といったものが、民主党を支配していた。出馬が取り沙汰された何人かの民主党の幹部も、代表選への出馬を見送る事態となった。そして結局、代表選挙は、海江田万里元経済産業相と、馬淵澄夫政調会長代理との間で争われた。二五日に民主党代表選が行われ、党所属の国会議員一四五名（衆院五七名、参院八八名）の投票により、海江田九〇票、馬淵五四票、無効一票という結果で、海江田が当選を果たした。二〇一三年の夏に予定されている参院選に向けて、選挙の顔とされる幹事長には細野豪志前政調会長を起用し、「海江田・細野」で選挙を戦うこととなった。代表代行には大畠《おおはた》章宏《あきひろ》元国土交通相、政調会長には桜井充参院議員、国対委員長には高木義明元文部科学相がそれぞれ二六日の両院議員総会で決定した。また、代表戦を争った馬淵を幹事長代理に起用し、党内融和に配慮する執行部を作り上げた。

未来の党の解党

こうして、与野党逆転が民主党と自民党の間で起こっているのと並行して、第三極の中でも大きな変動が起こっていた。未来の党の解党である。未来の党は、すでに序章でも述べたように、第三極と考えられる政党の中でも選挙直前の一一月二七日に、他の政党と比べて一番遅く形成された政党であるという点で、他の政党とは異なっていた。また、その未来の党を構成していたのも、小沢や山田正彦のような政党人や、嘉田や河村たかしのような地方の現職首長、飯田哲也のような政治経験が必ずしも多くない研究者といったように、出自も多様であった。さらに、その出身組織も、国民の生活が第一、減税日本・反ＴＰＰ・脱原発を実現する党、民主党や国民新党、さらには社民党の離党者、そして新人候補者という具合に必ずしも統一のとれたものではなかった。

こうした多様な人材によって構成されていた未来の党であるが、その「多様性」は、ネガティブにみると「雑多性」ともとられかねず、統一した政策を提起できないものと考えられた。それは、この未来の党を構成する一つの母体であった「減税日本・反ＴＰＰ・脱原発を実現する党」という党名にも明瞭であった。減税を優先するのか、ＴＰＰに反対するのか、脱原発を真っ先に進めるのか、その政策的なプライオリティが理解できないところがあった。さらに、この出自の多様さから、政党としての組織の点で、誰が主導権を握って政策を展開していくのかが、必ずしも明瞭ではなかった。さらに、代表の嘉田にしても、代表代行の飯田にしても研究者出身であり、また、この二人とも現職の国会議員ではないことも異例なものであった。こうした二人が、未来の党を今後も取り仕切っていけるかどうかは、非常に不透明な部分が多かった。

二〇一二年衆院選に、未来の党は併せて一〇〇名を超える候補者を擁立したが、小沢と亀井静香の二名しか小選挙区で当選することができず、比例区で当選した七名を併せても九議席という結果となった。これは公示前から六一議席も減らしたことを意味していた。他党との有効な選挙協力の手段も見出せぬまま、第三極の中に埋没し、その存在感を示せなかったことに起因すると考えられよう。こうした選挙結果を招いた早急な結党は、多くの対立と混乱を未来の党にもたらした。これはとりわけ党首の嘉田の周辺において起きた。第一に、組織的な混乱が生じた。嘉田は現職の滋賀県知事であった。また、嘉田は、自らの政策実践を支援する組織として、滋賀県内に二〇〇六年一一月に設立した地域政党「対話でつなごう滋賀の会」という組織を有していた。しかしながら、この未来の党の設立は、必ずしも「対話でつなごう滋賀の会」の同意を得たものではなかったため、嘉田との間にしこりを残す結果となった。そして、未来の党も党首の地元である滋賀県内に小選挙区候補者を立てられないという異例の事態となり、「対話でつなごう滋賀の会」は衆院選に関しては自主投票となった。第二に、国政と地方政治の問題があった。二〇一二年一二月三日に滋賀県議会で、嘉田は、自民党県議団の三浦治雄から、党代表をやりながらでは「滋賀県政は片手間」なのかと政治姿勢を批判された。こうした国政の党代表と県政の県知事という「二足のわらじ」は、一一月二八日に佐野高典滋賀県議会議長によって県政運営に支障のないようにとの申し入れも受けるなど、多くの批判を招くものであった。

こうした展開の中、衆院選で惨敗といってよい結果に終わり、選挙後に、未来の党に、組織としての軋みが見られるようになった。それは端的にいって、嘉田を中心とした集団と、小沢を中心とした集団との間の対立であった。一二月二〇日に嘉田と小沢の会談が設定された。選挙結果を受けて、人事案として阿部知子との共同代表、幹事長に鈴木克昌、総選挙で落選した飯田の代表代行を続投させるという「嘉田・阿部派」を中心とした執行部案を提起した。しかしながら、「小沢派」は、小沢ないし小沢派の議員の起用を要求して、党内対立は一気に顕在化した。そして一二月二四日の首班指名選挙にあたって、両院議員総会が設けられ、ここにおいて、嘉田・阿部派の譲歩案である、顧問に小沢と亀井をあてる案が提起されたものの、阿部共同代表、飯田代表代行は堅持されていたために、小沢派の旧「国民の生活が第一」出身の議員の批判を招き、小沢共同代表案が提案されたものの決定には至らず、議論は後日に持ち越しとなった。

二六日に小沢派によって両院議員総会が強行開催されるに及び、対立は激化した。この対立を理由として亀井が離党を表明、二七日に離党し、未来の党の求心力は一気に低下することとなった。(2) 嘉田は二六日に未来の党の分党の意向を表明したものの、翌二七日に、小沢派の旧国民の生活が第一の衆議院議員七名と参議院議員八名が「生活の党」に党名を変更して政党を存続する動きに出た。そこで嘉田は、未来の党を離党し、阿部と新たに政治団体としての日本未来の党を結成し、分裂劇は一つの収束を見た。しかし、嘉田は、二六日に滋賀県議会で、党代表と県知事の兼務の解消という決議が可決されたことを受け、二〇一三年一月四日に党代表を辞任することを正式に表明したのであった。小沢派は、二〇一二年一二月二八日に総務省に、「生活の党」へと名称変更し、代表を森裕子とすることを正式に届け出て、受理された。この生活の党は、二〇一三年一月二五日に結党大会を行い、森が代表を辞任するとともに、第二代代表として小沢一郎が選出された。

国民新党の解党

この選挙で大きな影響を受けたのは、何も未来の党だけではない。政権与党の一角をなしていた国民新党は、壊滅的な打撃を受けた。そもそも、郵政民営化に反対した「造反」議員たちで構成されていた国民新党は、二〇〇九年の政権交代以降、民主党と連立政権を構成し、鳩山内閣末期に社民党が政権を離脱して以降も、一貫して民主党政権を支え続けてきた。

しかしながら、菅内閣が結成された直後の二〇一〇年七月一一日に行われた参議院議員選挙で、比例区に全国郵便局長会の強い支援を得た長谷川憲正などの候補者を擁立し、選挙戦に臨んだものの、比例区、選挙区とも議席を獲得できなかった。長谷川は、個人として四〇万票余りを集票したにもかかわらず、議席に到達できなかったことは、全国郵便局長会の国民新党単独への全面支援の見直しに繋がり、国民新党の組織的リンケージによる政党支持を根底から弱めていくことにもなってしまった。そして決定的であったのは、この選挙で、比例区の二％以上の得票ができなかったことである。所属の国会議員が五名という規定もあるが、これはもしも所属の国会議員数がさらに下回り、次の国政選挙でも得票率二％を割る事態になると政党要件を喪失する可能性を示していた。それは、すなわち政党助成金が受け取れない事態に陥る可能性があることを、国民新党は突き付けられていたのであった。そして、それはとりもなおさず、国民新党の支持が低下している現状を示していた。

しかし、国民新党は、政策的に何も成し遂げられなかったのではない。たとえば、二〇〇九年一二月施行の中小企業金融円滑化法も、国民新党の強い意向が働いたものであった。そして、二〇一二年四月二七日に可決された改正郵政民営化法は、小泉純一郎政権が目指していた完全郵政民営化を止めるものであり、国民新党が目指していた方向の一部は郵政改革関連三法案を撤回することで成立したこの法案で、ある程度達成されていた(3)。しかしながら、一面でこの改正郵政民営化法の成立は、国民新党の政党としての存在事由をある面で失わしむるものであった。

この法案とも関連するが、序章でも述べたが国民新党にとって決定的であったのは、二〇一二年三月二九日に代表であった亀井が、民主党の消費税増税法案に対して連立離脱を表明したものの、下地幹郎、自見庄三郎らが郵政改革法案の成立のために連立維持を表明したことであった。国民新党は連立に残り、代表が政党を去るという異例の事態であった。亀井は創立以来ずっと現役の国会議員であり続け、国民新党の顔であった。その亀井は、連立からの離脱で何を狙っていたのだろうか。亀井は、この直前までさらなる新党結成の方向性を模索していた。二〇一一年一二月八日に、亀井は国民新党を解党して新党を結成する意向を明らかにしていた。年が明けた二〇一二年一月二五日には、たちあがれ日本の平沼赳夫代表とともに東京都知事の石原慎太郎を党首として新党を結成するとの構想が報道機関によって伝えられた。この新党は、国民新党とたちあがれ日本が母体となるものであった。二月七日には党所属の国会議員へ新党構想を説明するなど、亀井の考えは、連立離脱を契機に新党への流れを作ろうとするものだったのかもしれない。

いずれにしても二〇一二年四月六日に亀井は国民新党を離党した。政党の求心力を担ってきた亀井を失い、そして四月二七日には改正郵政民営化法が成立し、政策の柱すら失った国民新党は、新しい柱を見つけられたとは言い切れない状態であった。もちろん、国民新党の側も手をこまねいていたわけではない。たとえば、二〇一二年五月三〇日に、新たな政策の柱となるべく教育立国を中心とした新しい綱領を発表したが、これも有権者には今一つ浸透しないままであった。また、新たに代表となった自見も、国民にそれほど浸透していたかどうかは不明である。特に、もともと国民新党の議席であった二〇一二年一〇月二八日の鹿児島三区の補選で、自民党公認候補の宮路和明に国民新党公認候補の野間健が敗北する中で、国民新党の退潮ぶりは決定的なものに思われた。

こうした中で迎えた二〇一二年一二月一六日衆院選は、国民新党にとっては、自見体制となってから初めての選挙でもあり、また与党として初の衆議院議員選挙でもあった。この選挙において、国民新党は、補欠選挙で苦杯をなめた野間が当選し雪辱を果たしたが、現職の郵政防災担当大臣であった下地が落選し、また環境大臣政務官であった中島正純も落選する結果に終わった。これにより解散前の二議席が、結果として一議席となり、勢力の衰退を印象づける結果となった。下地は選挙の結果を受けて、幹事長を辞し、自見に解党を促すこととなった。

二〇一三年一月九日の議員総会で、解党か存続かで意見が対立し、結論は先送りされた。こうした国民新党内の動揺のなか、さらに他党からの統一会派形成の動きもあった。一月一〇日に、日本維新の会の片山虎之助から統一会派結成を持ちかけられたことが明らかとなった。こうして国民新党は、大きく動揺し、一月一六日には解党を強く主張していた森《もり》田《た》高《たかし》代表代行が離党を表明した。幹部の離党によって、国民新党の求心力はさらに一気に低下していった。

こうした動きの中で、自見は、国民新党ごと、政策的にも近い自民党への復党を模索し始めた。しかし、こうした自見の動きは、先月まで政権与党の一つとして野党である自民党と対峙していたことを考えれば、なかなか理解できるものではなかった。二月二一日に、自見は自民党の河村建夫選挙対策委員長と会談し、国民新党の自民党への吸収合併を要請した（この動きには下地が反発し、翌二二日に離党）。この自見の要請に対して自民党は、二月二四日に、国民新党との合併には応じないことを決定した。二七日には野間が離党し、国民新党所属の議員は自見と浜田だけになってしまった。三月八日に自民党の石破幹事長が、自見に対して自民党は受け入れないとする決定を正式に伝えた。自民党としては、これまで選挙で対立してきた国民新党を即座に受け入れるわけにはいかなかったのである。

こうした手詰まりな状況の中で、三月二一日に、自見は国民新党の解党を表明した。そして、二二日に総務大臣に解党届を提出し、正式に国民新党はその歴史に幕を閉じることとなった。実に七年以上に及ぶ国民新党の軌跡、そしてその終焉は、その解党を直接招くことになった二〇一二年政権奪還選挙の持つ意味の一端を明確に示していると考えることができよう。

国民新党の解党の原因は、大別すると三つあるだろう。第一には既成政党化したことである。つまり、より新しい第三極の政党が選挙の焦点の一つになるに及んで、国民新党は、もはや有権者にとっては「新党」ではなく、既成政党の一つとなってしまい、新規なイメージで集票することができなくなった。第二には、最終的には郵政民営化反対の「シングル・イッシュー・パーティー」(single issue party, 単一争点政党)と変容したこともある。もともとは非常に保守色の強い政党であったので、政党としては保守政党へと脱皮する可能性もあったのだが、二〇〇九年政権交代選挙で綿貫民輔が落選するなどして、その政党の存在感自体が徐々に薄れてしまった。そして、保守政党として再生する最後の機会であった石原新党構想も、亀井を離脱させてまで「郵政民営化阻止」にこだわったために、国民新党が結果的に「反郵政民営化のシングル・イッシュー・パーティー」化してしまい、保守政党への脱皮も成功裡に図ることができなかった。決定的だったのは、改革郵政民営化法案が成立した後には、その政党のよって立つ理念すら不透明なものとなったことであった。第三には、第三極の出現がある。というのも、第三極の中で、国民新党よりもより保守色の強い維新の会が出現してしまっては、国民新党自体の立ち位置も明確ではなくなってしまった。ある意味で、小泉内閣時代の争点は、政権交代の是非を争点とする二〇一二年選挙においては時代遅れなものとなってしまった。そうした時代遅れな争点を中心としていた政党は、最終的にその存立理由を失い、解党へと至ったと考えられる。

国民新党の解党は、そうした一つの時代の終わりを示していた。そして、時代は、政権交代に対する有権者の厳しい判断を、与党であった民主党と国民新党に突き付け、アベノミクスを提唱した自民党安倍総裁を中心とした自公連立政権の安定の時代、いわゆる「一強多弱」の時代を迎えることとなった。

注

（1）二〇一二年一二月二五日の党役員人事発表の時の安倍の発言。
（2）日本未来の党を離党した亀井静香は、後の二〇一二年一二月二八日に緑の風に参加した。
（3）橋本賢治「郵政民営化法等改正法の成立」『立法と調査』第三三一号、二〇一二年九月、四頁。

おわりに——アベノミクスと一強多弱の源流としての民主党の失敗

本書では、二〇一二年政権奪還選挙の多様な側面を、各地域における、第一線の研究者が検討してきた。序章や終章でも取り上げたが、民主党連立政権の終焉と、自民党と公明党の政権復帰をもたらしたこの選挙の意味について、最後に振り返っておきたい。

第一に、この選挙は、民主党を中心とした「政権交代」の意味を問う選挙だったとも考えられるが、国民は、民主党に「ノー」を突きつけたのであった。民主党を中心とした政権は、必ずしも国民の期待を具現化できなかった。二〇〇九年政権交代選挙時に民主党がマニフェストに記載した多くの政策は、必ずしもその実を挙げたとは言い切れないものが多かった。

たとえば、国民が期待した行政のムダを削るという事業仕分けも、当初期待されたほど大きな効果を上げることがなく、むしろパフォーマンスであったとの見方すらされることとなり、逆に、民主党政権が税金のムダを削るどころか、最終的には増税を選択する結果となった。さらに沖縄の普天間基地の返還問題にしても、沖縄県民に期待を抱かせたものの、最終的には沖縄県内に新たな基地を構築するという結論しか導き出せず、この交渉の中で、外交的にもアメリカからの信頼を大きく失墜させ、我が国の領土に関する近隣諸国の行動に対する抑止すら効かない状況となってしまった。また、東日本大震災からの復旧・復興を経験する中で、政治介入にこだわった結果、いたずらに時間を浪費し、復旧・復興に対して、被災者の期待したペースで進んでいたとは言い難い状況が存在した。

もちろん、民主党にも言い分はあるだろう。事業仕分けをすることで多少なりとも行政のムダを減らすことができたとか、増税をしなければ超高齢社会の到来に対応できないとか、沖縄の問題はアメリカという相手があったことであるとか、近隣諸国の我が国の領土にまつわる行動は民主党のせいではないとか、東日本大震災からの復興が進まないのは協力してくれなかった自民党をはじめとする野党にも責任があるとか、理由を探せばいくらでも民主党だけに責任があるわけではないというロジックも成り立たないわけではない。

しかし、政治は結果責任である。政権与党がその政治運営、政策の帰結に対して責任を負わなければ、誰が責任を負うのであろうか。むしろこの選挙結果をよく吟味していけば、将来的に民主党が再生する一つのきっかけ、ヒントを与えてくれるのかもしれない。あるいは政権交代の意味も、一度政権担当者を代えてみて、失敗することにこそあったのかもしれない。次に政権担当者が交代した時には、この失敗を糧にすることができるであろう。読者に誤解しないでいただきたいことであるが、本書は、民主党を糾弾するために出版されているわけではない。賢明な読者なら理解できることであり、言うまでもないことではあるが、執筆者は、各政党には「政権交代」の失敗を糧にして、責任ある政党政治を日本政治において確立してもらいたいという意識を共有している。そして、そのための将来への情報、一つの処方箋を示唆しているつもりである。

第二に、この選挙は日本の政治の展開していく速度が非常に速いことを示している。本書を読んでいただくと、日本の政治が非常に速く動いていることが分かる。そして、その一つの端的な例が、日本未来の党の結党と解党であったと考えられよう。

選挙直前に、多くの勢力が合流することによって形成された第三極と目される政党は、日本未来の党にかかわらず、この二〇一二年政権奪還選挙の一つの特徴を表しているとみてよい。しかし、急速に形成された政党は、定着するのが非常に難しく、また定着するまでには時間がかかるものであろう。このスピードの速さは、「九三年体制」の一つの特徴を表すものと考えられる。

細川護煕を首班とする連立政権が形成された九三年以降、日本の政治においては、無数の新党が次々に出現してきた。政党理論の中では脱編成と再編成といわれる状態が、ずっと続いてきたのである。政党の形成は時期に合わせた政策を取り入れて非常にスピードを優先させたものであった。考えてみれば、一九九〇年代の細川の日本新党も、武村正義の新党さきがけも、小沢一郎の新生党や新進党もそれぞれその時代の政治のトピックを取り入れてスピーディーに形成されてきた。二〇〇〇年代には、小泉純一郎の郵政民営化に反対する形で、造反した議員を中心に「造反新党」と呼んでもよい新党日本、国民新党が形成されてきた。ほかにも多くの新党が存在したが、これらの政党の多くは既に存在しなくなっているか、国会議員を失った状態にある。これも九三年体制の一つの特徴であり、それが如実に表れたのが、二〇一二年政権奪還選挙であったと考えられる。

この日本政治のスピードは、後に二〇一四年のアベノミクス解散総選挙をも招くこととなった。本来であれば、本書は、次の衆院選の前に上梓されるべきものだったが、本書の出版前に次の衆院選があったこと、それ自体が二〇一〇年代の現代の日本政治のスピードの速さを実感させるものとなっているのは皮肉なことである。

しかしながら本書は、単に過去に起こったことを記録しておくことだけが目的ではない。基本的には、二〇一四年のアベノミクス解散総選挙も、同じ政治の対立軸の延長にあると考えられるが、その将来の日本政治を構想するためのよすがを与えるという目的がある。本書を読むことで、アベノミクスの源流、一強多弱の源流がよりよく理解され、今後の日本政治を考察する上での指針となることを期待したい。

本書を読めば、自民党は必ずしも積極的に支持されて勝利したわけではないことが理解できる。むしろ、この二〇一二年政権奪還選挙は、民主党の失敗という敵失による消極的な勝利であったことが明らかである。本書の副題である「民主党はなぜ敗れたのか」が、その現実を表している。民主党に新しい政治を期待して投票を行った有権者は、民主党の政策運営のパフォーマンスの低さに失望したのであった。さらに、第三極も多くの選挙区で第三極同士が競合したこともあって、何を選べばよいか理解できなかった。有権者はそうしたジレンマに陥っていたのではないだろうか。つまり有権者は、小選挙区で民主党も選べなければ、第三極に投票しても、死票になることが多いことを事前に理解していた。そうした状況の中では、新しい政治を選ぼうとしても、選択肢は存在しないことしか理解できず、政治に失望さえ感じていたのであった。そして、それは何よりも有権者の低い投票率に表れていたのである。この有権者の選択肢は存在しないという失望感がそれ以降も続いていることは、国政選挙、地方選挙を問わず、記録的な低投票率がそれ以降の選挙で報道され、それは政権奪還以降の二〇一五年現在も続いていることからも理解できよう。そしてその失望感が、どこから来ているのか、なぜそうした失望感を持つようになったのか、それを解明するには、二〇一二年政権奪還選挙を解明し、理解する以外にないと筆者は考えている。

編者をはじめ執筆者の多くは、かつて同様の意図を持ち、すでに民主党連立政権が成立した二〇〇九年衆院選を扱った『政権交代選挙の政治学』、民主党連立政権下の二〇一〇年参院選を扱った『衆参ねじれ選挙の政治学』、東日本大震災直後の二〇一一年統一地方選を中心として扱った『統一地方選挙の政治学』という三冊の著作を執筆し、ミネルヴァ書房から出版した。これらは今回のシリーズの前史を飾る作品である。本書の読者で、民主党連立政権の形成から政権を失うまでの過程に関心があるむきには、本書ともども、ぜひ併せて読んでいただきたい。

そこで今回、「シリーズ・現代日本の選挙」の第一巻として本書を刊行するにあたり、ここで、もう一度それらの「あとがき」に書いたことを敷衍しながら本シリーズの意図を示したい。

本シリーズは、「一面的」な日本政治像に対する、日本政治の「多様性」を提起することを意図している。よく、「日本政治とはこういうものだ」という説明を、学会の報告や、大学の講義で聞くことがある。なるほど、全国の票を「量的」に集計するとそうした動向となるかもしれないし、高度に統計的な処理を加えれば、興味深い一般的な傾向が明らかとなることは学問的に意味のあることであろう。しかし他方では、一般の有権者から、全国の選挙結果に対する違和感が提起されることもしばしばある。「自分たちの選挙区の選挙結果」と「総和としての全国の選挙結果」が、必ずしも有権者感覚として一致しないのである。なるほど、個々の選挙区の結果は特殊なものであり、全国の一般傾向とは異なるという説明は簡単である。しかし、有権者にとってみれば、目前の選挙区の選挙こそが「日本の政治」の現実である。また、彼らが直面している個々の地域の政治は、「日本の政治」そのものではないだろうか。その個々の「日本の政治」の現実の「質的」側面にも、注意を払ってよいのではないだろうか。そうした「量的」側面と「質的」側面の研究のバランスを補うことによって、「一面的」な日本政治像から脱却し、日本政治の「多様性」を認識することも必要であろう。

本シリーズの研究からは、地域によって日本政治は異なる現実の様相を示しており、そうした多様性が日本政治の本質なのではないかということが示唆される。有権者にとっては「おしなべて一般的な日本の全国政治」の像というのは存在しない可能性がある。目前にあるのは、そうした個々の多様な相を見せる「地方の現実」である。多様な下位文化の表れとしての異なる様相をもった各地方の研究を重視した本研究の意味はそこにある。個々の地方の現実を重視する視点から、日本の地方、地域を比較政治学の手法を用いて、各県、各地域の地域研究を行う必要があるという視座をも、本研究は提起しているのではないか。それは譬えてみれば、アメリカ政治研究、イギリス政治研究、フランス政治研究といった地域政治研究のジャンルが成立するのと同様に、北海道政治研究、沖縄県政治研究、東京都政治研究といった日本の地方における地域政治過程の研究の確立による日本政治の個々の「モザイクのピース」

の解明も要請されているのではないだろうか。それらの総体として日本の政治の現実があり、それは多様な地域、地方によって構成されていることを忘れてはならない。北海道、沖縄、東京の政治もはずれ値にはしない。

そうした視点からすると、本シリーズの一つの学問的な目的は、これまで先行して出版された著作三冊と同様、現代日本の個々の地域における『現代日本政治風土記』を記述することにある。前三作は、それぞれの地域の政治に関する第一級の著者によって、地域の現代政治の実情を明らかとしてきた。本書の評価は読者諸兄に任せるしかないが、各地方の専門家によって執筆された本書によって、二一世紀初頭の民主党を中心とした「政権交代」の終着点としての、自民党と公明党による「政権奪還」といった政治の変動の現実が、一定以上明らかにできたのではないかと自負している。

かかる視座に立つ本研究の一部は、日本政治学会において編者が企画し、司会を行ったパネル、ならびに日本地方政治学会・日本地域政治学会のパネルにおいて報告され、高い研究水準をクリアしたものとして、おおむね好意的な評価を受けた論文を含んでいる。そうした第一線の学会で一定の評価を得た、最先端の研究を含む論文ばかりである。「地方の時代」と呼ばれる現在、そうした視座に対応した高い水準の研究者が、地方に存在することには大きな意味があるであろう。また、地方在住の研究者も「地方」ないし「地域」目線での研究を行い、「地方の時代」に対応することが、今後ますます求められるといえよう。それら「地方」「地域」の政治の中にこそ、日本政治の多様性を理解する鍵が存在しているといえる。

さらに、本シリーズの意味を付け加える展開が近年起こった。それは、選挙における投票要件の変化である「一八歳選挙権」と「居住条件の廃止」である。二〇一五年六月一九日に公職選挙法等の一部を改正する法律が公布され、一年後の施行後に行われる国政選挙の公示日以降の選挙から、選挙権年齢が

「満二〇歳以上」から「満一八歳以上」に引き下げられることとなった。こうした若者は、これまで選挙において投票したことがなく、政治に対する情報への接触も必ずしも多いわけではない。さらに、進学や就職などで転居をする場合に、「投票権の空白」を招いたことがあったが、転居から三カ月未満で転居先の自治体で選挙権を得られない場合、転居前の自治体で三カ月以上の居住歴があれば旧住所での投票が行えるようにも改正された。これは、第一の大正時代の普通選挙権、第二の戦後の女性参政権に続く、「第三の波」というべき有権者の増加となり、若年層への「主権者教育」の必要性から生まれたのであった。政治に対する情報、自分が投票する選挙の実際を理解する上で、「量的」なデータのみならず、個々の選挙区に絞った「質的」な情報をも提供する本シリーズは、これまで投票に行かなかった一八、一九歳の新たな主権者に、自らが知らない選挙区の現実の情報を提供し、多様な日本政治を理解するという点で、政治的情報に接触の乏しい若年層の「主権者教育」において、有効な情報源となるだろう。もちろん若年層にかかわらず、今後の有権者は、日本政治の「今」を伝える本シリーズを読んで日本政治に対する理解を深め、投票所に足を向けていただくことを願うのみである。

なお、本書をまとめるにあたって、日本政治の現場に携わっている多くの方々にお世話になった。ここでは、すべての方のお名前を挙げることはできないので、不公平を避けるためにあえて名前を記さないが、そうした方々のお力添えがなければ、本書は成立しなかった。本書に何がしかの意味があるとすれば、お力をお貸しいただいたそうした現場の人々のおかげである。もしも、本書が、そうした方々の気持ちをうまく汲み取ることができなかったならば、執筆者の力不足による。ひらにご容赦を願いたい。また、各地域の第一線の執筆者による著作のために、原稿が必ずしも意図したとおりに集まらないこともあり、出版までに時間を要した。前三作を読んで、次の著作を期待してお待ちいただいた読者の方には陳謝申し上げる次第である。そして、予定通りに出版計画が進行しないうちに、編者の白鳥の英国、執筆者の丹羽の米国への在外研究の滞在も決まってしまった。原稿や校正は、国内の執筆者だけではなく、地球の裏側まで旅をしながら届けられた。海外滞在の二人は日本の現実から少し離れた客観的な視点で、自らの作業を検証することもできた。編者は、クリスマス休暇で、誰も人のいなくなったオックスフォードの研究室、さらにボドレアン図書館やラドクリフ・カメラの角のお気に入りの席で、凍えながら、一人で全体の最終確認をしたのもいい思い出となっている。

福島美佐子氏、久保谷政義氏、里吉弘治氏、永野理絵氏ら法政大学大学院の私の優秀な指導学生であった諸君には、本書の初期の校正を手伝っていただいた。また、最後の校正まで、粘り強く付き合っていただいたフェリス女学院大学講師の佐賀香織氏、法政大学講師の黒木未來氏、青山学院大学講師の苫米地真理氏、実践女子大学短期大学部講師の羽賀芳秋氏、法政大学大学院の川代秀弘氏には、用語統一など秘書的な役割を果たしていただいた。彼ら彼女たちには、大変お世話になったことを改めて記したい。そして最後になるが、学術書冬の時代といわれる状況の下で、本シリーズのような意味のある企画を認めて、執筆者以上に尽力していただいたのは、ミネルヴァ書房編集部の田引勝二氏である。またシリーズ化の機会を与えていただいた杉田啓三社長には感謝の言葉もない。ここに特に記して、執筆者を代表し感謝の念を記すものである。

一つの研究の終わりは、次なる研究の始まりである。願わくは、本シリーズが日本の政治の一つの転換点となる選挙の地域における実状を明らかとするような多様性を持ち、さらなる日本政治のモザイクのピースを解明する将来の研究の呼び水になることを期待する。

二〇一六年二月　小雨の降る冬のオックスフォードにて

執筆者を代表して　白鳥　浩

人名索引

あ 行

か　行

さ　行

た　行

な　行

は　行

ま　行

や　行

ら・わ　行

資料1　2012年衆議院議員総選挙選挙結果（選挙区）

民：民主党，自：自由民主党，未：日本未来の党，公：公明党，維：日本維新の会，共：日本共産党，み：みんなの党，社：社会民主党，大：新党大地，改：新党改革，国：国民新党，諸：諸派，無：無所属，推・支：推薦・支持，当回：当選回数

	得票数	氏名	年齢	党派	推・支	新旧	当回	肩書・経歴	重複
北海道1区									
当	86,034	船橋　利実	52	自	公	新	1	（元）道議	○
比	79,994	横路　孝弘	71	民	国	前	11	（元）衆院議長	○
	46,681	大竹　智和	35	維	み	新		（元）民放社員	○
	44,845	清水　宏保	38	大	未	新		（元）スケート選手	○
	19,340	野呂田　博之	54	共		新		党道委員	○
北海道2区									
当	83,575	吉川　貴盛	62	自	公	元	4	（元）経産副大臣	○
	55,520	三井　辨雄	70	民	国	前		厚生労働相	○
比	47,139	高橋　美穂	47	維		新	1	行政書士	○
	28,183	太田　秀子	55	共		新		党地区副委員長	
	24,606	沢田　隆二	42	み		新		（元）ＦＭ局社員	○
北海道3区									
当	88,360	高木　宏寿	52	自	公	新	1	（元）道議	○
比	64,599	荒井　聰	66	民	国	前	6	（元）国家戦略相	○
	35,907	小和田　康文	42	維	み	新		行政書士	○
	31,024	町川　順子	53	大	未	新		党女性局長	○
	19,705	森　英士	34	共		新		（元）赤旗記者	
北海道4区									
当	79,588	中村　裕之	51	自	公	新	1	（元）道議	○
	53,217	鉢呂　吉雄	64	民	国	前		（元）経済産業相	○
	25,778	苫米地　英人	53	大	未	新		（元）大学助教授	○
	21,379	菊地　葉子	61	共		新		（元）小樽市議	
北海道5区									
当	128,435	町村　信孝	68	自	公	前	11	（元）官房長官	○
	69,075	中前　茂之	40	民		新		（元）国交省職員	○
	41,025	西田　雄二	49	み	維	新		社会保険労務士	○
	21,422	鈴木　龍次	52	共		新		党地区委員長	
	4,200	森山　佳則	45	諸		新		幸福実現党員	
北海道6区									
当	103,064	今津　寛	66	自	公	前	6	（元）防衛副長官	○
	69,272	佐々木　隆博	63	民	国	前		農水副大臣	○
	48,736	安住　太伸	42	み	維	新		（元）旭川市議	○
	18,915	荻生　和敏	63	共		新		党道委員	
北海道7区									
当	72,945	伊東　良孝	64	自	公	前	2	党道会長	○
	51,051	鈴木　貴子	26	大	未	新		（元）ＮＨＫ職員	○
	21,513	仲野　博子	53	民	国	前		（元）農水政務官	○
	8,918	佐々木　亮子	52	共		新		（元）釧路町議	
北海道8区									
当	107,937	前田　一男	46	自	公	新	1	（元）松前町長	○
	77,402	逢坂　誠二	53	民	国	前		（元）総務政務官	○
	25,793	北出　美翔	26	未	大	新		（元）衆院議員秘書	○
	15,953	高橋　佳大	53	共		新		（元）函館市議	

北海道９区									
当	121,145	堀井　学	40	自	公	新	1	（元）道議	○
	61,616	山岡　達丸	33	民	国	前		（元）ＮＨＫ記者	○
	29,257	花井　泰子	69	共		新		（元）登別市議	
	7,495	島崎　直美	53	諸		新		アイヌ民族党員	
北海道10区									
当	87,930	稲津　久	54	公	自	前	2	党道代表	
	62,998	小平　忠正	70	民	国	前		国家公安委員長	○
	39,818	浅野　貴博	34	大	未	前		党幹事長代行	○
	13,320	木村　賢治	61	共		新		（元）高校教頭	
北海道11区									
当	86,719	中川　郁子	53	自	公・改	新	1	（元）商社社員	○
比	70,112	石川　知裕	39	大	未	前	3	（元）衆院議員秘書	○
	13,235	渡辺　紫	64	共		新		（元）紋別市議	
北海道12区									
当	91,208	武部　新	42	自	公	新	1	（元）衆院議員秘書	○
	52,976	松木　謙公	53	大	未	前		党幹事長	○
	25,501	山崎　摩耶	65	民	国	前		（元）日看協理事	○
	11,532	菅原　誠	39	共		新		党道委員	
青森１区									
	得票数	氏名	年齢	党派	推・支	新旧	当回	肩書・経歴	重複
当	73,237	津島　淳	46	自	公	新	1	（元）衆院議員秘書	○
	47,400	升田　世喜男	55	維		新		（元）県議	○
	32,050	横山　北斗	49	未	大	前		（元）民主党県代表	○
	17,066	波多野　里奈	39	民		新		（元）アナウンサー	○
	11,217	斎藤　美緒	32	共		新		党県委員	
青森２区									
当	81,937	江渡　聡徳	57	自	公	前	5	（元）防衛副大臣	○
	18,836	中村　友信	57	民		新		（元）県議	○
	18,180	中野渡　詔子	42	未	大	前		（元）ＩＴ会社社員	○
	6,683	小笠原　良子	63	共		新		党地区委員	
青森３区									
当	74,946	大島　理森	66	自	公	前	10	（元）党副総裁	○
	46,184	田名部　匡代	43	民		前		（元）農水政務官	○
	12,878	山内　卓	34	未	大	新		牧場役員	○
	5,593	松橋　三夫	63	共		新		党地区政策委長	
青森４区									
当	104,544	木村　太郎	47	自	公	前	6	（元）防衛副長官	○
	35,141	津島　恭一	58	民	国	前		（元）国交政務官	○
	17,594	千葉　浩規	51	共		新		党地区委員長	
岩手１区									
	得票数	氏名	年齢	党派	推・支	新旧	当回	肩書・経歴	重複
当	55,909	階　猛	46	民	国	前	3	党政調副会長	○
比	44,002	高橋　比奈子	54	自		新	1	（元）県議	○
	41,706	達増　陽子	47	未	大	新		（元）客室乗務員	○
	9,922	伊沢　昌弘	65	社		新		党県代表	○
	9,473	八幡　志乃	30	共		新		党准地区委員	
岩手２区									
当	96,523	鈴木　俊一	59	自	公・改	元	7	（元）環境相	○
比	63,695	畑　浩治	49	未	大	前	2	（元）国交省職員	○
	10,491	久慈　茂雄	64	共		新		党地区常任委員	

資料1　2012年衆議院議員総選挙選挙結果（選挙区）

岩手3区									
当	62,684	黄川田　徹	59	民	国	前	5	復興副大臣	○
	43,539	佐藤　奈保美	46	未	大	新		（元）衆院議員秘書	○
比	36,234	橋本　英教	45	自		新	1	（元）衆院議員秘書	○
	8,642	菊池　幸夫	53	共		新		党県常任委員	
岩手4区									
当	78,057	小沢　一郎	70	未	大	前	15	（元）自治相	
比	47,887	藤原　崇	29	自		新	1	（元）参院議員秘書	○
	28,593	及川　敏章	56	民		新		党職員	○
	17,033	高橋　綱記	65	共		新		（元）旧花巻市議	
宮城1区									
	得票数	氏名	年齢	党派	推・支	新旧	当回	肩書・経歴	重複
当	87,482	土井　亨	54	自		元	2	（元）党広報局次長	○
比	60,916	郡　和子	55	民	国	前	3	内閣府政務官	○
比	38,316	林　宙紀	35	み	維	新	1	（元）キャスター	○
	16,557	横田　匡人	47	未	大	新		（元）仙台市議	○
	13,454	角野　達也	53	共		新		党県委員	
	6,547	桑島　崇史	33	社		新		党県職員	○
宮城2区									
当	76,595	秋葉　賢也	50	自		前	4	（元）総務政務官	○
	45,316	中野　正志	64	維		元		（元）経産副大臣	○
	35,085	今野　東	64	民	国	元		内閣府副大臣	○
	34,348	斎藤　恭紀	43	未	大	前		気象予報士	○
	23,138	菊地　文博	52	み		新		（元）県議	○
	14,494	福島　一恵	52	共		新		（元）仙台市議	
宮城3区									
当	88,801	西村　明宏	52	自	公・改	元	3	（元）内閣府政務官	○
	47,298	橋本　清仁	41	民	国	前		国土交通政務官	○
	16,370	吉田　剛	31	共		新		党地区常任委員	
宮城4区									
当	80,250	伊藤　信太郎	59	自	公	元	4	（元）外務副大臣	○
	54,253	石山　敬貴	42	民	国	前		党県副代表	○
	30,722	畠山　昌樹	38	維	み	新		整形外科医師	○
	13,492	戸津川　永	30	共		新		党地区常任委員	
	2,518	村上　善昭	40	諸		新		幸福実現党員	
宮城5区									
当	62,928	安住　淳	50	民	国	前	6	党幹事長代行	○
比	30,138	大久保　三代	36	自		新	1	（元）キャスター	○
	8,029	阿部　信子	49	未	大	新		医療介護会社社長	○
	6,046	渡辺　昌明	59	共		新		党県委員	
	1,621	首藤　博敏	53	無		新		（元）石巻市職員	
宮城6区									
当	97,405	小野寺　五典	52	自	公	前	5	（元）外務副大臣	○
	20,961	鎌田　さゆり	47	民	国	元		（元）党国対副委長	○
	6,349	高村　直也	29	共		新		党准県委員	
秋田1区									
	得票数	氏名	年齢	党派	推・支	新旧	当回	肩書・経歴	重複
当	73,356	冨樫　博之	57	自	公	新	1	（元）県議	○
	49,243	寺田　学	36	民		前		首相補佐官	○
	15,333	近江屋　信広	63	維		元		党東京事務所長	○
	9,702	高松　和夫	70	未	大	前		（元）県議	○

	9, 414	佐竹　良夫	62	共		新		党県委員	
秋田２区									
当	91, 747	金田　勝年	63	自	公	前	2	（元）外務副大臣	○
	57, 392	川口　博	65	民	国	前		（元）小坂町長	○
	21, 483	石田　寛	65	社		新		党県幹事長	○
	7, 581	佐藤　邦靖	57	共		新		党准県委員	
秋田３区									
当	97, 164	御法川　信英	48	自		元	3	（元）外務政務官	○
比	74, 422	村岡　敏英	52	維		新	1	（元）衆院議員秘書	○
	25, 185	京野　公子	62	未	大	前		（元）県議	○
	23, 665	三井　マリ子	64	民	国	新		（元）都議	○
	7, 211	佐藤　長右衛門	68	共		新		党県委員	
山形１区									
	得票数	氏名	年齢	党派	推・支	新旧	当回	肩書・経歴	重複
当	102, 169	遠藤　利明	62	自	公	前	6	（元）党幹事長代理	○
	70, 411	鹿野　道彦	70	民	国	前		（元）農相	○
	14, 447	石川　渉	39	共		新		党県委員	
山形２区									
当	100, 744	鈴木　憲和	30	自	公	新	1	（元）農水省職員	○
比	81, 832	近藤　洋介	47	民	国	前	4	経済産業副大臣	○
	26, 358	川野　裕章	53	維		新		（元）米沢市会議長	○
	9, 809	岩本　康嗣	47	共		新		党県委員	
山形３区									
当	71, 768	阿部　寿一	53	無		新	1	（元）酒田市長	
	70, 303	加藤　紘一	73	自	公	前		（元）党幹事長	
	25, 299	佐藤　丈晴	45	維		新		（元）酒田市議	○
	22, 930	吉泉　秀男	64	社		前		党常任幹事	○
	9, 170	長谷川　剛	34	共		新		党県委員	
福島１区									
	得票数	氏名	年齢	党派	推・支	新旧	当回	肩書・経歴	重複
当	121, 235	亀岡　偉民	57	自	公	元	2	（元）党文化局次長	○
	50, 141	石原　洋三郎	39	未	大	前		（元）福島市議	○
	44, 599	大場　秀樹	43	民		新		（元）福島市議	○
	21, 896	渡部　チイ子	59	共		新		党地区委員	
福島２区									
当	98, 913	根本　匠	61	自	公	元	6	（元）首相補佐官	○
	27, 673	緑川　一徳	31	維	み	新		ＩＴ会社社員	○
	26, 821	太田　和美	33	未	大	前		（元）千葉県議	○
	26, 208	斎藤　康雄	63	民		新		参院議員秘書	○
	10, 194	平　善彦	60	共		新		党地区副委員長	
福島３区									
当	107, 737	玄葉　光一郎	48	民	国	前	7	外相	○
比	48, 796	菅野　佐智子	59	自	改	新	1	学習塾経営	○
	16, 313	小山田　智枝	43	共		新		党地区職員	
福島４区									
当	71, 751	菅家　一郎	57	自	公	新	1	（元）会津若松市長	○
比	50, 036	小熊　慎司	44	維		新	1	（元）参院議員	○
	15, 718	小川　右善	63	社		新		党県幹事長	○
	8, 903	原田　俊広	53	共		新		党地区副委員長	
福島５区									
当	61, 440	坂本　剛二	68	自	公	元	7	（元）経産副大臣	○

比	54,497	吉田　泉	63	民	国	前	4	（元）復興副大臣	○
	26,299	宇佐美　登	45	維		元		（元）衆院議員秘書	○
	16,479	吉田　英策	53	共		新		党地区副委員長	
	10,177	菅本　和雅	45	み		新		車部品販売業	○
	6,937	松本　喜一	64	未	大	新		（元）楢葉町議	○
茨城1区									
	得票数	氏名	年齢	党派	推・支	新旧	当回	肩書・経歴	重複
当	103,463	田所　嘉徳	58	自	公	新	1	（元）県議	○
	66,076	福島　伸享	42	民	国	前		（元）経産省職員	○
	29,611	海老沢　由紀	38	維	み	新		（元）スノボ選手	○
	15,971	武藤　優子	48	未	大	新		社団法人理事	○
	13,065	田谷　武夫	61	共		新		党県委員長	
茨城2区									
当	113,891	額賀　福志郎	68	自	公	前	10	（元）財務相	○
	47,922	石津　政雄	65	民		前		総務政務官	○
	31,846	原田　雅也	43	み	維	新		（元）鹿嶋市議	○
	8,703	梅沢　田鶴子	56	共		新		（元）小川町議	
茨城3区									
当	113,158	葉梨　康弘	53	自	公	元	3	（元）党国対副委員長	○
	46,539	小泉　俊明	55	未	大	前		（元）国交政務官	○
	43,614	前田　善成	45	維	み	新		（元）みなかみ町議	○
	19,177	小林　恭子	62	共		新		農民連常任委員	
茨城4区									
当	113,718	梶山　弘志	57	自	公	前	5	（元）国交政務官	○
	48,395	高野　守	53	民		前		党県会長代行	○
	12,555	宇野　周治	62	共		新		党県委員	
茨城5区									
当	61,142	大畠　章宏	65	民	国	前	8	（元）国土交通相	○
比	51,841	石川　昭政	40	自		新	1	（元）党職員	○
	11,043	福田　明	56	共		新		（元）北茨城市議	
茨城6区									
当	91,121	丹羽　雄哉	68	自	公	元	11	（元）厚相	○
	45,377	狩野　岳也	48	無		新		（元）県議	
	39,161	大泉　博子	62	民	国	前		（元）山口県副知事	○
	36,617	深沢　裕	41	維	み	新		原子力機構職員	○
	13,680	青木　道子	62	共		新		党県委員	
	12,644	栗山　栄	54	未	大	新		行政書士	○
茨城7区									
当	81,157	中村　喜四郎	63	無	公	前	12	（元）建設相	
比	59,605	永岡　桂子	59	自		前	3	（元）農水政務官	○
	23,344	筒井　洋介	33	維	み	新		貿易会社役員	○
	18,983	柳田　和己	62	民	国	前		党県副会長	○
	7,034	白畑　勇	60	共		新		（元）民商事務局長	
栃木1区									
	得票数	氏名	年齢	党派	推・支	新旧	当回	肩書・経歴	重複
当	100,133	船田　元	59	自	公	元	10	（元）経企庁長官	○
	56,143	石森　久嗣	50	民	国	前		脳外科医師	○
	50,771	荒木　大樹	41	み	維	新		石材会社社長	○
	7,687	田部　明男	57	共		新		党県委員	
栃木2区									
当	55,853	西川　公也	69	自	公	元	5	（元）内閣府副大臣	○

比	46,271	福田　昭夫	64	民	国	前	3	（元）総務政務官	○
比	38,086	柏倉　祐司	43	み	維	新	1	内科医師	○
	4,348	藤井　豊	64	共		新		（元）日光市議	
栃木3区									
当	84,023	渡辺　喜美	60	み		前	6	党代表	
比	48,912	簗　和生	33	自	公	新	1	（元）衆院議員秘書	○
	6,509	秋山　幸子	61	共		新		（元）足尾町議	
栃木4区									
当	109,762	佐藤　勉	60	自	公	前	6	（元）総務相	○
	49,021	藤岡　隆雄	35	み	維	新		（元）衆院議員秘書	○
	26,310	山岡　賢次	69	未	大	前		（元）国家公安委長	○
	22,546	工藤　仁美	57	民		前		（元）労組事務局長	○
	7,053	早乙女　利次	65	共		新		（元）都賀町議	
栃木5区									
当	101,533	茂木　敏充	57	自	公	前	7	（元）金融相	○
	38,626	富岡　芳忠	46	み	維	前		（元）銀行員	○
	10,696	川上　均	56	共		新		党県委員	
群馬1区									
	得票数	氏名	年齢	党派	推・支	新旧	当回	肩書・経歴	重複
当	94,709	佐田　玄一郎	59	自	公	前	8	（元）行政改革相	○
比	46,835	上野　宏史	41	維	み	新	1	（元）参院議員	○
	35,074	宮崎　岳志	42	民		前		党幹事長補佐	○
	20,663	後藤　新	52	未	大	新		（元）県議	○
	13,152	生方　秀男	64	共		新		党地区委員長	
群馬2区									
当	87,309	井野　俊郎	32	自	公	新	1	（元）伊勢崎市議	○
比	51,840	石関　貴史	40	維	み	前	3	党県代表	○
	19,583	桑原　功	67	民		前		社福法人理事	○
	17,366	関口　直久	62	共		新		（元）旧桐生市議	
群馬3区									
当	84,363	笹川　博義	46	自	公	新	1	（元）県議	○
	37,878	柿沼　正明	47	民		前		党県会長	○
	33,793	長谷川　嘉一	60	未	大	新		（元）県議	○
	9,025	渋沢　哲男	53	共		新		党地区委員長	
群馬4区									
当	93,220	福田　達夫	45	自	公・改	新	1	（元）首相秘書官	○
	42,536	宮原田　綾香	28	維		新		（元）高崎市議	○
	17,336	青木　和也	25	民		新		（元）衆院議員秘書	○
	14,174	萩原　貞夫	63	共		新		党地区委員	
群馬5区									
当	134,685	小渕　優子	39	自	公・改	前	5	（元）少子化相	○
	22,603	小林　人志	61	社		新		（元）太田市議	○
	17,036	糸井　洋	44	共		新		党地区副委員長	
埼玉1区									
	得票数	氏名	年齢	党派	推・支	新旧	当回	肩書・経歴	重複
当	96,242	村井　英樹	32	自	公	新	1	（元）財務省職員	○
比	76,583	武正　公一	51	民	国	前	5	財務副大臣	○
	42,451	日色　隆善	47	み	維	新		（元）証券会社社員	○
	18,503	青柳　伸二	65	共		新		（元）さいたま市議	
	8,396	川上　康正	48	社		新		（元）衆院議員秘書	○

埼玉２区									
当	112,484	新藤　義孝	54	自	公	前	5	（元）経産副大臣	○
	53,604	松本　佳和	47	み	維	新		（元）県議	○
	50,711	石田　勝之	57	民	国	前		党選対委長代理	○
	24,724	奥田　智子	44	共		新		（元）鳩ヶ谷市議	
埼玉３区									
当	87,695	黄川田　仁志	42	自	公	新	1	（元）大学講師	○
	58,590	細川　律夫	69	民	国	前		党政調会長代行	○
	46,136	谷古宇　勘司	62	維		新		（元）県議	○
	37,034	宮瀬　英治	35	み		新		（元）教育会社社員	○
	17,346	広瀬　伸一	56	共		新		党地区委員長	
埼玉４区									
当	71,061	豊田　真由子	38	自	公	新	1	（元）厚労省職員	○
	53,366	神風　英男	51	民	国	前		（元）防衛政務官	○
	46,303	青柳　仁士	34	維		新		（元）国連勤務	○
	23,360	桜井　晴子	56	共		新		（元）志木市議	○
	3,617	小笠原　洋輝	28	無		新		無職	
埼玉５区									
当	93,585	枝野　幸男	48	民	国	前	7	経済産業相	○
比	84,120	牧原　秀樹	41	自	公	元	2	弁護士	○
	15,434	藤島　利久	50	未	大	新		（元）衆院議員秘書	○
	13,109	大石　豊	52	共		新		（元）岩槻市議	
埼玉６区									
当	90,871	中根　一幸	43	自	公	元	2	（元）旧鴻巣市議	○
比	90,673	大島　敦	55	民	国	前	5	総務副大臣	○
	35,838	磯村　健治	63	維	み	新		発電部品会社社長	○
	19,799	戸口　佐一	62	共		新		党地区委員	
	2,354	院田　浩利	45	諸		新		幸福実現党員	
埼玉７区									
当	78,505	神山　佐市	58	自	公	新	1	（元）県議	○
	44,428	矢口　健一	40	維	み	新		日本ＪＣ顧問	○
比	44,415	小宮山　泰子	47	未	大	前	4	（元）県議	○
	38,335	島田　智哉子	50	民		新		（元）参院議員	○
	18,568	長沼　チネ	62	共		新		党地区委員長	
埼玉８区									
当	85,375	柴山　昌彦	47	自		前	4	党副幹事長	○
	46,394	小野塚　勝俊	40	民	国	前		党県常任幹事	○
	36,680	並木　正芳	63	維		元		（元）内閣府政務官	○
	19,099	辻　源巳	41	共		新		党地区常任委員	
	13,939	西川　浩	55	未	大	新		（元）山口県職員	○
埼玉９区									
当	109,062	大塚　拓	39	自	公	元	2	（元）党国際局次長	○
	49,981	五十嵐　文彦	64	民	国	前		（元）財務副大臣	○
	37,301	浦沢　将	45	維	み	新		（元）建設会社社員	○
	17,696	松浦　武志	49	未	大	新		（元）衆院議員秘書	○
	17,156	工藤　武	48	共		新		（元）名栗村議	
埼玉10区									
当	85,846	山口　泰明	64	自	公	元	5	（元）内閣府副大臣	○
比	56,482	坂本　祐之輔	57	維		新	1	（元）東松山市長	○
	20,863	松崎　哲久	62	未	大	前		作家	○
	18,157	弓削　勇人	39	民		新		学校法人経営	○

	13,444	梅沢　永治	63	共		新		（元）東松山市議	
埼玉11区									
当	118,916	小泉　龍司	60	無		前	4	（元）大蔵省職員	
比	55,288	今野　智博	37	自		新	1	弁護士	○
	22,334	柴岡　祐真	28	共		新		党地区副委員長	
埼玉12区									
当	65,989	野中　厚	36	自	公	新	1	（元）県議	○
	55,663	森田　俊和	38	無		新		（元）県議	
	36,500	本多　平直	48	民	国	前		経済産業政務官	○
	35,500	永沼　宏之	44	み	維・改	新		（元）行田市議	○
	10,470	大野　辰男	59	共		新		党県常任委員	
	2,169	川島　良吉	94	無		新		（元）会社役員	
埼玉13区									
当	77,623	土屋　品子	60	自		元	5	（元）環境副大臣	○
	45,019	森岡　洋一郎	37	民	国	前		党県経理局長	○
	32,986	中村　匡志	35	維		新		調査事務所代表	○
	26,934	北角　嘉幸	49	み		新		（元）衆院議員秘書	○
	16,881	並木　敏恵	52	共		新		（元）春日部市議	
埼玉14区									
当	84,263	三ツ林　裕巳	57	自	公	新	1	内科医師	○
比	71,949	鈴木　義弘	50	維	み	新	1	（元）県議	○
	42,655	中野　譲	45	民	国	前		（元）外務政務官	○
	20,190	苗村　光雄	56	共		新		党地区副委員長	
	3,161	大塚　克雄	65	無		新		ビル管理会社社員	
埼玉15区									
当	88,210	田中　良生	49	自	公	元	2	ＣＡＴＶ会長	○
	49,147	高山　智司	42	民	国	前		環境政務官	○
	35,750	斉藤　裕康	43	み	維	新		大学職員	○
	17,460	小高　真由美	48	未	大	新		印刷会社社員	○
	16,168	小久保　剛志	37	共		新		党県委員	
千葉１区									
	得票数	氏名	年齢	党派	推・支	新旧	当回	肩書・経歴	重複
当	76,914	田嶋　要	51	民	国	前	4	（元）経産政務官	○
比	69,927	門山　宏哲	48	自	公	新	1	弁護士	○
比	44,668	田沼　隆志	36	維		新	1	（元）千葉市議	○
	27,089	西野　元樹	38	み		新		（元）商社社員	○
	13,102	寺尾　賢	36	共		新		民青県委員長	
千葉２区									
当	100,551	小林　鷹之	38	自	公	新	1	（元）財務省職員	○
	54,123	中田　敏博	44	維		新		（元）投資会社代表	○
	46,883	樋口　博康	53	民	国	新		党職員	○
	30,122	黒田　雄	53	未	大	前		社福法人理事	○
	17,604	入沢　俊行	35	共		新		（元）習志野市議	
千葉３区									
当	80,710	松野　博一	50	自	公	前	5	（元）文科副大臣	○
	31,161	岡島　一正	55	未	大	前		（元）ＮＨＫ職員	○
	30,565	小林　隆	49	維	み	新		映像配信会社社長	○
	28,979	青山　明日香	30	民	国	新		（元）衆院議員秘書	○
	9,298	石川　正	67	共		新		党地区常任委員	
	1,723	井上　由紀子	62	無		新		文化教室経営	

千葉４区									
当	163,334	野田　佳彦	55	民	国	前	6	首相	○
	72,187	藤田　幹雄	44	自		元		（元）党青年局次長	○
	28,187	三宅　雪子	47	未	大	前		（元）民放社員	○
	21,459	斉藤　和子	38	共		新		党県青年部長	○
千葉５区									
当	81,772	薗浦　健太郎	40	自	公	元	2	（元）党青年局次長	○
	51,206	村越　祐民	38	民	国	前		外務政務官	○
	39,653	木村　長人	48	維		新		（元）江戸川区議	○
	28,707	渡辺　耕士	57	み		新		（元）経営指導会社社長	○
	14,913	相原　史乃	38	未	大	前		（元）飲食会社社長	○
	12,583	浅野　史子	42	共		新		党県女性部長	
	2,770	赤塚　裕彦	54	無		新		公認会計士	
千葉６区									
当	69,689	渡辺　博道	62	自	公	元	5	（元）経産副大臣	○
比	46,331	生方　幸夫	65	民	国	前	5	環境副大臣	○
	29,956	遠藤　宣彦	49	維		元		（元）郵政省職員	○
	24,350	鴈野　聡	43	み		新		経営指導会社社長	○
	13,511	三輪　由美	57	共		新		（元）県議	
	13,139	白石　純子	50	未	大	新		（元）客室乗務員	○
千葉７区									
当	104,839	斎藤　健	53	自	公	前	2	党国際局次長	○
	29,665	林　千勝	51	維		新		（元）製造会社役員	○
	28,970	中沢　健	57	民		新		（元）参院議員秘書	○
	24,216	内山　晃	58	未	大	前		（元）総務政務官	○
	22,999	石塚　貞通	45	み		新		司法書士	○
	12,080	渡部　隆夫	69	共		新		党地区委員	
	6,096	村上　克子	73	社		新		（元）県議	○
千葉８区									
当	93,882	桜田　義孝	62	自	公	元	5	（元）内閣府副大臣	○
	56,831	松崎　公昭	69	民	国	前		（元）総務副大臣	○
	44,532	山本　幸治	41	み	維	新		プロボウラー	○
	18,846	姫井　由美子	53	未	大	新		（元）参院議員	○
	14,914	武石　英紀	62	共		新		党地区委員長	
千葉９区									
当	80,024	秋本　真利	37	自	公	新	1	（元）富里市議	○
比	63,422	奥野　総一郎	48	民	国	前	2	党県副代表	○
比	45,781	西田　譲	37	維		新	1	（元）県議	○
	16,616	河上　満栄	41	未	大	元		（元）客室乗務員	○
	12,601	木崎　俊行	44	共		新		（元）県職労書記	
	6,955	須藤　浩	55	無		元		（元）四街道市議	
千葉10区									
当	110,139	林　幹雄	65	自	公	前	7	（元）国家公安委長	○
	62,690	谷田川　元	49	民		前		党県副代表	○
	12,230	笠原　正実	58	共		新		党地区委員長	
	7,831	有田　恵子	59	諸		新		当たり前党首	
千葉11区									
当	128,785	森　英介	64	自	公	前	8	（元）法相	○
	48,114	金子　健一	55	未	大	前		（元）一宮町議	○
	21,110	椎名　史明	55	共		新		党地区委員長	

千葉12区									
当	139,935	浜田　靖一	57	自	公	前	7	党国対委員長	○
	58,491	中後　淳	42	未	大	前		（元）富津市議	○
	16,262	米本　展久	61	共		新		党地区委員長	
千葉13区									
当	75,152	白須賀　貴樹	37	自	公	新	1	歯科医師	○
比	50,666	若井　康彦	66	民	国	前	3	国土交通政務官	○
比	40,471	椎木　保	46	維	み	新	1	（元）鹿嶋市職員	○
	13,769	佐竹　知之	67	共		新		党市副委員長	
	3,134	古川　裕三	30	諸		新		幸福実現党員	
東京1区									
	得票数	氏名	年齢	党派	推・支	新旧	当回	肩書・経歴	重複
当	82,013	山田　美樹	38	自	公	新	1	（元）経産省職員	○
比	80,879	海江田　万里	63	民	国	前	6	（元）経済産業相	○
	48,083	加藤　義隆	38	維		新		（元）日本銀行職員	○
	31,554	小斉　太郎	42	み		新		（元）港区議	○
	18,763	冨田　直樹	36	共		新		党地区常任委員	
	14,875	野沢　哲夫	46	未	大	新		大学院講師	○
	1,999	伊藤　希望	28	諸		新		幸福実現党員	
	1,011	又吉　光雄	68	諸		新		政治団体代表	
	614	亀山　教明	49	無		新		派遣社員	
東京2区									
当	84,663	辻　清人	33	自		新	1	（元）研究機関員	○
	64,676	中山　義活	67	民	国	前		（元）首相補佐官	○
比	48,704	大熊　利昭	49	み		新	1	政策研究機関員	○
	38,564	松本　和巳	47	維		元		（元）衆院議員秘書	○
	23,035	桑名　文彦	42	共		新		党地区常任委員	
	2,045	井上　雅弘	57	無		新		無職	
東京3区									
当	122,314	石原　宏高	48	自	公	元	2	（元）党国際局次長	○
比	120,298	松原　仁	56	民	国	前	5	（元）国家公安委長	○
	25,773	池田　剛久	47	未	大	新		（元）衆院議員秘書	○
	23,167	香西　克介	36	共		新		党地区委員長	
東京4区									
当	96,810	平　将明	45	自	公	前	3	党情報調査局長	○
	44,999	犬伏　秀一	56	維		新		（元）大田区議	○
	42,424	藤田　憲彦	39	民	国	前		党都常任幹事	○
	34,902	広瀬　雅志	55	み		新		（元）証券会社員	○
	24,167	山本　純平	38	共		新		党地区常任委員	
	2,603	佐野　秀光	42	諸		新		安楽死党代表	
東京5区									
当	85,408	若宮　健嗣	51	自		元	2	党都副幹事長	○
	65,778	手塚　仁雄	46	民	国	前		（元）首相補佐官	○
比	46,629	三谷　英弘	36	み		新	1	弁護士	○
	45,518	渡辺　徹	34	維		新		経営指導業	○
	19,462	丸子　安子	44	未	大	新		服飾デザイナー	○
	15,796	三浦　岩男	63	共		新		党地区常任委員	
	1,089	曽我　周作	33	諸		新		幸福実現党員	
東京6区									
当	98,112	越智　隆雄	48	自	公	元	2	（元）金融相秘書官	○
	70,126	小宮山　洋子	64	民	国	前		（元）厚生労働相	○

	52,734	花輪　智史	46	維		新		（元）都議	○
	52,325	落合　貴之	33	み		新		（元）衆院議員秘書	○
	24,725	佐藤　直樹	33	共		新		党地区常任委員	
東京７区									
当	100,872	長妻　昭	52	民	国	前	5	（元）厚生労働相	○
比	79,048	松本　文明	63	自	改	元	2	（元）都議	○
	45,556	吉田　康一郎	45	維		新		（元）都議	○
	19,495	太田　宜興	36	共		新		党地区常任委員	
	17,437	岡本　幸三	52	未	大	新		（元）信託銀行員	○
	1,315	西野　貞吉	76	無		新		（元）運転手	
東京８区									
当	132,521	石原　伸晃	55	自	公	前	8	（元）党幹事長	○
	71,028	山本　太郎	38	無	社	新		俳優	
	54,881	円　より子	65	民		新		（元）参院議員	○
	23,961	上保　匡勇	28	共		新		党地区相談室長	
東京９区									
当	145,013	菅原　一秀	50	自	公	前	4	（元）党経産部会長	○
	55,736	木内　孝胤	46	未	大	前		（元）衆外務委理事	○
	45,386	福村　隆	49	民	国	新		（元）融資会社社長	○
	24,976	坂尻　正由喜	41	共		新		党地区常任委員	
東京10区									
当	108,983	小池　百合子	60	自	公	前	7	（元）防衛相	○
	47,493	江端　貴子	52	民	国	前		党税調事務次長	○
	24,414	多ケ谷　亮	44	未	大	新		飲食店指導業	○
	22,044	今　秀子	64	共		新		党地区常任委員	
東京11区									
当	116,521	下村　博文	58	自	公	前	6	（元）官房副長官	○
	49,334	猪野　隆	47	維	み	新		（元）国税局職員	○
	36,144	太田　順子	45	民	国	新		歯科医師	○
	27,726	須藤　武美	58	共		新		党都委員	
	26,469	橋本　久美	43	未	大	新		（元）豊島区議	○
東京12区									
当	114,052	太田　昭宏	67	公	自	元	6	（元）党代表	
比	56,432	青木　愛	47	未	大	前	3	（元）参院議員	○
	41,934	池内　沙織	30	共		新		党都委員	○
	9,359	服部　聖巳	34	諸		新		幸福実現党員	
東京13区									
当	115,797	鴨下　一郎	63	自	公	前	7	（元）環境相	○
	46,947	川口　浩	57	維		前		歯科医師	○
	26,438	藤尾　直樹	33	民		新		弁護士	○
	23,091	祖父江　元希	37	共		新		党准中央委員	
	17,906	本多　正樹	40	未	大	新		（元）鳩ヶ谷市議	○
東京14区									
当	90,608	松島　みどり	56	自	公	元	4	（元）国交副大臣	○
	40,312	野口　東秀	50	維	み	新		（元）産経新聞記者	○
	35,334	木村　剛司	41	未	大	前		（元）衆経産委員	○
	24,277	犬塚　直史	58	民	国	新		（元）参院議員	○
	20,298	阿藤　和之	41	共		新		党准中央委員	
	1,677	藤田　直樹	50	無		新		（元）医療会社社員	
	608	渋江　勝義	65	無		新		（元）警備会社社員	

東京15区									
当	88,222	柿沢　未途	41	み	維	前	2	党広報委員長	○
比	74,159	秋元　司	41	自	公	新	1	（元）参院議員	○
	29,355	田中　美絵子	37	民		前		（元）衆院議員秘書	○
	28,518	東　祥三	61	未	大	前		（元）内閣府副大臣	○
	18,667	吉田　年男	64	共		新		党地区委員長	
東京16区									
当	95,222	大西　英男	66	自	公	新	1	党都副会長	○
	46,537	中津川　博郷	63	維		前		（元）衆拉致特委長	○
	43,179	上田　令子	47	み		新		（元）江戸川区議	○
	27,525	初鹿　明博	43	未	大	前		（元）都議	○
	22,741	今野　克義	40	民	国	新		（元）参院議員秘書	○
	15,145	島長　香代子	63	共		新		党地区委員	
東京17区									
当	131,471	平沢　勝栄	67	自		前	6	党政調副会長	○
	45,285	小林　等	39	維	み	新		（元）葛飾区議	○
	37,592	早川　久美子	41	民	国	前		（元）葛飾区議	○
	24,181	新井　杉生	53	共		新		党地区副委員長	
東京18区									
当	84,078	土屋　正忠	70	自	公・改	元	2	（元）総務政務官	○
比	73,942	菅　直人	66	民	国	前	11	（元）首相	○
	44,828	横粂　勝仁	31	無		前		弁護士	
	28,837	五十嵐　勝哉	45	維		新		時計販売会社社員	○
	15,873	杉村　康之	43	未	大	新		（元）府中市議	○
	13,419	柳　孝義	51	共		新		（元）国分寺市議	
東京19区									
当	101,362	松本　洋平	39	自		元	2	（元）党青年局次長	○
	81,490	末松　義規	56	民	国	前		（元）復興副大臣	○
比	64,857	山田　宏	54	維	み	元	2	（元）杉並区長	○
	24,660	井手重　美津子	48	共		新		党准都委員	
	22,445	渡辺　浩一郎	68	未	大	前		（元）衆経産委理事	○
東京20区									
当	98,070	木原　誠二	42	自	公	元	2	（元）党青年局次長	○
	61,519	加藤　公一	48	民	国	前		（元）法務副大臣	○
	50,031	野田　数	39	維		新		（元）都議	○
	33,092	池田　真理子	58	共		新		党都委員	
東京21区									
当	82,831	長島　昭久	50	民	国	前	4	防衛副大臣	○
比	70,070	小田原　潔	48	自	公	新	1	（元）証券会社社員	○
	36,734	佐々木　理江	30	維		新		タレント	○
	21,762	吉岡　正史	38	共		新		党准中央委員	
	11,408	藤田　祐司	60	未	大	新		（元）渋谷区職員	○
	4,413	谷川　博之	42	無		新		電子部品会社社員	
東京22区									
当	115,290	伊藤　達也	51	自		元	6	（元）金融相	○
	66,210	山花　郁夫	45	民	国	前		法務副大臣	○
	40,698	鹿野　晃	39	維		新		救急科医師	○
	37,805	津山　謙	39	み		新		（元）参院議員秘書	○
	25,740	坂内　淳	51	共		新		党地区副委員長	
	2,180	井原　義博	57	諸		新		幸福実現党員	

	得票数	氏名	年齢	党派	推・支	新旧	当回	肩書・経歴	重複
東京23区									
当	87,192	小倉　将信	31	自	公	新	1	（元）日銀職員	○
	63,969	櫛渕　万里	45	民	国	前		党政調会長補佐	○
	59,166	伊藤　俊輔	33	維		新		航空貨物会社社長	○
	39,676	白川　哲也	31	み		新		（元）町田市議	○
	21,006	松村　亮佑	32	共		新		党地区副委員長	
	18,125	石井　貴士	39	未	大	新		作家	○
東京24区									
当	121,433	萩生田　光一	49	自	公	元	3	（元）文科政務官	○
	60,784	阿久津　幸彦	56	民	国	前		党都選対委員長	○
	40,922	小林　弘幸	40	み		新		（元）八王子市議	○
	30,042	藤井　義裕	37	維		新		旅行会社社員	○
	21,448	峯岸　益生	64	共		新		党地区役員	
東京25区									
当	100,523	井上　信治	43	自	公・改	前	4	党国対副委員長	○
	28,751	竹田　光明	57	民	国	前		社福法人理事	○
	27,258	松本　鉄平	34	維		新		不動産会社社員	○
	17,720	井上　宣	38	共		新		党地区副委員長	
	10,689	真砂　太郎	56	未	大	新		（元）商社社員	○
神奈川１区									
当	101,238	松本　純	62	自	公	前	5	（元）官房副長官	○
	50,927	中林　美恵子	52	民	国	前		（元）衆外務委理事	○
	41,198	松本　孝一	52	維		新		（元）総務省職員	○
	36,706	山下　頼行	39	み		新		（元）通信会社社員	○
	15,664	明石　行夫	53	共		新		民主商工会役員	
神奈川２区									
当	138,040	菅　義偉	64	自	公	前	6	党幹事長代行	○
	71,302	三村　和也	37	民	国	前		党政調会長補佐	○
	28,947	児玉　俊明	50	共		新		党地区常任委員	
神奈川３区									
当	85,451	小此木　八郎	47	自	公	元	6	（元）経産副大臣	○
	39,781	高橋　真由美	44	維		新		（元）造花業	○
	34,738	勝又　恒一郎	50	民	国	前		党幹事長補佐	○
	32,189	毛呂　武史	44	み		新		（元）逗子市議	○
	22,163	岡本　英子	48	未	大	前		党県幹事長	○
	16,773	本橋　佳世	39	共		新		党地区委員	
神奈川４区									
当	100,632	浅尾　慶一郎	48	み		前	2	党政調会長	○
比	57,542	山本　朋広	37	自	公	元	2	（元）党青年局次長	○
	33,022	荻原　隆宏	42	民	国	新		（元）横浜市議	○
	15,456	加藤　勝広	68	共		新		全労連共済理事	
神奈川５区									
当	107,796	坂井　学	47	自	公	元	2	（元）党青年局次長	○
	46,632	湯沢　大地	45	維		新		ＮＰＯ役員	○
	43,786	池田　東一郎	51	み		新		（元）衆院議員秘書	○
	30,494	田中　慶秋	74	民	国	前		（元）法相	○
	19,512	横山　征吾	41	共		新		党県委員	
	16,268	河野　敏久	56	未	大	新		学習塾代表	○
神奈川６区									
当	82,147	上田　勇	54	公	自	元	6	（元）財務副大臣	

比	69,511	青柳　陽一郎	43	み		新	1	（元）参院議員秘書	○
	51,819	池田　元久	71	民		前		（元）経産副大臣	○
	16,369	藤井　悦雄	60	共		新		党県委員	
神奈川７区									
当	105,920	鈴木　馨祐	35	自	公	元	2	（元）党報道局次長	○
	58,380	田中　朝子	53	み	維	新		（元）杉並区議	○
	53,958	首藤　信彦	67	民	国	前		党副幹事長	○
	20,743	山崎　誠	50	未	大	前		党県幹事長代理	○
	12,422	比嘉　常一	54	共		新		党県委員	
神奈川８区									
当	127,294	江田　憲司	56	み		前	4	党幹事長	○
比	60,643	福田　峰之	48	自	公	元	2	ＮＰＯ理事長	○
	33,769	伊藤　久美子	53	民	国	新		（元）県議	○
	13,526	釘丸　進	39	共		新		党県委員	
神奈川９区									
当	67,448	笠　浩史	47	民	国	前	4	文部科学副大臣	○
比	58,370	中山　展宏	44	自	公・改	新	1	（元）衆院議員秘書	○
比	41,454	椎名　毅	37	み	維	新	1	弁護士	○
	15,773	堀口　望	36	共		新		党県委員	
神奈川10区									
当	104,994	田中　和徳	63	自	公	前	6	（元）財務副大臣	○
	61,255	城島　光力	65	民	国	前		財務相	○
	44,493	久米　英一郎	47	み		新		（元）航空会社社員	○
	44,185	石川　輝久	62	維		新		（元）県議	○
	25,310	中野　智裕	54	共		新		党地区委員長	
神奈川11区									
当	184,360	小泉　進次郎	31	自		前	2	党青年局長	
	25,134	林　公太郎	30	民	国	新		（元）衆院議員秘書	○
	17,740	斉田　道夫	64	共		新		党県常任委員	
	2,131	森本　敏秀	64	無		新		（元）食品会社社員	
	1,489	岩田　吉喜	54	無		新		会社員	
神奈川12区									
当	73,476	星野　剛士	49	自	公・改	新	1	（元）県議	○
比	50,976	阿部　知子	64	未	大	前	5	党副代表	○
	47,834	中塚　一宏	47	民	国	前		金融相	○
	32,590	甘粕　和彦	29	維		新		（元）設備会社社員	○
	10,871	沼上　常生	54	共		新		党地区委員長	
神奈川13区									
当	111,733	甘利　明	63	自	公	前	10	党政調会長	○
	50,826	菅原　直敏	34	み		新		（元）県議	○
	43,754	太田　祐介	38	維		新		（元）海老名市議	○
	38,637	橘　秀徳	43	民		前		党幹事長補佐	○
	15,131	宮応　勝幸	69	共		新		党地区委員	
神奈川14区									
当	100,494	赤間　二郎	44	自	公・改	元	2	（元）党新聞局次長	○
	65,832	本村　賢太郎	42	民	国	前		党県代表代行	○
	39,141	中本　太衛	47	維		元		（元）松下政経塾生	○
	27,153	松本　雅威	41	み		新		経営相談会社社員	○
	14,549	猪股　ゆり	28	共		新		平和団体理事	
	6,306	今井　達也	25	社		新		党支部常任幹事	○

神奈川15区									
当	192,604	河野　太郎	49	自	公	前	6	（元）法務副大臣	○
	48,198	浅賀　由香	32	共		新		党県常任委員	
神奈川16区									
当	98,958	義家　弘介	41	自	公・改	新	1	（元）参院議員	○
比	90,881	後藤　祐一	43	民	国	前	2	（元）経産省職員	○
	38,058	富山　泰庸	41	維	み	新		介護会社役員	○
	15,494	池田　博英	50	共		新		党県委員	
神奈川17区									
当	98,019	牧島　かれん	36	自	公	新	1	大学客員教授	○
	54,337	井上　義行	49	み	維	新		（元）首相秘書官	○
	46,654	神山　洋介	37	民	国	前		（元）松下政経塾生	○
	44,013	露木　順一	57	未	大	新		党県代表代行	○
	9,848	横田　英司	55	共		新		党県委員	
神奈川18区									
当	82,333	山際　大志郎	44	自	公	元	3	（元）衆経産委理事	○
	43,873	船川　治郎	45	み	維	新		（元）人材会社社長	○
	34,205	網屋　信介	55	民	国	前		財務政務官	○
	25,279	樋高　剛	47	未	大	前		党県副代表	○
	15,514	山崎　雅子	59	共		新		党地区相談員	
新潟1区									
	得票数	氏名	年齢	党派	推・支	新旧	当回	肩書・経歴	重複
当	97,010	石崎　徹	28	自	公	新	1	（元）財務省職員	○
	78,283	西村　智奈美	45	民	国	前		厚生労働副大臣	○
	27,749	内山　航	31	未	大	新		（元）参議員秘書	○
	17,071	武田　勝利	48	共		新		党県常任委員	
新潟2区									
当	81,537	細田　健一	48	自	公	新	1	（元）経産省職員	○
比	69,389	鷲尾　英一郎	35	民	国	前	3	農水政務官	○
	18,169	渡辺　英明	62	社		新		（元）県高教組委長	○
	10,042	宮路　敏裕	54	共		新		党県委員	
新潟3区									
当	92,280	斎藤　洋明	36	自	公	新	1	（元）内閣府職員	○
	76,135	黒岩　宇洋	46	民	国	前		（元）法務政務官	○
	11,465	田中　真一	50	共		新		党県委員	
	4,075	三村　誉一	66	無		新		（元）団体職員	
新潟4区									
当	80,514	金子　恵美	34	自	公	新	1	（元）県議	○
比	66,457	菊田　真紀子	43	民	国	前	4	党政調副会長	○
	32,181	栗原　博久	65	維		元		（元）農水副大臣	○
	9,908	西沢　博	32	共		新		党県委員	
新潟5区									
当	80,488	長島　忠美	61	自	公	前	3	（元）山古志村長	○
	51,503	田中　真紀子	68	民	国	前		文部科学相	○
	35,720	米山　隆一	45	維	み	新		内科医師	○
	8,296	服部　耕一	43	共		新		党県委員	
新潟6区									
当	98,676	高鳥　修一	52	自	公	元	2	党県常任顧問	○
	66,564	筒井　信隆	68	民	国	前		（元）農水副大臣	○
	13,914	高橋　ミキ子	53	共		新		党県委員会職員	
富山1区									

	得票数	氏名	年齢	党派	推・支	新旧	当回	肩書・経歴	重複
当	70,268	田畑　裕明	39	自	公	新	1	（元）県議	○
	43,072	村井　宗明	39	民		前		文部科学政務官	○
	24,370	吉田　豊史	42	無	維・み	新		（元）県議	
	7,023	山田　哲男	65	共		新		党地区副委員長	
富山2区									
当	102,251	宮腰　光寛	61	自	公	前	6	（元）農水副大臣	○
	25,396	東　篤	52	社		新		（元）参院議員秘書	○
	8,646	高橋　渡	49	共		新		党県常任委員	
富山3区									
当	162,891	橘　慶一郎	51	自	公・改	前	2	（元）高岡市長	○
	35,024	朴沢　宏明	37	民		新		党県職員	○
	13,400	泉野　和之	55	共		新		党地区委員長	
石川1区									
	得票数	氏名	年齢	党派	推・支	新旧	当回	肩書・経歴	重複
当	99,544	馳　浩	51	自	公・改	前	5	（元）文科副大臣	○
	47,582	奥田　建	53	民	国	前		（元）国交副大臣	○
	41,207	小間井　俊輔	31	維	み	新		（元）経営指導社員	○
	10,629	熊野　盛夫	42	未	大	新		ライブ喫茶店主	
	8,969	黒崎　清則	64	共		新		党地区委員長	
石川2区									
当	123,283	佐々木　紀	38	自	公・改	新	1	ビル会社常務	○
	37,601	宮本　啓子	65	民	国	新		党県女性局長	○
	17,161	細野　祐治	59	社		新		党県副幹事長	○
	13,184	西村　祐士	58	共		新		党地区委員長	
石川3区									
当	89,266	北村　茂男	67	自	公	前	3	党副幹事長	○
	62,543	近藤　和也	39	民	国	前		党幹事長補佐	○
	12,147	渡辺　裕子	27	共		新		党地区支部長	
福井1区									
	得票数	氏名	年齢	党派	推・支	新旧	当回	肩書・経歴	重複
当	68,027	稲田　朋美	53	自	公	前	3	党県会長	○
	29,622	鈴木　宏治	39	維	み	新		（元）県議	○
	22,985	笹木　竜三	56	民		前		（元）文科副大臣	○
	6,014	金元　幸枝	54	共		新		党県書記長	
	2,681	山崎　隆敏	63	社		新		（元）越前市議	○
福井2区									
当	68,126	山本　拓	60	自	公	前	6	（元）農水副大臣	○
	38,354	糸川　正晃	37	民	国	前		厚生労働政務官	○
	17,067	武田　将一朗	42	み	維	新		企画制作会社社長	○
	5,273	藤岡　繁樹	61	共		新		（元）丸岡町議	
福井3区									
当	77,543	高木　毅	56	自	公	前	5	（元）防衛政務官	○
	28,364	松宮　勲	68	民	国	前		経済産業副大臣	○
	20,972	塚本　崇	38	維	み	新		食品会社社員	○
	7,048	山本　雅彦	55	共		新		党地区委員長	
山梨1区									
	得票数	氏名	年齢	党派	推・支	新旧	当回	肩書・経歴	重複
当	54,930	宮川　典子	33	自		新	1	（元）中学高校教諭	○
比	34,414	小沢　鋭仁	58	維	み	前	7	（元）環境相	○
	26,070	斎藤　勁	67	民	国	前		官房副長官	○

	10,694	植村　道隆	39	共		新		党地区委員長	
山梨２区									
当	62,135	長崎　幸太郎	44	無		元	2	（元）財務省職員	
比	55,012	堀内　詔子	47	自		新	1	美術館館長	○
	29,534	坂口　岳洋	41	民	国	前		党県顧問	○
	6,924	渡辺　正好	54	共		新		党地区委員長	
山梨３区									
当	50,362	後藤　斎	55	民	国	前	4	党国対委長代理	○
比	50,190	中谷　真一	36	自		新	1	（元）参院議員秘書	○
比	38,620	中島　克仁	45	み	維	新	1	総合診療所院長	○
	11,680	花田　仁	51	共		新		党地区委員長	
長野１区									
	得票数	氏名	年齢	党派	推・支	新旧	当回	肩書・経歴	重複
当	89,400	篠原　孝	64	民	国	前	4	（元）農水副大臣	○
比	79,860	小松　裕	51	自	公	新	1	内科医師	○
比	47,870	宮沢　隆仁	57	維	み	新	1	脳神経外科医師	○
	27,119	武田　良介	33	共		新		党県委員	
長野２区									
当	93,092	務台　俊介	56	自	公	新	1	大学教授	○
	64,278	下条　みつ	56	民	国	前		（元）防衛政務官	○
比	49,489	百瀬　智之	29	維	み	新	1	学習塾社長	○
	26,626	北村　正弘	50	共		新		党地区委員長	
	2,239	味岡　淳二	53	諸		新		幸福実現党員	
長野３区									
当	69,843	寺島　義幸	59	民	国	新	1	（元）県会議長	○
比	67,750	井出　庸生	35	み		新	1	（元）ＮＨＫ記者	○
比	62,539	木内　均	48	自		新	1	（元）県議	○
	29,905	井出　泰介	44	維		新		公認会計士	○
	21,433	岩谷　昇介	59	共		新		党地区委員長	
長野４区									
当	68,083	後藤　茂之	57	自	公	元	4	（元）国交政務官	○
	47,089	矢崎　公二	53	民	国	前		（元）新聞記者	○
	20,462	三浦　茂樹	43	未	大	新		小売会社社長	○
	19,552	上田　秀昭	58	共		新		党地区委員長	
長野５区									
当	99,225	宮下　一郎	54	自		元	3	（元）財務政務官	○
	30,737	加藤　学	43	未	大	前		（元）ＮＨＫ職員	○
	26,079	花岡　明久	33	民		新		（元）党職員	○
	18,723	三沢　好夫	68	共		新		党県常任委員	
	15,135	池田　幸代	40	社		新		（元）参院議員秘書	○
岐阜１区									
	得票数	氏名	年齢	党派	推・支	新旧	当回	肩書・経歴	重複
当	90,164	野田　聖子	52	自	公	前	7	（元）消費者相	○
	54,254	柴橋　正直	33	民		前		党県代表	○
	21,294	笠原　多見子	47	未	大	前		（元）県議	○
	12,687	鈴木　正典	49	共		新		党県常任委員	
	2,179	野原　典子	56	諸		新		幸福実現党員	
岐阜２区									
当	114,983	棚橋　泰文	49	自	公	前	6	（元）科学技術相	○
	31,622	橋本　勉	59	未	大	前		税理士	○
	22,790	堀　誠	39	民	国	新		（元）衆院議員秘書	○

	11,855	高木　光弘	53	共		新		党県委員	
岐阜3区									
当	120,865	武藤　容治	57	自	公	元	2	（元）党国対副委長	○
	70,107	園田　康博	45	民	国	前		環境副大臣	○
	30,893	木村　周二	55	未	大	新		（元）高校教諭	○
	15,979	服部　頼義	54	共		新		党県委員	
岐阜4区									
当	121,761	金子　一義	69	自	公	前	9	（元）国土交通相	○
比	59,449	今井　雅人	50	維	み	前	2	党国対副委員長	○
	32,403	熊崎　陽一	25	民	国	新		（元）参院議員秘書	○
	15,808	日下部　俊雄	64	共		新		（元）下呂市議	
岐阜5区									
当	98,718	古屋　圭司	60	自	公	前	8	（元）経産副大臣	○
	55,283	阿知波　吉信	49	民		前		党県副代表	○
	18,837	井上　諭	45	共		新		党県委員	
	4,789	加納　有輝彦	52	諸		新		幸福実現党員	
静岡1区									
	得票数	氏名	年齢	党派	推・支	新旧	当回	肩書・経歴	重複
当	81,278	上川　陽子	59	自	公	元	4	（元）少子化相	○
	53,773	牧野　聖修	67	民	国	前		党総括副幹事長	○
	41,479	尾崎　剛司	36	維		新		（元）静岡市議	○
比	34,457	小池　政就	38	み		新	1	（元）東大特任助教	○
	13,646	河瀬　幸代	61	共		新		（元）旧静岡市議	
静岡2区									
当	108,510	井林　辰憲	36	自		新	1	（元）国交省職員	○
	77,426	津川　祥吾	40	民	国	前		党政調副会長	○
	47,877	諸田　洋之	46	維	み	新		ＩＴ関連会社社長	○
	13,588	四ツ谷　恵	60	共		新		党地区常任委員	
静岡3区									
当	94,477	宮沢　博行	37	自	公	新	1	（元）磐田市議	○
比	63,931	鈴木　望	63	維	み	新	1	（元）磐田市長	○
	62,259	小山　展弘	36	民	国	前		党政調会長補佐	○
	13,870	岡村　哲志	62	共		新		党県委員	
静岡4区									
当	101,048	望月　義夫	65	自	公	前	6	党行革本部長	○
	60,989	田村　謙治	44	民	国	前		党政調副会長	○
	16,043	小林　正枝	41	未	大	前		（元）衆院議員秘書	○
	12,087	藤浪　義浩	65	共		新		党地区委員長	
静岡5区									
当	156,887	細野　豪志	41	民	国	前	5	党政調会長	○
比	84,800	吉川　赳	30	自		新	1	（元）参院議員秘書	○
	15,526	大庭　桃子	56	共		新		（元）函南町議	
	8,802	石下　久雄	58	無		新		（元）陸上自衛官	
静岡6区									
当	116,084	渡辺　周	51	民	国	前	6	（元）防衛副大臣	○
比	103,967	勝俣　孝明	36	自		新	1	（元）銀行員	○
	20,169	日吉　雄太	44	未	大	新		公認会計士	○
	14,423	井口　昌彦	58	共		新		党県委員	
静岡7区									
当	125,315	城内　実	47	自	公	前	3	（元）外務省職員	○
	40,452	斉木　武志	38	民		前		（元）アナウンサー	○

	29,966	河合　純一	37	み	維	新		（元）中学校教諭	○
	7,413	落合　勝二	68	共		新		党県委員	
	7,105	野末　修治	57	未	大	新		看護師	○
静岡８区									
当	97,125	塩谷　立	62	自	公	前	7	（元）党総務会長	○
	58,928	源馬　謙太郎	39	維	み	新		（元）県議	○
	38,546	斉藤　進	42	民	国	前		（元）小平市議	○
	13,297	平賀　高成	58	共		元		党地区委員長	
	10,812	太田　真平	26	未	大	新		（元）衆院議員秘書	○
愛知１区									
	得票数	氏名	年齢	党派	推・支	新旧	当回	肩書・経歴	重複
当	77,215	熊田　裕通	48	自	公・改	新	1	（元）県議	○
	60,293	佐藤　夕子	49	未	大	前		（元）県議	○
	36,578	吉田　統彦	38	民	国	前		名大非常勤講師	○
	15,512	大野　宙光	49	共		新		党県委員	
愛知２区									
当	94,058	古川　元久	47	民	国	前	6	（元）国家戦略相	○
比	67,086	東郷　哲也	41	自		新	1	（元）名古屋市議	○
	31,974	真野　哲	51	未	大	新		介護支援会社社長	○
	16,991	黒田　二郎	64	共		新		（元）名古屋市議	
愛知３区									
当	77,700	池田　佳隆	46	自	改	新	1	（元）日本ＪＣ会頭	○
比	73,927	近藤　昭一	54	民	国	前	6	（元）環境副大臣	○
	39,861	磯浦　東	38	未	大	新		小児科医師	○
	20,421	石川　寿	47	共		新		党地区委員長	
愛知４区									
当	63,932	工藤　彰三	48	自		新	1	（元）名古屋市議	○
	41,730	牧　義夫	54	未	大	前		（元）厚労副大臣	○
	33,144	山本　洋一	34	維	み	新		（元）日経新聞記者	○
	30,731	刀禰　勝之	42	民		新		（元）県議	○
	18,351	西田　敏子	58	共		新		党県委員	
愛知５区									
当	67,218	神田　憲次	49	自		新	1	税理士	○
比	65,423	赤松　広隆	64	民	国	前	8	（元）農相	○
	37,806	小山　憲一	52	維	み	新		医療法人理事長	○
	23,609	前田　雄吉	52	未	大	元		（元）衆院議員秘書	○
	16,206	藤井　博樹	35	共		新		党准県委員	
愛知６区									
当	113,991	丹羽　秀樹	39	自	公	前	3	党国対副委員長	○
	56,644	天野　正基	42	民	国	新		（元）県議	○
	37,200	水野　智彦	56	未	大	前		歯科医師	○
	24,203	柳沢　けさ美	62	共		新		党県委員	
愛知７区									
当	110,390	鈴木　淳司	54	自	公	元	3	（元）総務政務官	○
	92,398	山尾　志桜里	38	民	国	前		（元）検事	○
	39,141	正木　裕美	31	未	大	新		弁護士	○
	15,732	郷右近　修	34	共		新		党地区常任委員	
愛知８区									
当	115,407	伊藤　忠彦	48	自	公	元	2	（元）県議	○
	81,078	伴野　豊	51	民	国	前		国土交通副大臣	○
	33,693	増田　成美	39	未	大	新		建設会社社長	○

	16, 806	長友　忠弘	53	共		新		党県委員	
愛知９区									
当	93, 757	長坂　康正	55	自	公	新	1	（元）県議	○
	62, 033	岡本　充功	41	民	国	前		（元）厚労政務官	○
	46, 739	中野　正康	45	維	み	新		（元）総務省室長	○
	20, 244	井桁　亮	43	未	大	新		（元）津島市議	○
	15, 186	松崎　省三	66	共		新		党県委員	
愛知10区									
当	96, 548	江崎　鉄磨	69	自	公	元	5	（元）国交副大臣	○
比	60, 563	杉本　和巳	52	み	維・改	前	2	党政調副会長	○
	33, 459	松尾　和弥	39	民	国	新		（元）参院議員秘書	○
	25, 671	高橋　一	52	未	大	新		新聞発行業	○
	16, 751	板倉　正文	54	共		新		（元）一宮市議	
愛知11区									
当	126, 724	古本　伸一郎	47	民	国	前	4	党税調事務局長	○
比	91, 164	八木　哲也	65	自		新	1	（元）豊田市議	○
	14, 670	渡辺　裕	32	共		新		民青県副委員長	
	11, 807	中根　裕美	38	諸		新		幸福実現党員	
愛知12区									
当	91, 816	青山　周平	35	自		新	1	幼稚園事務長	○
比	82, 363	中根　康浩	50	民	国	前	3	（元）経産政務官	○
比	69, 198	重徳　和彦	41	維	み	新	1	（元）総務省職員	○
	30, 850	都築　譲	62	未	大	元		（元）一色町長	○
	9, 687	若山　晴史	64	共		新		党地区委員	
愛知13区									
当	98, 670	大見　正	54	自		新	1	（元）県議	○
比	97, 187	大西　健介	41	民	国	前	2	（元）衆院議員秘書	○
	37, 405	小林　興起	68	未	大	前		（元）財務副大臣	○
	11, 514	宮地　勲	58	共		新		党地区委員	
愛知14区									
当	71, 881	今枝　宗一郎	28	自		新	1	内科医師	○
比	59, 353	鈴木　克昌	69	未	大	前	4	（元）総務副大臣	○
	20, 124	磯谷　香代子	47	民		前		（元）党総支部職員	○
	9, 283	稲生　俊郎	54	共		新		党地区委員長	
愛知15区									
当	73, 521	根本　幸典	47	自		新	1	（元）豊橋市議	○
	49, 053	森本　和義	46	民	国	前		（元）衆院議員秘書	○
	39, 018	近藤　剛	47	維	み	新		弁護士	○
	21, 112	杉田　元司	61	無		元		（元）県議	
	10, 404	串田　真吾	36	共		新		党地区副委員長	
	7, 927	豊田　八千代	63	社		新		（元）豊橋市議	○
三重１区									
	得票数	氏名	年齢	党派	推・支	新旧	当回	肩書・経歴	重複
当	88, 989	川崎　二郎	65	自	公	前	10	（元）厚生労働相	○
	54, 970	松田　直久	58	維		新		（元）津市長	○
	29, 041	橋本　千晶	44	民		新		（元）衆院議員秘書	○
	15, 059	岡野　恵美	60	共		新		党県委員	
三重２区									
当	79, 908	中川　正春	62	民	国	前	6	（元）防災相	○
比	53, 375	島田　佳和	42	自		新	1	（元）貿易会社社員	○
	34, 644	珍道　直人	45	維	み	新		（元）鉄道会社社員	○

	13,537	中野　武史	38	共		新		党准中央委員	
	3,756	今村　昭一	65	無		新		農業	
三重３区									
当	126,679	岡田　克也	59	民		前	8	副総理	○
比	54,903	桜井　宏	56	自		新	1	（元）大学准教授	○
	16,009	釜井　敏行	30	共		新		党県青年学生委	
三重４区									
当	86,131	田村　憲久	48	自	公	前	6	（元）総務副大臣	○
	51,943	森本　哲生	63	民	国	前		（元）農水政務官	○
	11,636	中川　民英	45	共		新		党県委員	
三重５区									
当	101,327	三ツ矢　憲生	62	自	公	前	4	（元）財務政務官	
	56,489	藤田　大助	36	民	国	前		党県副代表	○
	14,293	内藤　弘一	48	共		新		党県委員	
滋賀１区									
	得票数	氏名	年齢	党派	推・支	新旧	当回	肩書・経歴	重複
当	67,259	大岡　敏孝	40	自	公	新	1	（元）静岡県議	○
	60,921	川端　達夫	67	民	国	前		（元）総務相	○
	43,003	奥村　利樹	49	維	み	新		管工事会社社長	○
	19,643	節木　三千代	54	共		新		（元）県議	○
	2,048	西田　幸光	55	無		新		歯科医師	
滋賀２区									
当	67,182	上野　賢一郎	47	自	公	元	2	（元）総務省職員	○
	48,924	田島　一成	50	民	国	前		（元）環境副大臣	○
	26,978	世一　良幸	52	み	維	新		（元）環境省職員	○
	12,084	中川　睦子	54	共		新		党地区常任委員	
滋賀３区									
当	57,828	武村　展英	40	自	公	新	1	公認会計士	○
比	53,257	三日月　大造	41	民	国	前	4	党筆頭副幹事長	○
	32,281	久保田　暁	44	維	み	新		（元）堺市議	○
	9,828	西川　仁	65	共		新		（元）県議	
滋賀４区									
当	57,049	武藤　貴也	33	自	公	新	1	党県常任顧問	○
比	47,715	岩永　裕貴	39	維	み	新	1	（元）農相秘書官	○
	44,231	奥村　展三	68	民	国	前		（元）文科副大臣	○
	12,674	西沢　耕一	34	共		新		党地区常任委員	
	12,308	小西　理	54	無		元		ＮＰＯ理事長	
京都１区									
	得票数	氏名	年齢	党派	推・支	新旧	当回	肩書・経歴	重複
当	69,287	伊吹　文明	74	自	公	前	10	（元）財務相	
	47,273	田坂　幾太	60	維		新		（元）府議	○
比	41,349	穀田　恵二	65	共		前	7	党国対委員長	○
	24,591	平　智之	53	み		前		大学嘱託講師	○
	24,129	祐野　恵	33	民		新		（元）長岡京市議	○
	1,932	田部　雄治	36	諸		新		幸福実現党員	
京都２区									
当	72,170	前原　誠司	50	民	国	前	7	国家戦略相	○
	42,017	上中　康司	50	自		新		党府常任総務	○
	24,633	原　俊史	45	共		新		党地区委員長	
	7,416	佐藤　大	33	社		新		党府副幹事長	○

京都３区									
当	58,951	宮崎　謙介	31	自		新	1	党府常任総務	○
比	58,735	泉　健太	38	民	国	前	4	（元）内閣府政務官	○
	41,996	山内　成介	47	維	み	新		（元）不動産会社社長	○
	26,674	石村　和子	62	共		新		党府委員	
京都４区									
当	73,162	田中　英之	42	自	公	新	1	（元）京都市議	○
	48,934	北神　圭朗	45	民	国	前		首相補佐官	○
	36,587	畑本　久仁枝	58	維		新		車整備会社社長	○
	25,276	吉田　幸一	38	共		新		党府委員	
	13,283	石田　哲雄	62	み		新		税理士	○
	12,505	中川　泰宏	61	無		元		ＪＡ府中央会長	
	9,271	豊田　潤多郎	63	未	大	前		医療法人理事長	○
	1,745	和田　美奈	30	諸		新		幸福実現党員	
京都５区									
当	87,879	谷垣　禎一	67	自	公	前	11	（元）党総裁	○
	39,009	小原　舞	38	民		前		党府副会長	○
	19,225	吉田　早由美	62	共		新		（元）峰山町議	
	9,434	沼田　憲男	65	未	大	新		経営相談業	○
京都６区									
当	89,672	山井　和則	50	民	国	前	5	党国対委員長	○
比	80,990	安藤　裕	47	自		新	1	税理士	○
	69,691	清水　鴻一郎	66	維		元		医療法人理事長	○
	26,938	上條　亮一	26	共		新		党府委員	
大阪１区									
	得票数	氏名	年齢	党派	推・支	新旧	当回	肩書・経歴	重複
当	80,230	井上　英孝	41	維		新	1	（元）大阪市議	○
	55,039	大西　宏幸	45	自		新		（元）大阪市議	○
	22,368	熊田　篤嗣	41	未	大	前		（元）衆院議員秘書	○
	20,167	中馬　弘毅	76	無		元		（元）行政改革相	
	17,281	吉川　玲子	51	共		新		党地区職員	
	15,878	吉羽　美華	32	民	国	新		（元）寝屋川市議	○
大阪２区									
当	80,817	左藤　章	61	自	公	元	3	学校法人理事	○
比	69,200	西根　由佳	37	維	み	新	1	（元）薬局勤務	○
	24,193	山本　陽子	58	共		新		（元）府議	
	16,647	萩原　仁	45	未	大	前		（元）民主党府役員	○
	11,359	川条　志嘉	42	無		元		企画会社社長	
大阪３区									
当	101,910	佐藤　茂樹	53	公	自・維	前	7	党府代表	
	49,015	渡部　結	31	共		新		党地区副委員長	
	40,687	藤原　一威	29	民		新		学習塾教室長	○
大阪４区									
当	95,452	村上　政俊	29	維	み	新	1	（元）外務省職員	○
比	89,894	中山　泰秀	42	自	公	元	3	（元）外務政務官	○
	30,563	吉田　治	50	民	国	前		（元）国交副大臣	○
	25,694	清水　忠史	44	共		新		（元）大阪市議	○
	5,438	井上　幸洋	63	社		新		党府副代表	○
大阪５区									
当	111,028	国重　徹	38	公	自・維	新	1	弁護士	
	48,958	瀬戸　一正	63	共		新		（元）大阪市議	

	46,378	尾辻　かな子	38	民		新		（元）府議	○
大阪６区									
当	116,855	伊佐　進一	38	公	自・維	新	1	（元）文科省職員	
比	44,565	村上　史好	60	未	大	前	2	（元）大阪市議	○
	34,783	北原　洋子	54	共		新		党府委員	
大阪７区									
当	70,361	渡嘉敷　奈緒美	50	自	公	元	2	（元）杉並区議	○
比	62,856	上西　小百合	29	維	み	新	1	（元）理美容会社社員	○
	45,531	藤村　修	63	民	国	前		官房長官	○
	21,569	石川　多枝	45	共		新		党地区副委員長	
	10,989	渡辺　義彦	56	未	大	前		（元）衆院議員秘書	○
大阪８区									
当	76,451	木下　智彦	43	維	み	新	1	商社社員	○
比	71,091	大塚　高司	48	自	公	元	2	（元）参院議員秘書	○
	25,432	松岡　広隆	30	民	国	前		党府副幹事長	○
	18,505	五十川　和洋	53	共		新		（元）豊中市議	
大阪９区									
当	104,015	足立　康史	47	維		新	1	（元）経産省職員	○
比	89,671	原田　憲治	64	自	公	元	2	（元）府議	○
	46,550	大谷　信盛	50	民	国	前		（元）環境政務官	○
	20,891	末武　和美	66	共		新		党地区副委員長	
大阪10区									
当	71,117	松浪　健太	41	維	み	前	4	（元）内閣府政務官	○
比	65,411	辻元　清美	52	民	国	前	5	（元）首相補佐官	○
	45,261	大隈　和英	43	自		新		外科医師	○
	14,706	浅沼　和仁	51	共		新		党地区副委員長	
大阪11区									
当	93,763	伊東　信久	48	維	み	新	1	医療法人理事長	○
	67,756	平野　博文	63	民	国	前		（元）文部科学相	○
	51,110	井脇　ノブ子	66	自		元		（元）党女性局次長	○
	19,823	三和　智之	37	共		新		党地区副委員長	
大阪12区									
当	76,972	北川　知克	61	自	公	元	4	（元）環境政務官	○
	49,750	石井　竜馬	43	み	維	新		大学院客員教授	○
	49,153	樽床　伸二	53	民	国	前		総務相	○
	17,006	吉井　芳子	50	共		新		党地区職員	
大阪13区									
当	109,756	西野　弘一	43	維		新	1	（元）府議	○
	58,465	神谷　宗幣	35	自		新		（元）吹田市議	○
	25,538	寺山　初代	57	共		新		党地区委員	
	16,389	樋口　俊一	61	民	国	前		薬業会社会長	○
	3,131	皿田　幸市	64	無		新		住宅設備会社社長	
大阪14区									
当	108,989	谷畑　孝	65	維	み	前	6	（元）厚労副大臣	○
	61,503	長尾　敬	50	自		前		（元）民主党府役員	
	32,290	野沢　倫昭	64	共		新		（元）八尾市議	
	21,584	鳥居　豊橘	48	民	国	新		内科医師	○
大阪15区									
当	91,830	浦野　靖人	39	維		新	1	（元）府議	○
比	88,500	竹本　直一	72	自	公	前	6	（元）財務副大臣	○
	21,616	大谷　啓	42	未	大	前		（元）商社社員	○

	21,106	為　仁史	64	共		新		党地区委員	
大阪16区									
当	86,464	北側　一雄	59	公	自・維	元	7	（元）国土交通相	
	42,328	森山　浩行	41	民		前		（元）府議	○
	23,652	岡井　勤	61	共		新		（元）堺市議	
	17,711	中村　勝	61	諸		新		政治団体代表	
大阪17区									
当	81,663	馬場　伸幸	47	維		新	1	（元）堺市会議長	○
	52,634	岡下　信子	73	自		元		（元）内閣府政務官	
	19,895	西　哲史	35	民	国	新		（元）堺市議	○
	16,144	吉岡　孝嘉	54	共		新		（元）保育園園長	
	11,544	辻　恵	64	未	大	前		弁護士	○
	2,778	奥田　クスミ	65	無		新		（元）中学校教諭	
大阪18区									
当	100,312	遠藤　敬	44	維	み	新	1	財団法人役員	○
	83,388	神谷　昇	63	自	公	新		（元）泉大津市長	○
	24,467	中川　治	61	未	大	前		（元）府議	○
	21,500	矢野　忠重	62	共		新		党地区常任委員	
大阪19区									
当	65,158	丸山　穂高	28	維	み	新	1	（元）経産省職員	○
	50,242	谷川　とむ	36	自	公	新		（元）参院議員秘書	○
	42,554	長安　豊	44	民	国	前		国土交通副大臣	○
	9,606	田上　聡太郎	34	共		新		党地区常任委員	
	1,957	豊田　隆久	40	諸		新		幸福実現党員	
兵庫1区									
	得票数	氏名	年齢	党派	推・支	新旧	当回	肩書・経歴	重複
当	76,401	盛山　正仁	59	自	公	元	2	党県常任顧問	○
比	73,587	井坂　信彦	38	み	維	新	1	（元）神戸市議	○
	37,584	井戸　正枝	47	民	国	前		（元）県議	○
	18,059	筒井　哲二朗	41	共		新		党地区常任委員	
兵庫2区									
当	87,969	赤羽　一嘉	54	公	自・維	元	6	（元）財務副大臣	
	43,900	向山　好一	55	民		前		（元）神戸市議	○
	30,658	五島　大亮	35	無		新		公認会計士	
	23,367	貫名　ユウナ	61	共		新		党地区副委員長	
兵庫3区									
当	67,920	関　芳弘	47	自	公	元	2	党県常任顧問	○
比	55,835	新原　秀人	50	維	み	新	1	（元）県議	○
	26,875	横畑　和幸	41	民	国	新		（元）神戸市議	○
	15,030	三橋　真記	35	未	大	新		（元）厚労省職員	○
	13,811	大椙　鉄夫	64	共		新		党地区委員長	
兵庫4区									
当	104,202	藤井　比早之	41	自	公	新	1	（元）彦根市副市長	○
	78,565	清水　貴之	38	維	み	新		（元）アナウンサー	○
	43,386	高橋　昭一	48	民	国	前		党県副代表	○
	15,769	松本　勝雄	68	共		新		党地区常任委員	
兵庫5区									
当	104,403	谷　公一	60	自	公	前	4	（元）国交政務官	○
比	51,341	三木　圭恵	46	維	み	新	1	（元）三田市議	○
	50,732	梶原　康弘	56	民	国	前		農水政務官	○
	15,534	平山　和志	59	共		新		（元）青垣町議	

資料１　2012年衆議院議員総選挙選挙結果（選挙区）

兵庫６区									
当	99,988	大串　正樹	46	自	公	新	1	大学客員教授	○
比	79,187	杉田　水脈	45	維		新	1	（元）西宮市職員	○
	58,270	市村　浩一郎	48	民	国	前		（元）国交政務官	○
	21,739	松崎　克彦	57	未	大	新		（元）伊丹市議	○
	18,221	吉見　秋彦	38	共		新		党地区副委員長	
兵庫７区									
当	105,092	山田　賢司	46	自	公	新	1	（元）銀行員	○
比	80,480	畠中　光成	40	み	維	新	1	（元）生保会社社員	○
	59,385	石井　登志郎	41	民	国	前		（元）参院議員秘書	○
	22,377	浜本　信義	59	共		新		党県常任委員	
兵庫８区									
当	97,526	中野　洋昌	34	公	自・維	新	1	党青年局次長	
	62,697	田中　康夫	56	新日本		前		党代表	
	26,246	室井　秀子	57	民		前		（元）県議	○
	22,645	庄本　悦子	58	共		新		党地区副委員長	
兵庫９区									
当	120,590	西村　康稔	50	自	公	前	4	（元）外務政務官	○
	45,097	谷　俊二	45	維	み	新		不動産会社社長	○
	21,016	浜本　宏	60	民	国	前		党県副代表	○
	16,393	新町　美千代	65	共		新		（元）県議	
兵庫10区									
当	87,902	渡海　紀三朗	64	自	公	元	7	（元）文部科学相	○
	54,852	岡田　康裕	37	民	国	前		党県副代表	○
	43,948	岡田　久雄	30	維	み	新		製造会社社員	○
	12,106	井沢　孝典	62	共		新		（元）支援学校教諭	
兵庫11区									
当	80,760	松本　剛明	53	民	国	前	5	（元）外相	○
	64,509	頭師　暢秀	42	自	公	新		大学准教授	○
	46,462	堅田　壮一郎	26	維	み	新		会社役員	○
	12,304	白髪　みどり	37	共		新		党地区委員	
兵庫12区									
当	81,528	山口　壮	58	民	国	前	4	（元）外務副大臣	○
	56,317	岡崎　晃	48	自	公	新		弁護士	○
	37,424	宮崎　健治	46	維	み	新		政治団体役員	○
	9,232	竹内　典昭	37	共		新		党地区常任委員	
奈良１区									
	得票数	氏名	年齢	党派	推・支	新旧	当回	肩書・経歴	重複
当	68,712	馬淵　澄夫	52	民	国	前	4	（元）国土交通相	○
比	61,043	小林　茂樹	48	自	公	新	1	（元）県議	○
	38,791	大野　祐司	52	維	み	新		（元）国際機関職員	○
	12,954	伊藤　恵美子	66	共		新		（元）津市議	
奈良２区									
当	86,747	高市　早苗	51	自	公	前	6	（元）科学技術相	○
	45,014	並河　健	33	維	み	新		（元）外務省職員	○
	22,321	百武　威	37	民	国	新		外科医師	○
	19,200	中村　哲治	41	未	大	元		（元）参院議員	○
	12,444	中野　明美	64	共		新		（元）県議	○
奈良３区									
当	76,073	奥野　信亮	68	自	公	元	3	（元）法務政務官	○
	49,928	西峰　正佳	45	維	み	新		歯科医師	○

得票数		氏名	年齢	党派	推・支	新旧	当回	肩書・経歴	重複
	35,974	吉川　政重	49	民	国	前		党県代表	○
	14,466	豆田　至功	59	共		新		（元）田原本町議	
奈良4区									
当	82,125	田野瀬　太道	38	自	公	新	1	社福法人理事長	○
	35,969	松浪　武久	45	維	み	新		（元）泉佐野市議	○
	35,636	大西　孝典	56	民		前		党県副代表	○
	8,723	山崎　タヨ	62	共		新		党地区職員	
和歌山1区									
	得票数	氏名	年齢	党派	推・支	新旧	当回	肩書・経歴	重複
当	60,577	岸本　周平	56	民	国	前	2	経済産業政務官	○
比	60,277	門　博文	47	自	公	新	1	（元）ホテル会社社長	○
	39,395	林　潤	40	維		元		（元）毎日新聞記者	○
	13,094	国重　秀明	52	共		新		党県常任委員	
和歌山2区									
当	72,957	石田　真敏	60	自	公	前	5	（元）財務副大臣	○
比	36,110	阪口　直人	49	維	み	前	2	（元）衆院議員秘書	○
	17,567	坂口　親宏	52	民		新		（元）衆院議員秘書	○
	11,942	吉田　雅哉	37	共		新		党地区副委員長	
和歌山3区									
当	112,916	二階　俊博	73	自	公	前	10	（元）経済産業相	
	52,358	山下　大輔	45	維	み	新		（元）県議	○
	21,570	原　矢寸久	61	共		新		党県副委員長	○
鳥取1区									
	得票数	氏名	年齢	党派	推・支	新旧	当回	肩書・経歴	重複
当	124,746	石破　茂	55	自	公	前	9	党幹事長	
	17,550	塚田　成幸	48	共		新		党地区委員長	
	5,325	井上　洋	63	無		新		貿易事務所代表	
鳥取2区									
当	87,395	赤沢　亮正	51	自	公	前	3	党国対副委員長	○
	45,728	湯原　俊二	50	民		前		党県代表	○
	10,584	福住　英行	37	共		新		党地区委員長	
島根1区									
	得票数	氏名	年齢	党派	推・支	新旧	当回	肩書・経歴	重複
当	112,605	細田　博之	68	自	公	前	8	党総務会長	○
	47,343	小室　寿明	52	民		前		党県代表	○
	14,173	吉儀　敬子	61	共		新		（元）東出雲町議	
島根2区									
当	135,270	竹下　亘	66	自	公	前	5	（元）財務副大臣	○
	48,046	石田　祥吾	32	民		新		党県副代表	○
	16,442	向瀬　慎一	41	共		新		党地区副委員長	
岡山1区									
	得票数	氏名	年齢	党派	推・支	新旧	当回	肩書・経歴	重複
当	100,960	逢沢　一郎	58	自	公	前	9	（元）党国対委員長	○
	41,258	高井　崇志	43	民	国	前		党県幹事長	○
	24,370	赤木　正幸	37	み	維	新		（元）投信会社社員	○
	10,291	垣内　雄一	48	共		新		党地区副委員長	
	2,480	安原　園枝	50	諸		新		幸福実現党員	
岡山2区									
当	82,061	山下　貴司	47	自	公	新	1	弁護士	○
比	57,573	津村　啓介	41	民	国	前	4	（元）内閣府政務官	○
	15,789	井上　素子	65	共		新		（元）玉野市議	

岡山3区									
当	73,752	平沼　赳夫	73	維		前	11	党国会代表	○
比	53,986	阿部　俊子	53	自	公	前	3	党国対副委員長	○
	29,095	西村　啓聡	37	民	国	新		弁護士	○
	7,904	古松　国昭	67	共		新		党県委員	
岡山4区									
当	91,155	橋本　岳	38	自	公	元	2	（元）党青年局次長	○
比	64,293	柚木　道義	40	民	国	前	3	財務政務官	○
	29,798	赤沢　幹温	51	維		新		（元）倉敷市議	○
	11,125	須増　伸子	46	共		新		（元）早島町議	
岡山5区									
当	101,117	加藤　勝信	57	自	公	前	4	（元）内閣府政務官	○
	39,989	花咲　宏基	46	民	国	前		党県副代表	○
	10,593	古松　健治	41	共		新		党准県委員	
広島1区									
	得票数	氏名	年齢	党派	推・支	新旧	当回	肩書・経歴	重複
当	103,689	岸田　文雄	55	自	公	前	7	（元）消費者相	○
	25,429	野中　幸市	49	民		新		経済評論家	○
	21,698	菅川　洋	44	未	大	前		税理士	○
	12,444	大西　理	46	共		新		党県常任委員	
広島2区									
当	109,823	平口　洋	64	自	公	元	2	（元）国交省局次長	○
	61,373	松本　大輔	41	民	国	前		文部科学副大臣	○
	36,979	辻　康裕	43	維	み	新		（元）大阪市議秘書	○
	12,619	中森　辰一	60	共		新		（元）広島市議	
広島3区									
当	87,993	河井　克行	49	自	公	前	5	（元）法務副大臣	○
	51,666	橋本　博明	42	民		前		（元）党幹事長補佐	○
比	36,993	中丸　啓	49	維		新	1	経営相談会社社長	○
	13,875	藤井　敏子	59	共		新		（元）広島市議	
広島4区									
当	91,611	中川　俊直	42	自	公	新	1	（元）衆院議員秘書	○
	53,340	空本　誠喜	48	民	国	前		党幹事長補佐	○
	13,576	中石　仁	50	共		新		党県委員	
広島5区									
当	99,842	寺田　稔	54	自	公	元	3	（元）防衛政務官	○
	49,356	三谷　光男	53	民	国	前		首相補佐官	○
	9,126	尾崎　光	60	共		新		（元）府中町議	
広島6区									
当	91,078	亀井　静香	76	未	大	前	12	（元）郵政改革相	○
比	78,747	小島　敏文	62	自		新	1	（元）県会副議長	○
	16,046	花岡　多美世	55	共		新		党地区委員	
広島7区									
当	93,491	小林　史明	29	自	公	新	1	（元）通信会社社員	○
	52,543	和田　隆志	49	民	国	前		党国対副委員長	○
比	38,919	坂元　大輔	30	維	み	新	1	（元）大阪市議秘書	○
	11,777	神原　卓志	56	共		新		古書籍商	
山口1区									
	得票数	氏名	年齢	党派	推・支	新旧	当回	肩書・経歴	重複
当	133,776	高村　正彦	70	自	公	前	11	（元）外相	○
	35,622	飯田　哲也	53	未	大	新		党代表代行	○

	23,813	冨村　郷司	29	民		新		（元）銀行員	○
	9,753	魚永　智行	54	共		新		（元）徳山市議	
山口2区									
当	105,760	岸　信夫	53	自	公	新	1	（元）参院議員	○
	53,493	平岡　秀夫	58	民	国	前		（元）法相	○
	23,861	灰岡　香奈	29	維	み	新		（元）和木町議	○
	7,894	赤松　義生	58	共		新		（元）平生町議	
山口3区									
当	107,833	河村　建夫	70	自	公	前	8	（元）官房長官	○
	28,663	中屋　大介	34	民	国	前		党県副代表	○
	15,709	五十嵐　仁美	51	共		新		（元）小学校講師	
山口4区									
当	118,696	安倍　晋三	58	自	公	前	7	（元）首相	
	19,336	財満　慎太郎	45	民		新		（元）衆院議員秘書	○
	13,815	桧垣　徳雄	48	共		新		（元）下関市議	
徳島1区									
	得票数	氏名	年齢	党派	推・支	新旧	当回	肩書・経歴	重複
当	59,231	福山　守	59	自	公	新	1	（元）県議	○
	39,402	仙谷　由人	66	民	国	前		党副代表	○
	12,724	古田　元則	64	共		新		党県書記長	
徳島2区									
当	68,526	山口　俊一	62	自	公	前	8	（元）首相補佐官	○
	44,959	高井　美穂	41	民		前		（元）文科副大臣	○
	9,449	手塚　弘司	51	共		新		党地区副委員長	
徳島3区									
当	70,197	後藤田　正純	43	自	公	前	5	（元）内閣府政務官	○
	50,803	仁木　博文	46	民	国	前		産婦人科医師	○
	6,191	谷内　智和	32	共		新		党地区常任委員	
	3,395	小松　由佳	30	諸		新		幸福実現党員	
香川1区									
	得票数	氏名	年齢	党派	推・支	新旧	当回	肩書・経歴	重複
当	84,080	平井　卓也	54	自	公	前	5	（元）国交副大臣	○
比	63,114	小川　淳也	41	民	国	前	3	（元）総務政務官	○
	20,143	今西　永児	66	維		新		（元）兵庫県議	○
	8,260	河村　整	53	共		新		党県書記長	
香川2区									
当	79,153	玉木　雄一郎	43	民	国	前	2	党県代表	○
比	72,030	瀬戸　隆一	47	自	公	新	1	（元）総務省職員	○
	7,010	佐伯　守	52	共		新		党県委員	
香川3区									
当	85,463	大野　敬太郎	44	自	公	新	1	（元）衆院議員秘書	○
	42,907	米田　晴彦	54	社		新		党県副代表	○
	7,888	藤田　均	52	共		新		党県委員	
愛媛1区									
	得票数	氏名	年齢	党派	推・支	新旧	当回	肩書・経歴	重複
当	115,798	塩崎　恭久	62	自		前	6	（元）官房長官	○
	49,382	永江　孝子	52	民	国	前		党県代表代行	○
	48,171	池本　俊英	54	維		新		（元）松山市議	○
	9,902	田中　克彦	45	共		新		党地区委員長	
	875	郡　昭浩	51	無		新		（元）塾講師	

愛媛2区									
当	77,078	村上　誠一郎	60	自		前	9	(元) 行政改革相	○
比	48,762	西岡　新	39	維	み	新	1	(元) 衆院議員秘書	○
	28,805	友近　聡朗	37	未	大	新		(元) 参院議員	○
	10,205	竹中　由美子	57	共		新		(元) 大西町議	
愛媛3区									
当	71,033	白石　徹	56	自		新	1	(元) 県議	○
	42,725	白石　洋一	49	民	国	前		党県代表	○
	29,695	森　夏枝	31	維	み	新		太極拳指導員	○
	7,147	植木　正勝	60	共		新		党地区委員長	
愛媛4区									
当	65,744	山本　公一	65	自	公	前	7	(元) 総務副大臣	○
比	51,435	桜内　文城	47	維	み	新	1	(元) 参院議員	○
	30,322	高橋　英行	40	民	国	前		党県副代表	○
	4,899	西井　直人	55	共		新		党地区委員長	
高知1区									
	得票数	氏名	年齢	党派	推・支	新旧	当回	肩書・経歴	重複
当	44,027	福井　照	59	自	公	前	5	(元) 農水政務官	○
	25,944	大石　宗	32	民	国	新		党県副代表	○
	18,562	春名　直章	53	共		元		党中央委員	○
	16,331	藤村　慎也	35	維	み	新		経営相談業	○
高知2区									
当	76,662	中谷　元	55	自		前	8	(元) 防衛長官	○
	27,513	岡田　芳秀	54	共		新		党県委員	
高知3区									
当	80,547	山本　有二	60	自	公	前	8	(元) 金融相	○
	32,427	橋元　陽一	62	共		新		党県委員	
福岡1区									
	得票数	氏名	年齢	党派	推・支	新旧	当回	肩書・経歴	重複
当	96,706	井上　貴博	50	自		新	1	(元) 県議	○
	45,014	竹内　今日生	38	み	維	新		精神科医師	○
	36,632	松本　龍	61	民	国	前		(元) 復興相	○
	15,992	比江嶋　俊和	65	共		新		(元) 福岡市議	
	5,762	犬丸　勝子	57	無		新		介護福祉士	
福岡2区									
当	105,493	鬼木　誠	40	自		新	1	(元) 県議	○
	68,359	稲富　修二	42	民	国	前		党税調事務次長	○
	42,731	頭山　晋太郎	35	維		新		(元) 太陽の党職員	○
	14,115	倉元　達朗	45	共		新		(元) 福岡市議	
	11,442	小谷　学	39	未	大	新		貿易会社代表	○
福岡3区									
当	118,299	古賀　篤	40	自	公	新	1	(元) 財務省職員	○
	57,472	藤田　一枝	63	民	国	前		(元) 厚労政務官	○
	42,126	寺島　浩幸	51	み	維	新		(元) 福岡市議	○
	13,093	川原　康裕	31	共		新		党県委員	
福岡4区									
当	86,039	宮内　秀樹	50	自	公	新	1	(元) 衆院議員秘書	○
比	42,319	河野　正美	51	維		新	1	医療法人理事長	○
	31,432	岸本　善成	38	民	国	新		(元) 県議	○
	17,237	古賀　敬章	59	未	大	前		(元) 山口県議	○
	11,946	新留　清隆	57	共		新		党県委員	

	3,543	吉冨　和枝	53	諸		新		幸福実現党員	
福岡5区									
当	113,155	原田　義昭	68	自	公	元	6	(元) 文科副大臣	○
	56,940	楠田　大蔵	37	民	国	前		(元) 防衛政務官	○
	46,416	吉田　俊之	56	維	み	新		(元) 民放記者	○
	11,213	浜武　振一	47	未	大	新		(元) 筑紫野市議	○
	11,068	田中　陽二	56	共		新		(元) 赤旗記者	
福岡6区									
当	87,705	鳩山　邦夫	64	無	自	前	12	(元) 総務相	
	47,643	古賀　一成	65	民	国	前		(元) 経企政務次官	○
	32,321	内野　雅晴	36	維	み	新		整骨院副院長	○
	32,305	江口　善明	38	無		新		(元) 県議	
	11,003	金子　睦美	51	共		新		党地区副委員長	
福岡7区									
当	96,172	藤丸　敏	52	自	公	新	1	(元) 衆院議員秘書	○
	53,647	野田　国義	54	民	国	前		党県代表	○
	19,775	古賀　輝生	49	み	維	新		(元) 参院議員秘書	○
	9,845	江口　学	38	共		新		党地区常任委員	
福岡8区									
当	146,712	麻生　太郎	72	自		前	11	(元) 首相	○
	46,213	山本　剛正	40	民		前		党政調会長補佐	○
	21,678	新井　高雄	63	共		新		党地区副委員長	
福岡9区									
当	97,419	三原　朝彦	65	自	公	元	6	(元) 防衛政務次官	○
	62,186	緒方　林太郎	39	民	国	前		党県副代表	○
	30,093	荒木　学	47	維	み	新		ペットサロン業	○
	22,109	真島　省三	49	共		新		(元) 県議	○
福岡10区									
当	87,460	山本　幸三	64	自	公	前	6	(元) 経産副大臣	
	55,040	城井　崇	39	民	国	前		(元) 文科政務官	○
比	45,698	佐藤　正夫	57	み	維	新	1	(元) 県議	○
	22,214	高瀬　菜穂子	52	共		新		(元) 県議	
福岡11区									
当	86,443	武田　良太	44	自	公	前	4	(元) 防衛政務官	○
	38,091	堀　大助	33	維	み	新		(元) 弁護士	○
	18,715	谷瀬　綾子	36	社		新		党県副代表	○
	11,469	山下　登美子	59	共		新		党地区常任委員	
佐賀1区									
	得票数	氏名	年齢	党派	推・支	新旧	当回	肩書・経歴	重複
当	70,547	岩田　和親	39	自	公	新	1	(元) 県議	○
比	63,007	原口　一博	53	民	国	前	6	(元) 総務相	○
	9,857	大森　斉	57	共		新		(元) 北茂安町議	
佐賀2区									
当	70,767	今村　雅弘	65	自	公	前	6	(元) 農水副大臣	○
比	63,208	大串　博志	47	民		前	3	首相補佐官	○
	5,618	上村　泰稔	47	共		新		党県常任委員	
佐賀3区									
当	96,544	保利　耕輔	78	自		前	12	(元) 文相	
	26,823	山口　勝弘	57	共		新		党県常任委員	
長崎1区									
	得票数	氏名	年齢	党派	推・支	新旧	当回	肩書・経歴	重複

当	92,624	冨岡　勉	64	自	公	元	2	外科医師	○
比	82,088	高木　義明	66	民	国	前	8	（元）文部科学相	○
	17,534	牧山　隆	55	共		新		（元）長崎市議	
長崎2区									
当	93,448	加藤　寛治	66	自	公	新	1	（元）県会議長	○
	51,002	奥村　慎太郎	58	無		新		（元）雲仙市長	
	36,602	川越　孝洋	69	民	国	前		党県代表	○
	9,240	矢崎　勝己	63	共		新		（元）千々石町議	
	3,625	森　文義	63	無		新		（元）漁協組合長	
長崎3区									
当	69,903	谷川　弥一	71	自	公	前	4	（元）農水政務官	○
	52,536	山田　正彦	70	未	大	前		（元）農相	○
	8,301	石丸　完治	63	共		新		党県常任委員	
長崎4区									
当	81,771	北村　誠吾	65	自	公	前	5	（元）防衛副大臣	○
	53,918	宮島　大典	49	民	国	前		防衛政務官	○
	17,269	末次　精一	50	未	大	新		（元）県議	○
	6,500	石川　悟	60	共		新		党地区委員長	
熊本1区									
	得票数	氏名	年齢	党派	推・支	新旧	当回	肩書・経歴	重複
当	94,368	木原　稔	43	自		元	2	党県副会長	○
比	66,195	松野　頼久	52	維	み	前	5	党国会幹事長	○
	28,229	池崎　一郎	60	民		新		（元）蘇陽町議	○
	12,012	山部　洋史	46	共		新		党地区委員	
	2,472	倉田　千代喜	62	無		新		（元）県警職員	
熊本2区									
当	88,744	野田　毅	71	自	公	前	14	党税制調査会長	○
	33,283	本田　顕子	41	み	維	新		党遊説局次長	○
	25,891	濱田　大造	42	民		新		（元）県議	○
	11,520	福嶋　健一郎	46	未	大	前		（元）銀行員	○
	6,358	松山　邦夫	59	共		新		（元）植木町議	
熊本3区									
当	95,651	坂本　哲志	62	自	公	前	4	（元）総務政務官	○
	38,548	本田　浩一	45	維		新		（元）衆院議員秘書	○
	20,497	森本　康仁	34	民	国	新		企画会社役員	○
	8,197	東　奈津子	43	共		新		党地区常任委員	
熊本4区									
当	102,975	園田　博之	70	維		前	9	（元）官房副長官	○
	36,652	矢上　雅義	52	無		元		（元）相良村長	
	16,585	蓑田　庸子	61	共		新		（元）高校教諭	
熊本5区									
当	90,553	金子　恭之	51	自	公	前	5	（元）国交副大臣	○
	42,118	中島　隆利	69	社		前		党副幹事長	○
	7,691	橋田　芳昭	57	共		新		党地区委員長	
大分1区									
	得票数	氏名	年齢	党派	推・支	新旧	当回	肩書・経歴	重複
当	84,848	穴見　陽一	43	自	公	新	1	外食会社相談役	○
	74,590	吉良　州司	54	民	国	前		外務副大臣	○
	34,367	桑原　宏史	42	維	み	新		水産会社役員	○
	9,316	山本　茂	61	共		新		党地区常任委員	
	8,586	小手川　裕市	45	未	大	新		（元）別府市職員	○

	得票数	氏名	年齢	党派	推・支	新旧	当回	肩書・経歴	重複
	1,149	染矢　誠治	48	無		新		獣医師	
大分2区									
当	94,666	衛藤　征士郎	71	自	公	前	10	(元)衆院副議長	○
比	46,786	吉川　元	46	社		新	1	(元)衆院議員秘書	○
	31,779	竹内　紀彦	43	維	み	新		投資支援業	○
	11,008	山下　魁	35	共		新		党県委員	
大分3区									
当	100,606	岩屋　毅	55	自	公	前	6	(元)外務副大臣	○
	62,949	横光　克彦	69	民	国	前		(元)環境副大臣	○
	28,013	神　雅敏	36	み	維	新		党県代表	○
	8,301	大塚　光義	57	共		新		党地区委員長	
宮崎1区									
	得票数	氏名	年齢	党派	推・支	新旧	当回	肩書・経歴	重複
当	78,392	武井　俊輔	37	自		新	1	(元)県議	○
	42,748	川村　秀三郎	63	民	国	前		国土交通政務官	○
比	37,198	中山　成彬	69	維		元	7	(元)文部科学相	○
	15,300	外山　斎	36	未	大	新		(元)参院議員	○
	8,414	松村　秀利	56	社		新		党県幹事長	○
	7,475	松本　隆	51	共		新		党地区委員長	
宮崎2区									
当	113,432	江藤　拓	52	自	公	前	4	(元)農水政務官	○
	41,070	道休　誠一郎	59	民		前		党県副代表	○
	11,545	吉田　貴行	57	共		新		(元)新富町議	
宮崎3区									
当	119,174	古川　禎久	47	自	公	前	4	党副幹事長	○
	26,533	来住　一人	67	共		新		(元)都城市議	
鹿児島1区									
	得票数	氏名	年齢	党派	推・支	新旧	当回	肩書・経歴	重複
当	76,652	保岡　興治	73	自	公	元	12	(元)法相	
	42,792	川内　博史	51	民	国	前		党県副代表	○
比	36,188	山之内　毅	31	維		新	1	神職	○
	6,926	渡辺　信一郎	55	未	大	新		(元)衣料品販売業	○
	5,951	山口　広延	37	共		新		党地区副委員長	
鹿児島2区									
当	109,744	徳田　毅	41	自	公	前	3	党国対副委員長	○
	45,707	打越　明司	54	民	国	前		党県代表	○
	9,177	三島　照	70	共		新		党地区副委員長	
鹿児島3区									
当	70,320	野間　健	54	国民	民	新	1	党県代表	
比	64,169	宮路　和明	72	自	公	前	8	(元)厚労副大臣	○
	15,681	福留　大士	36	維	み	新		経営指導業	○
	4,098	大倉野　由美子	62	共		新		党地区常任委員	
	1,210	松沢　力	30	諸		新		幸福実現党員	
鹿児島4区									
当	100,415	小里　泰弘	54	自	公	前	3	党副幹事長	○
	39,834	皆吉　稲生	62	民	国	前		党県幹事長	○
	9,925	永田　義人	63	共		新		党県常任委員	
鹿児島5区									
当	107,933	森山　裕	67	自	公	前	4	党県会長	○
	21,886	野口　寛	67	共		新		(元)西之表市議	

資料1　2012年衆議院議員総選挙選挙結果（選挙区）

	得票数	氏名	年齢	党派	推・支	新旧	当回	肩書・経歴	重複
沖縄1区									
当	65,233	国場　幸之助	39	自	公	新	1	（元）県議	○
	46,865	下地　幹郎	51	国民	民	前		郵政改革相	
比	27,856	赤嶺　政賢	64	共		前	5	党幹部会委員	○
	11,514	安田　邦弘	67	維	み	新		（元）参院議員秘書	○
沖縄2区									
当	73,498	照屋　寛徳	67	社		前	4	党国対委員長	○
比	55,373	宮崎　政久	47	自	公	新	1	弁護士	○
	19,551	金城　利憲	58	維	み	新		畜産会社社長	○
	1,556	永井　獏	68	無		新		（元）大学教授	
沖縄3区									
当	68,523	比嘉　奈津美	54	自	公	新	1	歯科医師	○
比	56,711	玉城　デニー	53	未	大	前	2	（元）衆沖北委理事	○
	12,503	大城　俊男	45	維	み	新		社福法人理事長	○
	10,269	宮里　昇	65	共		新		党県常任委員	
	7,404	崎浜　宏信	56	民	国	新		（元）大学職員	○
	1,874	金城　竜郎	48	諸		新		幸福実現党員	
沖縄4区									
当	72,912	西銘　恒三郎	58	自	公	元	3	（元）国交政務官	○
	33,791	瑞慶覧　長敏	54	無		前		英語教室経営	
	12,918	魚森　豪太郎	34	維	み	新		（元）医療機器社員	○
	11,825	真栄里　保	56	共		新		党県常任委員	
	8,193	大城　信彦	45	民		新		（元）南風原町議	○

資料2　2012年衆議院議員総選挙選挙結果（比例区）

民：民主党，自：自由民主党，未：日本未来の党，公：公明党，維：日本維新の会，共：日本共産党，み：みんなの党，社：社会民主党，大：新党大地，改：新党改革，国：国民新党，諸：諸派，無：無所属，推・支：推薦・支持，当回：当選回数，順位：名簿順位，▽：小選挙区での得票が有効投票総数の10分の１未満（復活当選の資格なし）

北海道　定数：８								
民主党　獲得議席：２　得票数：477,356票　（得票率18.2％）								
	順位	氏名	年齢	新旧	当回	肩書・経歴	重複	惜敗率
当	1	横路　孝弘	71	前	11	（元）衆院議長	北１	92.9
当	1	荒井　聰	66	前	6	（元）国家戦略相	北３	73.1
	1	逢坂　誠二	53	前		（元）総務政務官	北８	71.7
	1	小平　忠正	70	前		国家公安委員長	北10	71.6
	1	佐々木　隆博	63	前		農水副大臣	北６	67.2
	1	鉢呂　吉雄	64	前		（元）経済産業相	北４	66.8
	1	三井　辨雄	70	前		厚生労働相	北２	66.4
	1	中前　茂之	40	新		（元）国交省職員	北５	53.7
	1	山岡　達丸	33	前		（元）ＮＨＫ記者	北９	50.8
	1	仲野　博子	53	前		（元）農水政務官	北７	29.4
	1	山崎　摩耶	65	前		（元）日看協理事	北12	27.9
自由民主党　獲得議席：３　得票数：692,304票　（得票率26.4％）								
当	1	渡辺　孝一	55	新	1	（元）岩見沢市長		
小	2	船橋　利実	52	新	1	（元）道議	北１	
小	2	吉川　貴盛	62	元	4	（元）経産副大臣	北２	
小	2	高木　宏寿	52	新	1	（元）道議	北３	
小	2	中村　裕之	51	新	1	（元）道議	北４	
小	2	町村　信孝	68	前	11	（元）官房長官	北５	
小	2	今津　寛	66	前	6	（元）防衛副長官	北６	
小	2	伊東　良孝	64	前	2	党道会長	北７	
小	2	前田　一男	46	新	1	（元）松前町長	北８	
小	2	堀井　学	40	新	1	（元）道議	北９	
小	2	中川　郁子	53	新	1	（元）商社社員	北11	
小	2	武部　新	42	新	1	（元）衆院議員秘書	北12	
当	13	清水　誠一	63	新	1	（元）道議		
当	14	勝沼　栄明	38	新	1	美容外科医院院長		
	15	大越　農子	43	新		漫画家		
日本未来の党　獲得議席：０　得票数：81,838票　（得票率3.1％）								
	1	北出　美翔	26	新		（元）衆院議員秘書	北８	
公明党　獲得議席：１　得票数：289,011票　（得票率11.0％）								
当	1	佐藤　英道	52	新	1	（元）道議		
	2	武田　久之	48	新		党道副幹事長		
日本維新の会　獲得議席：１　得票数：333,760票　（得票率12.7％）								
当	1	高橋　美穂	47	新	1	行政書士	北２	56.4
	1	大竹　智和	35	新		（元）民放社員	北１	54.2
	1	小和田　康文	42	新		行政書士	北３	40.6
	4	米長　知得	36	新		党職員		
日本共産党　獲得議席：０　得票数：182,968票　（得票率7.0％）								
	1	畠山　和也	41	新		党道政策委員長		
▽	2	野呂田　博之	54	新		党道委員	北１	

みんなの党　獲得議席：0　得票数：155,522票　（得票率5.9%）								
	1	安住　太伸	42	新		（元）旭川市議	北６	47.2
	1	西田　雄二	49	新		社会保険労務士	北５	31.9
	1	沢田　隆二	42	新		（元）ＦＭ局社員	北２	29.4
社会民主党　獲得議席：0　得票数：48,351票　（得票率1.8%）								
	1	浅野　隆雄	56	新		党道幹事長		
新党大地　獲得議席：1　得票数：346,848票　（得票率13.2%）								
当	1	石川　知裕	39	前	3	（元）衆院議員秘書	北11	80.8
	1	鈴木　貴子	26	新		（元）ＮＨＫ職員	北７	69.9
	1	松木　謙公	53	前		党幹事長	北12	58.0
	1	清水　宏保	38	新		（元）スケート選手	北１	52.1
	1	浅野　貴博	34	前		党幹事長代行	北10	45.2
	1	町川　順子	53	新		党女性局長	北３	35.1
	1	苫米地　英人	53	新		（元）大学助教授	北４	32.3
幸福実現党　獲得議席：0　得票数：10,506票　（得票率0.4%）								
	1	小島　一郎	41	新		党幹事長代理		
	2	角　建二郎	42	新		（元）商社社員		

東北　定数：14								
民主党　獲得議席：3　得票数：805,709票　（得票率18.6%）								
	順位	氏名	年齢	新旧	当回	肩書・経歴	重複	惜敗率
当	1	吉田　泉	63	前	4	（元）復興副大臣	福５	88.7
当	1	近藤　洋介	47	前	4	経済産業副大臣	山２	81.2
当	1	郡　和子	55	前	3	内閣府政務官	宮１	69.6
	1	鹿野　道彦	70	前		（元）農相	山１	68.9
	1	石山　敬貴	42	前		党県副代表	宮４	67.6
	1	寺田　学	36	前		首相補佐官	秋１	67.1
	1	川口　博	65	前		（元）小坂町長	秋２	62.5
	1	田名部　匡代	43	前		（元）農水政務官	青３	61.6
	1	橋本　清仁	41	前		国土交通政務官	宮３	53.2
	1	今野　東	64	元		内閣府副大臣	宮２	45.8
	1	大場　秀樹	43	新		（元）福島市議	福１	36.7
	1	及川　敏章	56	新		党職員	岩４	36.6
	1	津島　恭一	58	前		（元）国交政務官	青４	33.6
	1	斎藤　康雄	63	新		参院議員秘書	福２	26.4
	1	三井　マリ子	64	新		（元）都議	秋３	24.3
	1	中村　友信	57	新		（元）県議	青２	22.9
	1	鎌田　さゆり	47	元		（元）党国対副委長	宮６	21.5
▽	1	波多野　里奈	39	新		（元）アナウンサー	青１	23.3
小	1	階　猛	46	前	3	党政調副会長	岩１	
小	1	黄川田　徹	59	前	5	復興副大臣	岩３	
小	1	安住　淳	50	前	6	党幹事長代行	宮５	
小	1	玄葉　光一郎	48	前	7	外相	福３	
自由民主党　獲得議席：5　得票数：1,238,716票　（得票率28.6%）								
当	1	高橋　比奈子	54	新	1	（元）県議	岩１	78.7
当	1	藤原　崇	29	新	1	（元）参院議員秘書	岩４	61.3
当	1	橋本　英教	45	新	1	（元）衆院議員秘書	岩３	57.8
当	1	大久保　三代	36	新	1	（元）キャスター	宮５	47.8
当	1	菅野　佐智子	59	新	1	学習塾経営	福３	45.2
小	1	津島　淳	46	新	1	（元）衆院議員秘書	青１	
小	1	江渡　聡徳	57	前	5	（元）防衛副大臣	青２	

小	1	大島　理森	66	前	10	（元）党副総裁	青3	
小	1	木村　太郎	47	前	6	（元）防衛副長官	青4	
小	1	鈴木　俊一	59	元	7	（元）環境相	岩2	
小	1	土井　亨	54	元	2	（元）党広報局次長	宮1	
小	1	秋葉　賢也	50	前	4	（元）総務政務官	宮2	
小	1	西村　明宏	52	元	3	（元）内閣府政務官	宮3	
小	1	伊藤　信太郎	59	元	4	（元）外務副大臣	宮4	
小	1	小野寺　五典	52	前	5	（元）外務副大臣	宮6	
小	1	冨樫　博之	57	新	1	（元）県議	秋1	
小	1	金田　勝年	63	前	2	（元）外務副大臣	秋2	
小	1	御法川　信英	48	元	3	（元）外務政務官	秋3	
小	1	遠藤　利明	62	前	6	（元）党幹事長代理	山1	
小	1	鈴木　憲和	30	新	1	（元）農水省職員	山2	
小	1	亀岡　偉民	57	元	2	（元）党文化局次長	福1	
小	1	根本　匠	61	元	6	（元）首相補佐官	福2	
小	1	菅家　一郎	57	新	1	（元）会津若松市長	福4	
小	1	坂本　剛二	68	元	7	（元）経産副大臣	福5	
	25	吉田　修	65	新		党職員		
	26	村上　文人	62	新		党秋田県職員		
日本未来の党　獲得議席：1　得票数：391,216票　（得票率9.0％）								
当	1	畑　浩治	49	前	2	（元）国交省職員	岩2	65.9
	1	斎藤　恭紀	43	前		気象予報士	宮2	44.8
	1	横山　北斗	49	前		（元）民主党県代表	青1	43.7
	1	石原　洋三郎	39	前		（元）福島市議	福1	41.3
	1	太田　和美	33	前		（元）千葉県議	福2	27.1
	1	京野　公子	62	前		（元）県議	秋3	25.9
▽	1	高松　和夫	70	前		（元）県議	秋1	13.2
	8	菊池　長右ェ門	78	前		（元）宮古市長		
	9	達増　陽子	47	新		（元）客室乗務員	岩1	74.5
	9	佐藤　奈保美	46	新		（元）衆院議員秘書	岩3	69.4
	9	中野渡　詔子	42	前		（元）ＩＴ会社社員	青2	22.1
▽	9	横田　匡人	47	新		（元）仙台市議	宮1	18.9
▽	9	山内　卓	34	新		牧場役員	青3	17.1
▽	9	阿部　信子	49	新		医療介護会社社長	宮5	12.7
▽	9	松本　喜一	64	新		（元）楢葉町議	福5	11.2
	16	川口　民一	81	新		（元）雫石町長		
公明党　獲得議席：1　得票数：398,131票　（得票率9.2％）								
当	1	井上　義久	65	前	7	党幹事長		
	2	真山　祐一	31	新		党青年局次長		
日本維新の会　獲得議席：2　得票数：725,006票　（得票率16.7％）								
当	1	小熊　慎司	44	新	1	（元）参院議員	福4	
当	2	村岡　敏英	52	新	1	（元）衆院議員秘書	秋3	76.5
	2	升田　世喜男	55	新		（元）県議	青1	64.7
	4	中野　正志	64	元		（元）経産副大臣	宮2	59.1
	4	宇佐美　登	45	元		（元）衆院議員秘書	福5	42.8
	4	畠山　昌樹	38	新		整形外科医師	宮4	38.2
	4	佐藤　丈晴	45	新		（元）酒田市議	山3	35.2
	4	緑川　一徳	31	新		ＩＴ会社社員	福2	27.9
	4	川野　裕章	53	新		（元）米沢市会議長	山2	26.1
▽	4	近江屋　信広	63	元		党東京事務所長	秋1	20.9

日本共産党　獲得議席：1　得票数：256,838票　（得票率5.9%）								
当	1	高橋　千鶴子	53	前	4	党中央委員		
	2	岩渕　友	36	新		党福島常任委員		
みんなの党　獲得議席：1　得票数：306,102票　（得票率7.1%）								
当	1	林　宙紀	35	新	1	（元）キャスター	宮1	43.7
	1	菊地　文博	52	新		（元）県議	宮2	30.2
▽	1	菅本　和雅	45	新		車部品販売業	福5	16.5
社会民主党　獲得議席：0　得票数：160,367票　（得票率3.7%）								
	1	吉泉　秀男	64	前		党常任幹事	山3	31.9
	1	石田　寛	65	新		党県幹事長	秋2	23.4
	1	小川　右善	63	新		党県幹事長	福4	21.9
▽	1	伊沢　昌弘	65	新		党県代表	岩1	17.7
▽	1	桑島　崇史	33	新		党県職員	宮1	7.4
	6	山名　文世	64	新		（元）八戸市議		
	7	菅野　哲雄	64	元		党宮城県代表		
新党改革　獲得議席：0　得票数：41,587票　（得票率1.0%）								
	1	上杉　謙太郎	37	新		（元）参院議員秘書		
幸福実現党　獲得議席：0　得票数：14,825票　（得票率0.3%）								
	1	松島　弘典	55	新		党幹事長		
	2	中西　修二	65	新		党青森県幹事長		
	3	酒井　秀光	45	新		（元）党福島県役員		

北関東　定数：20								
民主党　獲得議席：3　得票数：976,922票　（得票率15.1%）								
	順位	氏名	年齢	新旧	当回	肩書・経歴	重複	惜敗率
当	1	大島　敦	55	前	5	総務副大臣	埼6	99.7
当	1	福田　昭夫	64	前	3	（元）総務政務官	栃2	82.8
当	1	武正　公一	51	前	5	財務副大臣	埼1	79.5
	1	神風　英男	51	前		（元）防衛政務官	埼4	75.0
	1	細川　律夫	69	前		党政調会長代行	埼3	66.8
	1	福島　伸享	42	前		（元）経産省職員	茨1	63.8
	1	森岡　洋一郎	37	前		党県経理局長	埼13	57.9
	1	石森　久嗣	50	前		脳外科医師	栃1	56.0
	1	高山　智司	42	前		環境政務官	埼15	55.7
	1	本多　平直	48	前		経済産業政務官	埼12	55.3
	1	小野塚　勝俊	40	前		党県常任幹事	埼8	54.3
	1	中野　譲	45	前		（元）外務政務官	埼14	50.6
	1	島田　智哉子	50	新		（元）参院議員	埼7	48.8
	1	五十嵐　文彦	64	前		（元）財務副大臣	埼9	45.8
	1	石田　勝之	57	前		党選対委長代理	埼2	45.0
	1	柿沼　正明	47	前		党県会長	群3	44.8
	1	大泉　博子	62	前		（元）山口県副知事	茨6	42.9
	1	高野　守	53	前		党県会長代行	茨4	42.5
	1	石津　政雄	65	前		総務政務官	茨2	42.0
	1	宮崎　岳志	42	前		党幹事長補佐	群1	37.0
	1	桑原　功	67	前		社福法人理事	群2	22.4
	1	工藤　仁美	57	前		（元）労組事務局長	栃4	20.5
	1	青木　和也	25	新		（元）衆院議員秘書	群4	18.5
▽	1	柳田　和己	62	前		党県副会長	茨7	23.3
▽	1	弓削　勇人	39	新		学校法人経営	埼10	21.1
小	1	大畠　章宏	65	前	8	（元）国土交通相	茨5	

小	1	枝野　幸男	48	前	7	経済産業相	埼5	
自由民主党　獲得議席：6　得票数：1,820,116票　(得票率28.1%)								
当	1	牧原　秀樹	41	元	2	弁護士	埼5	89.8
当	1	石川　昭政	40	新	1	(元) 党職員	茨5	84.7
当	1	永岡　桂子	59	前	3	(元) 農水政務官	茨7	73.4
当	1	簗　和生	33	新	1	(元) 衆院議員秘書	栃3	58.2
当	1	今野　智博	37	新	1	弁護士	埼11	46.4
小	1	田所　嘉徳	58	新	1	(元) 県議	茨1	
小	1	額賀　福志郎	68	前	10	(元) 財務相	茨2	
小	1	葉梨　康弘	53	元	3	(元) 党国対副委員長	茨3	
小	1	梶山　弘志	57	前	5	(元) 国交政務官	茨4	
小	1	丹羽　雄哉	68	元	11	(元) 厚相	茨6	
小	1	船田　元	59	元	10	(元) 経企庁長官	栃1	
小	1	西川　公也	69	元	5	(元) 内閣府副大臣	栃2	
小	1	佐藤　勉	60	前	6	(元) 総務相	栃4	
小	1	茂木　敏充	57	前	7	(元) 金融相	栃5	
小	1	佐田　玄一郎	59	前	8	(元) 行政改革相	群1	
小	1	井野　俊郎	32	新	1	(元) 伊勢崎市議	群2	
小	1	笹川　博義	46	新	1	(元) 県議	群3	
小	1	福田　達夫	45	新	1	(元) 首相秘書官	群4	
小	1	小渕　優子	39	前	5	(元) 少子化相	群5	
小	1	村井　英樹	32	新	1	(元) 財務省職員	埼1	
小	1	新藤　義孝	54	前	5	(元) 経産副大臣	埼2	
小	1	黄川田　仁志	42	新	1	(元) 大学講師	埼3	
小	1	豊田　真由子	38	新	1	(元) 厚労省職員	埼4	
小	1	中根　一幸	43	元	2	(元) 旧鴻巣市議	埼6	
小	1	神山　佐市	58	新	1	(元) 県議	埼7	
小	1	柴山　昌彦	47	前	4	党副幹事長	埼8	
小	1	大塚　拓	39	元	2	(元) 党国際局次長	埼9	
小	1	山口　泰明	64	元	5	(元) 内閣府副大臣	埼10	
小	1	野中　厚	36	新	1	(元) 県議	埼12	
小	1	土屋　品子	60	元	5	(元) 環境副大臣	埼13	
小	1	三ツ林　裕巳	57	新	1	内科医師	埼14	
小	1	田中　良生	49	元	2	ＣＡＴＶ会長	埼15	
当	33	新谷　正義	37	新	1	内科医師		
	34	佐藤　明男	60	新		党栃木県職員		
	35	百武　公親	50	新		党埼玉県職員		
	36	下田　彰一	59	新		党群馬県職員		
日本未来の党　獲得議席：1　得票数：387,625票　(得票率6.0%)								
当	1	小宮山　泰子	47	前	4	(元) 県議	埼7	56.5
	1	小泉　俊明	55	前		(元) 国交政務官	茨3	41.1
	1	松崎　哲久	62	前		作家	埼10	24.3
	1	山岡　賢次	69	前		(元) 国家公安委長	栃4	23.9
	5	石井　章	55	前		(元) 取手市議		
	6	長谷川　嘉一	60	新		(元) 県議	群3	40.0
▽	6	後藤　新	52	新		(元) 県議	群1	21.8
▽	6	小高　真由美	48	新		印刷会社社員	埼15	19.7
▽	6	藤島　利久	50	新		(元) 衆院議員秘書	埼5	16.4
▽	6	西川　浩	55	新		(元) 山口県職員	埼8	16.3
▽	6	松浦　武志	49	新		(元) 衆院議員秘書	埼9	16.2
▽	6	武藤　優子	48	新		社団法人理事	茨1	15.4

資料２　2012年衆議院議員総選挙選挙結果（比例区）

▽	6	栗山　栄	54	新		行政書士	茨６	13.8
	14	駒井　実	71	新		医療法人理事長		
公明党　獲得議席：3　得票数：820,358票　(得票率12.7％)								
当	1	石井　啓一	54	前	7	党政調会長		
当	2	岡本　三成	47	新	1	党国際局次長		
当	3	輿水　恵一	50	新	1	(元) さいたま市議		
	4	村上　知己	47	新		党栃木県職員		
	5	川浦　伸一	38	新		党群馬県職員		
	6	森　正慶	40	新		党茨城県局次長		
日本維新の会　獲得議席：4　得票数：1,169,781票　(得票率18.1％)								
当	1	上野　宏史	41	新	1	(元) 参院議員	群１	
当	2	石関　貴史	40	前	3	党県代表	群２	
当	3	鈴木　義弘	50	新	1	(元) 県議	埼14	85.3
当	3	坂本　祐之輔	57	新	1	(元) 東松山市長	埼10	65.7
	3	青柳　仁士	34	新		(元) 国連勤務	埼４	65.1
	3	矢口　健一	40	新		日本ＪＣ顧問	埼７	56.5
	3	谷古宇　勘司	62	新		(元) 県議	埼３	52.6
	3	宮原田　綾香	28	新		(元) 高崎市議	群４	45.6
	3	並木　正芳	63	元		(元) 内閣府政務官	埼８	42.9
	3	中村　匡志	35	新		調査事務所代表	埼13	42.4
	3	深沢　裕	41	新		原子力機構職員	茨６	40.1
	3	磯村　健治	63	新		発電部品会社社長	埼６	39.4
	3	前田　善成	45	新		(元) みなかみ町議	茨３	38.5
	3	浦沢　将	45	新		(元) 建設会社社員	埼９	34.2
	3	筒井　洋介	33	新		貿易会社役員	茨７	28.7
	3	海老沢　由紀	38	新		(元) スノボ選手	茨１	28.6
	17	植竹　哲也	42	新		(元) 衆院議員秘書		
	18	仲田　大介	30	新		(元) 参院議員秘書		
日本共産党　獲得議席：1　得票数：367,245票　(得票率5.7％)								
当	1	塩川　鉄也	50	前	5	党中央委員		
	2	梅村　早江子	48	新		党准中央委員		
	3	桜井　晴子	56	新		(元) 志木市議	埼４	
みんなの党　獲得議席：2　得票数：787,462票　(得票率12.2％)								
当	1	山内　康一	39	前	3	党国対委員長		
当	2	柏倉　祐司	43	新	1	内科医師	栃２	68.1
	2	永沼　宏之	44	新		(元) 行田市議	埼12	53.7
	2	荒木　大樹	41	新		石材会社社長	栃１	50.7
	2	松本　佳和	47	新		(元) 県議	埼２	47.6
	2	藤岡　隆雄	35	新		(元) 衆院議員秘書	栃４	44.6
	2	日色　隆善	47	新		(元) 証券会社社員	埼１	44.1
	2	宮瀬　英治	35	新		(元) 教育会社社員	埼３	42.2
	2	斉藤　裕康	43	新		大学職員	埼15	40.5
	2	富岡　芳忠	46	前		(元) 銀行員	栃５	38.0
	2	北角　嘉幸	49	新		(元) 衆院議員秘書	埼13	34.6
	2	原田　雅也	43	新		(元) 鹿嶋市議	茨２	27.9
社会民主党　獲得議席：0　得票数：118,046票　(得票率1.8％)								
	1	小林　人志	61	新		(元) 太田市議	群５	16.7
▽	1	川上　康正	48	新		(元) 衆院議員秘書	埼１	8.7
	3	松沢　悦子	64	新		党埼玉県幹事長		
幸福実現党　獲得議席：0　得票数：19,795票　(得票率0.3％)								
	1	大門　未来	27	新		党財務局長		

	2	川辺　賢一	25	新		ＨＳ政経塾生		
	3	鈴木　純一郎	25	新		ＨＳ政経塾生		
	4	安永　陽	64	新		ＮＰＯ理事長		

南関東　定数：22								
民主党　獲得議席：4　得票数：1,323,048票　（得票率17.3%）								
	順位	氏名	年齢	新旧	当回	肩書・経歴	重複	惜敗率
当	1	後藤　祐一	43	前	2	（元）経産省職員	神16	91.8
当	1	奥野　総一郎	48	前	2	党県副代表	千9	79.2
当	1	若井　康彦	66	前	3	国土交通政務官	千13	67.4
当	1	生方　幸夫	65	前	5	環境副大臣	千6	66.4
	1	本村　賢太郎	42	前		党県代表代行	神14	65.5
	1	中塚　一宏	47	前		金融相	神12	65.1
	1	池田　元久	71	前		（元）経産副大臣	神6	63.0
	1	村越　祐民	38	前		外務政務官	千5	62.6
	1	松崎　公昭	69	前		（元）総務副大臣	千8	60.5
	1	城島　光力	65	前		財務相	神10	58.3
	1	谷田川　元	49	前		党県副代表	千10	56.9
	1	三村　和也	37	前		党政調会長補佐	神2	51.6
	1	首藤　信彦	67	前		党副幹事長	神7	50.9
	1	中林　美恵子	52	前		（元）衆外務委理事	神1	50.3
	1	神山　洋介	37	前		（元）松下政経塾生	神17	47.5
	1	坂口　岳洋	41	前		党県顧問	山2	47.5
	1	斎藤　勁	67	前		官房副長官	山1	47.4
	1	樋口　博康	53	新		党職員	千2	46.6
	1	網屋　信介	55	前		財務政務官	神18	41.5
	1	勝又　恒一郎	50	前		党幹事長補佐	神3	40.6
	1	青山　明日香	30	新		（元）衆院議員秘書	千3	35.9
	1	橘　秀徳	43	前		党幹事長補佐	神13	34.5
	1	荻原　隆宏	42	新		（元）横浜市議	神4	32.8
	1	田中　慶秋	74	前		（元）法相	神5	28.2
	1	中沢　健	57	新		（元）参院議員秘書	千7	27.6
	1	伊藤　久美子	53	新		（元）県議	神8	26.5
	1	林　公太郎	30	新		（元）衆院議員秘書	神11	13.6
小	1	田嶋　要	51	前	4	（元）経産政務官	千1	
小	1	野田　佳彦	55	前	6	首相	千4	
小	1	笠　浩史	47	前	4	文部科学副大臣	神9	
小	1	後藤　斎	55	前	4	党国対委長代理	山3	
自由民主党　獲得議席：6　得票数：2,020,043票　（得票率26.4%）								
当	1	中谷　真一	36	新	1	（元）参院議員秘書	山3	99.6
当	1	門山　宏哲	48	新	1	弁護士	千1	90.9
当	1	堀内　詔子	47	新	1	美術館館長	山2	88.5
当	1	中山　展宏	44	新	1	（元）衆院議員秘書	神9	86.5
当	1	山本　朋広	37	元	2	（元）党青年局次長	神4	57.1
当	1	福田　峰之	48	元	2	ＮＰＯ理事長	神8	47.6
	1	藤田　幹雄	44	元		（元）党青年局次長	千4	44.1
小	1	小林　鷹之	38	新	1	（元）財務省職員	千2	
小	1	松野　博一	50	前	5	（元）文科副大臣	千3	
小	1	薗浦　健太郎	40	元	2	（元）党青年局次長	千5	
小	1	渡辺　博道	62	元	5	（元）経産副大臣	千6	
小	1	斎藤　健	53	前	2	党国際局次長	千7	

小	1	桜田　義孝	62	元	5	（元）内閣府副大臣	千８	
小	1	秋本　真利	37	新	1	（元）富里市議	千９	
小	1	林　幹雄	65	前	7	（元）国家公安委長	千10	
小	1	森　英介	64	前	8	（元）法相	千11	
小	1	浜田　靖一	57	前	7	党国対委員長	千12	
小	1	白須賀　貴樹	37	新	1	歯科医師	千13	
小	1	松本　純	62	前	5	（元）官房副長官	神１	
小	1	菅　義偉	64	前	6	党幹事長代行	神２	
小	1	小此木　八郎	47	元	6	（元）経産副大臣	神３	
小	1	坂井　学	47	元	2	（元）党青年局次長	神５	
小	1	鈴木　馨祐	35	元	2	（元）党報道局次長	神７	
小	1	田中　和徳	63	前	6	（元）財務副大臣	神10	
小	1	星野　剛士	49	新	1	（元）県議	神12	
小	1	甘利　明	63	前	10	党政調会長	神13	
小	1	赤間　二郎	44	元	2	（元）党新聞局次長	神14	
小	1	河野　太郎	49	前	6	（元）法務副大臣	神15	
小	1	義家　弘介	41	新	1	（元）参院議員	神16	
小	1	牧島　かれん	36	新	1	大学客員教授	神17	
小	1	山際　大志郎	44	元	3	（元）衆経産委理事	神18	
小	1	宮川　典子	33	新	1	（元）中学高校教諭	山１	
	33	文月　涼	45	新		ＩＴ評論家		
	34	石川　英男	51	新		党千葉県職員		
	35	出畑　実	62	新		政治資金団体員		
日本未来の党　獲得議席：１　得票数：477,309票　（得票率6.2％）								
当	1	阿部　知子	64	前	5	党副代表	神12	69.3
	1	露木　順一	57	新		党県代表代行	神17	44.9
	1	中後　淳	42	前		（元）富津市議	千12	41.7
	1	岡島　一正	55	前		（元）ＮＨＫ職員	千３	38.6
	1	金子　健一	55	前		（元）一宮町議	千11	37.3
	1	樋高　剛	47	前		党県副代表	神18	30.7
	1	黒田　雄	53	前		社福法人理事	千２	29.9
	1	内山　晃	58	前		（元）総務政務官	千７	23.0
▽	1	岡本　英子	48	前		党県幹事長	神３	25.9
▽	1	河上　満栄	41	元		（元）客室乗務員	千９	20.7
▽	1	姫井　由美子	53	新		（元）参院議員	千８	20.0
▽	1	山崎　誠	50	前		党県幹事長代理	神７	19.5
▽	1	白石　純子	50	新		（元）客室乗務員	千６	18.8
▽	1	相原　史乃	38	前		（元）飲食会社社長	千５	18.2
▽	1	三宅　雪子	47	前		（元）民放社員	千４	17.2
▽	1	河野　敏久	56	新		学習塾代表	神５	15.0
	17	大山　昌宏	42	前		（元）衆院議員秘書		
公明党　獲得議席：２　得票数：810,936票　（得票率10.6％）								
当	1	富田　茂之	59	前	6	（元）財務副大臣		
当	2	古屋　範子	56	前	4	（元）総務政務官		
	3	石毛　宏幸	53	新		公明新聞記者		
	4	川浪　隆	51	新		党千葉県職員		
	5	吉田　一国	65	新		党山梨県職員		
日本維新の会　獲得議席：５　得票数：1,443,270票　（得票率18.9％）								
当	1	小沢　鋭仁	58	前	7	（元）環境相	山１	
当	2	松田　学	55	新	1	（元）財務省職員		
当	3	田沼　隆志	36	新	1	（元）千葉市議	千１	58.0

当	3	西田　譲	37	新	1	（元）県議	千９	57.2
当	3	椎木　保	46	新	1	（元）鹿嶋市職員	千13	53.8
	3	中田　敏博	44	新		（元）投資会社代表	千２	53.8
	3	木村　長人	48	新		（元）江戸川区議	千５	48.4
	3	高橋　真由美	44	新		（元）造花業	神３	46.5
	3	甘粕　和彦	29	新		（元）設備会社社員	神12	44.3
	3	湯沢　大地	45	新		ＮＰＯ役員	神５	43.2
	3	遠藤　宣彦	49	元		（元）郵政省職員	千６	42.9
	3	石川　輝久	62	新		（元）県議	神10	42.0
	3	松本　孝一	52	新		（元）総務省職員	神１	40.6
	3	太田　祐介	38	新		（元）海老名市議	神13	39.1
	3	中本　太衛	47	元		（元）松下政経塾生	神14	38.9
	3	富山　泰庸	41	新		介護会社役員	神16	38.4
	3	小林　隆	49	新		映像配信会社社長	千３	37.8
	3	林　千勝	51	新		（元）製造会社役員	千７	28.2
	19	田中　甲	55	元		政治研究所代表		
	20	横田　光弘	55	新		（元）神奈川県議		
日本共産党　獲得議席：1　得票数：447,890票　（得票率5.9%）								
当	1	志位　和夫	58	前	7	党委員長		
	2	畑野　君枝	55	新		（元）参院議員		
▽	3	斉藤　和子	38	新		党県青年部長	千４	
	4	藤井　美登里	57	新		党神奈川副委長		
みんなの党　獲得議席：3　得票数：951,294票　（得票率12.4%）								
当	1	青柳　陽一郎	43	新	1	（元）参院議員秘書	神６	84.6
当	1	中島　克仁	45	新	1	総合診療所院長	山３	76.6
当	1	椎名　毅	37	新	1	弁護士	神９	61.4
	1	井上　義行	49	新		（元）首相秘書官	神17	55.4
	1	田中　朝子	53	新		（元）杉並区議	神７	55.1
	1	船川　治郎	45	新		（元）人材会社社長	神18	53.2
	1	山本　幸治	41	新		プロボウラー	千８	47.4
	1	菅原　直敏	34	新		（元）県議	神13	45.4
	1	久米　英一郎	47	新		（元）航空会社社員	神10	42.3
	1	池田　東一郎	51	新		（元）衆院議員秘書	神５	40.6
	1	毛呂　武史	44	新		（元）逗子市議	神３	37.6
	1	山下　頼行	39	新		（元）通信会社社員	神１	36.2
	1	西野　元樹	38	新		（元）商社社員	千１	35.2
	1	渡辺　耕士	57	新		（元）経営指導会社社長	千５	35.1
	1	鴈野　聡	43	新		経営指導会社社長	千６	34.9
	1	松本　雅威	41	新		経営相談会社社員	神14	27.0
	1	石塚　貞通	45	新		司法書士	千７	21.9
小	1	浅尾　慶一郎	48	前	2	党政調会長	神４	
小	1	江田　憲司	56	前	4	党幹事長	神８	
社会民主党　獲得議席：0　得票数：147,191票　（得票率1.9%）								
▽	1	今井　達也	25	新		党支部常任幹事	神14	6.2
▽	1	村上　克子	73	新		（元）県議	千７	5.8
	3	上田　恵子	45	新		（元）参院議員秘書		
幸福実現党　獲得議席：0　得票数：20,987票　（得票率0.3%）								
	1	加藤　文康	50	新		党研修局長		
	2	屋鋪　保	62	新		情報技術会社社員		
	3	久我　司	40	新		旅館経営		

	4	宮松　宏至	72	新		翻訳業		
	5	彦川　太志	27	新		ＨＳ政経塾生		

東京　定数：17								
民主党　獲得議席：3　得票数：1,008,011票　（得票率15.4%）								
	順位	氏名	年齢	新旧	当回	肩書・経歴	重複	惜敗率
当	1	海江田　万里	63	前	6	（元）経済産業相	東1	98.6
当	1	松原　仁	56	前	5	（元）国家公安委長	東3	98.3
当	1	菅　直人	66	前	11	（元）首相	東18	87.9
	1	末松　義規	56	前		（元）復興副大臣	東19	80.3
	1	手塚　仁雄	46	前		（元）首相補佐官	東5	77.0
	1	中山　義活	67	前		（元）首相補佐官	東2	76.3
	1	櫛渕　万里	45	前		党政調会長補佐	東23	73.3
	1	小宮山　洋子	64	前		（元）厚生労働相	東6	71.4
	1	加藤　公一	48	前		（元）法務副大臣	東20	62.7
	1	山花　郁夫	45	前		法務副大臣	東22	57.4
	1	阿久津　幸彦	56	前		党都選対委員長	東24	50.0
	1	藤田　憲彦	39	前		党都常任幹事	東4	43.8
	1	江端　貴子	52	前		党税調事務次長	東10	43.5
	1	円　より子	65	新		（元）参院議員	東8	41.4
	1	田中　美絵子	37	前		（元）衆院議員秘書	東15	33.2
	1	福村　隆	49	新		（元）融資会社社長	東9	31.2
	1	太田　順子	45	新		歯科医師	東11	31.0
	1	竹田　光明	57	前		社福法人理事	東25	28.6
	1	早川　久美子	41	前		（元）葛飾区議	東17	28.5
	1	犬塚　直史	58	新		（元）参院議員	東14	26.7
	1	藤尾　直樹	33	新		弁護士	東13	22.8
▽	1	今野　克義	40	新		（元）参院議員秘書	東16	23.8
小	1	長妻　昭	52	前	5	（元）厚生労働相	東7	
小	1	長島　昭久	50	前	4	防衛副大臣	東21	
	25	吉田　公一	72	前		農水副大臣		
自由民主党　獲得議席：5　得票数：1,626,057票　（得票率24.9%）								
当	1	小田原　潔	48	新	1	（元）証券会社社員	東21	84.5
当	1	秋元　司	41	新	1	（元）参院議員	東15	84.0
当	1	松本　文明	63	元	2	（元）都議	東7	78.3
小	1	山田　美樹	38	新	1	（元）経産省職員	東1	
小	1	辻　清人	33	新	1	（元）研究機関員	東2	
小	1	石原　宏高	48	元	2	（元）党国際局次長	東3	
小	1	平　将明	45	前	3	党情報調査局長	東4	
小	1	若宮　健嗣	51	元	2	党都副幹事長	東5	
小	1	越智　隆雄	48	元	2	（元）金融相秘書官	東6	
小	1	石原　伸晃	55	前	8	（元）党幹事長	東8	
小	1	菅原　一秀	50	前	4	（元）党経産部会長	東9	
小	1	小池　百合子	60	前	7	（元）防衛相	東10	
小	1	下村　博文	58	前	6	（元）官房副長官	東11	
小	1	鴨下　一郎	63	前	7	（元）環境相	東13	
小	1	松島　みどり	56	元	4	（元）国交副大臣	東14	
小	1	大西　英男	66	新	1	党都副会長	東16	
小	1	平沢　勝栄	67	前	6	党政調副会長	東17	
小	1	土屋　正忠	70	元	2	（元）総務政務官	東18	
小	1	松本　洋平	39	元	2	（元）党青年局次長	東19	

小	1	木原　誠二	42	元	2	（元）党青年局次長	東20	
小	1	伊藤　達也	51	元	6	（元）金融相	東22	
小	1	小倉　将信	31	新	1	（元）日銀職員	東23	
小	1	萩生田　光一	49	元	3	（元）文科政務官	東24	
小	1	井上　信治	43	前	4	党国対副委員長	東25	
当	25	赤枝　恒雄	68	新	1	東京医科大理事		
当	26	田畑　毅	40	新	1	行政書士		
	27	川松　真一朗	32	新		（元）アナウンサー		
	28	小野　敬三	67	新		（元）電機連合役員		
	29	石田　計夫	69	新		党都職員		
日本未来の党　獲得議席：1　得票数：448,689票　（得票率6.9%）								
当	1	青木　愛	47	前	3	（元）参院議員	東12	49.4
	1	木村　剛司	41	前		（元）衆経産委員	東14	38.9
	1	木内　孝胤	46	前		（元）衆外務委理事	東９	38.4
	1	東　祥三	61	前		（元）内閣府副大臣	東15	32.3
	1	初鹿　明博	43	前		（元）都議	東16	28.9
	1	橋本　久美	43	新		（元）豊島区議	東11	22.7
	1	多ケ谷　亮	44	新		飲食店指導業	東10	22.4
▽	1	丸子　安子	44	新		服飾デザイナー	東５	22.7
▽	1	渡辺　浩一郎	68	前		（元）衆経産委理事	東19	22.1
▽	1	池田　剛久	47	新		（元）衆院議員秘書	東３	21.0
▽	1	石井　貴士	39	新		作家	東23	20.7
▽	1	杉村　康之	43	新		（元）府中市議	東18	18.8
▽	1	野沢　哲夫	46	新		大学院講師	東１	18.1
▽	1	岡本　幸三	52	新		（元）信託銀行員	東７	17.2
▽	1	本多　正樹	40	新		（元）鳩ヶ谷市議	東13	15.4
▽	1	藤田　祐司	60	新		（元）渋谷区職員	東21	13.7
▽	1	真砂　太郎	56	新		（元）商社社員	東25	10.6
	18	川島　智太郎	48	前		（元）衆院議員秘書		
公明党　獲得議席：2　得票数：662,743票　（得票率10.1%）								
当	1	高木　陽介	53	前	6	党幹事長代理		
当	2	高木　美智代	60	前	4	党政調副会長		
	3	村中　克也	41	新		党局次長		
	4	小島　誠一	38	新		党青年局次長		
日本維新の会　獲得議席：3　得票数：1,298,309票　（得票率19.9%）								
当	1	石原　慎太郎	80	元	9	（元）都知事		
当	2	今村　洋史	50	新	1	医療法人理事長		
当	3	山田　宏	54	元	2	（元）杉並区長	東19	
	4	伊藤　俊輔	33	新		航空貨物会社社長	東23	67.8
	4	加藤　義隆	38	新		（元）日本銀行職員	東１	58.6
	4	花輪　智史	46	新		（元）都議	東６	53.7
	4	渡辺　徹	34	新		経営指導業	東５	53.2
	4	野田　数	39	新		（元）都議	東20	51.0
	4	中津川　博郷	63	前		（元）衆拉致特委長	東16	48.8
	4	犬伏　秀一	56	新		（元）大田区議	東４	46.4
	4	松本　和巳	47	元		（元）衆院議員秘書	東２	45.5
	4	吉田　康一郎	45	新		（元）都議	東７	45.1
	4	野口　東秀	50	新		（元）産経新聞記者	東14	44.4
	4	佐々木　理江	30	新		タレント	東21	44.3
	4	猪野　隆	47	新		（元）国税局職員	東11	42.3
	4	川口　浩	57	前		歯科医師	東13	40.5

	4	鹿野　晃	39	新		救急科医師	東22	35.3
	4	小林　等	39	新		（元）葛飾区議	東17	34.4
	4	五十嵐　勝哉	45	新		時計販売会社社員	東18	34.2
	4	松本　鉄平	34	新		不動産会社社員	東25	27.1
	4	藤井　義裕	37	新		旅行会社社員	東24	24.7
	22	上村　昭徳	48	新		（元）衆院議員秘書		
日本共産党　獲得議席：1　得票数：484,365票　（得票率7.4%）								
当	1	笠井　亮	60	前	3	党政策委長代理		
	2	宮本　徹	40	新		党准中央委員		
	3	池内　沙織	30	新		党都委員	東12	
	4	大田　朝子	28	新		党都職員		
みんなの党　獲得議席：2　得票数：762,730票　（得票率11.7%）								
当	1	大熊　利昭	49	新	1	政策研究機関員	東２	57.5
当	1	三谷　英弘	36	新	1	弁護士	東５	54.5
	1	落合　貴之	33	新		（元）衆院議員秘書	東６	53.3
	1	白川　哲也	31	新		（元）町田市議	東23	45.5
	1	上田　令子	47	新		（元）江戸川区議	東16	45.3
	1	小斉　太郎	42	新		（元）港区議	東１	38.4
	1	広瀬　雅志	55	新		（元）証券会社社員	東４	36.0
	1	小林　弘幸	40	新		（元）八王子市議	東24	33.6
	1	津山　謙	39	新		（元）参院議員秘書	東22	32.7
小	1	柿沢　未途	41	前	2	党広報委員長	東15	
社会民主党　獲得議席：0　得票数：136,889票　（得票率2.1%）								
	1	横田　昌三	44	新		党政審事務局長		
新党改革　獲得議席：0　得票数：93,194票　（得票率1.4%）								
	1	磯貝　誠	38	新		教育関連会社社員		
幸福実現党　獲得議席：0　得票数：16,620票　（得票率0.3%）								
	1	釈　量子	43	新		党女性局長		
	2	吉井　利光	30	新		幸福の科学職員		
	3	坂本　隆一	62	新		党都幹事長		
	4	東條　保子	65	新		経営相談会社社長		

北陸信越　定数：11								
民主党　獲得議席：2　得票数：682,159票　（得票率18.6%）								
	順位	氏名	年齢	新旧	当回	肩書・経歴	重複	惜敗率
当	1	鷲尾　英一郎	35	前	3	農水政務官	新２	85.1
当	1	菊田　真紀子	43	前	4	党政調副会長	新４	82.5
	1	黒岩　宇洋	46	前		（元）法務政務官	新３	82.5
	1	西村　智奈美	45	前		厚生労働副大臣	新１	80.6
	1	近藤　和也	39	前		党幹事長補佐	石３	70.0
	1	矢崎　公二	53	前		（元）新聞記者	長４	69.1
	1	下条　みつ	56	前		（元）防衛政務官	長２	69.0
	1	筒井　信隆	68	前		（元）農水副大臣	新６	67.4
	1	田中　真紀子	68	前		文部科学相	新５	63.9
	1	村井　宗明	39	前		文部科学政務官	富１	61.2
	1	糸川　正晃	37	前		厚生労働政務官	福２	56.2
	1	奥田　建	53	前		（元）国交副大臣	石１	47.7
	1	松宮　勲	68	前		経済産業副大臣	福３	36.5
	1	笹木　竜三	56	前		（元）文科副大臣	福１	33.7
	1	宮本　啓子	65	新		党県女性局長	石２	30.4
	1	花岡　明久	33	新		（元）党職員	長５	26.2

	1	朴沢　宏明	37	新		党県職員	富3	21.5
小	1	篠原　孝	64	前	4	（元）農水副大臣	長1	
小	1	寺島　義幸	59	新	1	（元）県会議長	長3	
	20	若泉　征三	67	前		（元）財務政務官		
自由民主党　獲得議席：4　得票数：1,162,095票　（得票率31.7%）								
当	1	木内　均	48	新	1	（元）県議	長3	89.5
当	1	小松　裕	51	新	1	内科医師	長1	89.3
小	1	石崎　徹	28	新	1	（元）財務省職員	新1	
小	1	細田　健一	48	新	1	（元）経産省職員	新2	
小	1	斎藤　洋明	36	新	1	（元）内閣府職員	新3	
小	1	金子　恵美	34	新	1	（元）県議	新4	
小	1	長島　忠美	61	前	3	（元）山古志村長	新5	
小	1	高鳥　修一	52	元	2	党県常任顧問	新6	
小	1	田畑　裕明	39	新	1	（元）県議	富1	
小	1	宮腰　光寛	61	前	6	（元）農水副大臣	富2	
小	1	橘　慶一郎	51	前	2	（元）高岡市長	富3	
小	1	馳　浩	51	前	5	（元）文科副大臣	石1	
小	1	佐々木　紀	38	新	1	ビル会社常務	石2	
小	1	北村　茂男	67	前	3	党副幹事長	石3	
小	1	稲田　朋美	53	前	3	党県会長	福1	
小	1	山本　拓	60	前	6	（元）農水副大臣	福2	
小	1	高木　毅	56	前	5	（元）防衛政務官	福3	
小	1	務台　俊介	56	新	1	大学教授	長2	
小	1	後藤　茂之	57	元	4	（元）国交政務官	長4	
小	1	宮下　一郎	54	元	3	（元）財務政務官	長5	
当	21	永山　文雄	62	新	1	党富山県職員		
当	22	助田　重義	52	新	1	党福井県職員		
	23	渡辺　智康	52	新		党石川県職員		
	24	轟　好人	63	新		党長野県職員		
	25	小林　孝治	57	新		党新潟県職員		
日本未来の党　獲得議席：0　得票数：178,403票　（得票率4.9%）								
	1	加藤　学	43	前		（元）ＮＨＫ職員	長5	30.9
	1	三浦　茂樹	43	新		小売会社社長	長4	30.0
	1	内山　航	31	新		（元）参議員秘書	新1	28.6
公明党　獲得議席：1　得票数：307,138票　（得票率8.4%）								
当	1	漆原　良夫	68	前	6	党国対委員長		
	2	田島　公一	39	新		（元）党県広宣局長		
日本維新の会　獲得議席：3　得票数：707,497票　（得票率19.3%）								
当	1	中田　宏	48	元	4	（元）横浜市長		
当	2	宮沢　隆仁	57	新	1	脳神経外科医師	長1	53.5
当	2	百瀬　智之	29	新	1	学習塾社長	長2	53.1
	2	米山　隆一	45	新		内科医師	新5	44.3
	2	鈴木　宏治	39	新		（元）県議	福1	43.5
	2	井出　泰介	44	新		公認会計士	長3	42.8
	2	小間井　俊輔	31	新		（元）経営指導会社社員	石1	41.3
	2	栗原　博久	65	元		（元）農水副大臣	新4	39.9
	2	塚本　崇	38	新		食品会社社員	福3	27.0
	10	堀居　哲郎	33	新		鉄鋼商社社員		
日本共産党　獲得議席：0　得票数：210,219票　（得票率5.7%）								
	1	藤野　保史	42	新		（元）衆院議員秘書		

	2	中野　早苗	64	新		党長野県役員		
みんなの党　獲得議席：1　得票数：275,399票　（得票率7.5%）								
当	1	井出　庸生	35	新	1	（元）ＮＨＫ記者	長3	97.0
	1	武田　将一朗	42	新		企画制作会社社長	福2	25.0
社会民主党　獲得議席：0　得票数：128,443票　（得票率3.5%）								
	1	東　篤	52	新		（元）参院議員秘書	富2	24.8
	1	渡辺　英明	62	新		（元）県高教組委長	新2	22.2
▽	1	池田　幸代	40	新		（元）参院議員秘書	長5	15.2
▽	1	細野　祐治	59	新		党県副幹事長	石2	13.9
▽	1	山崎　隆敏	63	新		（元）越前市議	福1	3.9
	6	桝口　敏行	59	新		（元）新潟県議		
幸福実現党　獲得議席：0　得票数：15,767票　（得票率0.4%）								
	1	及川　幸久	52	新		党外務局長		
	2	吉田　かをる	57	新		党富山県役員		
	3	横井　基至	32	新		（元）航空自衛官		

東海　定数：21								
民主党　獲得議席：4　得票数：1,321,402票　（得票率18.5%）								
	順位	氏名	年齢	新旧	当回	肩書・経歴	重複	惜敗率
当	1	大西　健介	41	前	2	（元）衆院議員秘書	愛13	98.4
当	1	赤松　広隆	64	前	8	（元）農相	愛5	97.3
当	1	近藤　昭一	54	前	6	（元）環境副大臣	愛3	95.1
当	1	中根　康浩	50	前	3	（元）経産政務官	愛12	89.7
	1	山尾　志桜里	38	前		（元）検事	愛7	83.7
	1	津川　祥吾	40	前		党政調副会長	静2	71.3
	1	伴野　豊	51	前		国土交通副大臣	愛8	70.2
	1	森本　和義	46	前		（元）衆院議員秘書	愛15	66.7
	1	岡本　充功	41	前		（元）厚労政務官	愛9	66.1
	1	牧野　聖修	67	前		党総括副幹事長	静1	66.1
	1	小山　展弘	36	前		党政調会長補佐	静3	65.8
	1	田村　謙治	44	前		党政調副会長	静4	60.3
	1	森本　哲生	63	前		（元）農水政務官	三4	60.3
	1	柴橋　正直	33	前		党県代表	岐1	60.1
	1	園田　康博	45	前		環境副大臣	岐3	58.0
	1	阿知波　吉信	49	前		党県副代表	岐5	56.0
	1	藤田　大助	36	前		党県副代表	三5	55.7
	1	天野　正基	42	新		（元）県議	愛6	49.6
	1	刀禰　勝之	42	新		（元）県議	愛4	48.0
	1	吉田　統彦	38	前		名大非常勤講師	愛1	47.3
	1	斉藤　進	42	前		（元）小平市議	静8	39.6
	1	松尾　和弥	39	新		（元）参院議員秘書	愛10	34.6
	1	橋本　千晶	44	新		（元）衆院議員秘書	三1	32.6
	1	斉木　武志	38	前		（元）アナウンサー	静7	32.2
	1	磯谷　香代子	47	前		（元）党総支部職員	愛14	27.9
	1	熊崎　陽一	25	新		（元）参院議員秘書	岐4	26.6
	1	堀　誠	39	新		（元）衆院議員秘書	岐2	19.8
小	1	細野　豪志	41	前	5	党政調会長	静5	
小	1	渡辺　周	51	前	6	（元）防衛副大臣	静6	
小	1	古川　元久	47	前	6	（元）国家戦略相	愛2	
小	1	古本　伸一郎	47	前	4	党税調事務局長	愛11	
小	1	中川　正春	62	前	6	（元）防災相	三2	

小	1	岡田　克也	59	前	8	副総理	三3	
自由民主党　獲得議席：7　得票数：1,966,007票（得票率27.6%）								
当	1	勝俣　孝明	36	新	1	（元）銀行員	静6	89.5
当	1	八木　哲也	65	新	1	（元）豊田市議	愛11	71.9
当	1	東郷　哲也	41	新	1	（元）名古屋市議	愛2	71.3
当	1	島田　佳和	42	新	1	（元）貿易会社社員	三2	66.7
当	1	吉川　赳	30	新	1	（元）参院議員秘書	静5	54.0
当	1	桜井　宏	56	新	1	（元）大学准教授	三3	43.3
小	1	野田　聖子	52	前	7	（元）消費者相	岐1	
小	1	棚橋　泰文	49	前	6	（元）科学技術相	岐2	
小	1	武藤　容治	57	元	2	（元）党国対副委長	岐3	
小	1	金子　一義	69	前	9	（元）国土交通相	岐4	
小	1	古屋　圭司	60	前	8	（元）経産副大臣	岐5	
小	1	上川　陽子	59	元	4	（元）少子化相	静1	
小	1	井林　辰憲	36	新	1	（元）国交省職員	静2	
小	1	宮沢　博行	37	新	1	（元）磐田市議	静3	
小	1	望月　義夫	65	前	6	党行革本部長	静4	
小	1	城内　実	47	前	3	（元）外務省職員	静7	
小	1	塩谷　立	62	前	7	（元）党総務会長	静8	
小	1	熊田　裕通	48	新	1	（元）県議	愛1	
小	1	池田　佳隆	46	新	1	（元）日本ＪＣ会頭	愛3	
小	1	工藤　彰三	48	新	1	（元）名古屋市議	愛4	
小	1	神田　憲次	49	新	1	税理士	愛5	
小	1	丹羽　秀樹	39	前	3	党国対副委員長	愛6	
小	1	鈴木　淳司	54	元	3	（元）総務政務官	愛7	
小	1	伊藤　忠彦	48	元	2	（元）県議	愛8	
小	1	長坂　康正	55	新	1	（元）県議	愛9	
小	1	江崎　鉄磨	69	元	5	（元）国交副大臣	愛10	
小	1	青山　周平	35	新	1	幼稚園事務長	愛12	
小	1	大見　正	54	新	1	（元）県議	愛13	
小	1	今枝　宗一郎	28	新	1	内科医師	愛14	
小	1	根本　幸典	47	新	1	（元）豊橋市議	愛15	
小	1	川崎　二郎	65	前	10	（元）厚生労働相	三1	
小	1	田村　憲久	48	前	6	（元）総務副大臣	三4	
当	33	川田　隆	55	新	1	党静岡県職員		
	34	佐橋　靖隆	61	新		党愛知県職員		
	35	山際　功修	57	新		党三重県職員		
	36	杉山　真	33	新		党岐阜県職員		
日本未来の党　獲得議席：1　得票数：511,048票（得票率7.2%）								
当	1	鈴木　克昌	69	前	4	（元）総務副大臣	愛14	82.5
	1	佐藤　夕子	49	前		（元）県議	愛1	78.0
	1	牧　義夫	54	前		（元）厚労副大臣	愛4	65.2
	1	磯浦　東	38	新		小児科医師	愛3	51.3
	1	小林　興起	68	前		（元）財務副大臣	愛13	37.9
	1	正木　裕美	31	新		弁護士	愛7	35.4
	1	前田　雄吉	52	元		（元）衆院議員秘書	愛5	35.1
	1	真野　哲	51	新		介護支援会社社長	愛2	33.9
	1	都築　譲	62	元		（元）一色町長	愛12	33.5
	1	水野　智彦	56	前		歯科医師	愛6	32.6
	1	増田　成美	39	新		建設会社社長	愛8	29.1
	1	橋本　勉	59	前		税理士	岐2	27.5

	1	高橋　一	52	新		新聞発行業	愛10	26.5
	1	木村　周二	55	新		（元）高校教諭	岐３	25.5
	1	笠原　多見子	47	前		（元）県議	岐１	23.6
▽	1	井桁　亮	43	新		（元）津島市議	愛９	21.5
▽	1	日吉　雄太	44	新		公認会計士	静６	17.3
▽	1	小林　正枝	41	前		（元）衆院議員秘書	静４	15.8
▽	1	太田　真平	26	新		（元）衆院議員秘書	静８	11.1
▽	1	野末　修治	57	新		看護師	静７	5.6
	21	三輪　信昭	70	前		（元）愛知県議		
公明党　獲得議席：2　得票数：779,577票　（得票率10.9%）								
当	1	大口　善徳	57	前	6	党国対委長代理		
当	2	伊藤　渉	43	元	2	（元）厚労政務官		
	3	岡　明彦	50	新		党愛知県職員		
	4	国森　光信	43	新		党三重県職員		
	5	澄川　寿之	32	新		党岐阜県職員		
日本維新の会　獲得議席：4　得票数：1,356,970票　（得票率19.0%）								
当	1	藤井　孝男	69	元	5	（元）運輸相		
当	2	今井　雅人	50	前	2	党国対副委員長	岐４	
当	3	重徳　和彦	41	新	1	（元）総務省職員	愛12	75.3
当	3	鈴木　望	63	新	1	（元）磐田市長	静３	67.6
	3	松田　直久	58	新		（元）津市長	三１	61.7
	3	源馬　謙太郎	39	新		（元）県議	静８	60.6
	3	小山　憲一	52	新		医療法人理事長	愛５	56.2
	3	近藤　剛	47	新		弁護士	愛15	53.0
	3	山本　洋一	34	新		（元）日経新聞記者	愛４	51.8
	3	尾崎　剛司	36	新		（元）静岡市議	静１	51.0
	3	中野　正康	45	新		（元）総務省室長	愛９	49.8
	3	諸田　洋之	46	新		ＩＴ関連会社社長	静２	44.1
	3	珍道　直人	45	新		（元）鉄道会社社員	三２	43.3
	14	近藤　浩	51	元		（元）愛知県議		
日本共産党　獲得議席：1　得票数：387,461票　（得票率5.4%）								
当	1	佐々木　憲昭	67	前	6	党国対副委員長		
	2	河江　明美	47	新		党准中央委員		
	3	江上　博之	57	新		（元）名古屋市議		
みんなの党　獲得議席：2　得票数：644,087票　（得票率9.0%）								
当	1	杉本　和巳	52	前	2	党政調副会長	愛10	62.7
当	1	小池　政就	38	新	1	（元）東大特任助教	静１	42.3
	1	河合　純一	37	新		（元）中学校教諭	静７	23.9
	4	富岡　由紀夫	48	新		（元）参院議員		
社会民主党　獲得議席：0　得票数：136,316票　（得票率1.9%）								
▽	1	豊田　八千代	63	新		（元）豊橋市議	愛15	
	2	平山　良平	64	新		党愛知県副代表		
幸福実現党　獲得議席：0　得票数：29,739票　（得票率0.4%）								
	1	江夏　正敏	45	新		宗教法人職員		
	2	石田　昭	70	新		党愛知県副代表		
	3	堀田　利恵	50	新		短大非常勤講師		
	4	山本　純子	44	新		（元）名古屋市職員		
	5	小川　恭彦	56	新		（元）建設会社社員		

近畿　定数：29								
民主党　獲得議席：3　得票数：1,173,051票　(得票率12.0%)								
	順位	氏名	年齢	新旧	当回	肩書・経歴	重複	惜敗率
当	1	泉　健太	38	前	4	(元) 内閣府政務官	京3	99.6
当	1	三日月　大造	41	前	4	党筆頭副幹事長	滋3	92.0
当	1	辻元　清美	52	前	5	(元) 首相補佐官	大10	91.9
	1	川端　達夫	67	前		(元) 総務相	滋1	90.5
	1	奥村　展三	68	前		(元) 文科副大臣	滋4	77.5
	1	田島　一成	50	前		(元) 環境副大臣	滋2	72.8
	1	平野　博文	63	前		(元) 文部科学相	大11	72.2
	1	北神　圭朗	45	前		首相補佐官	京4	66.8
	1	長安　豊	44	前		国土交通副大臣	大19	65.3
	1	藤村　修	63	前		官房長官	大7	64.7
	1	樽床　伸二	53	前		総務相	大12	63.8
	1	岡田　康裕	37	前		党県副代表	兵10	62.4
	1	市村　浩一郎	48	前		(元) 国交政務官	兵6	58.2
	1	石井　登志郎	41	前		(元) 参院議員秘書	兵7	56.5
	1	向山　好一	55	前		(元) 神戸市議	兵2	49.9
	1	井戸　正枝	47	前		(元) 県議	兵1	49.1
	1	森山　浩行	41	前		(元) 府議	大16	48.9
	1	梶原　康弘	56	前		農水政務官	兵5	48.5
	1	吉川　政重	49	前		党県代表	奈3	47.2
	1	大谷　信盛	50	前		(元) 環境政務官	大9	44.7
	1	小原　舞	38	前		党府副会長	京5	44.3
	1	大西　孝典	56	前		党県副代表	奈4	43.3
	1	尾辻　かな子	38	新		(元) 府議	大5	41.7
	1	高橋　昭一	48	前		党県副代表	兵4	41.6
	1	藤原　一威	29	新		学習塾教室室長	大3	39.9
	1	横畑　和幸	41	新		(元) 神戸市議	兵3	39.5
	1	祐野　恵	33	新		(元) 長岡京市議	京1	34.8
	1	松岡　広隆	30	前		党府副幹事長	大8	33.2
	1	吉田　治	50	前		(元) 国交副大臣	大4	32.0
	1	室井　秀子	57	前		(元) 県議	兵8	26.9
	1	百武　威	37	新		外科医師	奈2	25.7
	1	西　哲史	35	新		(元) 堺市議	大17	24.3
	1	坂口　親宏	52	新		(元) 衆院議員秘書	和2	24.0
	1	浜本　宏	60	前		党県副代表	兵9	17.4
▽	1	鳥居　豊橘	48	新		内科医師	大14	19.8
▽	1	吉羽　美華	32	新		(元) 寝屋川市議	大1	19.7
▽	1	樋口　俊一	61	前		薬業会社会長	大13	14.9
小	1	前原　誠司	50	前	7	国家戦略相	京2	
小	1	山井　和則	50	前	5	党国対委員長	京6	
小	1	松本　剛明	53	前	5	(元) 外相	兵11	
小	1	山口　壮	58	前	4	(元) 外務副大臣	兵12	
小	1	馬淵　澄夫	52	前	4	(元) 国土交通相	奈1	
小	1	岸本　周平	56	前	2	経済産業政務官	和1	
自由民主党　獲得議席：7　得票数：2,326,005票　(得票率23.9%)								
当	1	門　博文	47	新	1	(元) ホテル会社社長	和1	99.5
当	1	竹本　直一	72	前	6	(元) 財務副大臣	大15	96.3
当	1	中山　泰秀	42	元	3	(元) 外務政務官	大4	94.1
当	1	大塚　高司	48	元	2	(元) 参院議員秘書	大8	92.9

当	1	安藤　裕	47	新	1	税理士	京６	90.3
当	1	小林　茂樹	48	新	1	（元）県議	奈１	88.8
当	1	原田　憲治	64	元	2	（元）府議	大９	86.2
	1	神谷　昇	63	新		（元）泉大津市長	大18	83.1
	1	頭師　暢秀	42	新		大学准教授	兵11	79.8
	1	谷川　とむ	36	新		（元）参院議員秘書	大19	77.1
	1	岡崎　晃	48	新		弁護士	兵12	69.0
	1	大西　宏幸	45	新		（元）大阪市議	大１	68.6
	1	大隈　和英	43	新		外科医師	大10	63.6
	1	上中　康司	50	新		党府常任総務	京２	58.2
	1	井脇　ノブ子	66	元		（元）党女性局次長	大11	54.5
	1	神谷　宗幣	35	新		（元）吹田市議	大13	53.2
小	1	大岡　敏孝	40	新	1	（元）静岡県議	滋１	
小	1	上野　賢一郎	47	元	2	（元）総務省職員	滋２	
小	1	武村　展英	40	新	1	公認会計士	滋３	
小	1	武藤　貴也	33	新	1	党県常任顧問	滋４	
小	1	宮崎　謙介	31	新	1	党府常任総務	京３	
小	1	田中　英之	42	新	1	（元）京都市議	京４	
小	1	谷垣　禎一	67	前	11	（元）党総裁	京５	
小	1	左藤　章	61	元	3	学校法人理事	大２	
小	1	渡嘉敷　奈緒美	50	元	2	（元）杉並区議	大７	
小	1	北川　知克	61	元	4	（元）環境政務官	大12	
小	1	盛山　正仁	59	元	2	党県常任顧問	兵１	
小	1	関　芳弘	47	元	2	党県常任顧問	兵３	
小	1	藤井　比早之	41	新	1	（元）彦根市副市長	兵４	
小	1	谷　公一	60	前	4	（元）国交政務官	兵５	
小	1	大串　正樹	46	新	1	大学客員教授	兵６	
小	1	山田　賢司	46	新	1	（元）銀行員	兵７	
小	1	西村　康稔	50	前	4	（元）外務政務官	兵９	
小	1	渡海　紀三朗	64	元	7	（元）文部科学相	兵10	
小	1	高市　早苗	51	前	6	（元）科学技術相	奈２	
小	1	奥野　信亮	68	元	3	（元）法務政務官	奈３	
小	1	田野瀬　太道	38	新	1	社福法人理事長	奈４	
小	1	石田　真敏	60	前	5	（元）財務副大臣	和２	
	39	西村　日出男	66	新		党京都府職員		
日本未来の党　獲得議席：1　得票数：481,603票　（得票率4.9％）								
当	1	村上　史好	60	前	2	（元）大阪市議	大６	38.1
	1	熊田　篤嗣	41	前		（元）衆院議員秘書	大１	27.8
	1	中川　治	61	前		（元）府議	大18	24.3
	1	中村　哲治	41	元		（元）参院議員	奈２	22.1
▽	1	大谷　啓	42	前		（元）商社社員	大15	23.5
▽	1	三橋　真記	35	新		（元）厚労省職員	兵３	22.1
▽	1	松崎　克彦	57	新		（元）伊丹市議	兵６	21.7
▽	1	萩原　仁	45	前		（元）民主党府役員	大２	20.5
▽	1	渡辺　義彦	56	前		（元）衆院議員秘書	大７	15.6
▽	1	辻　恵	64	前		弁護士	大17	14.1
▽	1	豊田　潤多郎	63	前		医療法人理事長	京４	12.6
▽	1	沼田　憲男	65	新		経営相談業	京５	10.7
	13	熊谷　貞俊	67	前		阪大名誉教授		
	14	福田　衣里子	32	前		（元）薬害原告団長		

公明党　獲得議席：4　得票数：1,234,345票　（得票率12.7%）								
当	1	竹内　譲	54	前	3	党国対副委員長		
当	2	浮島　智子	49	新	1	（元）参院議員		
当	3	樋口　尚也	41	新	1	党青年局次長		
当	4	浜村　進	37	新	1	党青年局次長		
	5	田丸　義高	53	新		公明新聞記者		
	6	高橋　雅也	56	新		党大阪府役員		
	7	田中　博之	54	新		党兵庫県職員		
日本維新の会　獲得議席：10　得票数：2,999,020票　（得票率30.8%）								
当	1	東国原　英夫	55	新	1	（元）宮崎県知事		
当	2	西村　真悟	64	元	6	（元）防衛政務次官		
当	3	阪口　直人	49	前	2	（元）衆院議員秘書	和2	49.4
当	3	三木　圭恵	46	新	1	（元）三田市議	兵5	49.1
小	3	井上　英孝	41	新	1	（元）大阪市議	大1	
小	3	松浪　健太	41	前	4	（元）内閣府政務官	大10	
小	3	西野　弘一	43	新	1	（元）府議	大13	
小	3	谷畑　孝	65	前	6	（元）厚労副大臣	大14	
小	3	浦野　靖人	39	新	1	（元）府議	大15	
小	3	馬場　伸幸	47	新	1	（元）堺市会議長	大17	
当	11	三宅　博	62	新	1	（元）八尾市議		
当	12	上西　小百合	29	新	1	（元）理美容会社社員	大7	89.3
当	12	西根　由佳	37	新	1	（元）薬局勤務	大2	85.6
当	12	岩永　裕貴	39	新	1	（元）農相秘書官	滋4	83.6
当	12	新原　秀人	50	新	1	（元）県議	兵3	82.2
当	12	杉田　水脈	45	新	1	（元）西宮市職員	兵6	79.1
	12	清水　鴻一郎	66	元		医療法人理事長	京6	77.7
	12	清水　貴之	38	新		（元）アナウンサー	兵4	75.3
	12	山内　成介	47	新		（元）不動産会社社長	京3	71.2
	12	田坂　幾太	60	新		（元）府議	京1	68.2
	12	西峰　正佳	45	新		歯科医師	奈3	65.6
	12	林　潤	40	元		（元）毎日新聞記者	和1	65.0
	12	奥村　利樹	49	新		管工事会社社長	滋1	63.9
	12	堅田　壮一郎	26	新		会社役員	兵11	57.5
	12	大野　祐司	52	新		（元）国際機関職員	奈1	56.4
	12	久保田　暁	44	新		（元）堺市議	滋3	55.8
	12	並河　健	33	新		（元）外務省職員	奈2	51.8
	12	畑本　久仁枝	58	新		車整備会社社長	京4	50.0
	12	岡田　久雄	30	新		製造会社社員	兵10	49.9
	12	山下　大輔	45	新		（元）県議	和3	46.3
	12	宮崎　健治	46	新		政治団体役員	兵12	45.9
	12	松浪　武久	45	新		（元）泉佐野市議	奈4	43.7
	12	谷　俊二	45	新		不動産会社社長	兵9	37.3
小	12	村上　政俊	29	新	1	（元）外務省職員	大4	
小	12	木下　智彦	43	新	1	商社社員	大8	
小	12	足立　康史	47	新	1	（元）経産省職員	大9	
小	12	伊東　信久	48	新	1	医療法人理事長	大11	
小	12	遠藤　敬	44	新	1	財団法人役員	大18	
小	12	丸山　穂高	28	新	1	（元）経産省職員	大19	
	40	喜多　義典	46	新		党事務局長		
日本共産党　獲得議席：2　得票数：732,976票　（得票率7.5%）								
当	1	穀田　恵二	65	前	7	党国対委員長	京1	

当	2	宮本　岳志	52	前	2	党中央委員		
	3	清水　忠史	44	新		（元）大阪市議	大４	
	4	堀内　照文	40	新		党兵庫県副委長		
	5	節木　三千代	54	新		（元）県議	滋１	29.2
	5	原　矢寸久	61	新		党県副委員長	和３	19.1
▽	5	中野　明美	64	新		（元）県議	奈２	14.3
みんなの党　獲得議席：2　得票数：635,381票　（得票率6.5％）								
当	1	井坂　信彦	38	新	1	（元）神戸市議	兵１	96.3
当	1	畠中　光成	40	新	1	（元）生保会社社員	兵７	76.5
	1	石井　竜馬	43	新		大学院客員教授	大12	64.6
	1	世一　良幸	52	新		（元）環境省職員	滋２	40.1
	1	平　智之	53	前		大学嘱託講師	京１	35.4
▽	1	石田　哲雄	62	新		税理士	京４	18.1
社会民主党　獲得議席：0　得票数：133,064票　（得票率1.4％）								
▽	1	佐藤　大	33	新		党府副幹事長	京２	10.2
▽	1	井上　幸洋	63	新		党府副代表	大４	5.6
	3	服部　良一	62	前		党大阪府代表		
幸福実現党　獲得議席：0　得票数：33,509票　（得票率0.3％）								
	1	立木　秀学	41	新		党首		
	2	湊　侑子	29	新		幸福の科学職員		
	3	山下　順正	54	新		農業		
	4	深田　敏子	41	新		党大阪府副代表		
	5	北川　智子	49	新		（元）保育士		
	6	中川　義衛	52	新		医師		

中国　定数：11								
民主党　獲得議席：2　得票数：570,764票　（得票率16.3％）								
	順位	氏名	年齢	新旧	当回	肩書・経歴	重複	惜敗率
当	1	柚木　道義	40	前	3	財務政務官	岡４	70.5
当	1	津村　啓介	41	前	4	（元）内閣府政務官	岡２	70.1
	1	橋本　博明	42	前		（元）党幹事長補佐	広３	58.7
	1	空本　誠喜	48	前		党幹事長補佐	広４	58.2
	1	和田　隆志	49	前		党国対副委員長	広７	56.2
	1	松本　大輔	41	前		文部科学副大臣	広２	55.8
	1	湯原　俊二	50	前		党県代表	鳥２	52.3
	1	平岡　秀夫	58	前		（元）法相	山２	50.5
	1	三谷　光男	53	前		首相補佐官	広５	49.4
	1	小室　寿明	52	前		党県代表	島１	42.0
	1	高井　崇志	43	前		党県幹事長	岡１	40.8
	1	花咲　宏基	46	前		党県副代表	岡５	39.5
	1	西村　啓聡	37	新		弁護士	岡３	39.4
	1	石田　祥吾	32	新		党県副代表	島２	35.5
	1	中屋　大介	34	前		党県副代表	山３	26.5
	1	野中　幸市	49	新		経済評論家	広１	24.5
	1	冨村　郷司	29	新		（元）銀行員	山１	17.8
	1	財満　慎太郎	45	新		（元）衆院議員秘書	山４	16.2
	19	三浦　昇	42	前		（元）山口県議		
自由民主党　獲得議席：5　得票数：1,210,400票　（得票率34.5％）								
当	1	小島　敏文	62	新	1	（元）県会副議長	広６	86.4
当	1	阿部　俊子	53	前	3	党国対副委員長	岡３	73.1
小	1	赤沢　亮正	51	前	3	党国対副委員長	鳥２	

小	1	細田　博之	68	前	8	党総務会長	島1	
小	1	竹下　亘	66	前	5	（元）財務副大臣	島2	
小	1	逢沢　一郎	58	前	9	（元）党国対委員長	岡1	
小	1	山下　貴司	47	新	1	弁護士	岡2	
小	1	橋本　岳	38	元	2	（元）党青年局次長	岡4	
小	1	加藤　勝信	57	前	4	（元）内閣府政務官	岡5	
小	1	岸田　文雄	55	前	7	（元）消費者相	広1	
小	1	平口　洋	64	元	2	（元）国交省局次長	広2	
小	1	河井　克行	49	前	5	（元）法務副大臣	広3	
小	1	中川　俊直	42	新	1	（元）衆院議員秘書	広4	
小	1	寺田　稔	54	元	3	（元）防衛政務官	広5	
小	1	小林　史明	29	新	1	（元）通信会社社員	広7	
小	1	高村　正彦	70	前	11	（元）外相	山1	
小	1	岸　信夫	53	新	1	（元）参院議員	山2	
小	1	河村　建夫	70	前	8	（元）官房長官	山3	
当	19	吉野　正芳	64	前	5	（元）環境副大臣		
当	20	上杉　光弘	70	新	1	（元）自治相		
当	21	池田　道孝	65	新	1	（元）岡山県議		
	22	木村　光寿	39	新		旅行会社社長		
	23	井木　敏晴	47	新		建設会社社長		
	24	日野原　修治	54	新		党広島県職員		
	25	秋田　博紀	50	新		党島根県職員		
	26	佐伯　充範	39	新		党山口県職員		
日本未来の党　獲得議席：0　得票数：141,360票　（得票率4.0％）								
	1	飯田　哲也	53	新		党代表代行	山1	26.6
	1	菅川　洋	44	前		税理士	広1	20.9
小	1	亀井　静香	76	前	12	（元）郵政改革相	広6	
公明党　獲得議席：2　得票数：493,800票　（得票率14.1％）								
当	1	斉藤　鉄夫	60	前	7	（元）環境相		
当	2	桝屋　敬悟	61	元	6	（元）厚労副大臣		
	3	角屋　忍	37	新		党岡山県役員		
	4	吉野　泰文	45	新		党島根県役員		
日本維新の会　獲得議席：2　得票数：622,226票　（得票率17.7％）								
当	1	中丸　啓	49	新	1	経営相談会社社長	広3	42.0
当	1	坂元　大輔	30	新	1	（元）大阪市議秘書	広7	41.6
	1	辻　康裕	43	新		（元）大阪市議秘書	広2	33.6
	1	赤沢　幹温	51	新		（元）倉敷市議	岡4	32.6
	1	灰岡　香奈	29	新		（元）和木町議	山2	22.5
小	1	平沼　赳夫	73	前	11	党国会代表	岡3	
	7	藤井　厳喜	60	新		国際政治学者		
	8	谷本　彰良	45	新		社団法人職員		
日本共産党　獲得議席：0　得票数：174,648票　（得票率5.0％）								
	1	石村　智子	37	新		党岡山県役員		
	2	大平　喜信	34	新		党広島県役員		
みんなの党　獲得議席：0　得票数：209,627票　（得票率6.0％）								
	1	赤木　正幸	37	新		（元）投信会社社員	岡1	
	2	筒井　信雄	47	新		（元）兵庫県議		
社会民主党　獲得議席：0　得票数：68,653票　（得票率2.0％）								
	1	金子　哲夫	64	元		党広島県代表		
幸福実現党　獲得議席：0　得票数：14,383票　（得票率0.4％）								
	1	黒川　白雲	46	新		党政調会長		

	2	戸板　富久子	51	新		内科医師		
	3	福光　秀明	64	新		（元）郵便局長		

四国　定数：6								
民主党　獲得議席：1　得票数：296,914票　（得票率16.0%）								
	順位	氏名	年齢	新旧	当回	肩書・経歴	重複	惜敗率
当	1	小川　淳也	41	前	3	（元）総務政務官	香1	75.0
	1	仁木　博文	46	前		産婦人科医師	徳3	72.3
	1	仙谷　由人	66	前		党副代表	徳1	66.5
	1	高井　美穂	41	前		（元）文科副大臣	徳2	65.6
	1	白石　洋一	49	前		党県代表	愛3	60.1
	1	大石　宗	32	新		党県副代表	高1	58.9
	1	高橋　英行	40	前		党県副代表	愛4	46.1
	1	永江　孝子	52	前		党県代表代行	愛1	42.6
小	1	玉木　雄一郎	43	前	2	党県代表	香2	
自由民主党　獲得議席：2　得票数：567,193票　（得票率30.7%）								
当	1	瀬戸　隆一	47	新	1	（元）総務省職員	香2	91.0
小	1	福山　守	59	新	1	（元）県議	徳1	
小	1	山口　俊一	62	前	8	（元）首相補佐官	徳2	
小	1	後藤田　正純	43	前	5	（元）内閣府政務官	徳3	
小	1	平井　卓也	54	前	5	（元）国交副大臣	香1	
小	1	大野　敬太郎	44	新	1	（元）衆院議員秘書	香3	
小	1	塩崎　恭久	62	前	6	（元）官房長官	愛1	
小	1	村上　誠一郎	60	前	9	（元）行政改革相	愛2	
小	1	白石　徹	56	新	1	（元）県議	愛3	
小	1	山本　公一	65	前	7	（元）総務副大臣	愛4	
小	1	福井　照	59	前	5	（元）農水政務官	高1	
小	1	中谷　元	55	前	8	（元）防衛長官	高2	
小	1	山本　有二	60	前	8	（元）金融相	高3	
当	14	泉原　保二	71	元	2	環境関連会社社長		
	15	永井　一郎	57	新		党愛媛県職員		
	16	高橋　央	45	新		党高知県職員		
	17	松崎　敏則	61	新		党徳島県職員		
	18	篠崎　令子	50	新		著述業		
日本未来の党　獲得議席：0　得票数：63,830票　（得票率3.4%）								
	1	友近　聡朗	37	新		（元）参院議員	愛2	
	2	鷲野　陽子	49	新		染織工房主宰		
公明党　獲得議席：1　得票数：276,907票　（得票率15.0%）								
当	1	石田　祝稔	61	前	6	（元）農水副大臣		
	2	築山　伸一	46	新		党香川県職員		
日本維新の会　獲得議席：2　得票数：394,393票　（得票率21.3%）								
当	1	桜内　文城	47	新	1	（元）参院議員	愛4	78.2
当	1	西岡　新	39	新	1	（元）衆院議員秘書	愛2	63.2
	1	森　夏枝	31	新		太極拳指導員	愛3	41.8
	1	池本　俊英	54	新		（元）松山市議	愛1	41.5
	5	藤村　慎也	35	新		経営相談業	高1	37.0
	5	今西　永児	66	新		（元）兵庫県議	香1	23.9
	7	大内　淳司	38	新		ＩＴ技術者		
日本共産党　獲得議席：0　得票数：106,976票　（得票率5.8%）								
	1	笹岡　優	60	新		（元）香美市議		
	2	春名　直章	53	元		党中央委員	高1	

みんなの党　獲得議席：0　得票数：93,090票　（得票率5.0%）								
	1	中山　照章	30	新		（元）機械会社社員		
社会民主党　獲得議席：0　得票数：42,762票　（得票率2.3%）								
	1	米田　晴彦	54	新		党県副代表	香3	
幸福実現党　獲得議席：0　得票数：8,171票　（得票率0.4%）								
	1	饗庭　直道	45	新		党広報本部長		
	2	竹尾　あけみ	58	新		運送会社役員		

九州　定数：21								
民主党　獲得議席：3　得票数：993,317票　（得票率14.9%）								
	順位	氏名	年齢	新旧	当回	肩書・経歴	重複	惜敗率
当	1	大串　博志	47	前	3	首相補佐官	佐2	89.3
当	1	原口　一博	53	前	6	（元）総務相	佐1	89.3
当	1	高木　義明	66	前	8	（元）文部科学相	長1	88.6
	1	吉良　州司	54	前		外務副大臣	大1	87.9
	1	宮島　大典	49	前		防衛政務官	長4	65.9
	1	稲富　修二	42	前		党税調事務次長	福2	64.7
	1	緒方　林太郎	39	前		党県副代表	福9	63.8
	1	城井　崇	39	前		（元）文科政務官	福10	62.9
	1	横光　克彦	69	前		（元）環境副大臣	大3	62.5
	1	川内　博史	51	前		党県副代表	鹿1	55.8
	1	野田　国義	54	前		党県代表	福7	55.7
	1	川村　秀三郎	63	前		国土交通政務官	宮1	54.5
	1	古賀　一成	65	前		（元）経企政務次官	福6	54.3
	1	楠田　大蔵	37	前		（元）防衛政務官	福5	50.3
	1	藤田　一枝	63	前		（元）厚労政務官	福3	48.5
	1	打越　明司	54	前		党県代表	鹿2	41.6
	1	皆吉　稲生	62	前		党県幹事長	鹿4	39.6
	1	川越　孝洋	69	前		党県代表	長2	39.1
	1	松本　龍	61	前		（元）復興相	福1	37.8
	1	岸本　善成	38	新		（元）県議	福4	36.5
	1	道休　誠一郎	59	前		党県副代表	宮2	36.2
	1	山本　剛正	40	前		党政調会長補佐	福8	31.4
	1	池崎　一郎	60	新		（元）蘇陽町議	熊1	29.9
	1	濱田　大造	42	新		（元）県議	熊2	29.1
	1	森本　康仁	34	新		企画会社役員	熊3	21.4
▽	1	大城　信彦	45	新		（元）南風原町議	沖4	11.2
▽	1	崎浜　宏信	56	新		（元）大学職員	沖3	10.8
自由民主党　獲得議席：7　得票数：1,995,521票　（得票率29.9%）								
当	1	宮路　和明	72	前	8	（元）厚労副大臣	鹿3	91.2
当	1	宮崎　政久	47	新	1	弁護士	沖2	75.3
小	1	井上　貴博	50	新	1	（元）県議	福1	
小	1	鬼木　誠	40	新	1	（元）県議	福2	
小	1	古賀　篤	40	新	1	（元）財務省職員	福3	
小	1	宮内　秀樹	50	新	1	（元）衆院議員秘書	福4	
小	1	原田　義昭	68	元	6	（元）文科副大臣	福5	
小	1	藤丸　敏	52	新	1	（元）衆院議員秘書	福7	
小	1	麻生　太郎	72	前	11	（元）首相	福8	
小	1	三原　朝彦	65	元	6	（元）防衛政務次官	福9	
小	1	武田　良太	44	前	4	（元）防衛政務官	福11	
小	1	岩田　和親	39	新	1	（元）県議	佐1	

小	1	今村　雅弘	65	前	6	（元）農水副大臣	佐２	
小	1	冨岡　勉	64	元	2	外科医師	長１	
小	1	加藤　寛治	66	新	1	（元）県会議長	長２	
小	1	谷川　弥一	71	前	4	（元）農水政務官	長３	
小	1	北村　誠吾	65	前	5	（元）防衛副大臣	長４	
小	1	木原　稔	43	元	2	党県副会長	熊１	
小	1	野田　毅	71	前	14	党税制調査会長	熊２	
小	1	坂本　哲志	62	前	4	（元）総務政務官	熊３	
小	1	金子　恭之	51	前	5	（元）国交副大臣	熊５	
小	1	穴見　陽一	43	新	1	外食会社相談役	大１	
小	1	衛藤　征士郎	71	前	10	（元）衆院副議長	大２	
小	1	岩屋　毅	55	前	6	（元）外務副大臣	大３	
小	1	武井　俊輔	37	新	1	（元）県議	宮１	
小	1	江藤　拓	52	前	4	（元）農水政務官	宮２	
小	1	古川　禎久	47	前	4	党副幹事長	宮３	
小	1	徳田　毅	41	前	3	党国対副委員長	鹿２	
小	1	小里　泰弘	54	前	3	党副幹事長	鹿４	
小	1	森山　裕	67	前	4	党県会長	鹿５	
小	1	国場　幸之助	39	新	1	（元）県議	沖１	
小	1	比嘉　奈津美	54	新	1	歯科医師	沖３	
小	1	西銘　恒三郎	58	元	3	（元）国交政務官	沖４	
当	34	西川　京子	67	元	4	（元）厚労副大臣		
当	35	林田　彪	68	元	5	（元）内閣府副大臣		
当	36	新開　裕司	44	新	1	（元）衆院議員秘書		
当	37	末吉　光徳	66	新	1	（元）長崎県会議長		
当	38	湯川　一行	63	新	1	党鹿児島県職員		
	39	西村　忠則	63	新		党佐賀県職員		
	40	泉　幸親	60	新		党大分県職員		
	41	川嶋　潔典	30	新		（元）衆院議員秘書		
日本未来の党　獲得議席：1　得票数：260,994票（得票率3.9％）								
当	1	玉城　デニー	53	前	2	（元）衆沖北委理事	沖３	82.7
	1	山田　正彦	70	前		（元）農相	長３	75.1
▽	1	古賀　敬章	59	前		（元）山口県議	福４	20.0
▽	1	外山　斎	36	新		（元）参院議員	宮１	19.5
▽	1	福嶋　健一郎	46	前		（元）銀行員	熊２	12.9
	6	末次　精一	50	新		（元）県議	長４	21.1
▽	6	小谷　学	39	新		貿易会社代表	福２	10.8
▽	6	小手川　裕市	45	新		（元）別府市職員	大１	10.1
▽	6	浜武　振一	47	新		（元）筑紫野市議	福５	9.9
▽	6	渡辺　信一郎	55	新		（元）衣料品販売業	鹿１	9.0
公明党　獲得議席：3　得票数：1,043,528票（得票率15.6％）								
当	1	江田　康幸	56	前	5	（元）環境副大臣		
当	2	遠山　清彦	43	前	2	党国際局長		
当	3	浜地　雅一	42	新	1	党青年局次長		
	4	新福　愛子	53	新		党九州女性局長		
	5	金子　秀一	36	新		党佐賀青年次長		
	6	中山　英一	36	新		公明新聞記者		
日本維新の会　獲得議席：4　得票数：1,211,996票（得票率18.2％）								
当	1	松野　頼久	52	前	5	党国会幹事長	熊１	
当	2	河野　正美	51	新	1	医療法人理事長	福４	49.1
当	2	中山　成彬	69	元	7	（元）文部科学相	宮１	47.4

当	2	山之内　毅	31	新	1	神職	鹿1	47.2
	2	堀　大助	33	新		（元）弁護士	福11	44.0
	2	吉田　俊之	56	新		（元）民放記者	福5	41.0
	2	頭山　晋太郎	35	新		（元）太陽の党職員	福2	40.5
	2	桑原　宏史	42	新		水産会社役員	大1	40.5
	2	本田　浩一	45	新		（元）衆院議員秘書	熊3	40.3
	2	内野　雅晴	36	新		整骨院副院長	福6	36.8
	2	竹内　紀彦	43	新		投資支援業	大2	33.5
	2	荒木　学	47	新		ペットサロン業	福9	30.8
	2	金城　利憲	58	新		畜産会社社長	沖2	26.6
	2	福留　大士	36	新		経営指導業	鹿3	22.2
▽	2	大城　俊男	45	新		社福法人理事長	沖3	18.2
▽	2	魚森　豪太郎	34	新		（元）医療機器社員	沖4	17.7
▽	2	安田　邦弘	67	新		（元）参院議員秘書	沖1	17.6
小	2	園田　博之	70	前	9	（元）官房副長官	熊4	
	19	黒仁田　周昌	54	新		歯科医院院長		
日本共産党　獲得議席：1　得票数：337,573票　（得票率5.1%）								
当	1	赤嶺　政賢	64	前	5	党幹部会委員	沖1	
	2	田村　貴昭	51	新		（元）北九州市議		
	3	真島　省三	49	新		（元）県議	福9	
	4	寺内　大介	46	新		弁護士		
みんなの党　獲得議席：1　得票数：424,892票　（得票率6.4%）								
当	1	佐藤　正夫	57	新	1	（元）県議	福10	52.2
	1	竹内　今日生	38	新		精神科医師	福1	46.5
	1	本田　顕子	41	新		党遊説局次長	熊2	37.5
	1	寺島　浩幸	51	新		（元）福岡市議	福3	35.6
	1	神　雅敏	36	新		党県代表	大3	27.8
	1	古賀　輝生	49	新		（元）参院議員秘書	福7	20.5
社会民主党　獲得議席：1　得票数：300,708票　（得票率4.5%）								
当	1	吉川　元	46	新	1	（元）衆院議員秘書	大2	49.4
	1	中島　隆利	69	前		党副幹事長	熊5	46.5
	1	谷瀬　綾子	36	新		党県副代表	福11	21.6
▽	1	松村　秀利	56	新		党県幹事長	宮1	10.7
小	1	照屋　寛徳	67	前	4	党国対委員長	沖2	
国民新党　獲得議席：0　得票数：70,847票　（得票率1.1%）								
	1	中島　正純	43	前		環境政務官		
幸福実現党　獲得議席：0　得票数：31,848票　（得票率0.5%）								
	1	矢内　筆勝	51	新		党出版局長		
	2	板花　孝子	53	新		写真店社員		
	3	木下　真	34	新		（元）衆院議員秘書		
	4	松本　徳太郎	58	新		冠婚関連会社社長		
	5	高田　典義	52	新		出版物制作業		

松田憲忠（まつだ・のりただ）　**第7章**

1971年　東京都生まれ。
2005年　早稲田大学大学院政治学研究科博士後期課程単位取得退学。
現　在　青山学院大学法学部教授。博士（政治学）。
著　作　『現代日本の政治——政治過程の理論と実際』共編著，ミネルヴァ書房，2009年。
『社会科学のための計量分析入門——データから政策を考える』共編著，ミネルヴァ書房，2012年。
「選挙制度と市民の能力——今日の選挙制度改革論議は如何なる市民の能力を前提としているのか」『季刊行政管理研究』150号，2015年。

照屋寛之（てるや・ひろゆき）　**第8章**

1952年　沖縄県生まれ。
1983年　日本大学大学院法学研究科博士後期課程単位取得退学。
現　在　沖縄国際大学法学部教授。
著　作　『現代政治過程』共著，三和書籍，2011年。
「国策のあり方を問う沖縄県知事選——辺野古新基地建設の選挙への影響を中心にして」『政経研究』52巻2号，日本大学法学会，2015年。
「沖縄県のオンブズマン制度」日本オンブズマン学会編『日本と世界のオンブズマン——行政相談と行政苦情救済』第一法規，2015年。

森　道哉（もり・みちや）**第3章**

1974年　香川県生まれ。
2003年　立命館大学大学院政策科学研究科博士課程後期課程修了。
現　在　立命館大学大学院公務研究科教授。博士（政策科学）。
著　作　『統治の条件――民主党にみる政権運営と党内統治』共著，千倉書房，2015年。
「公害国会の見取り図」『立命館大学人文科学研究所紀要』101号，2013年。
「東日本大震災に伴う洋上漂流物のアメリカへの漂着とその処理のための日本政府の資金供与」『立命館法学』352号，2014年。

丹羽　功（にわ・いさお）**第4章**

1966年　愛知県生まれ。
1997年　京都大学大学院法学研究科博士後期課程修了。
現　在　近畿大学法学部教授。
著　作　「利益団体」岡田浩・松田憲忠編著『現代日本の政治』共著，ミネルヴァ書房，2009年。
「自民党地方組織の現在――富山二区・三区」白鳥浩編著『政権交代選挙の政治学――地方から変わる日本政治』ミネルヴァ書房，2010年。
「都道府県知事選挙の構図」新川敏光編著『現代日本政治の争点』法律文化社，2013年。

岡田　浩（おかだ・ひろし）**第5章**

1968年　兵庫県生まれ。
1994年　早稲田大学大学院政治学研究科博士後期課程退学。
現　在　金沢大学人間社会学域法学類教授。
著　作　『現代日本の政治――政治過程の理論と実際』共編著，ミネルヴァ書房，2009年。
「現代政治の変容と政党論の再構築」賀来健輔・丸山仁編著『政治変容のパースペクティブ』共著，ミネルヴァ書房，2005年。
「社会的クリーヴィッジと政党システム」日本比較政治学会編『比較政治学の将来』共著，早稲田大学出版部，2006年。

森　正（もり・ただし）**第6章**

1970年　神奈川県生まれ。
1998年　慶應義塾大学大学院法学研究科後期博士課程単位取得満期退学。
現　在　愛知学院大学総合政策学部教授。
著　作　「民主党地方組織と労働組合」上神貴佳・堤英敬編『民主党の組織と政策――結党から政権交代まで』東洋経済新報社，2011年。
「地域政党と地方選挙――愛知・名古屋トリプル選挙，名古屋市議会議員選挙の分析」『公共選択』第58号，2012年。
「党・労組・地方議員による三位一体型集票・陳情システム――民主党三重県連を中心に」前田幸男・堤英敬編『統治の条件――民主党にみる政権運営と党内統治』千倉書房，2015年。

執筆者紹介（執筆順，＊は編者）

＊白鳥　浩（しらとり・ひろし）**はじめに，序章，第9章，終章，おわりに**

編著者紹介欄参照。

浅野一弘（あさの・かずひろ）**第1章**

1969年　大阪市生まれ。
1997年　明治大学大学院政治経済学研究科博士後期課程単位取得退学。
現　在　札幌大学法学部教授。
著　作　『現代日本政治の現状と課題』同文舘出版，2007年。
『現代政治の争点――日米関係・政治指導者・選挙』同文舘出版，2013年。
『現代政治論――解釈改憲・ＴＰＰ・オリンピック』同文舘出版，2015年。

河村和徳（かわむら・かずのり）**第2章**

1971年　静岡県生まれ。
1998年　慶應義塾大学大学院法学研究科博士課程単位取得退学。
現　在　東北大学大学院情報科学研究科准教授。
著　作　『現代日本の地方選挙と住民意識』慶應義塾大学出版会，2008年。
『市町村合併をめぐる政治意識と地方選挙』木鐸社，2010年。
『東日本大震災と地方自治』ぎょうせい，2014年。

伊藤裕顕（いとう・ひろあき）**第2章**

1960年　岩手県生まれ。
2012年　東北大学大学院情報科学研究科博士課程前期修了。
現　在　富士大学経済学部非常勤講師。
著　作　『放送ってなんだ？テレビってなんだ？――現在・過去・未来 ローカルからの視点』新風舎，2003年。
『放送ってなんだ？テレビってなんだ？Ⅱ――デジタル時代にけたぐりっ！』新風舎，2005年。

堤　英敬（つつみ・ひでのり）**第3章**

1972年　大阪府生まれ。
1999年　慶應義塾大学大学院法学研究科博士課程退学。
現　在　香川大学法学部教授。
著　作　『民主党の組織と政策――結党から政権交代まで』共編著，東洋経済新報社，2011年。
「候補者選定過程の開放と政党組織」『選挙研究』28巻１号，2012年。
『統治の条件――民主党に見る政権運営と党内統治』共編著，千倉書房，2015年。

《編著者紹介》

白鳥　浩（しらとり・ひろし）

1968年　東京都生まれ。

早稲田大学大学院政治学研究科修了。

現　在　法政大学大学院政策科学研究所所長。英国オックスフォード大学ペンブローグ・カレッジ客員フェロー。同ニッサン日本研究所客員研究員。日本地方政治学会・日本地域政治学会理事長。日本政治学会理事。法政大学大学院公共政策研究科教授。元静岡大学人文学部助教授。博士（政治学）。

著　作　"Le mouvement referendaire au Japon aprè la Guerre froide. Une analyse comparative inspiré de Rokkan," *Revue francaise de science politique,* Vol. 51, Numero. 4, 2001.

『市民・選挙・政党・国家』東海大学出版会，2002年。

『都市対地方の日本政治——現代政治の構造変動』芦書房，2009年。

『政権交代選挙の政治学——地方から変わる日本政治』編著，ミネルヴァ書房，2010年。

『衆参ねじれ選挙の政治学——政権交代下の2010年参院選』編著，ミネルヴァ書房，2011年。

『統一地方選挙の政治学——2011年東日本大震災と地域政党の挑戦』編著，ミネルヴァ書房，2013年。

シリーズ・現代日本の選挙①

二〇一二年衆院選　政権奪還選挙

——民主党はなぜ敗れたのか——

2016年5月10日　初版第1刷発行　〈検印省略〉

定価はカバーに
表示しています

編著者　白　鳥　　浩
発行者　杉　田　啓　三
印刷者　藤　森　英　夫

発行所　株式会社　ミネルヴァ書房

607-8494　京都市山科区日ノ岡堤谷町1
電話代表　(075)581-5191
振替口座　01020-0-8076

©白鳥浩ほか，2016

亜細亜印刷・兼文堂

ISBN978-4-623-07647-5

Printed in Japan

統一地方選挙の政治学　白鳥　浩　編著　四六判三九二頁　本体三八〇〇円

衆参ねじれ選挙の政治学　白鳥　浩　編著　四六判三四六頁　本体三五〇〇円

政権交代選挙の政治学　白鳥　浩　編著　四六判三五四頁　本体三五〇〇円

選挙演説の言語学　東　照二　著　四六判二七六頁　本体二四〇〇円

新版　比較・選挙政治　梅津　實　他著　A5判二八〇頁　本体二八〇〇円

比較・政治参加　坪郷　實　編著　A5判三〇四頁　本体三二〇〇円

野党とは何か　吉田　徹　編著　A5判二八八頁　本体六〇〇〇円

戦後日本の地方議会　馬渡　剛　著　A5判三二〇頁　本体七〇〇〇円

MINERVA政治学叢書

①政治理論　猪口　孝　著　A5判三〇四頁　本体三〇〇〇円

③日本政治思想　米原　謙　著　A5判三〇〇頁　本体三〇〇〇円

④比較政治学　S・R・リード　著　A5判三〇六頁　本体三〇〇〇円

⑨政治心理学　O・フェルドマン　著　A5判三五二頁　本体三〇〇〇円

ミネルヴァ書房

http://www.minervashobo.co.jp/